U0540262

学校现代化2035丛书

# Goals and Strategies
## Chinese education towards 2030

杨小微 等 著

# 目标与战略
## 迈向2030年的中国教育

华东师范大学出版社
·上海·

图书在版编目(CIP)数据

目标与战略:迈向 2030 年的中国教育/杨小微等著.
—上海:华东师范大学出版社,2023
ISBN 978-7-5760-3594-0

Ⅰ.①目… Ⅱ.①杨… Ⅲ.①教育现代化-研究-中国 Ⅳ.①G52

中国国家版本馆 CIP 数据核字(2023)第 063088 号

学校现代化 2035 丛书
# 目标与战略:迈向 2030 年的中国教育

著　　者　杨小微　等
责任编辑　彭呈军
特约审读　伍忠莲
责任校对　王丽平
装帧设计　郝　钰

出版发行　华东师范大学出版社
社　　址　上海市中山北路 3663 号　邮编 200062
网　　址　www.ecnupress.com.cn
电　　话　021-60821666　行政传真 021-62572105
客服电话　021-62865537　门市(邮购)电话 021-62869887
地　　址　上海市中山北路 3663 号华东师范大学校内先锋路口
网　　店　http://hdsdcbs.tmall.com

印刷者　常熟高专印刷有限公司
开　　本　787 毫米×1092 毫米　1/16
印　　张　23.75
字　　数　405 千字
版　　次　2023 年 5 月第 1 版
印　　次　2023 年 5 月第 1 次
书　　号　ISBN 978-7-5760-3594-0
定　　价　86.00 元

出版人　王　焰

(如发现本版图书有印订质量问题,请寄回本社客服中心调换或电话 021-62865537 联系)

国家社会科学基金"十三五"规划2017年度教育学重大招标课题
"我国教育2030年发展目标及推进战略研究"(批准号:VGA170001)
终结性成果之一

# 总序：迈向中国式现代化的学校变革与发展

随着时间的推移，中国教育改革与发展在国家决策及宏观战略层面发生了一些变化，进入本丛书的书稿在选题范围上也与以往有些不同，本丛书目前在名称上未作变动，因为各个地区各级各类教育的基本单位仍然是以学校为主，但总序需要在内容上与时俱进地进行一些调整。

党的二十大报告首次把教育与科技、人才等方面工作融合起来，提出"教育、科技、人才是全面建设社会主义现代化国家的基础性、战略性支撑。必须坚持科技是第一生产力、人才是第一资源、创新是第一动力，深入实施科教兴国战略、人才强国战略、创新驱动发展战略，开辟发展新领域新赛道，不断塑造发展新动能新优势"。通过教育培育创新人才、经由创新人才推动科学技术创新发展，从而推动中国特色社会主义的现代化发展，三者关系的系统性和整体感得以充分揭示。报告中重点谈到了以中国式现代化全面推进中华民族伟大复兴，作为教育工作者，如何理解"中国式现代化"，是领悟并推动中国教育现代化的"中国式"的一个重要认识前提。相应地，不仅区域层面的布局将要作出新的调整和规划，学校层面的教育现代化推进也将具有更为丰富的新内涵。

清末民初新学制引入之前，我国的育人机构有诸多称谓，如"辟雍""泮宫""庠""序""校"，其性质与今天的学校迥异其趣，基本形态是年龄参差不齐的孩子跟着先生按各自的进度读书习字；在新学制即壬戌学制颁布实施以后，"学校"的含义就不再是中国古代"学校"那种"聚而各习之"的概念了，而是开始转型为现代意义上的学校，即按年龄分班、依循大体一致的进度、学习规定的内容、对学业成就进行统一的检测与评价。

我国中小学阶段学校变革与发展的价值追求，是从优质学校（更确切地说是从重点学校）开始的。新中国成立不久便开启了"重点学校"政策，其意图是通过政策的倾斜来集聚优质的教育资源。尽管"重点校"较少纳入学校现代化视角来研讨，但其在实践中往往被视为当下"名校""品牌学校""优质学校"的源头或前身。20世纪50年代初,经中央批准,教育部在全国确定了重点中学194所,占全部中学总数的4.4%。十年"文革"期间,我国重点学校政策中断,改革开放之后得以重启。1977年邓小平复出主持工作后,对恢复建设重点学校问题高度重视,几乎每次有关教育的谈话和批示中都要提及重点学校建设,并对为什么要办重点学校、如何办好重点学校作了多层次思考与阐述。这个时期从大学到中小学的重点学校,在人们心目中就是优质学校。尔后小学初中不再提重点,而高中依然在实际上延续着重点学校的身份,尽管在名称上改为实验性示范性高中,但其重点高中的"形象"乃至实质都不变。近些年来,在上海、江苏等地,提出一个新的概念——"新优质学校",无论高中还是初中和小学,都分批遴选进入。尽管引起社会和学界一些争议,但扩大优质教育资源的出发点仍是很好的,体现了"办家门口的好学校"的初衷。

然而,"优质"学校并不等于"现代化"学校,至少是不全等于现代化学校,优质学校固然存有相当丰富的现代化元素或基础,但也还有优化和完善的巨大空间,无论是办学理念、课程与教学,还是组织、制度和运作机制,都有待提升与现代教育价值目标及形态特征上的契合性与融洽度。

为探索学校现代化的性质与特征,我们曾立项专门研制学校现代化标准及评价指标体系,并开展了一定范围的学校实验来加以验证。从现代化的核心在于理性这一意义上来说,"公平"属于价值理性,"效能"则属于工具理性;又由于学校的变革与发展实质上是一种学校内部治理,因而"赋权"是一种刚性的治理方式,表现为一种"制度理性","生态"则是一种柔性的治理状态,亦可视为"文化理性"或"文化生态理性"。这四种价值取向构成了二重价值维度,加上从整体上加以判断和描述的"优质"这一标准,构成了学校现代化的"5E"标准,即公平(Equality)、效能(Efficiency)、赋权(Empowerment)、生态(Ecology)和"优质"(Excellent School)。这5个价值维度关键词的英文字母首字母皆为"E",所以称之为"5E"标准。为验证上述标准的科学性和可测性,我们先后在浙江杭州、江苏太仓、嘉兴海盐、合肥经开和重庆荣昌等地及所辖学校开展了教育现代化样本区、样本校的合作试验研究。

进入本套丛书的第一批书目共有5本,一是来自江苏太仓合作学校的《文化融合与重构:探寻城乡集团化办学之路》,基于江苏太仓市实验小学与华东师大基础教育改革与发展研究所的长期合作实践,从文化的融合与重构的视角,围绕集团化办学的政策背景、太仓实小的学校文化以及城乡之间、学校之间的文化冲突、互动、理解与重构等方面，阐述了该校十多年来在城乡区域均衡发展理念下持续推进的集团化办学历程。其余四本为与华东师大项目组长期合作的杭州江干区凯旋教育集团，基于长达八年的合作共建历程，从校本课程开发、初中质量改进、教师专业发展和集团办学之路等四大主题分头撰写并正在陆续出版的著作：《从共享到共创：实现区域教育优质均衡的课程建设之路》，围绕凯旋教育集团两轮合作在课程改革上从"共享"到"共创"的递进来展开，并重点对凯旋集团主导的"国际理解教育""儿童哲学""STEM＋"等校本课程开发与实施的成效与经验展开了描述、提炼和反思。《从"育分"到"育人"：U-S合作中初中高质量育人之路》，以目前公办初中所遭遇的诸如发展不均衡、民办初中挤压、优秀生源流失、教师队伍老化等种种问题为背景，以杭州集团化办学实践以及其他区校同类探索为基本案例，以核心素养、深度学习、"差异—对话—点化"教学、跨学科教学、学法指导等基本概念和主题为线索，呈现初中高质量育人的改进路径的实践成果。《从培训到研修：基础教育集团化办学中教师专业发展之路》一书，顺应我国中小学教师专业发展所经历的从"培训"到"研训"到自主"研修"的演化脉络，对集团办学进程中尝试进行的以教师工作坊为主导的研修方式探索及其过程中不断生成的实践智慧和文化创新等相关经验进行了颇有深度的总结、提炼和反思。《从分治到共治：区域基础教育治理现代化之路》一书，聚焦党的十八大以来教育治理体系和治理能力的现代化这一主题和一直难以破解的难题，从集团化办学的视角阐述了区域共治、集团共建、学校共生、机制共寻、领导力共进等多层面多维度的探索、成果和经验。

第二批书目将会涉及中国式教育现代化推进中更为丰富的主题，即将出版的《目标与战略：迈向2030年的中国教育》系2017年立项、2022年结题的国家社会科学基金教育学重点招标课题"我国教育2030年发展目标及推进战略研究"的终结性成果，凝练了华东师范大学学术团队及课题合作单位在协同攻关过程中展现的集体智慧。该书共分"愿景与战略""区域教育发展""各级各类教育发展"和"政策与技术保障"共四编十章。这是对中国教育现代化前期发展目标与战略的概括与总结，也是推进中国式教育现代化的基础与新起点。

相信这是一个美好的开端，后续会有更多更好的新著持续跟进。中国教育，尤其是各级各类学校迈向教育现代化2035的步伐持续向前，其成果、经验和体悟也将源源不断,那么本套丛书也将未有穷期。诚挚地期待读者、作者以及同时也是学校变革者的朋友们加入我们、携手共进;同时也衷心感谢作者的辛劳、读者的厚爱以及华东师大出版社编辑尤其是教育心理分社彭呈军社长的大力支持!

2023 年 1 月识于上海苏州河畔康泰寓所

# 目 录

导言:为了可持续发展的中国教育现代化 / 001

## 第一编　愿景与战略

### 第一章　2030年中国教育发展愿景与目标透析 / 003

一、背景:联合国《2030年可持续发展议程》及《教育2030行动框架》指引 / 003

（一）全球教育可持续发展理念产生的背景 / 003

（二）《2030年可持续发展议程》及教育在其中的地位 / 007

（三）《教育2030行动框架》解读 / 010

二、意义:《中国教育现代化2035》发展愿景及目标的价值论 / 014

（一）意义解读 / 014

（二）理念解读 / 015

（三）目标解读 / 015

（四）战略任务解读 / 016

三、前提:我国人口变动、国民经济与社会发展的教育需求 / 017

（一）人口政策驱动和人口普查结果的教育影响 / 017

（二）城镇化进程及城市发展下的教育目标定位 / 019

（三）经济发展新阶段、新目标对教育发展的目标决策的诉求 / 024

（四）科技创新发展对教育战略目标决策的影响 / 025

四、方法:未来学、预测学方法及大数据分析的应用 / 027

（一）教育未来学与教育预测方法 / 027

（二）目标研究的方法与工具 / 029
　　（三）战略研究的具体方法 / 032

第二章　世界范围内大国教育发展战略定位及启示 / 035
　一、面向未来的世界大国教育发展战略目标概览 / 035
　　（一）让优先的教育助推国家的发展 / 035
　　（二）欧美等发达国家：教育强国 / 037
　　（三）战后赶超国家：教育立国和教育超前发展 / 039
　　（四）发展中国家：重视人力资源开发和教育强国 / 040
　二、大国教育发展战略目标的取向异同与定位分析 / 041
　　（一）共性：优先、公平、质量、开放和信息化 / 041
　　（二）个性：基于共性的国别特色 / 047
　　（三）定位分析：质量与效率并存、个人与社会兼顾 / 050
　三、大国经验启示下我国面向未来的教育发展战略决策 / 051
　　（一）"教育强国"愿景须由"高质量战略"来付诸实践 / 051
　　（二）现代化与可持续发展须在理念上融通、行动上一致 / 052
　　（三）战略定位在内外关系上须审时度势、调适应变 / 053
　　（四）参照借鉴共同经验的同时兼顾差异化、特色化战略思路 / 054
　四、基于文献计量的教育发展战略图谱分析 / 055
　　（一）外文文献分析部分 / 055
　　（二）中文文献分析部分 / 067

第三章　中国教育现代化推进的战略背景及基本经验 / 073
　一、建设社会主义现代化强国的战略背景 / 073
　二、持续推进教育现代化发展的基本经验 / 074
　　（一）"以评促建"，自上而下推动教育现代化区域发展 / 074
　　（二）"示范区引领"：为区域教育现代化先行探路 / 079
　　（三）"信息化拉动"，教育现代化未来发展不可或缺的技术赋能 / 083
　　（四）"第三方介入"，涌现于基层的教育治理现代化发展活力 / 090

（五）城乡一体化：以体制机制创新促进教育优质而公平的发展 / 097

三、分区、分步、统筹、系统推进的实施路径 / 103

# 第二编　区域教育发展

第四章　东部：扬长率先式发展的目标定位与推进战略 / 111

一、极具示范引领效应的上海教育发展目标与推进战略 / 112

（一）"新优质学校"的建设与发展 / 112

（二）"管办评分离"的尝试与探索 / 114

（三）"委托管理"的实行与推动 / 117

（四）国际大规模测评的参与与应用 / 119

二、先行先试的浙江教育发展目标与推进战略 / 120

（一）有力推进民办教育的发展 / 121

（二）着眼"共同富裕"推动教育改革示范区建设 / 124

（三）在共享理念下探寻集团化办学路径 / 126

三、以教育强省的江苏教育现代化监测与示范区战略 / 128

（一）完善教育现代化监测评估体系 / 128

（二）推动职业教育高质量发展 / 130

（三）创建教育现代化示范区 / 132

第五章　中西部地区后发赶超式教育发展目标定位与推进战略 / 135

一、中西部地区经济社会发展对教育战略决策的诉求 / 135

（一）中西部地区经济社会发展与东部的差距所在 / 135

（二）旨在缩小差距的中西部地区经济社会发展的教育诉求 / 138

（三）回应社会发展之教育诉求的战略决策思路 / 140

二、后发赶超式教育现代化发展的战略主题与目标定位 / 143

（一）可持续发展理念下的中西部后发赶超式战略主题 / 144

（二）在各级各类教育中选择不同的发展目标与战略 / 148

（三）中西部教育发展后发赶超探索的实践案例 / 151

三、中西部地区推进教育现代化的战略路径 / 155

（一）一地一案：探索区域推进城乡教育一体化发展的西部路径 / 155

（二）一校一策：课程教学现代化推进学校特色发展 / 161

（三）规划引路：建设中部地区教育现代化试验区 / 166

第六章　县市区层面：基于规划的地方教育发展目标与战略 / 173

一、战略背景：建设教育强国有赖于中央和地方的协力 / 173

（一）国家教育发展战略须得到地方的响应与落实 / 174

（二）地方推进国家战略须对教育发展环境做深入的研判 / 175

（三）地方政府和学校组织要依据环境研判确立战略决策思路 / 176

二、战略规划：教育高质量发展理念贯穿目标、任务和项目 / 178

（一）战略主题：教育高质量发展 / 178

（二）对国家教育战略的响应 / 179

（三）对人口及经济社会发展的回应 / 182

（四）对同类地区的参照与借鉴 / 183

（五）对基层学校的引领与支持 / 183

（六）对历史基础的观照与凝练 / 183

（七）对未来形势的预判与前瞻 / 184

三、战略实施：为国家战略寻找地方路径、创新地方经验 / 191

（一）地方教育战略的解码与执行 / 191

（二）如何为国家教育战略寻找地方路径 / 192

（三）如何在响应国家战略、实施地方战略过程中创新地方经验 / 193

## 第三编　各级各类教育发展

第七章　各级教育发展的目标与战略 / 199

一、全纳平等视域下学前教育发展的目标与战略 / 199

    （一）政策背景 / 199

    （二）发展目标 / 201

    （三）发展现状 / 205

    （四）推进战略 / 207

二、优质均衡理念下义务教育与普通高中教育发展的目标与战略 / 210

    （一）改革开放以来基础教育改革与发展的演进脉络与基本经验 / 211

    （二）基础教育改革与发展面临的主要难题及破解之策 / 215

    （三）基础教育面向2030年的发展愿景与目标定位 / 222

    （四）基础教育改革与发展的基本走向与战略选择 / 227

三、国家创新驱动战略下高等教育创新人才培养目标与战略 / 233

    （一）国家创新驱动战略的背景及其对高等教育改革与发展的要求 / 234

    （二）我国高等教育创新人才培养存在的主要问题 / 237

    （三）面向2030我国高等教育创新人才培养目标与战略 / 240

第八章　各类教育发展的目标与战略 / 247

一、产业现代化背景下的中等职业教育发展目标与战略选择 / 247

    （一）战略背景 / 247

    （二）战略目标 / 253

    （三）战略选择 / 259

二、融合理念下我国特殊教育发展的目标与战略 / 266

    （一）战略背景 / 268

    （二）战略目标 / 274

    （三）战略选择 / 276

三、国家治理现代化背景下民办教育发展目标与战略 / 278

    （一）政策要求 / 279

    （二）目标定位 / 282

    （三）战略选择与实施路径 / 284

## 第四编　政策与技术保障

第九章　2030年我国教育发展战略决策与实施的制度保障 / 295

　　一、不同地区教育现代化发展监测评估制度建设 / 295

　　　　（一）"以评促建"的发展导向：江苏省教育现代化监测评估制度改革 / 295

　　　　（二）指标优化与督导创新：成都市教育现代化监测评估制度建设 / 297

　　二、不同类型不同学段教育现代化发展监测评估制度建设 / 298

　　　　（一）重视优质均衡发展的义务教育现代化发展评估制度建设 / 298

　　　　（二）关注均衡而多样化发展的高中教育现代化发展评估制度建设 / 303

　　　　（三）多元多维立体化的高等教育现代化评估制度建设 / 308

　　　　（四）凸显类型特征的职业教育现代化发展评估制度建设 / 313

　　　　（五）服务全民终身学习的终身教育现代化评价标准研究 / 318

　　三、与区域和学校教育发展相适应的政策工具研发与试用 / 322

　　　　（一）明确不同教育政策工具的类型及特征 / 322

　　　　（二）挖掘与区域和学校发展相适应的政策工具的可能 / 323

　　　　（三）有效避免政策工具选择的问题与"雷区" / 326

第十章　2030年我国教育发展战略推进的信息技术保障 / 328

　　一、信息技术的发展及其在教育领域的应用 / 328

　　　　（一）课堂教学的关键性问题尚未解决，但方向已然清晰 / 328

　　　　（二）教育信息技术融入教育教学改革尚存的问题 / 329

　　　　（三）学习流程再造是教育信息技术现代化的核心问题 / 332

　　二、教育发展区域战略的信息技术保障 / 337

　　　　（一）国家教育信息化政策梳理 / 338

　　　　（二）教育发展区域战略的信息技术保障策略选择 / 339

（三）教育发展区域战略信息技术保障策略的效益评估 / 345

三、学校发展战略/规划的信息技术保障 / 348

（一）全面规划、体系化建设与梯度推进策略 / 348

（二）单点突破，以点带面策略 / 349

（三）基于区情、打破区隔的合纵连横策略 / 352

（四）在面向未来的实践中探寻更多更有效的智能化策略 / 353

# 结语：中国教育现代化发展的未来展望 / 355

一、2030年，中国教育可能出现什么样的图景 / 355

二、学校，以什么样的方式眺望未来 / 356

三、课程改革怎样面向2030来一次再出发 / 357

# 后记 / 359

# 导言:为了可持续发展的中国教育现代化

2015年9月,联合国可持续发展峰会审议通过了《改变我们的世界:2030年可持续发展议程》(以下简称《2030年可持续发展议程》),同年,联合国教科文组织在韩国仁川召开峰会,发布了题为"迈向全纳、公平、有质量的教育和全民终身学习"的《教育2030行动框架》。这个行动框架勾勒了2015年后十五年的全球教育发展蓝图,并提供了宏观方向和战略布局。从学前教育到初等教育,再到中等教育甚至高等教育;从女童、男童到青少年,再到成年人甚至所有学习者;从发达国家到发展中国家,再到小岛屿国家甚至不发达国家,《教育2030行动框架》都给予了关注。

从改革开放我国重启"四个现代化",即"工业现代化、农业现代化、国防现代化和科学技术现代化",到1983年邓小平关于"教育要面向现代化,面向世界,面向未来"的题词,我国教育实现了从"为社会主义现代化建设服务"到实现自身现代化的角色转变。从1993年《中国教育改革和发展纲要》将"实现教育的现代化"设为21世纪我国教育事业发展的目标,到2010年《国家中长期教育改革和发展规划纲要(2010—2020年)》明确提出"到2020年,基本实现教育现代化",国家逐渐明晰了教育现代化的愿景与目标。从中共十九大关于"加快教育现代化"的谋篇布局,到《中国教育现代化2035》这一主题式纲领性文件的发布,国家分时段、按类型勾画了"总体实现教育现代化,迈入教育强国行列,推动我国成为学习大国、人力资源强国和人才强国"的宏伟蓝图。

《中国教育现代化2035》和《加快推进教育现代化实施方案(2018—2022年)》出台后,教育部负责人就相关问题答记者问,数次提到联合国《2030年可持续发展议程》,指出"编制《中国教育现代化2035》,也是我国积极参与全球教育治理、履行我国对联合国《2030年可持续发展议程》的承诺,为世界教育发展贡献中国智慧、中国经验、中国方案的实际行动"。"对标新时代中国特色社会主义建设战略安排,参照联合国《2030可持续发展议程》,在国家现代化和建设人类命运共同体的全局中考虑我国教育定位。"推进教育现代化目标的确定,以国家现代化建设的总体战略目标为依据,体现的是国情;与全球《2030年可持续发展议程》相呼应,体现的是世情。对接2030,主题是教育的可持续发展;对接2035,主题则是教育现代化。时间节点从2030变为2035,体现了不同主题的对接与转换,更体现了主题转换后的互渗与融合。教育现代化主题侧重空间的布局,可持续发展主题强调时间上的延续。

教育现代化,是一个国家、民族或地区的教育在适应现代化社会发展要求的过程中,不断调整传统上延续下来的教育思想观念、教育制度规范、教育内容和方法以及教育行为等,逐渐形成新的教育形态及其现代性特征的过程,这是一个渐变的"化"的过程。这种"化",从维度上看,体现在各级各类学校教育、家庭教育和社会教育的运行中;从层次上看,体现在深层的内在性的思想观念或精神、中间层的规范性的制度体系,以及表层的物质条件、装备和技术中。也就是说,教育现代化体现为一种空间式的存在,且渗透于一切教育活动领域。

作为一种人类普遍认同的意识和一种全球关心的实践,"可持续发展"(sustainable development)这一术语至少有三个方面的意义:一是"关于可持续发展的教育",其所关注的是一种知识课程和理论的分析与建构;二是"为了可持续发展的教育",这是将教育作为一种实现社会可持续发展的工具;三是"作为可持续发展的教育",即指教育自身应该是可持续发展的。作为可持续发展的教育,与教育现代化的关系,可以形象地概括为:可持续发展教育的横断面,是现代化的教育;教育现代化的纵断面,是教育的可持续发展。两者是一种时空上交融的关系,却又各自有所侧重。现代化的教育强调创新、协调、绿色、开放和共享等,从可持续发展的视角看,这些观念未尝不是对多元、和谐、共生和永续的可持续发展思想的体现。

怎样的教育现代化才是可持续发展的?首先,可持续发展的教育现代化是属于人的,其最终目标是人的现代化,即形成人的现代品格,培育出能自主、愿合作、善思考、勇创新的时代新人;而不是一种只追求速度、规模甚至政绩的教育。其次,可持续发展的教育现代化是绿色的、生态的、环境友好的,而不是一种误导下一代把人生当作一条唯有竞争才有出路的跑道、只顾眼前"达标"一味"透支"未来的短视的教育。最后,可持续发展的教育现代化是开放的、融通中外的,而不是故步自封、闭目塞听的;它要融合古今中外教育的精华,不断开创未来,培育出既有家国情怀又具国际视野且能担起民族复兴重任的时代新人。

本书是国家社会科学基金"十三五"规划2017年度教育学重大招标课题"我

国教育2030年发展目标及推进战略研究"的终结性成果之一。我们深知,教育发展目标与战略研究,是一项浩大的系统工程,课题组付出很大努力其实也只探寻了其"冰山一角",当然,在得到这"一角"的过程中,我们获得了不少的启示。

启示之一:教育与社会发展的内在关联深刻体现在课题研究的过程中。

尽管教育发展目标与战略研究这一工程是系统而浩大的,但蕴含其中的特征和规律是可以窥探一二的。社会政治、经济、科技、文化、人口等诸多领域的发展与变化,深刻地影响着教育改革与发展的方向。教育在回应这些领域的诉求的同时,也以自身的变革过程、产出成果和影响力为社会发展奠定坚实的基础,例如促进学习型社会建设、提高新增劳动力受教育年限、培育社会各条战线所需人才等。教育与社会发展关联的紧密程度及影响力实现程度,与教育发展的战略决策、战略实施及战略调整等息息相关。我们无论是在透析文献、设立研究内容板块以及分派子课题任务时,还是在为国家撰写政策建议、帮助地方进行五年规划决策以及提炼本课题研究成果时,都会聚焦于教育与社会发展的"交集"来深刻领会两者的内在关联,进而探寻中国教育优质发展的可行之路。

启示之二:2030与2035两个时间节点意味着两个主题的交融。

2030或2035,是未来的某个时间节点。这两个时间节点不普通,而是包含着深刻的政治学、经济学、人口学、社会学,当然还有教育学和未来学的意蕴。尽管2030和2035分别代表教育的可持续发展和教育现代化两个不同的主题,它们之间的关系十分复杂,所幸我们找到了这两个时间节点之间的内在关联性,那就是:我们所要的教育现代化,是可持续发展的教育现代化;我们所要的可持续发展,是内含教育现代化意蕴的可持续发展。正是对经典现代化中主体性和理性的深刻反思,才产生了可持续发展这一重要理念,这一理念从资源、环境及生态学领域延伸到经济学领域乃至全社会及多学科研究领域,逐渐成为一种被普遍接受的全球共识,也从理性意义的时间维度上丰富了现代化的内涵。两个主题的"合流",为中国教育未来发展的目标定位和战略推进,注入了美妙的、交替反复的"二重主旋律"。

启示之三:重大课题的研究进程是理论与实践深度关联与互动的过程。

多少年来,尽管我们一直处在与一线教育工作者密切合作和深度互动的过程中,早已习惯了与他们并肩作战,但这一次课题研究的经历仍然让我和我的团队深刻感受到理论与实践深度互动的必要与可能。本课题研究历时5年,有多所高校的教育学研究者、多个地区数十乃至上百所中小学的教育工作者以及我们的师生团队参与这个项目。中小学、大学以及教育行政部门,各有不同的职责、使命和工作轨迹,这也导致了不同的文化特质。但无论是在校园里还是在课堂上,无论是线下的大会与论坛,还是线上的交流与研讨,抑或是一次次地走村串户、调查寻访,我都能时时感受到身处理论与实践两条战线的人,总是能在言谈话语、举手投足的瞬间心意相通。我想,这一定是因为我们有藏于心间的共识与共情,这种共识与共情,全系于对中国教育和中国社会之美好未来的向往与憧憬。我们总是希冀在中国的教育领域中形成"理论—实践—政策"之间的良性循环,共同推动中国教育的现代化发展,而这样的合作与互动若能持续,则未来可期。

# 第一编　愿景与战略

# 第一章　2030年中国教育发展愿景与目标透析

2030与2035蕴含着不同的发展主题，2030对接的主题是教育的可持续发展，2035对接的主题是教育现代化。本章将逐一解读联合国《2030年可持续发展议程》、联合国教科文组织《教育2030行动框架》、中共中央及国务院印发的《中国教育现代化2035》等重要文件所表达的发展愿景及目标的价值论意义，进而分析我国国民经济与社会发展总体态势及其对教育的重大需求，作为理解上述愿景和目标的认识论基础，最后探讨中国教育发展的未来学、预测学及大数据分析等方法论基础。

## 一、背景:联合国《2030年可持续发展议程》及《教育2030行动框架》指引

要理解2030与2035对接的两个主题之间的联系与区别，须从解读联合国及联合国教科文组织的相关重要文件开始。

### (一) 全球教育可持续发展理念产生的背景

可持续发展理念及其实践的缘起，是人类社会长期发展的必然产物，甚至可以说是一种"命定"的因缘和一个无法绕开的"节点"。

1. 可持续发展作为一个概念、一种思想/理论和一条原则

"可持续"概念最早起源于生态学(或生态经济学)，"可持续发展"概念正式提出前，生态学领域已在广泛使用"可持续收获""最大可持续收获"等概念了。21世纪初，生态学家发现，很多生态学规律可以用统一的数学模型描述，这些可统一描述的生态学规律包括动物、耕地、牧地等可再生资源和环境的变化规律，只要在耕作过程中不破坏耕地的肥力，耕地在一定耕作时间后适当休整且不发生大的自然灾害，则其肥力可再生复原;但若耕地的耕作时间过长，其肥力就会下降;如果耕作过度，耕地的肥力可能完全丧失。受到污染的水和大气也具有一定的再生能力，但这种再生能力以一定阈值下的污染排放为前提条件。如果一定时期内排放

的污染物超过阈值水平，则其再生过程可能十分漫长，甚至完全丧失再生功能，造成灾难性后果。[1]"生态学中可持续概念启发人们思考经济、社会、环境生态大系统的可持续性，这个大系统在动态演化方面具有与单纯生态系统类似的某些特征，如某些方面的阈值限制。当经济活动强度、环境污染程度等超过相应阈值时，社会经济大系统的发展就会被迫中断。这种简单类比促使人们提出在更为复杂的大系统中定义可持续的思想。"[2]关于可持续发展，除了生态学（或生态经济学）定义，国际文献中还有环境学、主流经济学、非主流经济学、热力学和社会学等多个学科的定义，有人列举了23种甚至60种定义，但除了学科视角有异，其核心内涵都相去不远。概言之，对可持续发展的主流理解认为，生态可持续是作为发展过程目标的人类活动模式的期望特征，即可持续发展被解释为社会变化形式，除传统发展目标外，还有生态可持续目标或约束。

还有论者指出：自从联合国世界环境与发展委员会（Brundtland Commission，也称布伦特兰委员会）在其1987年发表的学术报告《我们共同的未来》中使用"可持续的发展"（sustainable development）这一提法之后，"可持续的发展"作为一个术语被广泛运用于有关的发展研究和环境问题研究中，并成为一个流行用语。在1992年联合国举行环境与发展大会之后，它更是作为一种概念、一种思想、一种理论、一种原则而频繁地出现于报纸杂志之中。毫无疑问，可持续发展业已成为当今世界最为引人注目的一个学术问题和实践课题，然而同时，它也是最众说纷纭而时常被歧解的一个概念。[3]

可持续发展作为一个概念，无疑是针对"不可持续发展"提出来的，然而从概念的形成来说，反映了人们对自身的发展及其后果的认识加深的过程。在经济学理论中，传统的理论关注和强调的是产出的增长，经济发展过程也就是追求产出不断增长的过程，当人们认识到经济发展过程中既存在"有发展的增长"，同时也存在"没有发展的增长"时，"增长"的概念逐步为"发展"的概念所取而代之。但由于发展方式的差异，发展的结果也千差万别，特别是，不仅有经济的发展，而且有社会、政治、文化的发展，还有针对人类自身生存的全球发展，因而，"发展"概念逐

---

[1] 蒲勇健：《可持续发展概念的起源、发展与理论纷争》，《重庆大学学报（社会科学版）》，1997年第1期，第17—23页。
[2] 蒲勇健：《可持续发展概念的起源、发展与理论纷争》，《重庆大学学报（社会科学版）》，1997年第1期，第17—23页。
[3] 朱国宏：《可持续发展的概念及其意义》，《世界经济文汇》，1996年第3期，第5—6页。

渐分化为传统的发展和现代的发展,以及"另一种发展"(the other development)。随着人们对人口、资源、环境关系认识的逐渐加深,最终形成了"可持续发展"的概念,这一概念既考虑社会经济的发展,又考虑人口、资源与环境的协调发展;既考虑现代人的需要,又考虑未来人的需要,是一个着眼于人类社会长期发展的概念。

可持续发展作为一种思想或理论,其内涵如《我们共同的未来》所定义的,"在不牺牲未来几代人需要的情况下,满足我们这代人的需要"。这种思想或理论,和其概念的形成相一致,经历了一个形成和演变的过程。毫无疑问,在传统的理论中,发展的思想仅限于当代人的满足需要,至于下一代人下几代人的需要很少或几乎不被考虑,这种思想之下的发展就是最大限度地满足当代人的需要。但是,随着人们对自身所生存的环境的认识逐渐加深,特别是20世纪初以来,人们对人口、资源、环境关系的认识逐渐深化,全球发展和长期发展的思想逐渐引起人们的关注。[1]

可持续发展作为一种原则,在联合国1992年举行的环境与发展大会上便已初露端倪,可持续发展更多的是一个行动纲领,是一种要求世界各国相互合作并恪守的一种原则,即为了人类自身的生存与发展,必须"全球携手,求得可持续的发展"。作为一个行动纲领,可持续发展的原则集中体现在联合国制定的《21世纪议程》中。该议程提供了一个从现在起到21世纪的行动蓝图,它涉及与全球可持续发展有关的所有领域。其基本思想是:人类正处于历史的转折关头,我们可以继续实行现行的政策,保持国家间的经济差距,在世界范围内增加贫困、饥饿、疾病和文盲,使人类赖以生存的地球生态系统继续恶化,不然,就得改变政策,改善所有人的生活水平,更好地保护和管理生态系统,争取一个更为安全、更加繁荣的未来。顺便提及,联合国的这一思想,在中国,不仅被广泛接受,而且在世界各国中首先制定了国别的行动纲领,那就是《中国21世纪议程》。[2]

此外,西方哲学范式的当代转型也构成了可持续发展观兴起的最为深厚的理论基础。这表现在:(1)当代哲学的"生活世界"理论致力于消解近代哲学主体、客体二元分立的基本立场为可持续发展观的确立奠定了存在论的基础;(2)当代哲学批判理性的过分张扬以及近代哲学对人的理性规定,关注生活世界中的人,为可持续发展观超越"见物不见人"的传统发展观提供了思想资源。[3]

---

[1] 朱国宏:《可持续发展的概念及其意义》,《世界经济文汇》,1996年第3期,第5—6页。
[2] 朱国宏:《可持续发展的概念及其意义》,《世界经济文汇》,1996年第3期,第5—6页。
[3] 刘会强:《西方哲学的当代转型与可持续发展观的缘起》,《江淮论坛》,2004年第4期,第69—71页。

尽管"可持续发展"概念目前尚无一致的可操作定义,但可持续发展已成为世界各国的发展战略目标选择和国家健康运行的诊断标准。学者一致认为此概念存在深刻的哲学、社会和心理背景。可持续发展的核心在于正确处理人与自然、人与人之间的关系,要求人类以最高智力水准与泛爱的责任感规范自己的行为,并创造和谐的世界。人与自然互为协调、协同进化,人与人和衷共济、平等发展,利己利他的平衡,当代后代的协调,自助互助的公信,自律互律的制约,构建了可持续发展的哲学框架,还原了中外先贤的理想范式。从乌托邦式的人类终极目标,复归到可操作的可持续发展现实,使人类对前途的暗淡心理为之一扫,一种积极的"谨慎乐观"理念逐渐廓清,正在突破传统的思维定式,经过长期痛苦反省,形成了世界上不同社会制度、意识形态和文化群体对可持续发展的共识。[1]

2. 可持续发展成为国际社会共同关注的重大主题

可持续发展最早出现于1972年罗马俱乐部的经典之作《增长的极限》,作为对人们日益认识到现代化发展实践所导致的全球环境和社会危机的回应,成为20世纪80年代以来国际社会倡导的社会发展理念。尽管经过几十年的讨论,可持续发展并没有完美的定义,但环保主义者、经济学家、平等倡导者的不同视角成为采取未来行动的规范性基础,"环境、经济、平等"常被视为可持续发展的目标,将发展与环境、经济和社会的可持续性联系起来。从国际文献来看,1987年,联合国世界环境与发展委员会在《我们共同的未来》中正式提出可持续发展概念;1992年,联合国环境与发展大会提出人类处在关注持续发展的中心;2002年,在南非召开的联合国第一届可持续发展世界首脑会议,提出增加社会公正和消除贫困等内容;2012年,联合国可持续发展大会,发展致力于消除贫困的绿色经济;2015年,《2030年可持续发展议程》对经济社会提出17个可持续发展目标和169项具体指标,提出以综合方式彻底解决社会、经济和环境三个维度的发展问题(详见表1-1)。由此可以看出,可持续发展的内涵在不断扩展,形成了包括社会可持续性、经济可持续性、环境可持续性、政治可持续性、全球可持续性五个方面的群组目标[2],以达到《2030年可持续发展议程》所期望的目标,应对系统性生存威胁。

---

[1] 蒲勇健:《可持续发展概念的起源、发展与理论纷争》,《重庆大学学报(社会科学版)》,1997年第1期,第17—23页。
[2] [美]柯林·I. 布拉德福德著,薛磊、叶玉译:《面向可持续发展的全球领导力——文化多样性研究》,上海:格致出版社,2018年版,第124页。

表1-1 国际社会可持续发展的重要文献①

| 国际组织 | 时间、地点 | 文献 | 主要观点 |
|---|---|---|---|
| 联合国世界环境与发展委员会 | 1987年(日本东京) | 《我们共同的未来》(布伦特兰报告) | 正式提出"可持续发展"概念,对人类共同关心的环境与发展问题进行了全面论述,呼吁"必须为当代人和下代人的利益改变发展模式" |
| 联合国环境与发展大会 | 1992年(巴西里约热内卢) | 《里约热内卢环境与发展宣言》和《21世纪议程》 | 提出"人类处在关注持续发展的中心",确立了世界范围内可持续发展行动计划,在国家、社会重要部门和人民之间建立新水平的合作,建立一种新的和公平的全球伙伴关系 |
| 联合国第一届可持续发展世界首脑会议 | 2002年(南非约翰内斯堡) | 《约翰内斯堡可持续发展宣言》和《可持续发展世界首脑会议执行计划》 | 扩展可持续发展概念,增加"社会公正"和"消除贫困"等内容 |
| 联合国可持续发展大会 | 2012年(巴西里约热内卢) | 《约翰内斯堡执行计划》 | 发展基于致力于消除贫困的可持续发展之上的绿色经济 |
| 联合国可持续发展峰会 | 2015年(美国纽约) | 《2030年可持续发展议程》 | 提出17个可持续发展目标和169项具体指标,从2015年到2030年间以综合方式彻底解决社会、经济和环境三个维度的发展问题,消除极端贫困、战胜不平等和不公正及遏制气候变化,转向可持续发展道路 |

### (二)《2030年可持续发展议程》及教育在其中的地位

2015年9月25—27日,举世瞩目的联合国可持续发展峰会在纽约联合国总部召开。会议开幕当天通过了一份由193个会员国共同达成的成果文件,即《改变我们的世界:2030年可持续发展议程》②。该议程将在未来15年为国家、区域和全球层面上的发展政策提供指导。"可持续发展目标"(SDGs)是"千年发展目标"(MDGs)的继续,"千年发展目标"曾成功地围绕减贫和社会发展动员了人们的种种努力,但也有其缺点和空白。通过确立一个将"不让一个人掉队"的普遍性议程来克服这些缺点和空白,是2015年协议和可持续发展目标的雄心。制定这些目标并就其展开谈判协商的更具包容性的过程,不仅形成了更加全面的发展愿

---

① 王建:《可持续发展、教育现代化与儿童发展》,《教育与教学研究》,2020年第8期,第119页。
② 该文件名为 Transforming our World: The 2030 Agenda for Sustainable Development,由于 transform 有转变、转换、变化、变革之意,所以有的论者将这一文件名译为"变革我们的世界",有的则译为"实现世界的转型"(进而理解为"转型性变革"),各自根据不同译法的"借题发挥"也就有了微妙的差异或不同的侧重点。

景,而且为更具包容性的落实和监督过程打下了基础。"2030年议程"的题目是"改变我们的世界",与一切照旧相比,这是更具挑战性的任务,远远超出了"千年发展目标"较狭窄的关注范围。转型,就须挖掉造成并复制经济、政治、环境问题和不平等的根源,而不仅仅是应对其症状。

1.《2030年可持续发展议程》的目标及理念

《改变我们的世界:2030年可持续发展议程》(以下简称《2030议程》)共提出了17项可持续发展目标,其中有关教育的目标集中在第四项。(详见表1-2)

表1-2 《2030议程》提出的17项可持续发展目标[①]

| |
|---|
| 目标1:在世界各地消除一切形式的贫穷 |
| 目标2:消除饥饿,实现粮食安全,改善营养和促进可持续农业 |
| 目标3:让不同年龄段的所有的人过上健康的生活,促进他们的安康 |
| 目标4:确保包容和公平的优质教育,让全民终身享有学习机会 |
| 目标5:实现性别平等,增强所有妇女和女孩的权利 |
| 目标6:为所有人提供水和环境卫生并对其进行可持续管理 |
| 目标7:每个人都能获得价廉、可靠和可持续的现代化能源 |
| 目标8:促进持久、包容性和可持续的经济增长,促进充分的生产性就业,促进人人有体面的工作 |
| 目标9:建造有抵御灾害能力的基础设施,促进具有包容性的可持续工业化,推动创新 |
| 目标10:减少国家内部和国家之间的不平等 |
| 目标11:建设包容、安全、有抵御灾害能力的可持续城市和人类住区 |
| 目标12:采用可持续的消费和生产模式 |
| 目标13:采取紧急行动应对气候变化及其影响 |
| 目标14:养护和可持续利用海洋和海洋资源,以促进可持续发展 |
| 目标15:保护、恢复和促进可持续利用陆地生态系统,可持续地管理森林,防治荒漠化,制止和扭转土地退化,阻止生物多样性的丧失 |
| 目标16:创建和平和包容的社会,以促进可持续发展,让所有人都能诉诸司法,在各级建立有效、负责和包容的机构 |
| 目标17:加强执行手段,恢复可持续发展全球伙伴关系的活力 |

可持续发展目标强调多重的、相互关联的、不可分割的目标,要求为目标落实制定综合性的政策框架。这种整体主义的观点与联合国社会发展研究所研究社会发展的方法是一致的,这种方法长期以来强调经济社会政策的整合,同时提升环境可持续性、人权和性别平等。[②] 通过《2030议程》实现的多重目标,将直面我们时代的全球性挑战:贫困和饥饿,气候变化,不可持续的增长与经济危机,移民、

---

[①] 王建:《可持续发展、教育现代化与儿童发展》,《教育与教学研究》,2020年第8期,第118—128页。
[②] UNRISD (United Nations Research Institute for Social Development). 2015. Research for Social Change-Transformations to Equity and Sustainability: UNRISD Strategy 2016 - 2020. Geneva: UNRISD. http://www.unrisd.org/unrisd-strategy-2016-2020. Accessed in May 2016.

成群迁徙和流离失所,流行病疫,不平等,社会排斥,缺乏体面的工作和社会保护,以及政治不稳定、不安全和暴力冲突。① 可持续发展的基本理念,主要包括五个方面。② 一是包容性发展:可持续发展议程将吸引社会各层面的利益相关方共同致力于实现这一议程,"无论是政府、国际组织、商业部门还是其他非国家行动者和公民个人,都必须有所贡献"。二是普遍发展:要求所有国家都要制定目前的政策工具和行动框架,同时也要考虑自身的实际国情和发展阶段差异。三是全面发展:推动经济、环境和社会的全面发展,着眼于"人类、地球、繁荣、和平与合作";可持续发展战略是"全面的,不可分割的,经济、社会、环境三个方面平衡的战略"。四是以地方为中心的发展:地方当局和地方团体对于在地方层面实现可持续发展目标负有责任,充分认识城市、近郊和乡村之间的相互依赖和相互影响的关系。城市的作用尤为重要,城市将成为世界范围内生产和消费的核心,把发展注意力、投资和创新放在城市,将使人类更有可能接近可持续发展目标。五是技术驱动的发展:快速的技术进步,特别是信息技术(ICT)和大数据领域给全球经济快速增长和融合带来了广阔前景。信息技术对经济社会影响非常大,各个领域包括卫生教育各方面都有很大的机遇。③

2. 可持续发展理念与框架下的教育

无论从生态学、经济学、社会学或教育学哪个学科角度研究,可持续发展理念与框架下的教育,都强调人的可持续发展、教育的可持续发展、为了可持续发展的教育。而人的可持续发展,正是教育可持续发展问题的核心。从这一观点出发,要求教育注重人的可持续性和人的全面发展,实现人的持续教育和终身学习。"可持续发展本质上是关于人与人之间,以及人与自然之间的关系。因此,人的因素就成为了可持续发展中的关键性变量——既可成为导致不可持续发展的原因,又是成为形成可持续发展的希望。"④

教育是2030年可持续发展议程的核心,也是成功实现所有可持续发展目标必不可少的因素。认识到教育的重要性,《2030议程》突出了教育的重要作用,将教育

---

① 联合国社会发展研究所著,张海燕译:《实现转型性变革的政策创新——落实"2030可持续发展议程"》,《国际社会科学杂志(中文版)》,2018年第1期,第127—154页。
② 联合国经济和社会事务部:《可持续发展目标使用手册》,上海:上海社会科学院出版社,2018年版,第15—19页。
③ 王建:《可持续发展、教育现代化与儿童发展》,《教育与教学研究》,2020年第8期,第119—120页。
④ 转引自王坤、房文红:《基于〈地球宪章〉的可持续发展教育价值观研究》,《教育学报》,2013年第4期,第55—60页。

目标进行单列(SDG4);同时在健康、成长与就业、可持续消费与生产、气候变化等其他几个可持续发展目标里提及教育的目标。实际上,教育可以加快实现全球可持续发展目标,因而应将教育视为实现每一项可持续发展目标战略的一部分。[1]"教育系统越来越关注社会可持续发展问题,社会可持续发展也越来越依靠教育。"[2]

### (三)《教育2030行动框架》解读

《教育2030行动框架》分为三部分。第一部分概述了"教育2030"的愿景、理念与原则。第二部分描述了全球教育的总体目标、与其相关的七项具体目标、三项实施举措以及指导性策略;第三部分提出了协调全球教育努力的组织架构以及治理、监测、跟踪和研究的机制,同时考查了确保"教育2030"获得充裕经费的方式,列举了为在国家、地区和全球层面实现议程所需要的合作伙伴关系。

1."教育2030"的愿景、理念与原则

《教育2030行动框架》(以下简称《教育2030》)未明确界定"教育2030"的发展愿景,但其标题"迈向全纳、公平、有质量的教育和全民终身学习"(Towards Inclusive and Equitable Quality Education and Lifelong Learning for All),无疑清楚明白地表达了该行动框架的宗旨。这一愿景也是来自其上位的文件《改变我们的世界:2030年可持续发展议程》中的目标4(SDG4)——"确保包容和公平的优质教育,让全民终身享有学习机会"这一表述的主旨。

《教育2030》充分吸收了2000年以来的经验,以全民教育运动为基础,继续向前推进。《教育2030》的创新之处在于其透过终身学习路径,关注不断扩大所有教育层次的入学机会,促进全纳、公平、有质量的教育和学习结果。深层的教训是:"想当然的常规"不会带来有质量的全民教育。若仍沿用常规的节奏,很多远远落后的国家将无法完成"教育2030"的新目标。这意味着,至关重要的是:应该以前所未有的步伐,动员多方共同努力,调动所有资源去改变当下的实践。《教育2030》的另一个新特点是普适性,适用于全世界所有发达国家和发展中国家。《教育2030》强调必须在当今发展的大背景中审视"教育2030"。教育系统必须相互关联,回应迅速变化的外部环境,如变革的劳动力市场、技术的更新换代、城镇化的兴起、政治环境的不稳定、环境恶化、自然风险与灾难、对自然资源的争夺、人口压

---

[1] 联合国教科文组织,国家教育发展研究中心专题组译:《迈向全纳、公平、有质量的教育和全民终身学习——〈教育2030行动框架〉之前言、愿景、理念与原则》,《世界教育信息》,2016年第1期,第6—11页。
[2] 韩民:《可持续发展教育的趋势及其启示》,《世界教育信息》,2015年第5期,第15—16页。

力、全球失业率的攀升、贫穷的困扰、不平等的扩大以及和平与安全所面临的更多威胁。《教育2030》还指出：对人类发展和经济、社会、环境可持续性的教育目标及其相关性的最新关注，是这一行动框架的显著特征。这对那些需要有质量的全民教育的国家和社会而言，受益之处颇多。教育改善生活（特别是对于女童和妇女而言）的有力证据越来越多。教育在根除贫困中发挥着重要作用：它能帮助人们获得体面的工作，增加他们的收入，提高生产效率，助力经济发展。赋予全民受教育的权利，需要时时处处创造更多机会，那些冲突中的国家与地区尤其需要如此。

《教育2030》中的原则源于一系列的国际公约与协议，包括《世界人权宣言》（第26款）、《反教育歧视公约》、《儿童权利公约》、《经济、社会和文化权利国际公约》、《联合国残疾人权利公约》、《消除一切形式的女性歧视公约》、《关于难民地位的公约》、《联合国大会关于紧急情况下受教育权的决议》。这些原则具体包括如下三项：第一，教育是一项最基本的人权，而且是可获得的权利。为充分实现这一权利，各国必须确保人们能普遍、平等地获得全纳、公平、有质量的教育与终身学习的路径，并做到免费和义务教育，不让一个人掉队。教育应致力于人的个性的全面发展，增进相互理解、包容、友谊与和平。第二，教育是一项公共产品，主要由国家负责。教育需要国家和社会来共同承担，这意味着公共政策的形成和实施过程具有包容性。民间组织、教师与其他教育工作者、私立部门、不同社区、家庭、年轻人和儿童，在实现有质量的受教育权利方面都发挥着重要作用，而国家在设定和调节标准与规范方面的作用不可或缺。第三，性别平等不可避免地与全民受教育权利相互关联。实现性别平等的途径需要以权利为基础，保障女童和男童、女性和男性不仅获得和完成教育周期，而且在教育中以及通过教育获得同等的权利。

2. 全球教育的目标、策略及监测指标

《教育2030》的第二部分——"总体目标、策略方法、具体目标和指标"（goal, strategic approaches, targets and indicators）描绘了全球教育的总体目标，与之相关的7项具体目标，3项实施举措以及指示性策略。

总体目标，也就是《2030议程》17项目标中的第4项（SDG4），即"确保包容和公平的优质教育，让全民终身享有学习机会"。《2030议程》承诺为实现可持续发展教育目标（SDG4），提供所有层次的全纳、公平、有质量的教育，描绘了《教育2030》新的关键性特征，这在本行动框架中得到充分体现。

为了实现可持续发展目标4和其他可持续发展目标中的教育目标，很有必要

动员国家、地区和全球的力量,致力于:

- 实现有效和全纳的合作伙伴关系;
- 改善教育政策及其发生作用的合作方式;
- 确保高度全纳、公平和有质量的全民教育体系;
- 为教育调动充分的财政资源;
- 确保对所有具体目标进行监测、跟踪和评价。

7项具体目标在诸多文章和解读中都有转录,此处提供一个最简要的描述,详见表1-3。

表1-3 《教育2030》提出的7项具体目标

| |
|---|
| 目标1:到2030年,确保所有青少年完成免费、公平及优质的小学和中学教育,并获得有效的学习成果。 |
| 目标2:到2030年,确保所有儿童接受优质的儿童早期发展、保育及学前教育,从而为初等教育作好准备。 |
| 目标3:到2030年,确保所有人负担得起优质的职业技术教育和高等教育。 |
| 目标4:到2030年,全面增加拥有相关技能的人员数量,该技能包括为就业、获得体面工作及创业的职业技术技能。 |
| 目标5:到2030年,消除教育上的性别差异,确保残疾人、原住民和弱势儿童等弱势群体享有平等接受各层次教育和职业培训的机会。 |
| 目标6:到2030年,确保所有青年和绝大部分成年人实现读写和计算能力。 |
| 目标7:到2030年,确保所有学习者获得必要的知识和技能以促进可持续发展,确保教育为可持续的生活方式、人权、性别平等、促进和平和非暴力文化的发展、文化多样性及可持续发展作出贡献。 |

在上述7项目标之后,都列出了更为具体的指示性策略,这当然是作为一份类似国际公约的文件所应该持有的一种尊重和谨慎的姿态。联系到我国的教育实情,目标1—6大致与我国学前教育、九年义务教育及普通高中教育、职业教育、特殊教育、高等教育和社会领域的终身教育这六类教育相呼应,而目标7,则专门提出了须落实在学习者身上的基本素养及其对可持续发展的积极意义。

《教育2030》还提出了3项实施举措(也被表述为"目标n"),详见表1-4。

表1-4 《教育2030》提出的3项实施举措

| |
|---|
| 目标4.a:建立和改善顾及儿童、残障和性别敏感因素的教育设施,为所有人提供安全、非暴力、全纳和有效的学习环境。 |
| 目标4.b:到2020年(编者注:此处即原文),在全球范围内大幅增加发达国家和发展中国家为其他发展中国家,特别是最不发达国家、小岛屿发展中国家和非洲国家提供的高等教育奖学金额度,包括职业培训,信息通信技术,技术、工程及科学课程的奖学金。 |
| 目标4.c:到2030年,大幅扩大合格教师的来源,包括在发展中国家,特别是最不发达国家、小岛屿发展中国家开展教师培训的国际合作。 |

在每一项举措之后,列出了较为具体的指导性策略。

最后,《教育2030》还提出了一套概括性的指标,建议分为4个层次,详见表1-5。

表1-5 《教育2030》提出的4层次指标

| |
|---|
| **全球性**:一套小型的全球可比性指标,适用于有关教育的可持续发展目标4(SDG4)在内的所有可持续发展目标(SDGs),由联合国统计委员会通过磋商方式领衔开发,以监测相关目标的进展;<br>**主题性**:一套范围更广的全球可比性指标,由教育界开发,旨在更为全面地追踪不同国家之间具体教育目标的进展,这套指标包括全球性指标;<br>**区域性**:可开发附加性指标,以充分考虑具体区域情境和相关政策优先方向,在进行全球比较时可尽可能少地做出修正;<br>**全国性**:指标由相关国家遴选或开发,需要充分考虑本国的背景,对其教育系统、规划和政策议程的适应性。|

根据之前行事惯例,联合国可持续发展目标发布之后,各个国家和地区要出台相应的"国别方案",而在15年后(此轮即2030年),各个国家和地区又将提供相应的"国别报告",从方案到报告,这些指标无疑是最基本的立论依据和评价尺度。

3. 解读与启示

自1987年《布伦特兰报告》提出的被人们所熟知的"可持续发展"定义,即"既满足当代人需求,又不损害后代人满足其自身需求的能力"以来,后续研究对"可持续发展"的解释大多围绕人类需求和价值观展开,又因其定义的模糊性而被不同的政府机构、私营企业、社会和环境活动家所采纳,并且他们站在各自立场抽象出多重内涵。这一理念从生态学及相关实践领域,逐渐扩展到经济、政治、文化、教育等几乎所有社会领域及相关的学科领域,逐渐成为一种全球性共识。正因为教育与社会千丝万缕的复杂关联性,教育领域的可持续发展问题才在联合国千禧年计划中受到格外的重视,不仅专属教育的目标单列,还在其他一些目标中提及教育。

我国对教育可持续发展的问题也给予了高度关注,并将其与我国教育发展的自身定位有机地结合起来。教育部负责人指出:"编制《中国教育现代化2035》,也是我国积极参与全球教育治理、履行我国对联合国2030年可持续发展议程承诺,为世界教育发展贡献中国智慧、中国经验、中国方案的实际行动。""立足国情世情,对标新时代中国特色社会主义建设战略安排,参照联合国2030可持续发展议程,在国家现代化和建设人类命运共同体的全局中考虑我国教育定位。"①

我国教育今后数十年发展的定位是坚定不移地迈向现代化。然而,我们所理想的教育现代化,是可持续发展的现代化,而非盲目追赶、急功近利的现代化;我们在坚持走可持续发展的道路时,也在反思经典现代化价值目标,如在科学、民主、法治的基础上,吸纳开放共享、公平正义和可持续发展的价值内涵,重建教育现代化的"现代性",或者说,我们追求的是可持续的教育现代化发展。这就是我们从中得到的重要启示。

## 二、意义:《中国教育现代化2035》发展愿景及目标的价值论

本研究关键词中的年号为2030,自当紧扣联合国千禧年目标所承载的教育可持续发展这一主题,然而整个中国的现代化进程中两个15年的第一个是落在2035年,也是本研究要关注的主题,因而,在不特别注明时,讨论的话题对2030与2035不作严格区分。

### (一) 意义解读

《中国教育现代化2035》出台的背景有三个方面:(1)中共十九大对实现中国特色社会现代化发展宏伟目标的两个15年目标及部署,以及对教育发展的总体布局,主题是教育现代化;(2)2015年联合国峰会提出《2030年可持续发展议程》及联合国教科文组织"教育2030行动框架",作为回应,我国提出《中国教育现代化2030》(后更名为《中国教育现代化2035》),主题侧重在可持续发展;办教育要扎根中国,也要融通中外,在国家现代化和建设人类命运共同体的全局中考虑我国教育的定位,从国情世情出发,将国家教育现代化理念与可持续发展理念融合起来;(3)2010年印发的《国家中长期教育改革和发展规划纲要(2010—2020年)》,2017年印发的《国家教育事业发展"十三五"规划》,是《加快推进教育现代化实施方案(2018—2022年)》的直接背景,这5年对其后13年的奠基意义十分明显。

《中国教育现代化2035》的重大意义在于为中国教育未来发展勾画了宏伟蓝图,是重要而及时的顶层决策和宏观布局,确立了未来中国教育发展的大政方针;

---

① 新华社:《绘制新时代加快推进教育现代化建设教育强国的宏伟蓝图——教育部负责人就〈中国教育现代化2035〉和〈加快推进教育现代化实施方案(2018—2022年)〉答记者问》,2019年2月23日。

《中国教育现代化2035》与《加快推进教育现代化实施方案(2018—2022年)》这两个文件一远一近,但核心目标都指向了要在2035年总体实现教育现代化,为我国教育事业发展及教育研究指明了前进的方向和探索的重点;还要看到,《中国教育现代化2035》超越了以往一般5年、近期10年的顶层设计惯例,将其拓展为15年,加强了国家宏观决策和战略策划的前瞻性和计划性。

### (二) 理念解读

《中国教育现代化2035》提出了推进教育现代化的八大基本理念,即:

更加注重以德为先,更加注重全面发展。全面落实立德树人根本任务,把思想品德、理想信念教育摆在首要位置。大力发展素质教育,推进德智体美劳五育并举,进而实现五育的有机融合,培育担当民族复兴大任的时代新人。

更加注重面向人人,更加注重终身学习。坚持有教无类,保障每个人平等受教育权利和学习机会,将学有所教与终身受益作为衡量教育发展水平的重要标准,加快建成陪伴每个人一生的教育。

更加注重因材施教,更加注重知行合一。面向学习者个性化、多样化的学习和发展需求,完善教育体系,创新体制机制,改进培养模式。坚持能力为重,将教育与生产劳动和社会实践紧密结合,强化实践环节,以知促行、以行促知、学以致用,着力培养学习者适应未来发展的职业素养和创新创业能力。

更加注重融合发展,更加注重共建共享。推动教育向社会开放、向产业开放,推进产教融合、科教融合、军民融合,推动学校教育、社会教育、家庭教育有机结合,促进人才培养链与产业链、创新链有效衔接,实现教育与经济社会深度融合、协同发展。将教育作为关系国家和全民利益的公益性事业,坚持政府主导、全社会多元参与,多渠道扩大教育供给,构建全社会共建、共治和共享的教育发展新格局。

在国家发布的纲领性文件中提出具有整体指导意义的基本理念,也属首次。这凸显了国家推进教育现代化的坚定而明确的价值取向,值得深刻领会并在行动中落实。

### (三) 目标解读

推进教育现代化的总体目标是:到2035年,总体实现教育现代化,迈入教育强国行列,推动我国成为学习大国、人力资源强国和人才强国,为到本世纪中叶建成富强民主文明和谐美丽的社会主义现代化强国奠定坚实基础。

2035年主要发展目标是：建成服务全民终身学习的现代教育体系、普及有质量的学前教育、实现优质均衡的义务教育、全面普及高中阶段教育、职业教育服务能力显著提升、高等教育竞争力明显提升、残疾儿童少年享有适合的教育、形成全社会共同参与的教育治理新格局。2035年主要发展目标是一种"总—分—总"结构，即"现代教育体系"建设和"教育治理新格局"这一首一尾的目标是总体性的；首尾之间的学前教育、义务教育、高中教育、职业教育、高等教育、特殊教育六类教育发展目标，则是指向各级各类教育发展的分项目标，构成一个整体。这一目标整体也与其后十大战略任务之间形成紧密的内在逻辑对应关系。

#### （四）战略任务解读

《中国教育现代化2035》聚焦教育发展的突出问题和薄弱环节，立足当前，着眼长远，重点部署了面向教育现代化的十大战略任务：

**一是学习习近平新时代中国特色社会主义思想**。学习习近平新时代中国特色社会主义思想是首要任务，要贯穿到教育改革发展全过程，落实到教育现代化各领域各环节，确保在教育战线落地生根。

**二是发展中国特色世界先进水平的优质教育**。提高教育质量是教育现代化的核心要求。要构建德智体美劳全面培养的教育体系和科学的评价体系，全面落实立德树人根本任务，完善教育质量标准体系，制定覆盖全学段、体现世界先进水平、符合不同层次类型教育特点的教育质量标准。

**三是推动各级教育高水平高质量普及**。各级教育的高水平高质量普及是实现教育现代化的重要基础。具体要以农村为重点提升学前教育普及水平。提升义务教育巩固水平，提升高中阶段教育普及水平，推进中等职业教育和普通高中教育协调发展，鼓励普通高中多样化有特色发展。振兴中西部地区高等教育。提升民族教育发展水平。

**四是实现基本公共教育服务均等化**。基本公共教育服务均等化是教育现代化的基本要求。要提升义务教育均等化水平，推进随迁子女入学待遇同城化，实现困难群体帮扶精准化，办好特殊教育，努力让全体人民享有更公平的教育。

**五是构建服务全民的终身学习体系**。加快建设学习型社会是教育现代化的迫切要求。要构建更加开放畅通的人才成长通道，建立全民终身学习的制度环境，完善终身学习服务平台。

六是提升一流人才培养与创新能力。一流的人才培养与创新能力是衡量教育现代化水平的重要标准。要分类建设一批世界一流高等学校,加快发展现代职业教育,构建适应区域和产业发展需要的教育布局,优化人才培养结构,加强高等学校创新体系建设。

七是建设高素质专业化创新型教师队伍。高素质专业化创新型的教师队伍是加快教育现代化的关键。要大力加强师德师风建设,优化教师队伍管理,培养高素质教师队伍,提高教师社会地位。

八是加快信息化时代教育变革。信息化是教育现代化的重要内容,也是推进教育现代化的关键途径。要建设智能化校园,探索新型教学方式,创新教育服务业态,推进教育治理方式变革。

九是开创教育对外开放新格局。对外开放是推进教育现代化的重要举措。要全面提升国际交流合作水平,提升我国教育国际影响力,扩大和深化中外人文交流,积极参与全球教育治理。

十是推进教育治理体系和治理能力现代化。现代教育治理体系是教育现代化的重要保障。要提高教育法治化水平,提升政府管理服务水平,提高学校自主管理能力,推动社会参与教育治理常态化。

## 三、前提:我国人口变动、国民经济与社会发展的教育需求

教育发展与人口、社会的变迁息息相关,人口政策所导致的人口变动、经济发展,比如产业升级换代、科技发展对社会生活方式的改变以及对未来社会成员基础素养要求的提升等,都将转化为对教育发展的需求。下面择其要端作一些描述。

### (一) 人口政策驱动和人口普查结果的教育影响

1. 人口政策变化带来的人口变动及其对教育的影响

近年来,我国的人口形势发生了很大变化。2014年,中国放宽了计划生育政策,实施了"单独二孩"政策;2016年,更进一步实施了"全面二孩"政策。人口政策的变化,为人口变化增加了额外的推动力量。人口形势的变化、生育政策的调整,无疑会对中国教育事业的发展产生重大影响。有研究者指出:未来一段时期内,随着城镇化进程的推进,出生人口的短期增长连同进城农村人口增加带来的入学

需求增长，必然会使城市教育供给面临越来越大的压力，基础教育资源日渐紧张。受人口空间分布格局的影响，东部地区将面临着教育资源供给紧张的格局。尤其是在一些特大城市，由于人口基数庞大，政策放开带来的效果更加明显，基础教育资源供给不足的问题将非常突出。[1]

该研究还特别指出：生育政策调整导致的新增出生人口数量最终会随着政策的稳步实施而稳定下来。在达到一定的峰值之后，常住新出生人口仍会趋于递减。因此，教育部门在确定基础教育资源供给的时候，应当充分考虑这种短期和长期效应，既要注意短期入学需求旺盛的问题，又要考虑长远教育需求呈现稳定或递减的趋势。[2]

2020年正值国家"十四五"规划编制的酝酿期，有论者以人口预测为基础，研究分析了从目前到2035年的教育需求状况。从学龄人口总量看，未来教育需求增长不大，但受城镇化进程的影响，城镇学前至高中阶段的教育需求旺盛，农村各阶段学龄人口则开始下降；本专科阶段高等教育适龄人口将小幅增长，峰值在2035年；23—30岁人口在"十四五"时期将大幅度下降，会对研究生教育和继续教育方向产生一定影响。故对"十四五"时期教育发展提出以下建议：继续增加城镇学前教育和义务教育学位供给，提前谋划城镇高中阶段教育布局结构，抓住契机调整高等教育体系结构，不断加大继续教育和技术培训力度，全力确保"十四五"期间教育经费增长落实到位。[3]

2. "七普"数据呈现的人口形势对教育事业发展决策的影响

人口普查为完善我国人口发展战略和政策体系、制定经济社会发展规划、推动高质量发展提供了准确的统计信息支持。2021年5月11日，国家统计局发布第七次全国人口普查公报（以下简称"七普"）。七普数据显示，当前我国总人口呈现低速增长、少子化、老龄化等趋势。有论者将七普数据所显示中国人口变动的趋势概括为"一慢四快"，即人口增速放慢、老龄化加快、城镇化加快、人口流动加快、人口素质提升加快。这些趋势都将直接或间接影响我国教育事业近期或长远的规划与发展。

---

[1] 孙百才、蔡翼飞、高春雷、高文书：《2016—2030年人口变动及城乡、区域分布对教育供给的影响研究》，《教育经济评论》，2018年第3期，第14—39页。

[2] 孙百才、蔡翼飞、高春雷、高文书：《2016—2030年人口变动及城乡、区域分布对教育供给的影响研究》，《教育经济评论》，2018年第3期，第14—39页。

[3] 梁彦、王广州、马陆亭：《人口变动与"十四五"教育规划编制思考》，《国家教育行政学院学报》，2020年第9期，第86—95页。

出生率较低是我国人口增长放慢的主要原因。七普数据指出，2020年中国总和生育率为1.3，低于2.1的代际更替水平，进入1.5以下的低生育率区间。[1] 为改善我国人口结构、落实积极应对人口老龄化国家战略、保持我国人力资源优势，5月31日中央政治局会议正式提出实施三孩政策和配套支持措施。会议提出要将婚嫁、生育、养育、教育一体考虑，通过完善生育休假与生育保险制度，保障女性就业合法权益，加强税收、住房等支持政策，增强适龄青年的生育意愿，提高我国生育率。少儿人口比重的有所回升，以及未来鼓励生育政策的持续加码，将可能迎来一波学前教育入托入园率上涨以及学前教育市场的规模扩大。与少儿比重回升同时呈现的是人口比例中老龄化的加快，这也将带来终身教育体系中老年人口教育需求和供给的持续增长。

3. 人口变动将对教育、经济和社会福利等事业产生重大影响

人口变动对教育、经济和社会的发展都具有非同小可的作用和影响。由于少子化以及老龄化趋势日趋严重，在未来50年内，教育领域各个阶段的在校人数在达到峰值后相继下降，教育领域的发展在未来将面临重重矛盾与危机；持续低生育率导致我国劳动力人口比例持续下降，这必将对中国产业规模和结构产生巨大影响；中国未来不能自理和半自理的老年人口规模将迅速增加，2050年将分别达到5117万和1653万，养老事业发展面临很大挑战。[2] 从教育学的视角看，人口总体呈下降趋势并叠加城市化背景下人口向城市集聚等问题，会使学校教育发展规模、速度及资源配置的预测更具挑战性，而且老龄人口的终身学习及学习化社会建设问题也将更加凸显。

### (二) 城镇化进程及城市发展下的教育目标定位

现代化肇始于工业化，而城市化与工业化如影随形。城市化或城镇化不仅加速了农村的"瓦解"、促进(或挤兑)了城市的发展，导致了人口(包括学龄期人口)的大范围流动，也给各级教育尤其是基础教育带来机遇和挑战。

---

[1] 从国际上看，低生育率是当今世界很多国家面临的共性问题之一。2018年，全球仅有37%的中等偏上及高收入国家总和生育率高于代际更替水平。但是，所谓的"低生育率陷阱"并非无法摆脱，例如德国在连续40年总和生育率低于1.5后，通过提高育婴父母的福利、推动工作和家庭平衡、提高普惠托育水平、放宽移民政策等措施，使总和生育率于2015年回升至1.5，并在此后保持稳定。采取更积极的人口政策，鼓励生育，降低养育成本对我国人口长期发展具有重要的现实意义。

[2] Wang Guangzhou, Wang Jun. 2021Economic and Social Impact of China's Aging Population and Public Policy Response. China Economist Vol. 16. No. 1, pp. 78–107.

1. 城镇化进程带给教育的机遇与挑战

"城市化"英文为 urbanization，可直译为"都市化"。在城市化进程中，出现了"去地化"倾向，即农民和非农产业大量地向城市尤其是大城市/大都市集聚，导致了农村"空心化"和城市拥挤不堪甚至出现难以治愈的"城市病"，于是在学界出现了"在地城市化"(in-situ urbanization，或 local urbanization)的呼声。政府则开始改变提法，将这股潮流朝"城镇化"或"就地城镇化"方向引导，且描绘出一幅"望得见山，看得见水，记得住乡愁"的美好图景。

21世纪初颁布的《中华人民共和国国民经济和社会发展第十个五年计划纲要》提出："随着农业生产力水平的提高和工业化进程的加快，我国推进城镇化的条件已渐成熟，要不失时机地实施城镇化战略。"有论者分析了世纪初我国城市教育发展面临的形势与要求，认为"十五"计划所提出的产业结构优化升级、国民经济和社会信息化水平显著提高、居民生活质量有较大提高等重大目标，均与城市的建设与发展有着密切联系。国家繁荣比以往任何时候都更加依赖教育发展和科技进步。城市教育的发展，将主要面临四个方面的历史性挑战：(1)现代化建设和经济结构的战略性调整，将对城市教育提出更高要求；(2)学龄人口结构的波动，对满足城市及周边地区持续而旺盛的教育需求增添了压力；(3)城镇化速度的加快，对于完善城市型教育体系和构建学习化社会提供了机遇与挑战；(4)区域发展的不平衡，需要将城市教育作为城市发展的重要组成部分分步推进。[1]

20年后，城镇化给教育带来的机遇犹在，但挑战也更加严峻。有论者指出：随着城镇化的快速发展，农村人口大规模向城镇转移，产生了数量庞大的农村留守儿童，农村学校空壳化与城镇学校大班额化并存，农村义务教育学校师资流失严重。社会环境的变化给基础教育管理带来了一系列深层次的挑战：流动人口随迁子女就地升学难以实现，农村留守儿童教育问题突出，义务教育学校布局调整面临两难选择，农村义务教育学校教师逆向流动趋势明显。[2]

褚宏启从城镇化的本质、我国城镇化的独特性、我国城镇化进程中存在的突出问题等视角，论述了新型城镇化视角下，教育如何进行自身的目标重构，这里的"重构"，不是否定原来的目标，而是增强目标的针对性，教育目标要反映出城镇化变迁对教育的特殊要求，要展现出教育对于城镇化变迁的主动适应与积极应对。

---

[1] 马陆亭：《城镇化战略对城市教育发展的要求》，《教育发展研究》，2001年第6期，第8—10页。
[2] 石兰月：《城镇化进程中我国基础教育体制改革面临的挑战及其对策》，《中州学刊》，2017年第5期，第74—79页。

具体来说,一是教育要促进人的城镇化和人的全面发展;二是教育通过提升农村转移人口适应城镇生活的能力和城镇居民的包容性素养,促进农村转移人口的市民化及其与城镇人口的社会融合;三是通过培养农村转移人口的民主参与能力,促进政治发展;四是通过培养技能型人才,加快产业结构转型升级,促进经济发展。[1]

2. 城镇化及城市发展对各级各类学校发展目标定位的影响

先来看看城市竞争阶段升级如何导致高等教育的战略转型。有论者基于城市竞争理论,选择深圳作为典型案例分析城市竞争阶段升级与高等教育发展战略转型之间的互动逻辑,结果表明:在要素驱动主导型城市竞争阶段,"深圳加工"占据主导,城市发展与高等教育呈"弱互动"状态,采取自办少量高校的发展战略;在投资驱动主导型城市竞争阶段,"深圳制造"占据主导,城市发展与高等教育互动不断增强,采取借助外力建设大学城的发展战略;进入创新驱动主导型城市竞争阶段,"深圳创造"成为主导,城市发展与高等教育趋向"强互动"状态,采取自办高校与引进办学并举的跨越式发展战略。[2]

城市群的发展也对基础教育改革与发展提出了机遇和挑战。城市群内部的义务教育均衡发展已成为城市群发展中不可避免的问题。当前核心城市教育人口与资源过度聚集、城市群内部义务教育发展水平差距大、以个体城市利益最大化为核心的教育行政管理体制构成的城市壁垒及城市边界的教育管理空白等,构成了对城市群义务教育均衡发展的挑战。面对挑战,可采取省级及国家统筹管理并行、合理布局教育资源、加强网络技术建设及教师交流、扩大校际合作等策略,以城市群整体性发展思维来促成城市群义务教育的均衡发展。[3]

3. 城镇化及城市发展对不同区域教育发展目标定位的影响

中国已经进入城市社会的发展阶段,2015年城市人口达到了53%,这预示着未来中国社会问题的主体正在从传统的乡村社会转向城市社会,尽管如此,中国仍然处于城市化和城市现代化高速发展的过程。有论者认为,以往高耗能粗放型的城市化已有深刻教训,特别是一些城市本土形态和文化要素的丧失留下千古遗

---

[1] 褚宏启:《城镇化进程中的教育变革——新型城镇化需要什么样的教育改革》,《教育研究》,2015年第11期,第4—13,24页。
[2] 陈先哲:《城市竞争阶段升级与高等教育发展战略转型:深圳案例》,《高等教育研究》,2020年第9期,第25—31页。
[3] 陈昌盛:《城市群战略下义务教育均衡发展的挑战与策略》,《教育探索》,2015年第9期,第37—41页。

憾。因而,建构具有本土化特色的城市化和城市现代化理论已迫在眉睫;进而提出,城市化的核心是创造以充分就业为内核的社会发展动力,而不仅仅是空间的再生产;本土化城市化理论建构的前提是中国文化根底的重拾与重构。①

该论者进一步提出:依据中国区域社会差异化国情的实际,中国的城市化战略必须是复合型、多层次和多元化的。所谓复合型多元化城市模式包括:首先是必须采取"大都市核心化引领战略",通过区域发展极的创新,创造城市文明的普及率。其次是推进"多层次的都市圈同城化战略",以建构区域城市间产业结构空洞的互补功能。其三是"县域城乡一体化战略",强调县域城镇化、全域城镇化模式。特别是这一轮中国的新型城镇化,关键词是"化镇为市"。其四是"区域生态涵养区不开发战略",强调发展方式比发展本身更重要,创造强可持续的发展机制。其五是"后都市时代的城市现代化战略",强调城市回归自然——城市是棵树,不仅要扎根自然,更要回报自然。必须从"差序化城市社会结构理论"的视角来创造与此相适应的中国城镇化模式,根据不同地区的具体情况,推进城市化的进化。这一发展体系和理论模式,可称之为"本土化城市形态结构—功能一体化"的理论主张。

这一理论主张给教育的启示在于:教育事业的发展与城市化(城镇化)进程及城市发展相伴而行,城市发展的"差序"必然导致教育发展的"差序",不同性质、特征及发展水平的城市(城镇),需要不同性质、特征和发展水平的教育相匹配,当然,从教育先行的视角看,教育发展可适度超前。这一差序化、多类型城市化发展模式给教育发展战略目标制定所激发的灵感,就是为不同类型的城市确立多样并存的教育发展战略目标。

实行"大都市核心化引领战略"的区域(城市),其各个社会领域发展决策的关键词,应该是"创新"与"卓越"。至少那些被称为"一线城市"的都市级城市,其中长期发展目标无疑是"创新之城"和"卓越之城"。例如,上海按照党中央的总体部署,努力实现"四个率先",即率先转变经济增长方式、率先提高自主创新能力、率先推进改革开放、率先构建社会主义和谐社会,加快推进"四个中心"即经济中心、金融中心、贸易中心和航运中心建设,加快推进全球科技创新中心建设,努力实现所确定的"卓越的全球城市,令人向往的创新之城、人文之城、生态之城"和"国际

---

① 张鸿雁:《理论重构:创造有中国文化根柢属性的本土城市化理论》,《中国名城》,2015年第2期,第4—10页。

经济、金融、贸易、航运、科技创新中心和文化大都市"的2040年远景目标。[①] 研制上海教育现代化2035的华东师范大学学术团队,也曾提出过把上海建设成为世界"教育之城"的发展目标,且综合融通了联合国2030教育可持续发展目标、中国教育现代化目标和上海市社会与教育发展特色,提出了"多元融合,开放共享,创新驱动,可持续发展"的决策理念。

"多层次的都市圈同城化战略",也需要从教育发展战略上作出回应。实际上,都市圈是"城市群"的一种形态,这一战略可以扩展到"城市群",例如成都和重庆构成城市群,而周边的泸州、宜宾、自贡、内江、眉山、乐山、资阳、德阳、绵阳、万州、涪陵等,则构成都市圈。甚至还可以引入更大的城市"圈""群"的地域概念,以协同共享发展的战略覆盖之。例如覆盖了沪苏浙皖四省市的长三角地区、以雄安新区为核心的京津冀协同发展战略覆盖的地区、包含了粤港澳的大湾区等,其城市圈/群发展的关键词可以是"协调""协同""共享"及"共创",教育发展领域也要与城市发展的新样态同频共振。

"县域城乡一体化战略",其关键词是"乡村振兴""城乡互助"和"一体化"。几乎所有的县域,包括刚刚划入城区之"区"的县,都存在城乡一体化的可能性。随着城市化进程的加快,严格意义上的乡村占比越来越少,因而城乡一体化,包括城乡教育一体化,都将成为一种主流的发展模式。教育上的变革,固然可以保留一部分乡村教育的"底色",但特别需要从新型城镇化(或就地城镇化)的视角,加强原农业人口的市民化以及城乡文化的融合,这是实现人的现代化的关键。

"区域生态涵养区不开发战略",这一战略的关键词是"生态"和"可持续发展"。这些地区的教育,一是要配合、适应和服务于生态涵养区的发展要求,同时要从教育的意义上理解生态和可持续发展,比如不过度开发人的发展潜力,不透支学生的学习兴趣和热情,让学习成为一种无限可持续的、真实而充满意义的生活。因而,生态教育课程、可持续发展理念、对学生身心健康的保护以及可持续的生涯发展教育,都是规划这些地区未来教育发展的核心议题。

"后都市时代的城市现代化战略",其关键词是"回归自然""返璞归真",这的确是城市高度发展之后的一种返璞归真,也是建立在城市基础上的生态化发展和可持续发展。从教育视角看,是教育体系的高度现代化和学习型城市建设走向高境界,甚至达到教育与城市生活融为一体的未来教育形态的形成。

---

[①] 上海市城市总体规划编制工作领导小组办公室:《上海市城市总体规划(2016—2040)》,2017年12月15日。

**(三) 经济发展新阶段、新目标对教育发展的目标决策的诉求**

党的十九大报告指出,我国经济已由高速增长阶段转向高质量发展阶段,正处在转变发展方式、优化经济结构、转换增长动力的攻关期,必须坚持质量第一、效益优先,以供给侧结构性改革为主线,推动经济发展质量变革、效率变革、动力变革,为实现高质量发展提出了具体改革目标和路径。转向高质量发展阶段也就意味着我国的经济建设步入了"新发展阶段"。

也有论者提出,中国经济已进入新的发展周期。2020年中国国内生产总值突破100万亿元大关,人均国内生产总值连续两年超过1万美元。按世界银行标准,中国已位列中等收入国家,并逐步向高收入国家行列迈进。在新发展周期内,中国经济发展的关键在于提高潜在增长率,尤其是提高全要素生产率(总产量与全部要素投入量之比)。诺贝尔经济学奖得主埃德蒙·费尔普斯在《活力:创新源自什么又如何推动经济增长和国家繁荣》一书中指出,20世纪70年代以后一些发达国家经济衰退的原因是全要素生产率中的创新要素下降。提高全要素生产率才能增强经济增长的内生动力。当前,中国经济增长正由传统动能向新动能推动转变。为应对这一转变,提高劳动生产率是前提,即提高全要素生产率、增加资本投入和改善人力资本,其中全要素生产率是最可持续的因素。[①]

全要素生产率(Total Factor Productivity,简称TFP),是指"生产活动在一定时间内的效率"。是衡量单位总投入的总产量的生产率指标,即总产量与全部要素投入量之比。全要素生产率的增长率常常被视为科技进步的指标,它的来源包括技术进步、组织创新、专业化和生产创新等。产出增长率超出要素投入增长率的部分为全要素生产率(也称总和要素生产率)增长率。

七十多年来,中国经济长期高速增长,综合国力、科技实力、人民生活水平获得巨大跃升,创造了令世界瞩目的经济发展奇迹。改革开放前,中国在一穷二白的基础上建立起独立的比较完整的工业体系和国民经济体系,奠定了中国的国际地位。改革开放后,中国经济总量取得跃居世界第二的历史性突破,中华民族迎来从站起来、富起来到强起来的伟大飞跃。中国取得经济发展奇迹的密码就在于:始终坚持中国共产党的领导,坚持走社会主义道路,坚持用正确的发展战略来

---

① 邓宇:《探析新发展阶段中国经济的发展趋势——评蔡昉〈读懂未来中国经济:"十四五"到2035〉》,《审计观察》,2021年第12期,第94—96页。

指导经济建设,坚持与时俱进地进行理论创新和实践创新,坚持全国一盘棋发挥大国经济优势。未来十五年,中国仍有很大经济潜力发挥,完全有可能维持6%左右的中高速增长。这是因为,社会主义制度的优势还有释放的空间,社会主义市场经济机制的进一步完善将大大促进经济增长;中国人均GDP与西方发达国家的差距还很大,客观上为中国长期保持高速增长提供了现实可能性;中国进入工业化后期,服务业开始加速发展;中国的城市化仍未完成,城市化将进一步助推经济增长;中国具有大国经济优势,很多潜能的发挥将延长经济增长时间。[1]

不难理解,社会主义制度优势的持续释放,朝着人均GDP增长趋势的长期保持,服务业的加速发展,城市化进程对经济发展的助推,以及中国的大国经济优势,都将是推动中国教育高质量发展的巨大动力。作为全要素生产率增长来源的技术进步、组织创新、专业化和生产创新等,不仅对培育专业和职业人才的高等教育和职业教育提出更高的诉求,也对培育未来建设者和接班人的家国情怀、世界眼光、创新意识、参与能力、高效能感等现代人品质的基础教育提出了更高和更迫切的要求。

**(四) 科技创新发展对教育战略目标决策的影响**

我国科技发展的内外环境发生巨变。未来一段时期,可能面临诸多风险挑战,总体看机遇大于挑战。应积极应对,顺应趋势、化解风险、把握机遇,取得进展。未来科技发展的主要趋势:(1)新一轮科技革命对应用场景依赖性更强,是我国赢得科技创新战略先机的难得机遇;(2)科技对经济的嵌入性越来越深,但对经济增长的贡献率或将下降;(3)多重技术的交叉融合成为显著特征,引发产业体系深刻变革;(4)技术创新带来的社会问题日益凸显,推动科技与人类文明融合适应发展。我国科技发展面临的风险挑战:(1)创新的外部环境有所恶化,一些关键科技的国际合作存在脱钩可能;(2)科研导向与实际应用脱节,产业发展面临技术支撑乏力风险;(3)科技人才培养模式不合理,产生人才接续断层和供给不足风险;(4)科技发展处于追赶与引领并举阶段,"两条腿走路"成为必然。[2]

---

[1] 张建刚:《中国经济发展奇迹的密码解析与未来展望》,《东北财经大学学报》,2021年第6期,第3—12页。

[2] 陈曦、卞靖:《未来一段时期科技发展的主要趋势及风险挑战》,《宏观经济管理》,2019年第10期,第21—28页。

未来 10—15 年,科技进步在改变产业结构和全球经济增长方向的同时,将深刻改变人自身对衣食住行等诸多方面的需求及其满足形式。借鉴世界主要国家、国际组织或企业面向未来在经济社会与科技创新发展领域进行的前瞻与预见工作,通过深入系统的信息和知识元分析,基于社会发展趋势、未来发展愿景、具体场景、未来关键技术群 4 个方面,文章重点阐述了生活、工作、健康、信息、安全 5 个领域的全景图,为擘画中国未来一段时期发展愿景和科技创新需求场景提供参考。[1]

科技进步对高等教育的诉求尤为直接。有研究者以奇点临近视角展现了当代科技创新的新特征,这些新特征主要有:创新速度呈指数级增长,创新范式呈积木式构建,创新模式呈体系化设计,创新领域向生命智慧科学聚焦。论者在聚焦智慧科学的基础上分析了未来科技发展的新方向、可能形成的新格局,并以 QGNR(即指奇点临近的平台由量子技术革命(Q)、基因技术革命(G)、纳米技术革命(N)和机器人技术革命(R)共同搭建)重叠技术革命为引领,从教育理念、人才培养模式、教学方法等层面系统阐述了未来大学教育的颠覆性变革。在教育观念上,大学教育延展到空间、时间和智慧 3 个维度,由此产生空间无垠、时间无限、智慧无穷的三维教育观;人才培养目标上,致力于培养全面智慧公民、培养自主智能创造力、培养高尚的人机共情力;在教学方法上,更注重人机交互法、主动极限法、职教创一体法;教育评价方面,QGNR 重叠技术革命可以使诸如计算机一类的科学工具变得微小甚至是不可见,它们在教育领域的全面投入将为大学的语音系统、视觉系统、书面记录系统带来时代性更替,尤其对过度依赖终结性评价的大学教育来说,围绕脑电技术应运而生的起点性评价将是大学步入教育评价新里程的主要标志。[2]

根据《中国教育现代化 2035》的精神,未来 15 年将加强创新人才特别是拔尖创新人才的培养,加大应用型、复合型、技术技能型人才培养比重。加强高等学校创新体系建设,建设一批国际一流的国家科技创新基地,加强应用基础研究,全面提升高等学校原始创新能力。探索构建产学研用深度融合的全链条、网络化、开放式协同创新联盟。

---

[1] 冷伏海等:《面向 2030 年的人与科技发展愿景研究》,《科学院院刊》,2021 年第 2 期,第 199—207 页。
[2] 倪庚、秦宇彤等:《未来科技发展走向及其对大学教育的影响》,《大学教育》,2020 年第 3 期,第 1—4,8 页。

## 四、方法:未来学、预测学方法及大数据分析的应用

本章尽管是聚焦目标展开阐述,但是,目标的确定不是孤立进行的,是与战略制定和实施一体化策划与决策的,或者说,目标是战略性的目标,战略是达成目标的战略。因而本文关于方法论的讨论,就是将目标与战略融为一体的讨论。

### (一) 教育未来学与教育预测方法

未来学或称预测学,是用定性或定量分析的方法来探索科学技术和社会发展的前景,以及根据人类需要所作选择实现的可能性的一门综合性科学。[1] 预测学在经济学、军事学、教育学、社会学、史学等多个学科领域都有广泛的应用。

教育未来学是未来学的一个应用研究领域,它运用定性、定量和定时的科学方法和预测手段,根据社会、经济、科技的长远发展趋势,预测未来教育的规模、结构、管理、内容、方法和技术等,为教育的决策者制定短期、中期、远期的教育发展规划和政策服务,为他们提供有关学龄人口、人才需求、教育体制、教学方式等方面的实施依据和多种可行性方案。同时,它还需要根据教育发展过程中出现的新趋势、新问题,预计它们对教育未来的利弊,从而使教育工作者能自觉地去修正并实现由自己预先设计出来的教育未来。[2]

未来学的预测方法是要解决人的主体预测与客体"未来"的矛盾。未来,不是客观现实存在的东西,但又是研究(或想象、建构)出来的可能的客体。未来学的哲学意义就在于把"未来"纳入了认识客体,扩大了客体的范围。

李效宁、林亚坤于1992年发表的一篇文献[3]很好地解释了教育发展战略研究的认识论基点:教育发展战略的研究是在形成一种对教育发展前景的认识框架基础上提出未来的教育发展行为方案。前者是预测,后者是决策,两者构成一个统一体。预测是决策的基础。教育的未来预测,其实质不外乎是利用我们已有的理论、知识、经验、智慧、方法和手段,来预先推知、测算、判断教育及影响教育的诸因素的未来状态。预测手段与方法在技术性质上可分为定量与定性两类,从功能角

---

[1] 苏全有、张超:《预测学与史学研究》,《大连大学学报》,2013年第1期,第21—26页。
[2] 瞿葆奎:《教育与教育学》,北京:人民教育出版社,1993年,第940页。
[3] 李效宁、林亚坤:《预测与设定:教育发展战略研究的两个基点》,《四川师范学院学报》,1992年第6期,第70—75页。

度看，预测作为一类科学方法运用于教育的未来估价时，则可分为对教育发展的动力性因素的预测和对教育发展的条件性预测两类。教育事业的发展，最终决定于特定社会在特定历史时期客观存在的发展教育的必要性和可能性，这种必要性和可能性可以而且应该从教育行为的生成原因上具体而准确地表征为教育发展的社会动力和社会条件。

该文对本研究尤其具有启示意义：既然教育发展客观上就是社会大系统中多向量、多变元、多组合的因素相互作用下的运动过程，对其未来发展的预测性研究就必然应当包含下述要求：(1)预测应当是多向度而非单向度的，即不仅对教育子系统而且对其他社会系统的未来趋势做出预测性研究，对教育子系统的预测性研究也应当以社会大系统预测研究为宏观背景；(2)预测的对象性因素不仅包括教育未来发展的社会动力，而且应当包括其社会条件；(3)预测的关注点不仅是未来前景中的数量性因素，而且应当重视那些不能或不宜量化的非数量性因素。然而，任何预测都先天地带有不确定性（模糊性），解决的方法之一就是"设定"。设定方法的实质，就是以假设的方式把某种可能性有逻辑地确定为设计发展行为的前提条件，从理论上消除预测的不确定性和模糊性，使未来战略设计在较为确定的对未来前景的认识基础上得以展开。设定方法可以从假设对象对教育未来发展关系影响的能级上分为宏观设定、中观设定和微观设定3种。

预测未来的具体方法很多，既有定量的也有定性的，可以根据需要选择加以运用或混合运用。定量的预测方法，有指数平滑法、回归分析法等。指数平滑法是趋势预测法的一种，是指以某种指标的本期实际数和本期预测数为基础，引入一个简化的加权因子，即平滑系数，以求得平均数的一种指数平滑预测法。定性预测，是指预测者（一般是专家）依凭知识、经验和智商，根据所掌握的史料和现实材料，对事物的未来走向作出性质和程度上的判断，再通过一定形式的研讨或推论，对未来情形和方向作出预测。这种定性预测，可以采用"德尔菲专家问卷"的方法，向专业人士一遍一遍地搜集信息和意见，直到满意为止。此外，举行专家工作坊，可以强化面对面的碰撞与相互启发，也不失为一种有价值的质性方法。国外的一些预测研究项目对本研究也颇有启示，如《美国FutureMinds项目对我国教育信息化的启示》[①]一文，研究团队对美国教育传播与技术协会（AECT）主持

---

① 王在军、王静：《美国FutureMinds项目对我国教育信息化的启示》，《中国教育技术装备》，2009年第9期，第6—7页。

实施的 FutureMinds 项目进行了从项目的历史必然性到项目的实施精要和基础架构的介绍和探讨，最后提出此项目对我国教育信息化的启示，即要从系统论、教育生态学、教育未来学和科学发展观的角度论证实施教育范式转型。

### （二） 目标研究的方法与工具

战略目标的研究，可以采用质性研究、量化研究或两者混合研究多种方法。一般来说，以质性方法得到的结果，主要是定性的目标；以量化方法得到的结果，往往是量化的目标；定量精准的前提，恰恰是要准确定性，因而混合方法的研究也必不可少。

1. 质性研究的方法与工具

（1）德尔菲法等常用方法

在社会研究各领域经常会用到的现场观察、实地调查（问卷、访谈等）、文献分析等，都可以在教育发展目标研究中发挥特定的作用。然而，最受研究者青睐的是以相关专家群体为对象的德尔菲法（问卷），有时还辅以专家工作坊，尤其是在进行涉及较长远的事业发展目标的研究时，专家问卷和专家工作坊是必备"利器"。

德尔菲法，也称专家调查法，1946 年由美国兰德公司创始实行，其本质上是一种反馈匿名函询法，其大致流程是就所预测的问题征得相关专家的意见之后，进行整理、归纳、统计，再匿名反馈给专家，再次征求意见，再集中，再反馈，直至得到一致的意见。

该方法是由企业组成一个专门的预测机构，其中包括若干专家和企业预测组织者，按照规定的程序，背靠背地征询专家对未来市场的意见或者判断，然后进行预测的方法。

德尔菲法最初产生于科技领域，后来逐渐被应用于任何领域的预测，如军事预测、人口预测、医疗保健预测、经营和需求预测、教育预测等。此外，还用来进行评价、决策、管理沟通和规划工作。

德尔菲法的突出特征在于：(1)资源利用的充分性。由于吸收不同的专家的预测，充分利用了专家的经验和学识。(2)最终结论的可靠性。由于采用匿名或背靠背的方式，能使每一位专家独立地作出自己的判断，不会受到其他繁杂因素的影响。(3)最终结论的统一性。预测过程必须经过几轮的反馈，使专家的意见逐渐趋同。正是由于德尔菲法具有以上这些特点，使它在诸多判断预测或决策手段中脱颖而出。这种方法的优点主要是简便易行,具有一定科学性和实用性,可以避免会议讨论时因害怕权威而随声附和,或固执己见,或因顾虑情面不愿与他人意见冲突等弊病。

如 2016 年,我们课题组启动了苏南教育现代化示范区评价指标体系的研制工作,先是展开了对苏南五市(苏州、南京、无锡、常州、镇江)教育现代化推进现状的全面调查。在这些基线调研基础上,参考北京、上海、浙江、江苏、广东等省市的区域教育现代化评价指标体系及实施方案,从苏南地区教育现代化示范区的功能定位出发,拟定了针对该地区的教育现代化评价一、二、三级指标,以德尔菲专家问卷的方式,分三轮次分别推送给我们选定的专家群的每一位专家,请他们对设计初稿中的指标进行增删、修改并阐明其理由。多轮调研之后,专家意见渐趋一致。定稿后开发出测评方案进一步征求五市教育行政部门相关人员的意见和建议,再投入正式测评。

(2) 可选择的质性分析软件

可用于质性分析的软件不少,如 Nvivo, Maxqda, Atlas.ti 等,可根据样本大小、文字或图片等分析对象的特征来选择。总体来说,Nvivo 这款支持定性研究方法和混合研究方法的软件,最受研究者欢迎。它可以收集、整理和分析访谈、焦点小组讨论、问卷调查、音频等内容,最新版本还能协助处理社交媒体和网页内容,功能十分强大。

有研究者运用质性分析软件 Nvivo,对我国正在实施的乡村振兴战略进行了质性分析与研究,通过对中央以及 17 省(自治区、直辖市)公开发布的乡村振兴战略指导性政策文件进行文本分析,提取出推进乡村振兴战略的主要方式——绩效目标、战略任务和制度建设。进而发现,乡村振兴战略的指导性文件把关注点主要放在了战略任务和制度建设上面,对绩效目标的关注度较低。并以目标管理理论为切入点,对目标管理理论中制定绩效目标的价值进行了论述,结合国内外政策文件中关于制定绩效目标的要求,指出我国乡村振兴战略的相关指导性政策文件忽视绩效目标可能带来的一系列负面影响,并提出建议。[①]

2. 量化研究的方法与工具

可用于目标研究的量化研究方法与工具十分丰富,这里不一一叙述,主要从

---

[①] 左春伟、吴帅:《乡村振兴战略中绩效目标的价值与困境——基于中央和 17 省级区划乡村振兴指导性政策文件的 Nvivo 质性研究》,《西藏大学学报(社会科学版)》,2019 年第 2 期,第 163—170 页。

战略决策过程中的主流方法——SWOT法与定量方法如何结合的角度略作论述。SWOT法被公认为作决策时的重要方法，在通常意义上被当作构建定性策略的一种方法。SWOT分析法是美国哈佛大学商学院安德鲁斯（Andrews）教授等人在1971年提出的，该方法综合考虑企业内外部环境，提出适合企业的发展策略，是目前策略制定的重要决策方法，其中SWOT是优势（strength）、劣势（weakness）、机会（opportunity）、威胁（threat）的英文缩写。[①] SWOT作为战略制定决策的有力工具，已被广泛应用于各个行业。[②] 有研究者针对传统SWOT战略制定方法，对SWOT分析框架进行改进和延伸，提出基于WASPAS方法（weighted aggregated sum product assessment method）的战略目标选择决策方法。该方法在战略目标SWOT定性分析的基础上，应用层次分析法（AHP方法）分析SWOT内外部关键因素指标的权重值，并利用WASPAS方法来确定各个战略目标的最优排序。基于WASPAS方法的SWOT定量模型以SWOT矩阵指标为基础，通过层次分析法确定指标权重，以资料收集和问卷调查形成初步评价数据，然后通过WASPAS方法计算决策目标选择。其模型步骤构建如图1-1所示。[③]

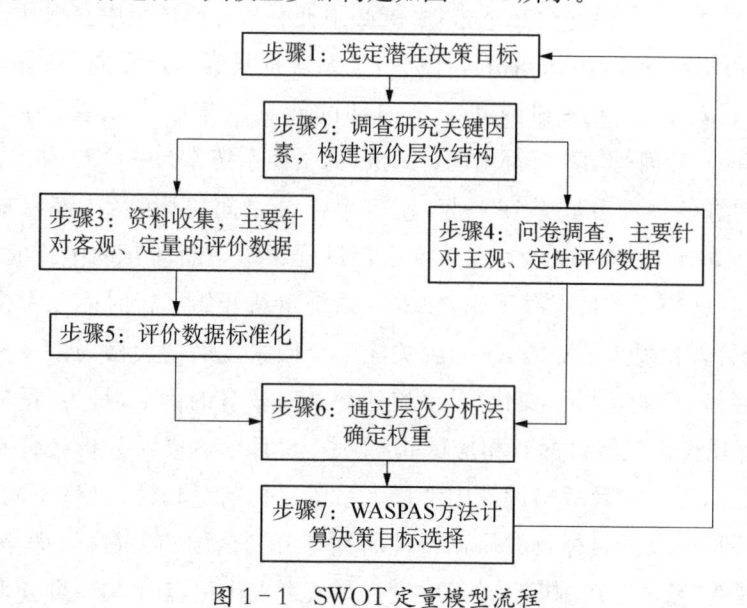

图1-1 SWOT定量模型流程

---

[①] LYNCH R. Corporate strategy. 4th. edition. London, UK: Alders gate Consultancy Limited, 2000.
[②] BANA E COSTA CA, DE CORTE J-M, VANSNICK JC MACBETH. Working paper LSEOR 03.56. London: London School of Economics, 2003: 1-40.
[③] 刘贵文、易志勇等：《基于WASPAS方法的战略目标SWOT决策方法研究》，《科技管理研究》，2017年第1期，第221—226页。

### (三) 战略研究的具体方法

战略研究多采用模型方法：如 DEA 模型、AGIL 模型、BCG 模式、GE 模式等，我们熟知的用于规划决策的 SWOT 法，也可以视为一种模型方法。数据包络分析(data envelopment analysis,简称 DEA)是一个对多投入/多产出的多个决策单元(DMU)的效率评价方法，是运筹学、管理科学和数理经济学交叉研究的一个新的领域，它由著名的运筹学家 Charnes 等人于 1978 年提出，主要思想是通过数学规划计算比较被评价机构之间的相对效率。简单说就是把待决策单元与参考决策单元进行比较得到相对效率。其模型可以看作是处理具有多个输入(输入越小越好)和多个输出(输出越大越好)的多目标决策问题的方法。可以证明，数据包络分析有效性与相应的多目标规划问题的帕雷托(pareto)有效解(或非支配解)是等价的。

在帕森斯看来，任何行动系统都必须满足四个最基本的功能要求，这四个功能是：适应、目标达成、整合、潜在模式维持。**适应(adaption)**，指系统必然同环境发生一定关系，为了能够存在下去，系统必须拥有从外部环境中获取所需资源的手段；**目标达成(goal attainment)**，任何行动系统都具有目标导向，系统必须有能力确定自己的目标次序和调动系统内部的能量以集中实现系统目标；**整合(integration)**，任何行动系统都由部分组成，为了使系统作为一个整体有效地发挥功能，必须将各个部分联系在一起，使各个部分之间协调一致；**潜在模式维持(latency pattern maintenance)**，在系统运行过程暂时中断即互动中止时期，原有的运行模式必须完整地保存下来，以保证系统重新开始运行时能照常恢复互动关系。结合教育发展战略看，本研究关注整个国家发展的大格局以及相关社会系统(如经济、产业、科技、文化等)发展趋势及对教育的诉求，是为"**适应**"；研究 2030 教育现代化发展目标及相应的指标，是为"**目标达成**"；分析教育系统内部各领域状态，在目标及战略设计中考量多系统目标的适切性，且将不同地区、不同类型、不同学段的目标及战略可行性研究整合到全国的大目标、大格局、大思路上来，是为"**整合**"；从制度和政策维度探寻教育现代化奔向 2030 年进程中的保障体系，则可视为"**潜在模式维持**"。至此，整个课题研究，便汇集成为一个大战略研究。

此外还有与战略规划密切相关的战略地图方法。战略规划被认为是"致力于制定基础的决策方案，用于塑造和引导管理者思考组织(企业)是什么，做什么，以及为什么要这样做"[布莱森(Bryson),1988],也被认为是具有逻辑性、系统性、客观性的管理方法。但是在战略执行阶段,常常存在战略不能如预期执行,从而大大影响了战略规划的有效性。由于战略地图能规避以上问题,因而得到管理者的欢迎并大规模地应用于企业管理中。也有研究者将其应用于开放大学的战略决策与执行研究,认为战略地图可以通过建立目标、行动方案以及评价指标将无形资产转化为有形产出。从这个意义上说,战略地图不仅是一份可帮助相关利益者理解组织战略的战略规划的可视化展现,更是战略规划中使命、相关利益者、内部、学习与成长"4个层面目标因果关系的地图,有助于将大学内部治理结构转变为更具协作性和民主性的组织。考虑到开放大学战略需要落地,需要发挥无形资产最大的潜能,倡导"如果你能衡量它,你就能管理它"的战略地图方法是最为合适的方法之一。

2012年教育部先后批准6所广播电视大学更名为开放大学,我国开放大学面临着百端待举的局面。在广播电视大学向开放大学转型的历史时期,开放大学应明确其愿景,并构建可行性战略规划来谋划大学发展。该研究基于开放大学的特征,采用战略地图方法,从使命、相关利益者、内部、学习与成长4个层面构建我国开放大学战略规划框架。开放大学战略规划框架明确了4个层面的逻辑关系,阐述了从学习与成长到使命的层层支持关系。通过细化4个层面的战略活动,研究者力图找到开放大学战略规划中的关键行动和流程,阐述开放大学战略规划的保障措施,从而描述出开放大学如何创造价值并有效执行战略的过程。在开放大学的战略地图中,应以满足政府、学习者两个层面价值主张作为最终绩效目标;然后,考虑组织需要擅长哪些业务流程才能达成上述层面绩效,此为内部层面;最后为了实现内部流程,需要思考哪些人力、技术与组织资源的支持匹配,此为学习与成长层面。4个层面的目标通过因果关系联系在一起,如图1-2所示。①

面向2030(或2035)的中国教育现代化,不仅愿景宏大,而且目标高远,但需要"千里之行,始于足下",既要有战略眼光,又要有周密的部署和持久的努力,需要在充满机遇也充满挑战的现代化进程中,扎扎实实,久久为功,积跬步以致千里。

---

① 孙丹:《基于战略地图的我国开放大学战略规划框架研究》,《开放学习研究》,2018年第5期,第41—47页。

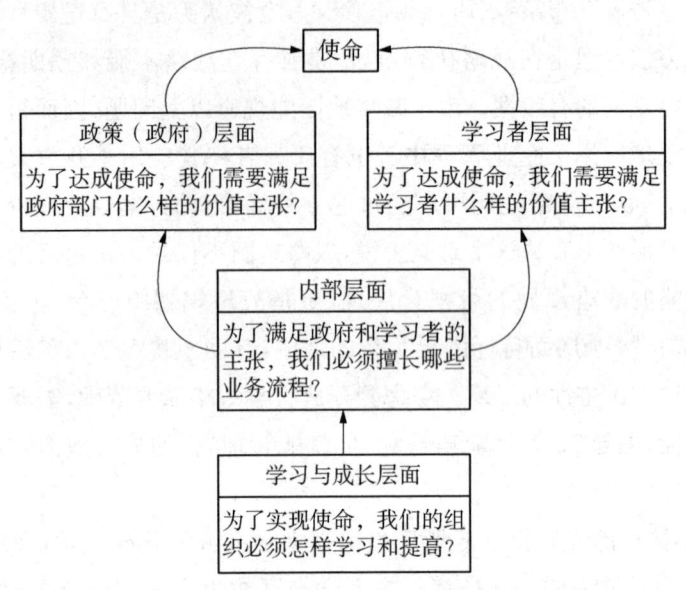

```
          ┌──────┐
          │ 使命 │
          └──────┘
┌──────────────────┐   ┌──────────────────┐
│  政策（政府）层面 │   │   学习者层面     │
├──────────────────┤   ├──────────────────┤
│为了达成使命，我们 │   │为了达成使命，我们 │
│需要满足政府部门什 │   │需要满足学习者什么 │
│么样的价值主张？   │   │样的价值主张？     │
└──────────────────┘   └──────────────────┘
          ┌──────────────────┐
          │    内部层面      │
          ├──────────────────┤
          │为了满足政府和学习 │
          │者的主张，我们必须 │
          │擅长哪些业务流程？ │
          └──────────────────┘
          ┌──────────────────┐
          │  学习与成长层面  │
          ├──────────────────┤
          │为了实现使命，我们 │
          │的组织必须怎样学习 │
          │和提高？          │
          └──────────────────┘
```

图 1-2　战略地图描述开放大学如何创造价值

# 第二章　世界范围内大国教育发展战略定位及启示

根据法国著名战略大师安德烈·博弗尔创造的战略金字塔模型,战略可分为总体战略、全面战略、运作战略三个层面。总体战略在政府直接控制之下,位于"金字塔"顶端;在总体战略之下,每一领域均各有其全面战略,位于"金字塔"中部;在每一领域内又有特殊战略,这就来到"金字塔"底部,即第三层面的运作战略,对教育领域来说,则是指各级各类教育战略。三者指向同一目标,总体战略居高临下,由点而线,由线而面,通过全面战略,达到运作战略,构成完整的"战略体"。[①] 在我国,总体战略指的是国家层面规划全社会发展的战略部署,其中有关于教育在全局发展规划中的定位,如党的十九大为教育所确立的"优先发展"并服务全局的战略定位;全面战略指的是教育领域在不同时期(如我国的"十三五""十四五""中长期"乃至更长时间段)的重要战略规划;运作战略指的是各级各类教育领域中的专项运作计划。

本章重点讨论世界范围内大国教育发展战略目标定位及对我国教育战略决策的启示与借鉴意义,概述我国教育现代化发展的战略背景和战略意义,并以区域教育发展为例,总结提炼我国推进教育现代化的运作战略及其主要经验,以文献计量分析为主要方法,对我国推进教育现代化的发展战略进行图谱分析。从教育高质量发展的愿景出发,探讨我国未来教育发展战略的方向与路径。

## 一、面向未来的世界大国教育发展战略目标概览

### (一) 让优先的教育助推国家的发展

百年大计,教育为本。改革开放以来,我们有时称教育为"国计",有时又称教育为"民生"。其实,教育既是"国计",又是"民生"。中国如此,其他国家亦不例外。

---

① 钮先钟:《战略研究》,桂林:广西师范大学出版社,2003年版,第33页。

美国作为当今世界教育强国,教育一直走在世界的前列,且极富危机意识,从1983年出台《国家处在危机之中,教育改革势在必行》即可见一斑。近些年,美国对教育的战略目标定位已从对教育公平的强调转向更加关注对教育卓越的追求,领导力由政府监管转为协同合作,负责任发展的理念由研发的公正转向使用的公正。[①] 法国在制定新的发展战略时,一再提出力争成为"世界上最有竞争力和最充满活力的知识经济体",后期的教育战略定位更强调促进教育适应社会,且将教育战略以法律的形式固定下来,进而促进优质教育的发展。[②] 在英国,新工党执政以后,为了应对全球化、新科技革命与知识经济等国际宏观经济新形势,以及由此引发的英国国内社会结构变迁等现实挑战,吸收了同时期美国克林顿政府"新经济"建设经验,并以"内生增长理论"作为社会经济改革的核心思想基础,确立了"创新国家"与"社会投资国家"两大微观经济战略,将教育视作促进经济增长和兼顾社会公平的关键纽带,"教育优先发展→培育人力资本内生经济变量→增强经济竞争力且落实社会公平",构成其施政逻辑。[③]

日本、德国都是第二次世界大战后发展最快的国家,两个国家都从战争的废墟上重新建立了世界经济的奇迹。实践证明,教育事业发展的相对"超前",是落后国家实现经济"追赶型"战略最有效的措施之一。日本所有的立国战略都有一个共同的主线,即都高度重视新技术的研究开发,特别强调推动科技创新发展的人才培养。随着经济发展,日本开始重视人的发展,提出了终身学习战略。[④] 德国更独特一些,自第二次世界大战之后,两德合并之前,联邦德国与民主德国分别有着自己的教育战略,而在两德合并之后,教育进行了新的改革,经历了二次重建。整体来看,在教育战略方面,主要包括恢复教育秩序,重建价值体系,教育结构改革,教育定位优先,培养全面发展人才。[⑤] 同时,教育尊重自由和民主,促进个体形成自由和民主的意识。[⑥] 俄罗斯由于苏联的解体也存在相似的教育发展境遇,从1991年至今,俄罗斯二十多年来的教育战略演变分为三个阶段:极端摧毁阶段,极

---

[①] 蒋鑫、洪明:《从"NSTC规划"到"CSIS规划":美国人工智能赋能教育的颠覆与创新》,《中国远程教育》,2019年第7期,第27—37页。
[②] 吕一民等:《法国教育战略研究》,杭州教育出版社,2014年版,第14—31页。
[③] 何伟强:《英国微观经济战略框架下的教育发展战略布局》,《比较教育研究》,2012年第10期,第47—51页。
[④] 汪辉、李志永:《日本教育战略研究》,杭州:浙江教育出版社,2014年版,第8—23页。
[⑤] 李其龙、孙祖复:《战后德国教育研究》,南昌:江西教育出版社,1995年版,第374页。
[⑥] 杨明、赵凌:《德国教育战略研究》,杭州:浙江教育出版社,2014年版,第29—80页。

端变迁;秩序重建阶段,重新调整和检省;纵深推进阶段,开始逐步走向成熟。值得一提的是,俄罗斯从最初就确立了教育领域发展的优先地位,且教育担负着把俄罗斯从危机中拯救出来的重任,保证全民族有美好的未来,保证每个家庭和每个俄罗斯公民过上应有水平的生活;在此基础上,后期教育战略开始注重实施国家领导下的分权、增加教育投入、提高教育质量、推进爱国主义教育、促进教育公平、推进教育国际化;在纵深推进阶段,教育战略的主要路向是加快推进在20世纪已初显功效的教育现代化进程,用推行创新教育、关注教育效率、提升教育质量和回归精英教育等来打造适合知识经济社会的现代教育模式,进而实现了俄罗斯在世界舞台上由追赶式发展到赶超式发展的转变。[1]

南非作为一个发展中国家,早在1955年《自由宪章》中,对平等的教育权提出了明确的要求,放宽了对教育的限制,增加了对弱势族群的教育投资以摆脱自身在经济和政治上的不利境地。现阶段,基于南非经济与社会发展现实,逐步形成了以完善全民终身教育体系为核心,上承国家人力资源发展战略,下接民众教育与全面发展的战略体系。教育战略以跨部门协作、服务于人力资源发展的方式,一端系着这个国家的去种族主义和社会公平、民主的理想,另一端连着化解长期困扰国计民生和经济发展的失业潮与技能荒的希望。[2]

综上所述,无论是美国积极应对危机与挑战以维持领先地位,或是法国为更有竞争力与活力的经济体而振兴教育,还是日本和德国以教育的"超前"发展实现国家实力的"赶超",俄罗斯从"危机中的拯救"到迈向美好未来,抑或是南非从"平权""脱困"到终身学习,均体现了国力不论强弱、发达不分先后,教育总是立国、兴国和强国般的存在。教育兴则国兴,教育强则国强,越来越成为颠扑不破的真理。

### (二) 欧美等发达国家:教育强国

英、法、意大利等欧洲国家以及美国,是众所周知的西方发达国家,其教育也是在解决不同时期不同问题的过程中发展起来的。下面略举例说明。

英国在战后50年,属于政党政治博弈时期。1945—1979年,左翼势力占据优势,在战略上注重政府力量和社会公平;1979—1997年,右翼势力占据优势,更加强调市场力量与经济效率;随后,政党轮替后新工党上台,确定了教育优先发展总

---

[1] 刘淑华:《俄罗斯教育战略研究》,杭州:浙江教育出版社,2014年版,第271—287页。
[2] 王琳璞、毛锡龙、张屹:《南非教育战略研究》,杭州:浙江教育出版社,2014年版,第96—113页。

体战略定位,但是在新工党三届任期内,重视的主题不同,分别为教育水准、教育技能、教育创新。① 意大利教育战略发展可以分为三个历史时期:第一个时期是从意大利统一到第二次世界大战,通过出台一系列法案,不断强化中央集权,构建精英体制;第二个时期是第二次世界大战后到20世纪90年代,由于经济腾飞和国家重建的需要,这一时期主要通过大众教育推进福利主义教育政策;第三个时期是20世纪90年代以来,意大利教育进入重组时期,呈现出管理主义、权力下放以及自由主义等特征,新时代的意大利教育面临的挑战包括人口结构变化、全球竞争加剧、社会凝聚力提升。② 美国20世纪90年代的经济繁荣对教育提出了巨大需求,为促成和发展"高技能"和"高薪酬"型经济,1991年发表了研究报告《美国21世纪对学校的要求》,指出为适应21世纪的需要,学校应该使学生打好能力、思维和素质三大基础,并学得资源统筹能力、人际交往能力、获取和运用信息的能力、认识复杂的系统关系和进行系统运作的能力、利用多种科技手段工作的能力等五大能力。这一时期的教育战略如《美国2000年教育战略》主要是为了解决科技教育不足和公立学校效率低下、不公平等问题,此时对于教育的期待既包括利于就业,也包括提升综合国力。2000年以后,美国教育战略的演变可分为三个相对独立又相互联系的阶段:第一阶段"恐袭危机应对期"(2000—2005年1月),通过了《不让一个孩子掉队法》《2002—2007年战略规划》等,成为了新世纪以来美国调整教育战略的重要标志;第二阶段"迎接变化挑战期"(2005年1月—2009年1月),出台了《迎接变化世界的挑战:强化21世纪的教育》,颁布了《美国高等教育未来规划》,制定了《2007—2012年教育规划》,美国该阶段出台的教育政策大都围绕世界的变化,竭力找出潜在的危机和需要应对的挑战,具有很强的未来指向性;第三阶段为"金融危机应对期"(2009年1月至今),通过制定和实施教育战略,力图使教育在金融危机中渡过难关并获得发展,先后签署了《美国复苏和再投资法案》以扩大教育投入,增加教育机会,随后不到一个月,《全国教育改革计划》提出了教育改革的优先事项。③ 此外,从20世纪90年代以来,《2061计划》《美国2000年教育目标法》《美国教育部2001—2005年战略计划》《美国教育部2002—2007年战略规划》等教育发展战略也都对美国教育产生了巨大的影响。

---

① 何伟强:《英国教育战略研究》,杭州:浙江教育出版社,2014年版,第86—87页。
② 梅伟惠:《意大利教育战略研究》,杭州:浙江教育出版社,2014年版,第18—26页。
③ 张燕军:《美国教育战略研究》,杭州:浙江教育出版社,2013年版,第11—55页。

## （三）战后赶超国家：教育立国和教育超前发展

20世纪，日本先后提出"加工贸易立国""技术立国""科学技术创造立国"等战略。新世纪以来，面对国内外环境的新变化和经济社会发展的新课题，日本先后提出了一系列经济发展战略，如"信息技术立国""知识产权立国""观光立国""投资立国""环境立国"和"创新立国"等，形成了以"科学技术创造立国"为中心的立国战略体系，明确了战略方向和战略重点。[①] 自1872年《学制令》颁布后，日本仅用了35年就基本普及了初等国民义务教育，完成了欧洲主要资本主义国家花200年时间才完成的近代化任务。21世纪，面对经济低迷与文化荒废、人口结构变化（少子、老龄）等问题，日本在积极转变单纯以经济发展为中心的国家发展战略之下，形成了以科技创新、文化立国为核心的战略体系，如2001年颁布的《e-Japan重点计划》，且之后IT战略本部每年都制定e-Japan重点计划。但在实现社会发展战略、促进经济起飞的过程中，日本政府把教育政策的立足点移到国家的需要上，不断调整教育政策，加强对教育的控制和干预，过于功利化的倾向造成了教育自身的核心内容，即"人的发展"被忽略了，出现了偏重学历、考试竞争过度、学校教育划一和僵化以及学生身心健康水平下降等问题。针对此，日本教育改革从文凭社会向终身学习社会转变，由"终身学习和终身教育"取代"学校中心思维模式"，且终身学习战略被认为是"一种保证人们在日常生活中达到高度精神满足的战略"。同时，为了成为能在国际社会立足、富有创造精神、充满活力的国家，教育作为社会体系的根本，应该致力于培养富有个性的创造性人才。[②]

战后的德国较为复杂，两德统一之前，分为联邦德国和民主德国，其中联邦德国主要分为四个时期。依次为恢复巩固时期（1946—1958年），即战后初期，首要任务是重建以民主主义为根本价值取向的新教育秩序，消除法西斯影响，实施民主化的教育改革计划，同时恢复和改进魏玛时期特有的教育体制和结构，实行中学的三轨制，为未来教育的发展奠定坚实的基础；改革准备时期（1959—1969年）主要有三大任务，分别为实现学制的统一和规范、促进教育机会均等、提高教育质量；改革时期（1970—1976年），教育结构改革提上议事日程，这一时期教育改革和发展的主要任务有两个：一是将教育政策制定放在十分优先的位置，二是进行教育结构改革；巩固评价时期（1977—1990年）的两大任务是在教育领域引入竞争机

---

[①] 刘昌黎：《论日本新世纪初的立国战略体系》，《日本学刊》，2008年第4期，第61—72页。
[②] 汪辉、李志永：《日本教育战略研究》，杭州：浙江教育出版社，2014年版，第8—23页。

制和加强教育管理，提高教育质量和效益。① 两德统一之后（1990—2000年）联邦德国的社会体制成为民主德国体制改革的蓝本，民主德国的教育进入重建的艰难历程，其教育宗旨是个体有权接受适合自己天赋、才能和兴趣的教育，教育应该尊重自由和民主国家的相关法律，并促进个体形成自由和民主的意识。

2000年10月，《俄罗斯联邦国民教育要义》指出："教育要超前发展，负有使命把俄罗斯从危机中拯救出来，保证全民族有美好的未来，保证每个家庭和公民过上应有水平的生活。"2001年底的《2010年前俄罗斯教育现代化构想》启动了"作为全民族任务"的教育现代化进程，以此实现教育的赶超式发展。该时期核心教育战略是实施国家领导下的分权、增加教育投入、提高教育质量、推进爱国主义教育、促进教育公平和推进教育国际化。2009年初的《2020年前的俄罗斯教育：服务于创新经济的教育模式》进一步明晰了"作为创新发展必要条件的创新教育"的中长期发展规划，创新教育战略的实施主要体现在两个方面：一是培养创新型人才；二是建立创新型机构。与之相配套，这一时期确定了适应创新经济发展的现代教育模式。总的来说，这一时期通过推行创新教育、关注教育效率、提升教育质量和回归精英教育等教育战略，实现了俄罗斯在世界舞台上由追赶式发展到赶超式发展的步伐。②

总的来看，教育被赶超中的国家视为立国之本，或者经历了重大波折的国家，更注重以教育的超前发展来拯救危机中的国家，这也突出了教育在国家发展中的超前性，以及教育战略"未雨绸缪"的预测性和前瞻性。

### （四）发展中国家：重视人力资源开发和教育强国

发展中国家数量众多，现以南非现阶段教育发展战略为例略加讨论。1994年，《重建与发展计划白皮书》是其首个国家宏观发展战略，确立了南非教育改革与发展战略的定位与基本思路。此后的20年里，南非教育部和后来的高等教育与培训部围绕教育与培训事业的各个领域和层次，相继出台了8份教育白皮书，这些白皮书勾勒了其教育改革与发展的指导思想与基本思路。其中，1995年的《教育与培训白皮书》是这一系列中的第一份，也是最宏观、最具全局性的一份，白皮书指出南非人力资源战略的组织原则是终身学习，顺应这一趋势，南非的教育

---

① 杨明、赵凌：《德国教育战略研究》，杭州：浙江教育出版社，2014年版，第29—80页。
② 刘淑华：《俄罗斯教育战略研究》，杭州：浙江教育出版社，2014年版，第271—287页。

改革与发展立足于教育与培训两者的结合而非彼此平行地发展,旨在打破教育(学术道路)与培训(职业道路)之间不必要的人为隔阂,实现整合式的发展。① 国家资格框架的发展是《重建与发展计划白皮书》提出的人力资源发展战略思想的关键,也是教育部的优先战略。2008 年《国家资格框架法》取代《国家资格局法》,南非政府才基本理顺了国家资格框架体系内部的关系,连接起了学校教育与学校后教育。2009 年《南非人力资源发展战略(2010—2030 年)》出台,它是建立在对 2001 年《南非人力资源战略:为了所有人更加美好的生活而全民工作》的成败得失的反思基础之上,在经济与社会环境和政府的管理体系得到了一定程度的优化之后,基于对改革与发展中所面临的问题与矛盾更加清晰的认识而对 2001 年战略所作的调整、完善和具体化。

如果说,在总体战略中的关键词是"教育强国",那么,在不同国家战略目标中的关键词仍然是"教育强国"。不同的是,前者的"强"用作动词,意为"教育使国强"(strengthening a nation through education),而后者的"强"用作形容词,即"国之教育强"(a nation with strength in education)。从整体来看,无论是发达国家还是发展中国家,在国家总体发展战略中,教育发展战略首要目标是服务于国家政治经济形态,助力强国梦的实现,或守住已有的强国地位。国家教育战略是本领域之顶层设计,其目的是使教育发展达到最优最强,不仅满足教育基本标准的达成、实现国民素质的普遍提升,而且要不断走向卓越,包括创新人才的不断涌现、实现学习化社会的理想,成全每一个人终身学习和发展的完满。

## 二、大国教育发展战略目标的取向异同与定位分析

### (一) 共性:优先、公平、质量、开放和信息化

尽管世界主要大国之间在发展水平、历史传统、民族特性、治理方式和教育基础等方面很不相同,但教育战略的重点有许多共同之处。

由于教育在提升国家经济、科技及文化软实力方面的重要作用日益凸显,各国都十分重视优先发展教育。分析"大国教育战略研究丛书"②发现:追求卓越、关注教育质量/品质提升的有 9 个国家,重视推进教育公平、明确提出教育公平战略

---

① 王琳璞、毛锡龙、张屹:《南非教育战略研究》,杭州:浙江教育出版社,2014 年版,第 96—113 页。
② 徐辉总主编"大国教育战略研究丛书",共 11 本,包含中国、美国、法国、德国、英国、日本、巴西、印度、南非、俄罗斯和意大利,由浙江教育出版社于 2013、2014 年相继出版。

的有5个国家,注重信息化、科技创新/引领及其与教育的深度融合的有4个国家,推进教育国际化、加大教育开放力度的有6个国家,在教育治理、分权、结构调整等方面改革举措,不断提升教育的效率与活力的也不少。徐辉在丛书序言中梳理了各国教育战略的七大共同之处:(1)更加重视教育事业在国家发展中的战略地位,切实落实教育优先发展的各项措施;(2)更加注重教育发展与经济发展之间的密切联系;(3)更加注重推进教育公平;(4)现代科学技术知识在学校课程体系中的地位进一步提升;(5)经济合作与发展组织开展的国际学生成绩评定项目表明,国家发展水平与学校教育质量之间存在某种重要的内在联系;(6)更加注重提升教育效率与活力;(7)极大地增加了教育开放的力度,教育国际化的洪流以前所未有的规模和力度滚滚向前。[1] 下面就各国教育战略的几个共性方面略作展开阐述。

1. 教育优先地位

教育是人类传承文明和知识、培养年轻一代、创造美好生活的根本途径。[2] 20世纪90年代,联合国教科文组织提出:"多少世纪以来,特别在发动产业革命的欧洲国家,教育的发展一般是在经济增长之后发生的,现在,教育在全世界的发展正倾向于优先于经济的发展,这在人类历史上大概还是第一次。这种倾向优先大胆和成功地出现在诸如日本、苏联等国家。许多别的国家,特别是发展中国家,在过去几年中,不顾由此带来的沉重牺牲和一切困难,也选择了这条道路。"[3]一直在不断发展的教育强国,如美国、法国、意大利等,很早就确立了"教育优先"战略;同为发达国家的日本、德国、俄罗斯等一些战后面临重组的国家,战后的崛起有很大一部分需要归功于教育;发展中国家如印度、南非、巴西等在追求快速发展的过程中也纷纷制定了"教育优先"战略,进而实现国家的发展。我国"教育经费支出占GDP的比例"逐年提高,逐步缩小与经济合作与发展组织国家的差距,表明近年来国家加大国家财政性教育经费的投入,将"教育优先发展"落到实处。

2. 推进教育公平

教育公平影响着现代教育改革与发展的方向,对教育公平问题的研究和重视,是社会文明和进步的标志。在推进教育公平方面,不同的国家都作出了自己

---

[1] 吕一民等:《法国教育战略研究·大国教育战略研究丛书总序》,杭州:浙江教育出版社,2014年版,第56页。
[2] 2013年9月25日,习近平主席在联合国"教育第一"全球倡议行动一周年纪念活动上的视频贺词。
[3] 联合国教科文组织国际教育发展委员会编著,华东师范大学比较教育研究所译:《学会生存:教育世界的今天和明天》,北京:教育科学出版社,1996版,第35—36页。

的努力。如美国著名的《不让一个孩子掉队法》明确指出"通过实施问责、弹性和择校制度,弥合教育成就鸿沟,从而不让一个孩子掉队",旨在改善弱势学生的学业表现,促进高素质教师与校长的发展以及对教育的选择和参与,标志着美国在教育上追求"公平优先"的国家战略。① 意大利通过全纳教育保障残疾学生的公平受教育权利,对移民学生采用改革学校组织、提升教育能力、加强语言教育和跨文化教育等移民教育策略促进其教育权利的公平。② 德国通过 2005 年推出的"卓越计划"促进高校新的分类标准形成,即"科学研究导向"与"职业行动导向"两种类型,旨在为职业教育和高等教育融通提供前提,推进高校差异化和公平发展。③ 此外,2013 年的《德国资格框架》目的也在于打通职业教育、高等教育和继续教育之间的通道,促进不同类型教育公平发展。④ 印度在法律中明确了对教育公平的规定:1986 年《国家教育政策》(1992 年修订)的第四部分为"为了平等的教育",主张教育机会均等,分别以"为了妇女平等的教育""表列种姓的教育""表列部族的教育""其他教育落后的部分和地区""少数民族""残疾人""承认教育"为题,论述了这些方面应该采取的措施以及采取这些措施的必要性。⑤ 20 世纪 80 年代末到 90 年代中期,巴西政府吸取了以往教育发展的教训,为解决普及教育、提高教育质量和促进教育公平的问题,重新确立了未来 10 年的战略重心,确立了一系列涵盖公平指标的重要教育政策,包括经费保障、区域均衡、学生资助、补助金计划、全国基础教育维持和发展及教师专业发展基金等。⑥

3. 提升教育质量

从 20 世纪 90 年代初期开始,巴西政府将保障并提高教育质量提升到战略层面,并陆续出台了一系列战略性的政策和计划,如全民教育十年计划(1993—2003 年)、全国全面援助儿童和青少年计划、东北地区基础教育计划、教育和教学改革

---

① US Department of Education. Strategic plan 2002 - 2007 [EB/OL]. http://www.ed.gov/pubs/strplan2002-2007/index. Html,2002 - 05 - 14.
② 梅伟惠:《意大利教育战略研究》,杭州:浙江教育出版社,2014 年版,第 47—61 页。
③ Euler D: Berufs-und Hochschulbildung-Durchlaessigkeit oder Verzahnung, n: Hemkes B, Wilbers K, Heister M(Hrsg); Durchlaessigkeit zwischen beruflicher und hochschulischer bildung, Verlag Barbara Budrich, 2019;61,65.
④ Frank I. Durchlaessigkeit und Gleichwertigkeit allgemeiner und beruflicher Bildung-eine historische Betrachtung [A]. In: Hemkes B, Wilbers K, Heister M(Hrsg). Durchlaessigkeit zwischen beruflicher und hochschulischer Bildung [C]. Verlag Barbara Budrich, 2019,122 - 123.
⑤ 安双宏:《印度教育战略研究》,杭州:浙江教育出版社,2014 年版,第 83—101 页。
⑥ 万秀兰:《巴西教育战略研究》,杭州:浙江教育出版社,2014 年版,第 121—171 页。

援助计划、全国远距离教育计划、提高教师职业价值计划等,对接下来 20 年的巴西教育质量保障具有全局性的指引、评测、促进和支撑作用。进入新世纪以来,教育部十分重视战略的制定,先后发布了《国家教育规划(2001—2010 年)》《关于青少年和成人教育的国家报告》《教育部公共政策》,在《教育部公共政策》的 250 多项计划中,就包括"保障教育质量计划"。[1] 对于意大利教育改革来说,提升教育质量是其优先关注的事项,从系统化的高中改革到创新的教学手段,意大利教育系统试图改革传统教学模式,关注学生的个性发展,例如通过跨学科、开放教室,构建灵活课程、创新学生评价等。[2] 在美国,奥巴马政府提出教育改革的五大支柱包括投资早期教育,提高标准和质量;终结前政府事实上的"冲底"政策,通过鼓励出台更好的评价标准来实施"竞争卓越"计划;培养、聘用和奖励优秀教师;在学校促进创新和追求卓越;向所有美国人提供高质量的高等教育,此后还发布了教育《改革蓝图》等,都彰显了其在教育上实施"全面卓越"战略的决心和勇气。[3] 教育质量作为教育的基石,在未来依然会是各个国家的重要战略追求。

4. 开放教育环境

随着科技的发展,人们生活在一个地球村中,彼此之间的联系越来越多,也变得更加便捷,在教育战略的选择上,开放教育环境成为了大国共识。早在 1994 年,《改善美国学校法案》授权 21 世纪社区学习中心计划,为课外项目创建一个联邦资助基金,以促进学校和社区的合作。[4] 研究表明,美国 21 世纪社区学习中心计划现阶段已取得的成果主要包括两大方面:一方面是改善学生的学业表现,譬如提高学生的入学率、参与率和考试分数;另一方面,有助于改善学生在校行为表现,它使儿童处于相对安全的境地,对儿童自我概念的建立和决策有着积极影响。[5] 除却学校与其他机构的合作,《美国教育部 2012—2016 国际战略》详细描绘了美国 2012—2016 年国际教育的愿景,强调教育部将继续加强与国务院、商务部、劳工部、美国国际开发总署(USAID)等政府机构的协作,与全球同行一起促进

---

[1] 万秀兰:《巴西教育战略研究》,杭州:浙江教育出版社,2014 年版,第 177 页。
[2] 梅伟惠:《意大利教育战略研究》,杭州:浙江教育出版社,2014 年版,第 189 页。
[3] 万秀兰:《巴西教育战略研究》,杭州:浙江教育出版社,2014 年版,第 121—171 页。
[4] Dodd A T, Bowen L M: 21st Century Community Learning Centers-improving the Academic Performance of At-risk Students: A bronx tale, *Journal of Health and Human Services Administration*. 2011,01:10-41.
[5] Alliance A: Evaluations backgrounder: a summary of formal evaluations of after-school programs' impact on academics, behavior, safety and family life, After-school Alliance, 2012:24.

教育质量改进,加强教育体制改革,促进国际交流,并在此基础上建构了层次清晰的战略目标体系,反映出今后一段时间美国国际教育政策的基本走向:一是教育先行,凸显教育服务于国家利益的基本理念;二是标准引领,强调以优质标准培养公民的全球素养;三是兼取众长,倡导以积极的教育外交加强国际合作;四是系统谋划,主张以整体协调的方式推进国际教育。① 同时,2020年美国奥巴马政府高等教育发展目标为:2020年美国要再度成为世界上大学人口比率最高的国家。② 在英国,中小学国际教育的发展战略包括建立网络平台,促进中小学国际教育的网际互动;积极推动国际教育认证;全球维度的持续专业发展计划;学校发展、地方教育局和学生教育交流方案。③ 英国政府还于2019年出台了《国际教育战略:全球潜力与全球增长》报告,旨在提高国际教育知名度、挖掘国际教育发展潜力、加强全球教育交流与合作,同时还提出在早期教育、私立学校、英语教学、职业教育与培训、高等教育及教育技术等领域对不同的教育提供者采取差异化行动策略,这对推进英国国际教育战略至关重要。④

自2005年以来,德国为追求科学与研究的卓越性,扩大其在国际上的影响力,弘扬德意志文化,开始大力推进高等教育国际化进程,具体特征包括:国别策略有所调整;更加关注职业教育领域的国际化;第三方机构作用凸显;更加注重教育输出和输入的双向度发展;加强难民对德国高等教育的融入。⑤ 2017年,德国内阁批准了一项由德国教育与研究部起草的针对教育、科学与研究国际化的战略,意在加强与新工业化国家和发展中国家的合作,为落实"国际合作:联网与创新"这一战略主题,联邦政府制定了五个目标:保持并提高德国科学与研究系统的卓越性;发挥德国在国际中的创新能力;扩大在国际中的职业培训和资格培训;与新工业化国家和发展中国家加强合作;加强欧洲与国际合作应对全球

---

① 马毅飞、谭可:《美国国际教育政策的战略走向——基于〈美国教育部2012—2016国际战略〉的分析》,《现代教育管理》,2015年第6期,第62—66页。
② 付淑琼:《美国奥巴马政府2020年高等教育发展目标、路径与困境》,《比较教育研究》,2013年第8期,第9—13页。
③ 孙南南:《英国中小学国际教育的历史嬗变与战略动向》,《比较教育研究》,2015年第11期,第52—58页。
④ 王敏、董丽丽:《英国国际教育战略分析与启示——基于对〈国际教育战略:全球潜力与全球增长〉报告的探析》,《世界教育信息》,2019年第10期,第15—20页。
⑤ 刘淑华、郭荣梅:《默克尔执政以来德国高等教育国际化战略》,《比较教育研究》,2019年第6期,第58—66页。

化的挑战。① 进入21世纪之后,法国提出建立一个更公正、更有效率、更开放的学校体系。② 法国的战略选择聚焦于数字信息化、目标性财政投入以及全球人才流动等,以推动国际化战略选择的实施。③ 与此同时,法国还推出了在线教育双学位和联合学位国际化策略,旨在促进教育的国际交流。④ 澳大利亚于2016年4月30日发布了《国际教育国家战略2025》和《澳大利亚国际教育2025市场开发路线图》,指明未来10年国际教育的发展方向。为创造一个更具适应性、创新性,并且积极融入全球市场的国际教育行业,"2025战略"围绕夯实教育基础、加强伙伴关系和提高全球竞争力三大支柱,提出了澳大利亚国际教育发展的9项目标以及实现这些目标的行动方案;"2025路线图"对前者进行补充,重点强调国际教育市场开发,主张通过制定一个长期的市场开发路线图来支持澳大利亚国际教育的可持续发展。在全新的发展阶段,澳大利亚将按照统筹协调、创新发展、精准预测和互惠互利的基本要求,谋划国际教育事业的未来发展,使国际教育真正成为经济转型和社会变革的推动力量。⑤

5. 实现教育信息化

随着大数据、物联网和人工智能时代的到来,信息技术赋能教育发展越来越受到世界各主要大国的高度重视。人们普遍认为,如果儿童从小就有机会接触计算机,会使他们在教育和技能方面获得巨大的优势,从而促进自我实现。⑥ 美国颁布了《国家人工智能研究与发展战略规划》和《美国机器智能国家战略规划》,分别是奥巴马和特朗普在其任内颁布的首份国家人工智能发展规划,同时也是全球首份分别针对人工智能与机器智能的国家规划,先后针对人工智能支持社会各个领域的变革提出了发展蓝图⑦,足见其重视的程度。在法国,2015年以来大力推进

---

① 德国联邦外贸与投资署企业传播部:《德国政府内阁批准教育与研究国际化战略》,《微型机与应用》,2017年第4期,第50页。
② 赵燕:《探讨法国教育战略 书写中华教育未来——评〈法国教育战略研究〉》,《中国出版》,2015年第18期,第72页。
③ 张丹:《法国高等教育国际化的战略措施及其启示》,《国家教育行政学院学报》,2018年第5期,第72—79,87页。
④ Council B: The shape of things to come: higher education global trends and emerging opportunities to 2020: global edition, 2012:7.
⑤ 荆晓丽:《澳大利亚最新国际教育政策评析》,《郑州师范教育》,2017年第3期,第28—33页。
⑥ Calvert S L, Wilson B J: The handbook of children, media, and development, Oxford: Blackwell Publishing Ltd2009:51-73.
⑦ 蒋鑫,洪明:《从"NSTC规划"到"CSIS规划":美国人工智能赋能教育的颠覆与创新》,《中国远程教育》,2019年第7期,第27—37页。

的"数字化校园"教育战略规划成为法国教育创新的一大亮点,该战略的意义在于巩固学科知识,创新学习方式;提升信息素养,储备未来人才;明辨网络信息,培养综合素养;鼓励家长参与,推动家校合作;促进因材施教,推进社会公平。[1] 在英国,高等教育基金委员会(简称 HEFCE)制定的"E-learning 十年战略"不仅集中于远程学习的技术应用上,也为增进和改革在校园、工作场所或家庭中的学习提供了令人兴奋的机会。[2] 在实现教育信息化的同时,数字时代的责任感也很重要,欧洲教育政策与实践指导委员会于 2016 年发布《数字公民教育项目》,帮助儿童获得积极、负责任地参与数字社会所需要具备的能力等。[3]

从现有大国教育战略来看,尽管国家战略有明确提出教育信息化,也给予足够重视,但更多是聚焦于高等教育领域,在基础教育领域则关涉较少。

### (二) 个性:基于共性的国别特色

除了上述共性特征之外,日本的产学研协同、法国的协调文化的统一性与多样性、印度的高等教育私营化和三种语言模式、德国与南非的职业教育等战略主题也颇具特色,这类基于共性的地方化特色的强调,对我国倡导和实施"一地一案"具有启发意义。

1. 日本:产学研协同[4]

整体来看,日本的产学研协同战略是市场导向下的产物。主要包括三个领域的改革:制造业衰退背景下的理工教育振兴战略、密切职业衔接的专业学位研究生改革和注重成果转化的大学科研体制改革。

纵观 20 世纪 90 年代后期开始的日本科学技术发展战略的演变,从最初提倡知识创新,到逐渐重视科研成果的转移与应用,最后明确通过专利保护以求科研成果的最有效利用。这一演变过程中,强化产学协同以构建创新型国家的战略思路日趋清晰。总体而言,在科技成果转化机构起步之初,政府的及时介入以及适度的资金援助、相应的法律法规的调整等都极大改善了科技成果转化机构的生存

---

[1] 任一菲:《法国"数字化校园"教育战略规划概览及启示》,《国内高等教育教学研究动态》,2018 年第 23 期,第 6 页。
[2] 丁桂芝、薛勇:《英国高等教育 E-learning 研究系列之一:英国高等教育 E-Learning 发展战略及执行情况》,《计算机教育》,2005 年第 11 期,第 42—46 页。
[3] Council of Europe:Digital citizenship education, https://www.coe.int/en/web/digital-citizenship-education/digital-citizenship-education-project2016-01-09.
[4] 汪辉、李志永:《日本教育战略研究》,杭州:浙江教育出版社,2014 年版,第 106—135 页。

空间,提升了其自身的运作及发展能力,最终有效促进大学科研成果的市场化转移。大学科技成果转化机构的设置对推动日本大学科研机制的改革,加速科研直接服务社会经济发展需求的趋势,强化产学协同产生了积极的效果。

2. 法国:协调文化的统一性与多样性①

这一战略主题的出现是由于失败的移民教育与多元文化危机,面对共和模式下窘迫的移民和学业失败的移民子女,"世俗化法"与"头巾事件"的发生,法国政府开始重视移民教育,移民教育逐渐成为国家事务,在融合还是排他的选择上,法国陷入了一定程度的摇摆。在20世纪70年代,采用的是"差异主义"的教育战略;20世纪80年代转向教育优先区战略,因地制宜,给予那些欠发达、缺资源的地区更多帮助,使教育资源配置更加均衡合理,试图以新的"因地制宜"教育理念回避现实中"因族群而异"的移民文化,这实际上是一种"掩耳盗铃"的行为,只会促使教育参与者在官方鞭长莫及的地方继续采用文化差异主义的策略。在新千年到来之后,法国采用从多样性的移民教育战略看多元化问题。无论是差异战略还是教育优先区战略,法国当局没能真正做到将不同背景的移民种族、族群文化考虑在内,多样性教育实践背后体现的充其量是消极的多元文化主义。多元文化主义的教育战略从提出伊始便作为一种临时性的策略加以推行,并在执行过程中遭遇了诸多困境:其一,表现为理念和实践的脱节;其二,中央政府过多的直接干涉,与此同时,中央在面对政策争议时,不仅没有放手,还加强了控制,且过多诉诸于政治手段和立法程序。尽管存在许多问题,但是多样化看待文化差异依然值得借鉴。

3. 印度:三种语言模式②

在印度,语言问题极为复杂,尽管殖民统治导致印度受教育者中掌握英语的人数众多,但是印度没有国语,有2种联邦官方语言(印地语和英语)、22种宪法规定的地区性官方语言(也包括印地语)和1000多种语言和方言。这种情况使语言问题不仅成为影响印度教育改革和教育水平提高的难点,而且影响了民族凝聚力的形成,并逐渐演化为尖锐的政治问题。不同区域,三种语言模式有所差异。在非印地语邦,这三种语言是:母语或地区语言(语言Ⅰ),作为国语的印地语(语言Ⅱ),作为外语的英语(语言Ⅲ)。在讲印地语的各邦中,印地语是语言Ⅰ,英语是语言Ⅱ,另一种"现代印度语言"是语言Ⅲ。一般来讲,语言Ⅰ通常贯穿基础教育

---

① 吕一民等:《法国教育战略研究》,杭州:浙江教育出版社,2014年版,第117—150页。
② 安双宏:《印度教育战略研究》,杭州:浙江教育出版社,2014年版,第158—160页。

的全过程,语言Ⅱ、语言Ⅲ从三至六年级开始开设,各邦与各中央直辖区持续开设的年限也有所不同。这种模式在原则上被各邦接受了,但在实行中许多邦都根据自己的理解作了一些变通。由于宪法规定不够严密,印度各地语言情况又很复杂,一些团体利用语言问题为本团体或本党派争取特殊利益而不惜损害国家的整体利益。高等教育中的教学用语并非第一官方语言,英语是印度高等教育中的主要教学用语,语言问题对高等教育质量也产生了一定的影响。

从现阶段来看,英语的特殊地位短期内难以改变,既有英语红利(英语教学在印度已经持续了几个世纪,英语已经成为印度社会各界和各地人们之间进行沟通的最重要的语言,被世人称为"英国的殖民统治遗留给印度的英语红利"),同时也有英语霸权问题(在国际化、全球化的大背景下,在印度,作为第二官方语言的英语相对于作为第一官方语言的印地语的优势越来越明显,大有取而代之的趋势)。由于印度在中小学阶段推广印地语和地区语言,英语的教学质量较低,大学生对以英语为主要教学用语的各科教学的接受能力大打折扣。印地语和地区语言缺乏现代技术语汇,用印地语和地区语言编写的大学教科书和教辅材料质量较差,也使得印度高等教育质量受到不可忽视的影响。

4. 德国与南非:职业教育战略

德国的职业教育走在世界前列是不争的事实。德国职业教育系统定位准确、设计精细、结构复杂、功能齐全。多样化的职业类学校专注于特定行业或职业,专业设置和人才培养模式遵循职业要求和人才成长的规律,保持了高水准的职业人才培养质量。德国职业教育特点对我国高职院校发展战略的选择提供了诸多启示,如:灵活多样办学、满足学习者需求、积极融入现代职业教育体系;专注健康产业人才培养分类定位打造高职精品专业;引入国际职业资格标准推动区域职业资格标准化进程。[1]

在南非,以国家资格框架为核心的全民终身教育体系极具特色,如前所述,1994年以来相继出台了八份教育白皮书。这些白皮书勾勒了南非教育改革与发展的指导思想与基本思路,要实现教育与培训的整合式发展,则要依靠国家资格框架的建设。2008年出台的《国家资格框架法》,建立了普通与继续教育与培训资格子框架、高等教育子框架、行业与职业教育资格子框架这三个子框架,为国家资

---

[1] 王毓:《德国职业教育特点及其对高职院校发展战略选择的启示》,《广东职业技术教育与研究》,2013年第4期,第16—18页。

格局统一协调的全国唯一的国家资格框架奠定了坚实的基础,连接起了学校教育与学校后教育。①

无论是德国完善的职业教育体系或三轨制,还是南非的国家资格框架下的终身教育体系,均提供了一种连接教育与社会、现在与未来、专业与职业的路径。

### (三) 定位分析:质量与效率并存、个人与社会兼顾

通过大国教育发展战略之间的异同比较,不难看出各个大国的教育愈来愈重视内涵、公平、环境的开放以及智能化的发展,这些均指向教育的高质量且有效率的发展。几乎世界各主要大国的教育战略都强调追求卓越、提升质量或品质、注重效率等方面,如法国提出建立一个更公正、更有效率、更开放的学校体系,日本强调绩效导向的教育治理等。再如继"世界教育论坛"发布《仁川宣言》之后,联合国教科文组织出台了又一重要文件《青岛宣言》,该宣言的提出是为了在2030年前实现全纳和公平优质的教育以及终身学习目标,利用ICT增强教育系统,促进知识传播,提升信息访问,实现高质量和有效率的学习,提供更高效的服务。宣言的主要内容包括开放教育资源与解决方案、优质学习、终身学习途径、在线学习创新、在线学习的质量保证和认可、监督与评估、责任感与合作伙伴关系。②

随着世界经济与文化的发展,各主要大国教育战略的定位在关注国力强盛的同时,对于个人的充分发展也愈发重视,尤其注重通过终身教育体系和学习型社会建设来促进每个人的终身学习和发展。美国芝加哥大学前校长罗伯特·哈钦斯于1969年出版的《学习型社会》一书较早明确提出了学习型社会的理念,基于日益增加的自由时间和社会的快速变化两个重要事实,哈钦斯认为现有的教育系统是非人道的,而学习型社会的到来是一次价值转变,就是把学习、自我实现以及成为真正的人设计为教育的目标。教育并不是在某个时间、某个地点,以及生活的某个阶段从事的单独、分离的活动。③ 20世纪70年代,联合国教科文组织提出"向学习化社会前进"的目标。20世纪80年代以后,"学习型社会"的理念逐渐进入一些国家的政策文件,成为一项社会发展的实践运动。各个国家的教育战略毫无例外都

---

① 王琳璞、毛锡龙、张屹:《南非教育战略研究》,杭州:浙江教育出版社,2014年版,第96—113页。
② 黄荣怀、张进宝、经倩霞、刘晓琳:《面向2030教育发展议程的全球教育信息化发展战略——解读〈青岛宣言〉教育目标行动框架》,《开放教育研究》,2016年第1期,第37—42页。
③〔美〕罗伯特·赫钦斯著,林曾、李德雄、蒋亚丽等译:《学习型社会》,北京:社会科学文献出版社,2017年版,第150—155页。

提到了终身学习体系,如德国、美国、日本、英国等。学习型社会创建的目标被确立为促进全体人民的终身学习、实现教育和学习的普遍权利、触发社会和个人的可持续发展。也是在20世纪80年代,"学习型社会"的观念开始进入我国学术界的视野。在我国,国家层面提出建设"学习型社会"的主张,始于21世纪初。2001年至2002年期间,时任国家领导人的江泽民在不同场合提出了推进教育体系创新、创建学习型社会的主张。在十六大报告中,建设学习型社会首次被写入党的最高级别文件,并被列为小康社会建设目标的重要内容。此后,构建终身教育体系、建设学习型社会一直作为我国党和政府工作的一项战略举措,在党的十七、十八、十九大报告等各类重要文件和政策中被反复提及,并在实践中持续推进。《国家中长期教育改革和发展规划纲要(2010—2020年)》也提出到2020年"基本形成学习型社会"的战略目标。

## 三、大国经验启示下我国面向未来的教育发展战略决策

比较教育学家艾萨克·康德尔提倡比较教育研究有三大目的:"第一,提供事实,发展教育思想;第二,了解教育问题在特定民族背景下的原因;第三,借鉴别国的经验,改善本国乃至全世界的教育。"[1]在梳理大国教育战略的发展,了解其发展背景,呈现事实的基础之上,通过分析其异同,可望给我国未来教育的战略发展定位以一定的启示。

### (一)"教育强国"愿景须由"高质量战略"来付诸实践

如前所述,"教育优先""教育强国"战略始终是各国一直坚持与认同的。一般来说,这一总体战略实施的前期,更看重对发展效率的追求,秉持国家利益至上,通过教育培养所急需的人才,从而实现经济的快速增长。然而,随着经济的发展、国家的稳定,教育开始更多指向国家的强大与个人的充分发展,且渐渐关注到公平、可持续发展、学习化社会建设等问题。因而,教育质量、教育环境、教育信息化与终身教育战略便成为各国普遍重视的战略主题。

如前文所述,在徐辉主编的一套丛书所列11个世界主要大国的教育战略中,追求卓越、关注教育质量/品质提高或基础学力提升的就有9个国家,这些提法的核心意涵就是"高质量"发展。如同"供给侧改革"那样,"高质量发展"这一术语也

---

[1] 王承绪:《比较教育学史》,北京:人民教育出版社,1999年版,第72—74页。

是最早在我国经济领域提出,而后迁移到教育领域。2017年中国共产党第十九次全国代表大会首次提出"高质量发展"的新表述,表明中国经济由高速增长阶段转向高质量发展阶段。党的十九大报告中提出的"建立健全绿色低碳循环发展的经济体系"为新时代下高质量发展指明了方向,同时也提出了一个极为重要的时代课题。高质量发展是适应经济发展常态的主动选择,是贯彻新发展理念的根本体现,是适应我国社会主要矛盾变化的必然要求,也是建设现代化经济体系的必由之路。建设现代化经济体系是跨越关口的迫切要求和我国发展的战略目标。实现这一战略目标,必须坚持质量第一、效益优先,推动经济发展质量变革、效率变革、动力变革,提高全要素生产率,不断增强我国经济创新力和竞争力。

建设高质量发展教育体系,也列入了《中共中央关于制定国民经济和社会发展第十四个五年规划和二〇三五年远景目标的建议》,成为教育十四五规划的战略主题。如此一来,建设社会主义教育强国是我国推进教育现代化的战略总目标,而推动我国教育事业高质量发展,则是将教育强国愿景转化为现实的重要途径,所以,建设高质量发展教育体系理应成为我国未来教育战略规划的核心主题。

## (二) 现代化与可持续发展须在理念上融通、行动上一致

有论者认为,从"教育现代化2030"到"教育现代化2035",有一系列重要变化,特别是党的十九大提出的国家发展战略调整、社会主要矛盾变化、教育发展主题转化等,要求我们思考教育现代化问题必须更全面、更系统、更深刻。[1] 其中所言"发展主题转化",即是"2035"取代"2030"所蕴含的从"教育可持续发展"向"教育现代化"的战略主题转化。"面向2030",对接的是联合国千禧年目标所表达的可持续发展主题,是走向"全纳平等,有质量的教育和全面终身学习"的路径;而"迈向2035",对接的是我国总体实现教育现代化这一主题。事实上,这两个主题既不游离,更不矛盾,其核心理念都是公平、质量以及终身学习。若说有不同,那也只是提出问题的维度不同而已。教育现代化主题侧重于空间的布局,可持续发展主题则强调的是时间上的延续。尽管时间节点从2030变为2035,反映了不同主题的对接与转换,然而更要看到,这体现的恰恰是主题转换后的互渗与融合。可以说,我们所致力的教育可持续发展,是教育的现代化发展;我们想要的教育现代化,是可持续的教育现代化发展。

---

[1] 童世骏、高书国等:《聚焦2035中国教育现代化(笔谈)》,《中国高教研究》,2018年第2期,第18—21页。

那么,怎样的教育现代化才是可持续发展的?笔者曾在一篇文章中提出:可持续发展的教育现代化是属于人的,其最终目的是人的现代化;可持续发展的教育现代化是绿色的、生态的、环境友好的;可持续发展的教育现代化也是开放的、融通中外的。① 从全面战略层面考虑可持续发展,在各级各类教育的运作战略中,要把特殊教育的全纳平等、学前教育的普惠益童、职业教育生涯指导放在优先的位置;而在区域分布上,要重点考虑中西部地区和农村地区,优势地区中的相对弱势的区块、学校和人群。唯其如此,才会有整体意义上的中国教育可持续发展。

### (三) 战略定位在内外关系上须审时度势、调适应变

分析"大国教育战略研究丛书"发现,11个大国中有6个国家明确以推进教育国际化、加大教育开放的力度为战略取向,未明言或未特别强调国际化的国家,也在注重科技创新人才培养、加大教育队伍开放方面不甘落后,国际化事实上已成为各国教育战略设计之共识或共同行动。高等教育层面尤其如此。有研究者特别指出世界一流大学都具有"外扩"倾向,认为"21世纪以来,面对纷繁复杂的高等教育发展形势,世界一流大学纷纷根据自身实际适时调整发展战略规划,调整后的战略规划普遍呈现出一定的外扩属性。在愿景与使命的表述中,主要集中在大学定位的世界引领性、公共决策的跨国影响力、人才培养的国际一流性、科学研究的全球示范性等四个方面。具体的行为策略主要体现在加强人员对外交流,形成全球智力中心;构建跨国科研网络,增强知识创新能力;扩大社会服务范围,着力提升大学影响;推进质量世界顶尖,成为大学治理典范等四个方面。②

有论者指出:"世界正在发生重大变化,科技革命是重要推动力,中美战略博弈和全球疫情暴发是长短变量,构建新发展格局是我们的战略应对。教育的内涵、模式、作用都在发生变化,学校的办学思路、着力点和发展方位都需要进行战略选择。"③正是在这样的国际背景之下,"双循环"新发展格局是我国未来战略性政策方向,构建这一新发展格局,是国家发展政策的重大战略调整,"是与时俱进提升我国经济发展水平的战略选择,也是塑造我国国际经济合作和竞争新优势的

---

① 杨小微:《为了可持续发展的中国教育现代化》,《教育发展研究》,2019年第21期,第3页。
② 张永富、徐辉:《例析世界一流大学战略规划中的"外扩性"》,《黑龙江高教研究》,2019年第12期,第1—5页。
③ 马陆亭:《抓关键和补短板:新发展格局中的教育战略选择》,《清华大学教育研究》,2021年第1期,第3—7页。

战略选择"①。

然而,"双循环"以内循环为主,并不意味着我们要放弃对外开放。相反,面对逆全球化潮流,我们在国际教育交流方面的战略运作也更加考验我们的智慧和胆识。除了利用好"一带一路"倡议,加强与沿线国家的教育交往,更要充分利用以往教育国际化成果和经验,运用先进的信息技术和平台,探索新的对外开放和中外融通的战略路径和具体策略。

### (四) 参照借鉴共同经验的同时兼顾差异化、特色化战略思路

教育发展战略上的差异与特色,归根结底源自国家历史文化的差异与特点,如日本的产学研协同、法国的文化统一性与多样性、印度的三种语言、德国的提前分流和职业教育模式、南非的国家资格框架下的终身教育体系等,都是本土历史文化与现实特定境遇交叉作用的结果。就如查尔斯·拉金的"多重并发原因"(multiple conjectural causation)概念所指出的那样,在不同的社会情境或案例中,同一类现象的发生可能是由不同原因按照不同条件组合而导致的。②

相较于世界其他大国,中国的本土特征更为复杂和多样,既有悠久深厚的历史文化积淀与传承,又有幅员辽阔、人口众多等空间特性,还有长期的积弱积贫,以及在改革开放后取得的令世界惊讶的快速发展和巨大成就。中国教育发展也经历了"穷国办穷教育""大国办大教育"和"大国办强教育"三个阶段③,因此,中国教育在当下特定历史时期的教育战略取向也会与众不同。

从各级各类教育的战略运作层面来看,其本土特征所带来的差异化也十分显著。例如从基础教育开始,中国老百姓就格外重视子女的受教育质量,对优质教育的追求可谓不遗余力。这固然有"学而优则仕"文化传统的缘由,也有当下各阶层都有极强的教育焦虑使然,由此导致的争抢优质教育资源、家长"鸡娃"、知识学习"内卷"等现象也十分普遍。与之相关的是被分流进入职业学校也被看作是失败,这也受中国传统文化的影响,即十分在意从事职业的尊卑贵贱,抱持"万般皆下品,惟有读书高"的执念,从而让职业教育领域出现"任你投入多少也无法走出困局"的窘况。

---

① 马陆亭:《抓关键和补短板:新发展格局中的教育战略选择》,《清华大学教育研究》,2021年第1期,第3—7页。
② Raginc C: The comparative method: moving beyond qualitative and quantitative Strategies, Berkeley and Los Angeles: University of California Press, 1987:20.
③ 童世骏、高书国等:《聚焦2035中国教育现代化(笔谈)》,《中国高教研究》,2018年第2期,第18—21页。

针对区域、城乡、学校和人群之间的差异问题，近些年国内涌现出集团化办学、委托管理薄弱学校、一校多校一校多区等举措。在上海、杭州、苏州等地形成优质均衡发展的区域性战略，这些不妨称之为"扬长率先发展战略"。而在我国西部、农村、民族地区，还有特殊教育、学前教育、中等职业教育等相对弱势教育层级和类型，也出现乡村教育振兴、城乡教育一体化等战略举措，可称之为"补短赶超战略"。这些战略从探索成型到提炼深化再到辐射示范，都围绕如何解决人民群众对优质美好教育愈来愈高的需求与各级各类教育相对不平衡不充分的矛盾而展开，体现了对公平正义、开放共享、优质而可持续发展等教育现代化的不懈追求，也体现了促进教育高质量发展、建设有中国特色的社会主义教育强国的信心和不懈努力。

## 四、基于文献计量的教育发展战略图谱分析

### （一）外文文献分析部分

我们以"educational development strategy"为研究主题，匹配"核心合集""English"和"Article"对 SSCI 数据库进行初步检索（检索时间 2021-03-20），共计获得 6 513 条结果。按照国家/地区分布，排在前 25 位的国家/地区柱状图，见图 2-1。图中显示美国（USA）以 2 301 条记录高居首位，超出屈居次席的英格兰（ENGLAND）638 条记录多达 1 663 条；其后跻身前五位的国家分别是，澳大利亚（AUSTRALIA，521 条）、加拿大（CANADA，472 条）和西班牙（SPAIN，302 条）。截至检索当日，中国位居第六位，共计获取 264 条记录。

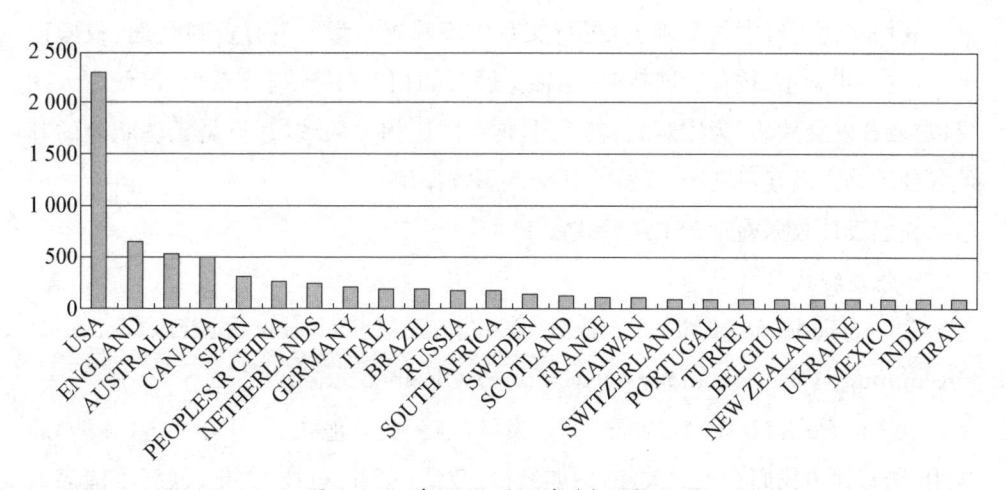

图 2-1 前 25 位的国家/地区柱状图

聚焦研究方向/学科，排在前 10 位的关涉领域（学科范畴），分别为 EDUCATION EDUCATIONAL RESEARCH（教育科学研究，2 533 条）、HEALTH CARE SCIENCES SERVICES（医疗保健科学与服务，525 条）、PSYCHOLOGY（心理学，514 条）、NURSING（护理，486 条）、PUBLIC ENVIRONMENTAL OCCUPATIONAL HEALTH（环境和职业健康，431 条）、BUSINESS ECONOMICS（商业经济学，312 条）、ENVIRONMENTAL SCIENCES ECOLOGY（生态环境科学，263 条）、SCIENCE TECHNOLOGY OTHER TOPICS（科技相关领域，245 条）和 ENGINEERING（工程学，239 条），见折线图 2-2。

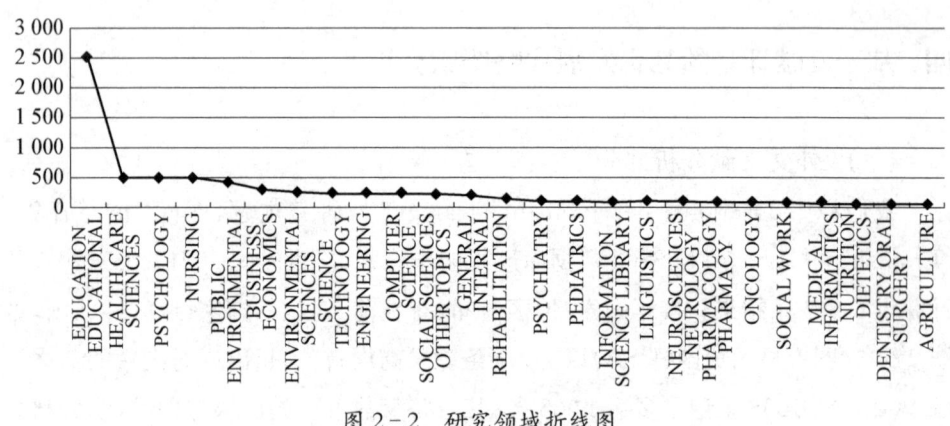

图 2-2 研究领域折线图

### 1. 甄别条件

我们在初步检索的基础上，进行文献二度筛查。为了占有资料全面、权威而准确，进一步洞悉"教育发展战略"主轴主题下的相关/其他研究系列，以便深入探寻以"教育发展战略"为宏观旨趣，其下或者同位相关领域，甚至是无法臆测的其他各种不确定因素对其产生的内、外交互影响作用。

我们设计数据检索布尔逻辑式如下：

布尔逻辑式（1）

TS=((educational development strategy) SAME((economic) OR (political) OR (military) OR (technology) OR (culture) OR (innovation)))

这一检索式旨在发现受制于"教育发展战略"的其他领域/外在冲击（互涉）的作用影响，其中我们将重点关注，诸如经济、政治、军事、科技、文化、创新等诸多因素与之发生的密切关联。上述检索条件匹配"核心合集""English"和"Article"对SSCI数据库进行检索(检索时间2021-03-20),共计获得2 132条结果。

布尔逻辑式(2)

TS=((educational development strategy) SAME((internationalization) OR (international cooperation) OR (structure adjustment) OR (evaluation) OR (equity) OR(quality) OR(privatization) OR(information)))

这一检索式旨在探索统摄于"教育发展战略"而与之产生相互影响作用的其他平行(交互)分支系统,比如源自于各国顶层设计的教育行动、教育举措、教育统调等国家举措。鉴于这一初衷,我们重点关注与"教育发展战略"形成彼此兼济、协同增效的"教育国际化""教育国际合作""教育结构调整""教育评价/评估""教育公平""教育均衡""教育私有化"等诸多关键系统彼此之间的角力/玉成作用关系。上述检索条件匹配"核心合集""English"和"Article"对SSCI数据库进行检索(检索时间2021-03-20),共计获得2 829条结果。

2. 结果分析

(1) 基于检索式(1)的文献共现关系

文献共现关系,我们主要通过关键词共现呈现。关键词共现分析是反映某一个研究领域当前的热点主题及其历史演变路径的法门,我们利用Citespace对关键词共现进行可视化分析。为了使关键词的聚类结果更加全面,我们对相关参数进行设定,将阈值设为TOP 10%,时间切片分割为2年,利用MST修剪全局网络得出关键词网络图谱图2-3。

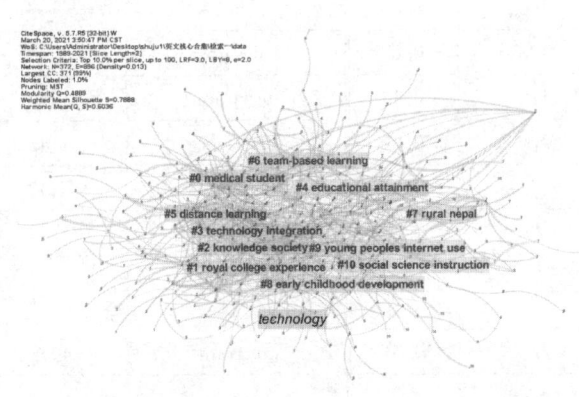

图2-3 以关键词命名的文献聚类(TOP 10%)

有关"教育发展战略"的相关文献,自由汇聚形成11个相对明晰的聚类,见图2-3。为了清楚比对图中聚类标签词,我们顺带整理表2-1。图2-3中,文献共现呈现出错综复杂的网络,清楚地显示出11个聚类,依次显示为♯0～♯10,各个聚类之下的隶属文献交错关联,潜滋暗长,促成更加复杂的知识联系。其中,Q值为0.488 9(>0.3),S值为0.788 8(>0.5),聚类结构相对显著,结果信度令人信服。在LLR算法下,我们将每个聚类下出现的被引频次大于30次的关键词进行了汇总,整理结果如表2-2所示。

表2-1 凸显聚类标签词整理

| 聚类 | 聚类 | 聚类 |
| --- | --- | --- |
| ♯0 medical student 医学生 | ♯4 educational attainment 教育程度 | ♯7 rural nepal 尼泊尔农村 |
| ♯1 royal college experience 皇家艺术学院学习经历 | ♯5 distance learning 远距离学习 | ♯8 early childhood 早期儿童发展 development |
| ♯2 knowledge society 知识社会 | ♯6 team-based learning 团队导向学习 | ♯9 young people internet use 年轻人使用互联网 |
| ♯3 technology integration 技术集成 |  | ♯10 social science instruction 社会科学教学 |

表2-2 高频关键词及对应中心性

| 关键词 | 频次(突增值) | 中心性 | 关键词 | 频次(突增值) | 中心性 |
| --- | --- | --- | --- | --- | --- |
| education | 283 | 0.05 | care | 47 | 0.08 |
| strategy | 190 | 0.06 | skill | 47 | 0.06 |
| student | 128 | 0.07 | design | 46 | 0.02 |
| technology | 126 | 0.14 | program | 46 | 0.07 |
| knowledge | 81 | 0.02 | experience | 45 | 0.1 |
| higher education | 79,7.41 | 0.03 | framework | 42 | 0.03 |
| innovation | 75 | 0.05 | policy | 42 | 0.03 |
| impact | 72 | 0.07 | professional development | 41 | 0.1 |
| performance | 69 | 0.04 | outcome | 40,5.8 | 0.05 |
| model | 69 | 0.03 | system | 39 | 0.1 |
| health | 64 | 0.02 | community | 38 | 0.04 |

续表

| 关键词 | 频次（突增值） | 中心性 | 关键词 | 频次（突增值） | 中心性 |
| --- | --- | --- | --- | --- | --- |
| teacher | 63 | 0.05 | quality | 37 | 0.09 |
| school | 59 | 0.04 | university | 37 | 0.04 |
| management | 57 | 0.03 | perspective | 34 | 0.04 |
| science | 56 | 0.05 | medical education | 33 | 0.06 |
| children | 55 | 0.01 | sustainable development | 33 | 0.05 |
| educational technology | 52 | 0.02 | intervention | 33 | 0.06 |
| culture | 49 | 0.03 | competence | 32 | 0.05 |
| curriculum | 48,4.43 | 0.06 | attitude | 31 | 0.05 |
| perception | 48 | 0.05 | sustainability | 30 | 0 |

（注：逗号之后代表突增值，中心性高代表勾连搭界的可能性越高；突增性在某一个时期内可视为爆发性的热词。）

各个关键词昭示出其所隶属表征的研究文献聚类存在理论及观点的勾连衔接的关系。研判高频被引文献，从中我们可以深入探究，细细体悟，梳理代表性立场的争鸣与共识。

图2-3形成的文献共现关系聚类中，我们不难发现知识社会（knowledge society）、技术集成（technology integration）、教育程度（educational attainment）、远程学习（distance learning）、团队导向学习（team-based learning）、儿童早期发展（early childhood development）、年轻人使用互联网（young people internet use）以及社会科学教学（social science instruction）等当下教育领域中的热门词汇/热衷话题。而今，工业革命4.0时代的标志之一是人工智能的广泛运用。人工智能可以增强学习体验，服务学校管理，提升学习质量，虚拟学习将成为未来十年的新常态。新的技术正在深度影响课堂教学模式、师生关系和人才培养方式，也在推动教育教学和管理领域的创新变革。

到2020年，学习型社会已不再是世界主流国家的缥缈愿景。上述词汇所凝练的研究主题系列，从不同的层面、视角、侧重点、学科领域指出多元、丰富的优质教育、惠民教育、公平教育是关乎世界各国社稷民生的头等要务，也将会在未来相当一段时间内持续产生影响作用。各国领导阶级、相关负责部门只有做好细节、形成风格、发扬特色、上下联动……世界范围内教育现代化整体水平才会持续向好。

表2-2列举了突增值对应的关键词,其中"教育发展战略"之下的高等教育(higher education)、课程(curriculum)、教育效果/结果(out come)等三个关键词突增性显著,其中透露出各国政府、相关人士对其倚重、关注、重视的意味。

图2-4是将阈值设为TOP 15%,时间切片分割为2年,利用MST修剪全局网络得出关键词网络图谱。

图2-4可以与图2-3对比观察,其呈现结果相差无几。

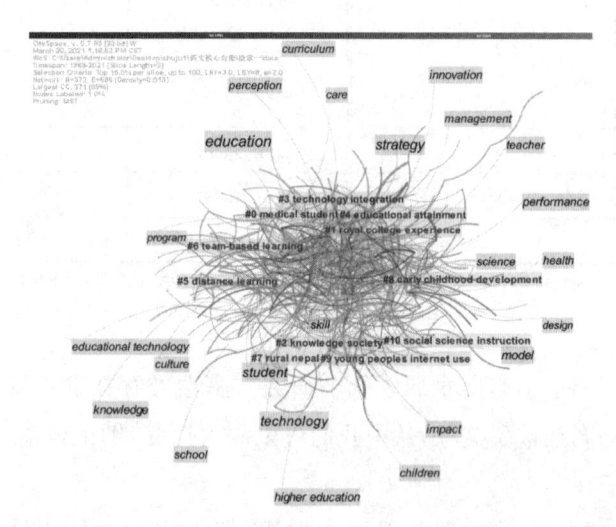

图2-4 以关键词命名的文献聚类(TOP 15%)

(2) 基于检索式(2)的文献共现关系

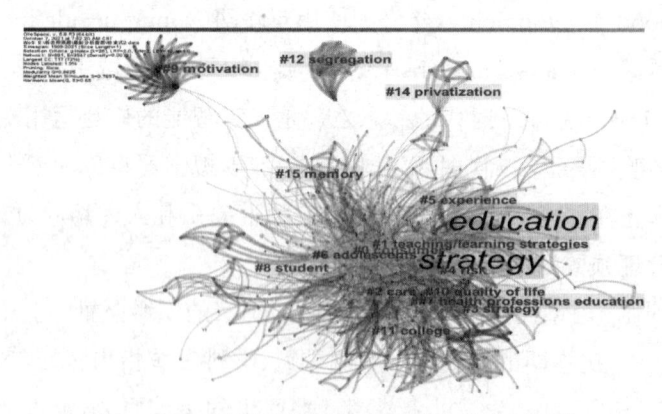

图2-5 以关键词标签词命名的文献共现聚类

表2-3 以标题词命名的凸显聚类

| 聚类 | 聚类 | 聚类 |
|---|---|---|
| #0 consumer(消费者) | #5 experience(经验) | #10 quality of life(生活质量) |
| #1 teaching/learning strategies(教/学策略) | #6 adolescents(青少年) | #11 college(大学) |
| #2 care(关怀) | #7 health professions education(健康专业教育) | #12 segregation(种族隔离) |
| #3 strategy(战略) | #8 student(学生) | #13 privation(私有制) |
| #4 risk(风险) | #9 motivation(学习动机) | #14 memory(记忆力) |

表2-4 高频关键词及对应突增值

| 关键词 | 频次 | 突增值 | 关键词 | 频次 | 突增值 |
|---|---|---|---|---|---|
| education | 349 | | information | 66 | |
| strategy | 246 | | teacher | 60 | |
| student | 158 | | technology | 57 | |
| care | 147 | | risk | 55 | |
| quality | 139 | | science | 55 | |
| impact | 136 | | implementation | 55 | |
| health | 132 | | prevention | 54 | 3.54 |
| knowledge | 127 | | communication | 53 | 4.76 |
| children | 101 | | adolescent | 52 | |
| performance | 100 | | competence | 51 | |
| program | 96 | | design | 48 | |
| model | 96 | 4.78 | achievement | 44 | |
| intervention | 96 | 4.37 | policy | 44 | |
| management | 95 | | quality of life | 43 | 3.55 |
| curriculum | 93 | 9.02 | system | 42 | |
| higher education | 88 | 4.34 | barrier | 42 | |
| perception | 82 | | motivation | 41 | 3.96 |
| outcome | 79 | | faculty development | 40 | 4.04 |
| medical education | 79 | 3.72 | nurse | 39 | |
| attitude | 77 | | university | 39 | 4.55 |
| school | 76 | | community | 38 | |

续 表

| 关键词 | 频次 | 突增值 | 关键词 | 频次 | 突增值 |
|---|---|---|---|---|---|
| experience | 73 | | instruction | 37 | |
| skill | 71 | | simulation | 36 | |
| behavior | 70 | 4.65 | framework | 36 | |
| professional development | 68 | | competence | 36 | |

(注:没有值代表0。)

图 2-5 显示,Q 值为 0.562 5(>0.3),S 值为 0.769 7(>0.5),图中凸显聚类形成 15 个,表 2-3(图 2-5 中凸显聚类标签词)和 2-4(被引频次不低于 36 且位居前 50 位的关键词)可对图 2-5 进行信息补充。图中显示,♯1 teaching/learning strategies(教/学策略)、♯6 adolescents(青少年)、♯8 student(学生)等文献聚类相对集中,呈现聚拢之势。援引世界很多国家的课程改革纲领,我们发现,多国都尤为强调以学生发展为中心的"教—学"方法,侧重学生个体参与和贡献度,鼓励学生策动学习计划,去探索世界,发现问题,激发创造力,从而锻炼独立思考能力,增强学习过程体验,进而达到深层次的认知目标。

表 2-4 中,我们将课程(curriculum)一词突出标记,其突增值最高为 9.02。无论援引东西方的任一视角;抑或将其置于广义或者狭义的其一维度,教育领域中对"课程"的解读、厘定、统筹、擘画、改革、规划等都无不彰显出各国领导阶级、意识形态、政治倾向等层面的动向与定夺。"课程"既是学术风向标,又是教育改革校验场,它搭建起今天之人通往未来光景的一架桥梁,关乎每一教育个体立身行事的头等大事。选择这一路径进行转型或者统调,也许可以抵御任何领域的失衡和异化,使暂时的"天堑"变为恒久的"通途"。当然,人类命运共同体下的"和而不同"的教育机体,必须承载全球共生的基本价值观,这是任何一场"课程"改革的基本前提。

——主要研究国家

图 2-6 显示,Q 值为 0.408 5(>0.3),S 值为 0.543 6(>0.5),主要研究国家聚类结构(♯0 系统评估 systematic review,♯1 健康政策 health policy,♯2 医学课程 medical curriculum,♯3 解决技巧 solving skill,♯4 全球负担 global burden,♯5 农林复合研究 agroforestry research,♯6 南非德班港口 durban south africa)相对显著。图中 USA 呈现粉渐变黄色晕环状,表明以该国牵头的相关研究系列

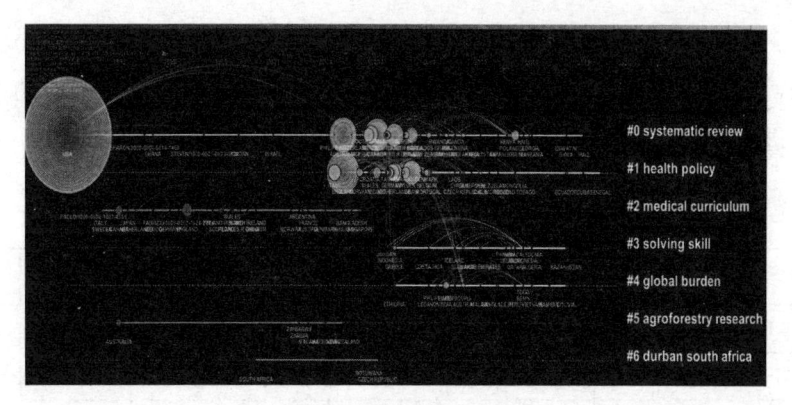

第二章 世界范围内大国教育发展战略定位及启示 *063*

图 2-6 主要研究国家聚类

影响深远,作用关键。

——主要研究机构

图 2-7 显示,Q 值为 0.7718(>0.3),S 值为 0.9275(>0.5)。图中形成了主要研究机构集结而成的 12 个研究主题聚类,即♯0 curriculum development(课程开发),♯1 american diabetes(美国糖尿病),♯2 safe cholecystitis(安全性胆囊炎),♯3 health policy(健康政策),♯4 mental health(心理健康),♯5 child development(儿童发展),♯6 health care profession(保健专业),♯7 morbidity assessment(发病率评估),♯8 public health(公共健康),♯9 counting hour(计时),♯11 result(结果),♯13 pilot study(试验性研究)。就聚类标签词而言,主要机构主要从事与医疗卫生相关的研究。

图 2-7 主要研究机构聚类

在图2-7主要研究机构聚类的基础上,我们统计了被引频次大于10次的研究机构,详见表2-5。我们可以结合高频被引文献访问某些主要机构的主页,对其研究进行初步了解。

表2-5 主要研究机构

| 机构 | 频次 | 突增值 | 机构 | 频次 | 突增值 |
| --- | --- | --- | --- | --- | --- |
| #1 Univ Toronto | 51 | 0 | #10 Univ Sao Paulo | 16 | 0 |
| #0 Univ Washington | 32 | 0 | #3 Univ Sydney | 16 | 0 |
| #0 Harvard Univ | 30 | 3.91 | #3 Univ Queensland | 15 | 0 |
| #3 Monash Univ | 29 | 0 | #0 Univ Colorado | 15 | 0 |
| #1 Univ Michigan | 24 | 0 | #2 Boston Univ | 14 | 0 |
| #4 Univ N Carolina | 24 | 0 | #1 Univ Calif Davis | 13 | 0 |
| #0 Univ Illinois | 23 | 0 | #0 Univ Virginia | 13 | 0 |
| #1 Univ Ottawa | 21 | 0 | #1 Univ Newcastle | 13 | 3.75 |
| #6 Univ Minnesota | 21 | 0 | #0 Univ Oslo | 13 | 0 |
| #3 UCL | 21 | 0 | #6 Michigan State Univ | 12 | 0 |
| #0 Univ Calif Los Angeles | 18 | 0 | #3 Univ Cambridge | 11 | 0 |
| #2 Stanford Univ | 18 | 0 | #0 Harvard Med Sch | 11 | 0 |
| #3 Univ Melbourne | 18 | 0 | #3 Griffith Univ | 11 | 0 |
| #2 Univ Pittsburgh | 18 | 0 | #0 Univ British Columbia | 11 | 0 |
| #0 Univ Toronto | 17 | 4.03 | #0 Icahn Sch Med Mt Sinai | 11 | 0 |
| #5 Penn State Univ | 17 | 0 | #0 NYU | 11 | 0 |
| #5 Univ Penn | 17 | 0 | #0 Purdue Univ | 10 | 0 |
| #0 Northwestern Univ | 16 | 0 | #1 Indiana Univ | 10 | 0 |
| #0 Univ Calif San Francisco | 16 | 3.71 | #0 Baylor Coll Med | 10 | 0 |
| #5 Johns Hopkins Univ | 16 | 0 | #0 McMaster Univ | 10 | 0 |

(3) 整合数据结果

我们尝试把检索式(1)(2)所获取的数据进行整合,剔除其中重复的文献,合计获得3 607条数据结果。进行文献共现关系分析,形成图2-8。其中,Q值为0.397 7(>0.3),S值为0.712 9(>0.5),图2-8中凸显出文献共现聚类12个,表

2-6(凸显聚类标签词)可以与图2-8进行比对观察。

表2-6 以关键词表征的凸显聚类

| 聚类 | 聚类 | 聚类 |
|---|---|---|
| #0 american college 美国高校 | #4 secondary school 中等学校 | #8 strategic organization 战略组织 |
| #1 sustainable development 可持续发展 | #5 general practitioner 全科医师 | #9 african program 非洲项目 |
| #2 cross-sectional study 横向研究 | #6 nursing education 护理教育 | #10 third wave 第三浪潮 |
| #3 developmental disabilities 残障开发 | #7 african american school 非裔美国人学校 | #11 endocrine society 内分泌协会 |

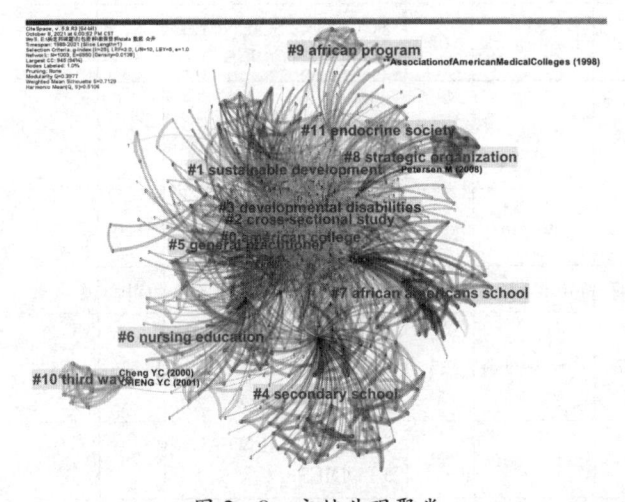

图2-8 文献共现聚类

比对数据结果,我们发现,被引频次大于50次的关键词和学科领域详见表2-7。

表2-7 被引频次大于50次的关键词与学科领域

| 关键词 | 频次 | 关键词 | 频次 | 学科 | 频次 | 学科 | 频次 |
|---|---|---|---|---|---|---|---|
| strategy | 299 | school | 92 | EDUCATION & EDUCATIONAL RESEARCH | 1519 | INFORMATION SCIENCE & LIBRARY SCIENCE | 69 |
| education | 266 | perception | 91 | HEALTH CARE SCIENCES & SERVICES | 345 | REHABILITATION | 67 |

续 表

| 关键词 | 频次 | 关键词 | 频次 | 学科 | 频次 | 学科 | 频次 |
|---|---|---|---|---|---|---|---|
| student | 200 | skill | 88 | NURSING | 276 | ECONOMICS | 66 |
| care | 165 | technology | 87 | BUSINESS & ECONOMICS | 216 | MULTIDISCIPLINARY SCIENCES | 65 |
| impact | 160 | behavior | 75 | PSYCHOLOGY | 203 | MEDICAL INFORMATICS | 53 |
| knowledge | 158 | teacher | 73 | COMPUTER SCIENCE | 180 | BUSINESS | 50 |
| health | 153 | attitude | 72 | ENVIRONMENTAL SCIENCES & ECOLOGY | 169 | | |
| performance | 131 | curriculum | 68 | ENGINEERING | 164 | | |
| quality | 123 | design | 66 | SCIENCE & TECHNOLOGY-OTHER TOPICS | 155 | | |
| model | 121 | framework | 63 | SOCIAL SCIENCES-OTHER TOPICS | 136 | | |
| program | 118 | risk | 61 | GENERAL & INTERNAL MEDICINE | 129 | | |
| children | 112 | system | 55 | ENVIRONMENTAL SCIENCES | 120 | | |
| management | 107 | information | 54 | MANAGEMENT | 110 | | |
| intervention | 97 | competence | 53 | GREEN & SUSTAINABLE SCIENCE & TECHNOLOGY | 83 | | |
| experience | 96 | perspective | 53 | ENVIRONMENTAL STUDIES | 78 | | |
| out come | 94 | community | 50 | HEALTH POLICY & SERVICES | 77 | | |

表2-7中数据显示,高频关键词凸显出教育决策、教育对象、教育管理、教育结果等因素相互作用影响。所涉及的学科领域中,教育科学与医疗卫生、经济管理、工程物理、计算机、环境生物科学等诸多学科彰显出互涉与跨界的能力。正是这一破除学科壁垒的趋势,使得文化进程和世界发展动态所出现的迹象变得更加错综复杂。这一事实,不断提醒各国决策者、领导层更加尊重世界多元文化的多样性和差异性,积极参与跨文化的交流,时刻应对全球性的挑战,以便于更准确把握人类命运共同体的脉息和症候。

进一步梳理文献之间的互引关系,我们将图2-8做出后期圈画,形成图2-9,以便形象言明我们的立场。

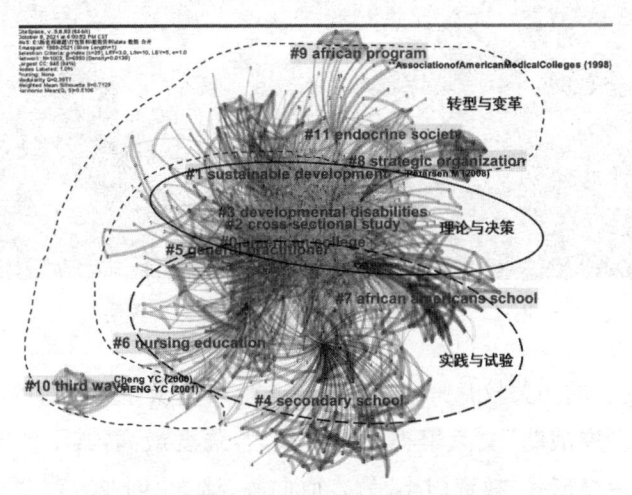

图2-9 教育发展战略相关研究的巩固与拓展

世界范围内的"教育发展战略"研究演进趋势,大致按照"理论—实践—转型"的脉络,蓄形似"反气旋"式之力量,暗潮汹涌不断发展。面对世界性新技术革命的挑战,如何在新的形势下,克服障碍、提供帮助、应对挑战发展大国伙伴关系,振兴本国教育事业,使之更好地适应经济社会发展的需要,更好地为本国的政治体制建设服务,是一个至关重要的战略问题。

### (二) 中文文献分析部分

我们选择 CNKI 学术期刊网络出版总库,使用高级检索项,以"教育发展战略发展"为主题词,不限制学科领域锁定核心期刊和 CSSCI 期刊和 CSCD 期刊来源(检索时间 2021-03-20),获得(2003)条数据结果,时间跨度从 1992—2021 年。为了清楚地呈现出该领域业已取得的研究成果的热点主题聚类分布,我们借助 Citespace 软件进行可视化处理,见图 2-10。

图 2-10 中,Q 值为 0.6301(>0.3),S 值为 0.8814(>0.5),聚类结构相对显著,自然形成 18 个聚类,其中♯16 和♯14 因其下所属文献被引频次和突增值不够显著,游离于图谱之外,在图中不可见。为了便于补充解读表征图 2-10,我们汇总提炼形成表 2-8 和表 2-9。

读取关键词,参见其所关联的相关文献,我们可以简洁明了地诠释出,"教育

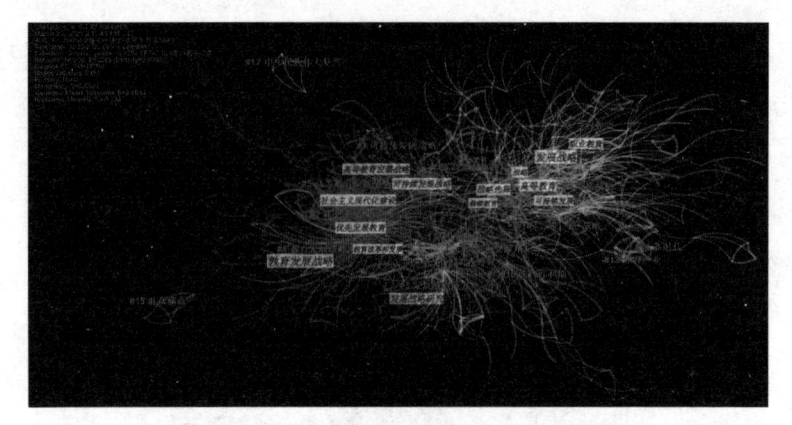

图 2-10 "教育发展战略"中文文献聚类

发展战略"推动下的相关教育舆情、政治导向、政策纲领等变数的可能性和不确定性。其中♯0"发展战略"文献聚类突增性最大，强度最高，其下涉及众多教育类型、教育层级、教育形式、教育门类、教育取向等，诸如"创业教育""高等教育""基础教育""继续教育""成人教育""在线教育""工程教育""终身教育"；♯1"教育发展战略"其下隶属文献最多。

表 2-8 关键词聚类汇总表

| 聚类 | 关　键　词 |
| --- | --- |
| ♯0 发展战略（强度最高） | 职业教育(63,15.8426)发展战略(269,13.8386)教育信息化(23,8.5925)研究生教育(32,8.1883)可持续发展(57,7.7751)战略(51,7.0582)教育(39,6.732)"一带一路"(11,5.9768)国际化(18,5.092)战略规划(8,4.5099)高等教育(116,4.4388)发展(27,4.321)创业教育(7,4.2041)高校(14,4.1469)教育发展(16,4.1433)继续教育(33,4.0376)基础教育(13,3.7826)终身教育(11,3.6457)成人教育(18,3.595)在线教育(6,3.497)工程教育(6,3.4471)均衡发展(10,3.4061) |
| ♯1 教育发展战略（隶属最多） | 教育发展战略(186,12.8926)《郝克明教育文集》(1,0)中观教育发展战略(1,0)业绩观(1,0)丰台区(1,0)中部崛起(2,0)人均教育经费(1,0)全面发展的人(1,0)生物工程(2,0)中学为体(1,0)人文地理学(1,0)中学后教育(1,0)上海市血液中心(1,0)人才高地(1,0)中国文化(1,0)产业非农化(1,0)"互联网＋"(1,0)亚洲金融危机(1,0)社会力量办学(2,0)海峡两岸(2,0)《印度教育战略研究》(1,0)gdp(1,0)三级教育(4,0)中国教育现代化(3,0)学术研讨(2,0)之我见(1,0)情报学教育(2,0)人力资本存量(1,0)两岸高校(1,0)人才密度(1,0)高等教育科学研究院(1,0)区域教育一体化(1,0)《山东省教育发展战略研究》(1,0)必然选择(2,0)专职委员(1,0)三大转变(1,0)高等教育机构(2,0)上海医科大学(1,0)图书情报学(2,0)亟待解决(1,0)专家咨询(1,0)城镇化战略(2,0)产学研结合(1,0)人格教育(1,0)中外大学校长论坛(1,0)专题研究(1,0)上海水产大学(1,0)义务教育均衡化(1,0)办学自主权(2,0)主导角色(1,0)亚洲开放大学协会(3,0)中小学校(1,0)人才市场(1,0)中等收入群体(1,0)新型城镇化(2,0)中国农业机械学会(1,0)中国农业工程学会(1,0)个性化学习(2,0)亚 |

续表

| 聚类 | 关　键　词 |
|---|---|
|  | 的斯亚贝巴(1,0)初中后教育(2,0)电子通信技术(2,0)教育质量(2,0)建设有中国特色社会主义(2,0)各类教育(9,0)专家学者(1,0)《邓小平科技思想与教育思想研究》(1,0)中部地区崛起(1,0)区域教育发展(3,0)人才供给(2,0)义务教育(1,0)成人教育发展(6,0)中国特色社会主义现代化(1,0)二元经济结构(1,0)"全面二孩"政策(1,0)中国国际经济交流中心(1,0)《建设教育强市——广州市教育发展战略研究》(1,0)中国达斡尔族(1,0)中央教育审议会(1,0)人口素质(1,0)中专教育(1,0)中华民族(1,0)公共关系(1,0)中国人民大学(2,0)教育要素(1,0)"两课"教育教学(2,0)中外合作办学(3,0)大学继续教育(2,0)哥伦比亚(2,0)专门性(1,0)东北师范大学(2,0)《日本教育发展战略》(1,0)个性层次(1,0)courser(1,0)人才培养结构(1,0)wto(4,0)分权制(1,0) |
| ♯2 社会主义现代化建设 | 社会主义现代化建设(30,12.393 7)教育改革和发展(21,8.223 1)优先发展教育(21,6.976 8)教育优先发展(12,6.376 6)科教兴国战略(11,5.682 6)面向未来(11,5.018 9)"三个面向"(18,4.806 2)战略地位(10,4.645)建设有中国特色社会主义理论(8,4.609 6)教育优先发展战略(13,4.501 9)教育经费(7,3.711 8)社会主义(8,3.652 6)办学效益(7,3.487 5) |
| ♯3 发展战略研究 | 广播电视大学(7,3.711 8) |
| ♯4 人力资源开发 | 创新驱动发展战略(10,6.013 5)人类资源开发(10,4.257 7)创新创业教育(6,3.662 4)全面建成小康社会(8,3.624 6) |
| ♯5 高等教育发展战略 | 高等教育发展战略(54,8.187 3)优先发展(8,5.082 1) |
| ♯6 乡村振兴 | 乡村振兴(18,10.829 1)农村职业教育(19,7.941 5)乡村振兴战略(11,6.598)高职教育(30,6.585 6)产教融合(7,4.191 6)高职院校(19,3.875 2)农村教育(11,3.854 9)战略研究(7,3.684 8) |
| ♯7 可持续发展战略 | 可持续发展(63,22.707 5)素质教育(12,4.804 8) |
| ♯8 高等职业教育 | 高等职业教育(24,8.097 4)现代职业教育(9,4.006 7)战略目标(7,3.529 1) |
| ♯9 人才强国战略 | 人才强国战略(25,7.802 6)科学发展观(11,5.800 3)教育部(9,3.555) |
| ♯10 "一带一路"倡议 | "一带一路"倡议(13,6.794)学术研讨会(2,0)教育人类学(3,0)中国高等教育(10,0)专题演讲(1,0)中国保监会(2,0)保险业(3,0)江苏省(2,0)东盟(2,0)双语教育(2,0)"一带一路"沿线国家(1,0)交流合作(1,0)高等教育国际化(4,0)高等教育改革(2,0)中国高等教育学会(3,0)人均保费(1,0)会议综述(6,0)中国保险学会(2,0)云南省高等教育(1,0)研讨会(4,0)民族学(2,0) |
| ♯11 新时代 | 新时代(11,6.598) |
| ♯12 人力资本 | 新建本科院校(2,0)人力资源(7,0)人力资本(8,0)人口(1,0)入职教育(2,0)生产函数(2,0)发展战略规划(6,0)职业生涯设计(2,0) |

续表

| 聚类 | 关 键 词 |
|---|---|
| ♯13 体育产业 | 大学(4,0)体育旅游(1,0)体育项目(1,0)体育教育(2,0)体育赛事(1,0)个性化(1,0)体育产业(1,0)体育资源(1,0) |
| ♯14 思考与对策 | 创新与发展(2,0)人力资源开发体系(2,0)中国制造业(2,0)职业资格证书(2,0) |
| ♯15 群众满意 | 群众满意(2,0)中、高职(1,0)胡锦涛(5,0)优先发展战略(2,0)中共中央政治局(1,0) |
| ♯16 中国教育学会 | 中国教育学会(2,0)上海师大(1,0)中心议题(2,0)中国语文教育(2,0) |
| ♯17 中华民族伟大复兴 | 教育优先(2,0) |
| ♯18 人口红利期 | 人口综合发展战略(1,0) |

(注：表中括号内分别表示被引频次和突增值。)

表2-9 高频关键词及对应突增值

| 关键词 | 频次 | 突增值 | 关键词 | 频次 | 突增值 | 关键词 | 频次 | 突增值 |
|---|---|---|---|---|---|---|---|---|
| 发展战略 | 269 | **13.84** | 战略思考 | 22 | 0 | 新时代 | 11 | 6.6 |
| 教育发展战略 | 186 | **12.89** | 教育改革和发展 | 21 | 8.22 | 面向未来 | 11 | 5.02 |
| 高等教育 | 116 | 4.44 | 优先发展教育 | 21 | 6.98 | 终身教育 | 11 | 3.65 |
| **职业教育** | 63 | **15.84** | 高职院校 | 19 | 3.88 | 农村教育 | 11 | 3.85 |
| 可持续发展战略 | 63 | **22.71** | 农村职业教育 | 19 | 7.94 | 乡村振兴战略 | 11 | 6.6 |
| 可持续发展 | 57 | 7.78 | 国际化 | 18 | 5.09 | "一带一路" | 11 | 5.98 |
| 高等教育发展战略 | 54 | 8.19 | "三个面向" | 18 | 4.81 | 科教兴国战略 | 11 | 5.68 |
| 战略 | 51 | 7.05 | 乡村振兴 | 18 | **10.83** | 人力资源开发 | 10 | 4.26 |
| 战略选择 | 51 | 0 | 成人教育 | 18 | 3.6 | 我国高等教育 | 10 | 0 |
| 发展战略研究 | 49 | 0 | 义务教育 | 17 | 0 | 一带一路 | 10 | 5.48 |
| 教育 | 39 | 6.73 | 教育发展 | 16 | 4.14 | 战略地位 | 10 | 4.64 |
| 继续教育 | 33 | 4.04 | 高校 | 14 | 4.15 | 区域高等教育 | 10 | 0 |
| 研究生教育 | 32 | 8.19 | 基础教育 | 13 | 3.78 | 创新驱动发展战略 | 10 | 6.01 |

续表

| 关键词 | 频次 | 突增值 | 关键词 | 频次 | 突增值 | 关键词 | 频次 | 突增值 |
| --- | --- | --- | --- | --- | --- | --- | --- | --- |
| 高职教育 | 30 | 6.59 | 教育优先发展战略 | 13 | 4.5 | 均衡发展 | 10 | 3.41 |
| 社会主义现代化建设 | 30 | **12.39** | "一带一路"倡议 | 13 | 6.79 | 教育部 | 9 | 3.56 |
| 发展 | 27 | 4.32 | 素质教育 | 12 | 4.8 | 各类教育 | 9 | 0 |
| 人才强国战略 | 25 | 7.8 | 教育优先发展 | 12 | 6.38 | 人力资源强国 | 9 | 0 |
| 高等职业教育 | 24 | 8.1 | 教育改革与发展 | 12 | 0 | 成人高等教育 | 9 | 0 |
| 教育信息化 | 23 | 8.59 | 科学发展观 | 11 | 5.8 | 现代职业教育体系 | 9 | 4.01 |

(注：灰色阴影表示最高值，粗体数字表明突增值超过10。)

研判相关文献所形成的共现聚类，我们在图2-10的基础上做出后期圈画，基于"教育发展战略"主题所形成的文献共现聚类，可以大致勾勒出三个范畴（图2-11）。根据其下收录文献的主要观点、主要结论，我们将这三个范畴分别概括为"顶层设计""践行落实""相关研究"。这一人为的圈画，以形象的隐喻形式昭示出无数学界同仁孜孜以求的探索梦想和发展愿景。

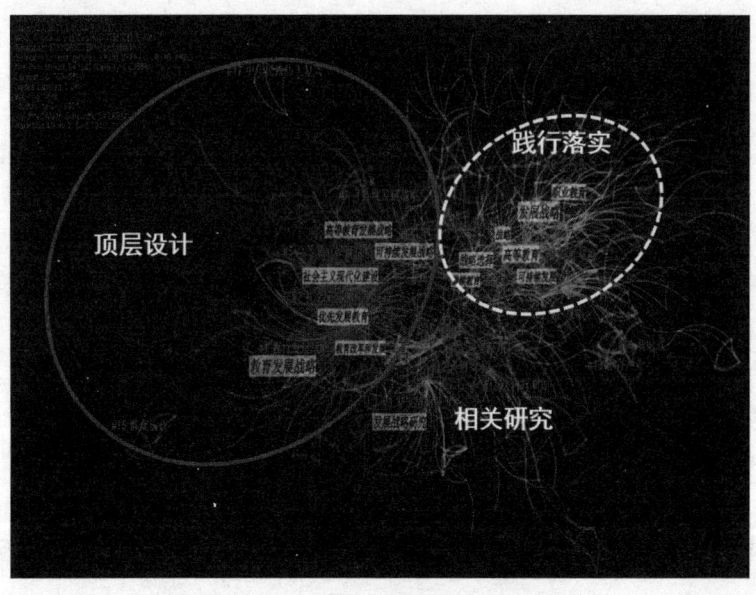

图2-11 "教育发展战略"三足分野

当然就现实而言,三个范畴绝非楚河汉界、疏落离索、互无来往。无论是上至国家的宏观布局,还是贯穿于微观层面的理论探索和区域改革试验,任何与之关联的主客观因素都处于协同并进、相互牵扯、彼此角力的动态系统中。直面新世纪中国的政治文明、社会进步和可持续发展的进程都有赖于能够兴邦强国的教育系统,唯其如此,中国的明天才有希望。

# 第三章　中国教育现代化推进的战略背景及基本经验

如前所述,教育现代化与教育可持续发展两个主题之间存在极大的交集,甚至可以说,是同一主题的不同"截面"——现代化有如"横截面",而可持续发展则如"纵截面",其背景也存在诸多共性。本书第一章已简述了教育可持续发展的背景,此处主要谈谈《中国教育现代化2035》这一纲领性文件中所提及的战略背景。

## 一、建设社会主义现代化强国的战略背景

教育兴则国家兴,教育强则国家强。当今世界正处于大发展、大变革、大调整时期,世界多极化、经济全球化、社会信息化、文化多样化深入发展,挑战与机遇并存。中国特色社会主义进入新时代,要把我国建成富强民主文明和谐美丽的社会主义现代化强国,满足人民美好生活需要,实现中华民族伟大复兴的中国梦,归根到底靠人才、靠教育,必须加快推进教育现代化,把我国建设成为教育强国。

进入新时代,中国将呈现如下五个方面的走向:

一是加快向**创新型国家前列**迈进。当前,新一轮科技革命和产业革命正在孕育兴起,重大科技创新正在引领社会生产新变革。把握新机遇,迎接新挑战,必须着眼未来,推动教育变革,抓紧培养能够适应和引领未来发展的一代新人,特别是培养集聚大批拔尖创新人才,加快实现我国整体科技水平从跟跑向并行、领跑的战略性转变。

二是将实现向**经济强国**的跨越。建设现代化经济体系,深化供给侧结构性改革,着力加快建设实体经济、科技创新、现代金融、人力资源协同发展的产业体系,不断增强我国经济创新力和竞争力,必须加大人力资本投资,大力开发人力资源、人才资源,从要素驱动、投资驱动转向创新驱动,形成发展新动能。

三是中国**社会主要矛盾发生关系全局的历史性变化**。城镇化和农业农村现代化水平将显著提高,国民财富将快速增长,中等收入群体比例明显提高,人口结

构持续变化,人民群众对教育的需求更为多样,必须顺应人民群众的期盼,加快发展更高质量、更加公平、更具个性的教育,促进社会公平正义与和谐进步。

四是中国正致力于**建设社会主义文化强国**。坚持中国特色社会主义文化道路,弘扬社会主义先进文化,推动社会主义文化大发展大繁荣,建设具有强大凝聚力和引领力的社会主义意识形态,坚定文化自信,迫切需要充分发挥教育在培育和践行社会主义核心价值观中的主阵地作用,传承和弘扬中华优秀传统文化,推动创造性转化、创新性发展,吸收人类文明有益成果,增强国家文化软实力。

五是中国正积极推动**构建人类命运共同体**。应对人类共同面临的政治、经济、安全、气候等方面诸多挑战,推动实施联合国2030年可持续发展议程,促进包容性发展,在国际合作中创造新机遇,必须办出更高水平、更为开放的教育,加强教育和人文交流,促进民心相通和文明交流互鉴,为创造人类美好未来作出更大贡献。

面对新形势、新任务,必须清醒认识到,我国教育发展仍然不平衡、不充分,还不完全适应国家经济社会发展和人民群众日益增长的新要求新期盼。时代越是向前,知识和人才的重要性就愈发突出,教育的基础性、先导性、全局性地位和作用就更加凸显。必须抓住机遇,超前布局,以更高远的历史站位、更宽广的国际视野、更深邃的战略眼光对加快推进教育现代化、建设教育强国作出战略部署和总体设计,推动我国教育不断朝着更高质量、更有效率、更加公平、更可持续的方向前进,以教育现代化支撑国家现代化。

## 二、持续推进教育现代化发展的基本经验

国家层面的总体战略既定,教育领域的全面战略以及各级各类教育的推进与落实便至关重要。我国推动教育现代化的基本经验,也就产生于举国上下有条不紊地推进和富有基层创造力的实施过程之中。我国区域推进教育现代化的层次丰富、举措多样,难以一一列举,这里只能择其主要的典型经验,作一个概略的评述。

### (一)"以评促建",自上而下推动教育现代化区域发展

"以评促建"是我国行政部门推进工作的核心路径或模式,各级政府或教育管理部门、教育督导机构发布的各种评价指标体系、建立的各种监测系统,都代表行

政力量显示出的强大权威性和影响力。这里选取江苏省为例,探讨一下"以评促建"这一模式的利弊与得失。

早在1993年秋,江苏省教委就正式下发关于在苏南地区组织教育现代化实验区的指导文件,标志着全省教育现代化推进工作由单项到综合、由分散到组织化、由感性到理性的阶段性转变,也为1996年省委省政府正式提出并全面推进教育现代化提供了先导性的实践依据。尽管该试点仅四年多(1997年后国际国内经济形势所致试验暂停),但也积累了富有意义的经验。主要体现在:(1)体现了教育现代化发展目标的全面性和综合性,有利于引导发展方式的科学性与和谐性。试点综合了教育理念、教育结构体系、条件装备、师资队伍建设、教学体系和教育管理六个方面的现代化,集中了教育要素的现代化要求,在本质上反映了教育发展在物质、制度和文化观念等多层面同步推进现代化的战略意图。(2)注重了教育现代化的过程性设计,凸显了可操作性和可持续性。提出了重心向下、面向基层、区域推进、分类指导的工作机制,集中于苏南突破,带动苏中启动,促进苏北少数示范点探索,采取了以教育条件装备现代化为突破口的策略机制,设计了"三主一参与"的推进机制,即"政府负主责,学校为主体,乡镇主阵地,社会共参与"的行动体制,建立了督导评估的政策引导机制,省教育厅先后出台了《江苏省实施教育现代化先进县(市)评估意见(试行)》等有关指导文件,直接组织了苏南地区先行五个试点乡镇的实验和验收的全过程,激发了各县(市)、各乡镇推进教育现代化的竞争和合作机制,形成了共同发展的良好局面。[1]

2014年1月6日,江苏省教育厅举行新闻发布会,宣告启动实施江苏教育现代化建设监测评估。这是加快推进江苏省教育现代化进程的一项重大举措。从全国范围看,江苏省是第一个在全省范围开展教育现代化建设监测评估的省份。省政府《关于推进教育现代化建设的实施意见》确定:从2014年开始,对省、市、县三级教育现代化建设进行监测评估,并在每年的第二季度发布监测公告。监测评估将按照《江苏教育现代化指标体系》实施。该指标体系共由8个一级指标构成,分别为教育普及度、教育公平度、教育质量度、教育开放度、教育保障度、教育统筹度、教育贡献度、教育满意度,并细化为46个检测点。[2] 2015年8月、2016年8

---

[1] 周稽裘:《从自然融入到自觉推进——十一届三中全会以来江苏教育现代化的实践与反思》,《江苏教育研究》,2008年第1期,第12—18页。
[2] 《江苏省启动实施教育现代化建设监测评估》,http://www.gov.cn/gzdt/2014-01/07/content_2561261.htm(阅读时间:2021年12月1日)。

月,江苏省教育厅、统计局先后发布了江苏教育现代化监测的年度报告,由于2015年的监测报告包含了2014、2013年的监测数据,这里主要以2015年报告为阐述分析对象。

2015年相比2014年,所有结果都呈增长趋势,起点越高增幅越小,苏南对苏中的优势也在减小,苏北与苏南的差距,由近16分缩小到近10分;苏南5市(苏州、无锡、常州、南京、镇江)之间的差距越来越小,第一名与第五名之间的差距,由2.14降到1.34,南通、泰州2015年的得分非常接近第五名镇江1.34。位居最末的宿迁,与第一名苏州的距离由20.67降到15.54,差距仍然不小。

2015年度监测报告提出5点结论:(1)全省综合得分78.7分,省域教育总体现代化迈入重要阶段;(2)省辖市综合得分均有提高,苏北和苏中各市增幅更为显著;(3)县区综合得分均达70分以上,呈现出"底部抬高、高分增多"的发展态势;(4)苏南、苏中、苏北区域差距进一步缩小,全省教育现代化建设更具均衡性和协调性;(5)高等教育内涵建设与质量指标明显提升,综合实力和核心竞争力进一步增强。

从各级指标实现程度看:

(1)一级指标实现程度均超60%以上,呈逐级提升的梯度分布状态。8个一级指标的实现程度分别为:90%以上的是教育普及度96.3%、教育贡献度95.3%;80%以上的是教育公平度89.1%、教育满意度83.6%;70%以上的是教育质量度73.1%、教育保障度72.7%、教育统筹度70.5%;教育开放度为61.9%。与上年相比,增幅最大为教育公平度,净增37.1个百分点;另有两个一级指标较上年略有下降:教育统筹度主要由于适度班额指标下滑所致,教育开放度主要由于产学研合作指标达成度有所回落导致。(详见图3-1)

(2)二级指标实现程度快速提升,半数以上指标达成度在80%以上。

(3)三级检测点的实现程度持续增长,39个检测点的达成度超过60%。

在46个检测点中,实现程度在60%以下的监测点也有9个,这表明教育现代化推进中仍存在需要补齐的短板。

2015年度监测报告显示,江苏教育现代化8个一级指标中,"教育开放度"和"教育统筹度"较上年略有下降,且实现程度较低,应进一步引起重视并加大建设力度。16个二级指标中,有4个实现程度还没有达到70%:"国际化水平"指标实现程度只有48.0%,"学校办学水平"指标实现程度为50.9%,"投入水平"指标实现程度为57.1%,"体制与管理"指标实现程度为69.5%,这些指标是体现教育质

教育现代化一级指标实现程度
■ 2015 ■ 2014 □ 2013

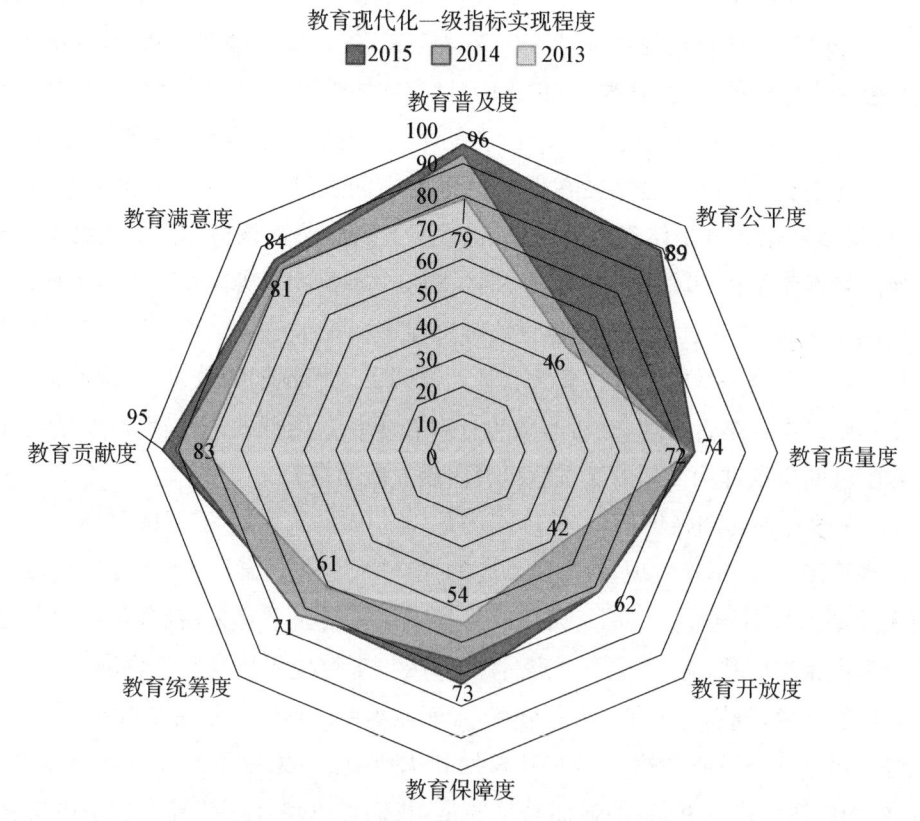

图 3-1 教育现代化一级指标实现程度

量、开放水平、教育保障、治理能力的关键指标,须在建设过程中予以高度关注。46 个检测点中,还有 9 个实现程度在 60%以下(含 60%),占比 19.6%,这些检测点集中在教育国际交流与合作(3 个)、财政性教育投入(2 个)、布局规模与学校班额(1 个)、优质学校建设(1 个)、多样化教育与人才培养模式(2 个)等方面,正在成为全省教育现代化建设的难点和重点。

动用行政力量进行系统监测,是一个十分浩大的工程。不仅工作量大,难度也不小,但是,一旦建立起来并成为常态,也是一件功德无量的好事。结合江苏省最近两个年度的报告以及我们对苏南五市的调研,有如下三个比较强烈的感受:

(1) 行政的力量是巨大的,但也不是万能的

教育公平度 3 年的数据充分证明了行政的力量是巨大的。教育公平指标实现度,从 2013 年的 46%突飞猛进至 2015 年的 89%,是一个令人惊讶的进步,也显示了"以评促建"路径推进的高效率。但是,在 2013 年处于"不及格"(低于 60%)

水平的两个一级指标——教育开放度和教育保障度,到 2015 年度也只是分别达到 62%和 73%,尽管是两年时间提升 20%左右,提升幅度可观,但终究未能企及教育公平度那样的高度,这则证明行政力量有它的限度;另一个一级指标"教育统筹度",从 2013 年的 61%提升到 2015 年的 71%,也证明了其力度和效果的不足。

还应看到,以评促建路径在促进教育的内涵发展方面的作用也是有限的。如,提供多样化教育是体现内涵发展最典型的指标,然而该指标的监测结果数据三年间始终停留在 50%这一尴尬的水平,是一个不争的事实。教师流动指标是指向内涵发展的,其初衷就是希望以优质师资促进中等水平和较落后地区学校的教学质量,然而,这一举措是否在真实意义上达到了人们预期的效果,尚待取证。这种流动政策本身是否合理、是否有效也还存在争议。因此我们不能单凭 100%这一数值就断定条件均衡化的实现意味着内涵发展的提升。

(2) 以评促建路径更适合"外延式发展",而"内涵式发展"需另辟蹊径

观察图 3-1 不难发现,教育公平度的提升突飞猛进,猛涨 43 个百分点,其涨幅大的基本都与经费投入用于条件改善和确保机会公平有关;教育普及度次之,提升率也相当可观,有 17 个百分点。然而,两年来教育质量度和教育满意度的提升却微乎其微,分别为 2 和 3 个百分点,未能显示出以评促建路径对内涵式提升的优势。每一种路径或举措总是有其长处和优势,也难免有短处或力有不逮的地方,要加以评说比较复杂,但显而易见的是,我们可以增加一些辅助性手段措施,也可以到某一个关键点或转折期时,另辟蹊径。何种路径更有助于教育的内涵式提升?下面将提到的"示范区引领"路径、"第三方介入"路径以及本书未提到的"课改导向"路径等诸多路径都可以纳入考虑之列。

(3) 评价指标体系的更新与改造应更加关注学校内部公平和内涵式指标

毫无疑问,江苏作为长三角地区的发达省份,其教育现代化推进已经从关注外延式发展转向内涵式提升,那么评价的重心也应及时转向关注教育发展的内涵式指标,比如教育公平就应从关注学生受教育权利的同等尊重、受教育机会的均等获得和优质教育资源的平等享用转向教育过程中的平等对待、差别对待以及特殊教育需求的优先满足上来。我们透过对苏南的调研了解到,江苏省现有的 8 个一级指标、16 个二级指标和 46 个检测点中,绝大多数还是定量的、直接可测的、突出条件装备之类有显示度的指标,如市级财政统筹和转移支付的水平、校舍建设达标学校的比例与中小学校园网连通率等,却很少有能反映师生的现代化素养和品质的指标,如反映教育领导与管理、教学过程互动状态、师生关系等指标基本没

有。这样设置指标会导致地方上重硬件投入而轻内涵发展的行为,从而使资金投向发生偏差。例如为了达到300米跑道标准,不得不将原有的(可能是建成不久的)250米跑道毁掉重来,其实,要锻炼要跑步,并不是非得在标准跑道上跑不可。诚然,体现教育发展内涵如学校内部公平、教师专业素养、学生现代人素质、现代学校特质等这类"柔性指标"的确存在难以量化、难以开发、难以准确刻画等问题,但指标设计者头脑中缺少关注或回避监测难度也是原因。看来,随着教育现代化向纵深推进,解决柔性指标开发的技术难题已经迫在眉睫!

### (二)"示范区引领":为区域教育现代化先行探路

苏南教育现代化示范区和自主创新发展示范区,是苏南地区教育发展的未来蓝图,也是江苏省率先实现教育现代化的有力支撑,为全国教育现代化先行探路。

1. 苏南教育现代化示范区的建设规划

2013年4月,经国务院同意,国家发展改革委正式印发《苏南现代化建设示范区规划》,标志着我国第一个以现代化建设为主题的区域规划正式颁布实施。同年5月,江苏省在部省共建的基础上,出台了《关于推进教育现代化建设的实施意见》,确定苏南五市整体作为"苏南教育现代化建设示范区"。2014年10月,国务院批准支持南京、苏州、无锡、常州、昆山、江阴、武进、镇江等8个国家高新区和苏州工业园区建设国家自主创新示范区,作为全国首个以城市群为基本单元的自主创新示范区,苏南在探索中国特色自主创新道路中肩负着重大使命。当前,教育现代化建设面临新的形势,特别是经济社会发展进入以中高速、优结构、新动力、多挑战为主要特征的"新常态",深化教育领域综合改革,加快苏南教育现代化建设显得尤为必要和重要。

规划建设苏南现代化建设示范区,是国家着眼社会主义现代化建设全局做出的重大战略决策,是我国现代化进程中的重要里程碑,是落实习近平总书记对江苏提出的"深化产业结构调整、积极稳妥推进城镇化、扎实推进生态文明建设"三大重点任务的重要举措。苏南教育现代化是苏南现代化示范区建设的重要内容。建设苏南教育现代化示范区,有利于苏南创新教育发展模式,进一步提升区域教育发展质量,在更高层次上加快区域教育现代化建设;有利于促进长江三角洲地区乃至东部地区提升教育整体质量和区域软实力,为中西部地区提供教育现代化发展现实经验和有效路径,推动全国教育现代化区域协调发展;有利于探索中国特色社会主义教育现代化建设一般规律,推动我国现代化建设"三步走"战略顺利实施,为坚持和发展中国特色社会主义、实现中华民族伟大复兴的"中国梦"作出积极贡献。

2. 苏南地区自主创新示范区的教育引领与突破

苏南地区是我国科教资源最丰富、经济社会最发达、现代化程度最高的地区之一。面对深化改革开放和创新驱动转型的迫切需求,江苏省委省政府审时度势,将创新驱动发展作为核心战略,把建设苏南国家自主创新示范区作为落实《苏南现代化示范区规划》的核心内容和重大任务,通过体制机制创新和先行先试,统筹规划苏南产业创新布局,以国家高新区为依托,加快形成发展有序、功能互补、效能提升的发展格局,为建设国家自主创新示范区打下良好基础。

苏南国家自主创新示范区将瞄准"创新驱动发展引领区、深化科技体制改革试验区、区域创新一体化先行区"的战略定位,服务于现代化建设总要求,力争建成具有国际竞争力的创新型经济发展高地。到2020年,苏南国家自主创新示范区创新体系整体效能显著提升,科技体制改革取得重要突破,创新一体化发展的体制机制基本形成,自主创新能力大幅提高,建成一批一流创新型园区,成为具有国际竞争力的产业科技创新中心和创新型经济发展高地。辐射带动能力显著提升,苏南人均地区生产总值达到18万元,全社会研发投入占地区生产总值的比重提高到3%,高新技术企业超过10 000家,科技进步贡献率超过65%,集聚了一批具备全球视野与战略思维的创新创业领军人才,涌现了一批拥有国际知名品牌和较强市场竞争力的创新型企业,培育了一批具有自主知识产权和高附加值的战略性新兴产业。

对照苏南地区自主创新示范区建设的目标,教育现代化发展将着力破解现实难题,向着更加优质、更加均衡、更加适切的方向发展,瞄准世界教育发展前沿和实现"两个率先"的目标,提高基础教育普及质量和教育质量,增强职业教育技能技术人才培养能力,实现高等教育社会服务能力显著增强,教育发展水平主要指标达到发达国家平均水平。推进教育现代化和建设学习型城市走在全国前列。

3. 苏南教育现代化发展的问题与挑战

改革开放以来,苏南地区始终重视教育对经济社会发展的基础性作用,在教育现代化的每一发展阶段,都适时地根据经济社会发展的不同特点,确定教育现代化的阶段重点和推进策略。"发展教育也是发展经济,而且可以更好地发展经济"是苏南各市发展的共同理念,统筹教育与经济、社会的互动发展,统筹区域教育的均衡发展,统筹基础教育、职业教育、高等教育、成人教育、农村教育等的协调发展,形成现代化大教育格局,为苏南地区经济社会发展提供强大的智力支持和有力的人才支撑。

但是,苏南地区教育现代化在实现新一轮转型提升的过程中,还面临着一些现实问题亟待解决:(1)教育现代化内涵发展需要突破一些传统思想和固有模式的阻碍,素质教育任重道远,教育的目的、内容、方法还不能很好地适应培养面向未来的现代苏州人的需要;(2)"大教育"的系统思维和顶层设计还不够,学习化社会、人才成长和学习"立交桥"建设的统筹力度不够,教育主动服务经济社会发展的认识和能力需要进一步提高;(3)制度层面和精神层面的现代化重视不够,教育人才队伍成长的内生动力不强,具有区域特色、标识意义的教育品牌不多,教育评价体系和评价制度相对滞后,区域教育发展水平的监控力度不够;(4)教育体制机制创新力度不够,办学模式、办学体制多元化还存在理论和可操作实践"两张皮"现象,学校自主发展的内在动力还不足,教育政策、教育服务的社会化程度有待提高。

在创建教育现代化示范区和自主创新示范区的大背景下,如何尽快破解这些难题,是促进苏南教育现代化在新时期优质均衡发展的重要途径,同时也为江苏省、国家实现教育现代化积累了必要的现实经验。

4. 先行先试:苏南教育现代化发展基本经验

苏南地区教育现代化三十多年来的发展,从整体上来看遵循的是开发区引领下的后发赶超型发展路径,具体表现为:先行先试、城乡一体、协调均衡、示范引领;关键因素为:政府主导下的统筹规划,教育与经济的互相支持,体制机制的区域搞活,重教传统的文化涵蕴。下面从总结提炼苏南地区教育现代化发展经验的角度,作如下简要评述。

**(1) 苏南地区教育现代化是区域整体现代化进程的重要组成部分,发挥着人才培养和智力支撑的重要作用;同时经济社会的发展又为教育现代化提供了坚实充分的保障条件;教育与经济的互动关系,促成了一系列开发区的建设和发展。**

顶层设计中确立了教育优先发展的战略地位。改革开放初期,"科教兴市"被确立为苏南各市经济社会发展的主体战略之一,并把教育现代化作为一项极其重要的奠基工程,始终坚持优先并适度超前发展。

规章制度中强化教育现代化的规划与落实。苏南地区的教育现代化在根本上是政府强力推进的结果,从规划到实施,从投入到评价,从区域到学校,都是在"大政府"统筹规划、协调推进下发展。有代表性的制度,如:苏州的教育发展目标责任制,即每年年初召开全市教育工作会议,由市长和各市(县)、区政府一把手签订教育发展年度目标责任书。每年年终邀请市四套班子分管领导组成联合检查组,对各市(县)、区教育发展年度目标进行验收、评估、考核,并公布和通报评估结果。

独特的经济转型方式奠定了教育发展的社会基础。改革开放后,为促进区域经济整体协调发展,尽快缩小城乡差距,苏南地区出台了一系列城乡一体发展策略。如,苏州市出台的三大合作(社区股份合作制改革、土地股份合作制改革、农民专业合作经济组织建设)、三个置换(集体资产所有权、土地承包经营权、宅基地及住房置换成股份合作社股权、社会保障和城镇住房)、三个集中(农户向社区集中、承包耕地向规模经营集中、工业企业向园区集中)、三大并轨(城乡低保、养老保险和医疗保险乡市统一标准)。实施这些策略的直接结果是城乡差距明显缩小,县域特别是乡镇的经济得到快速发展。

**(2) 城乡教育一体化是苏南地区教育的突出特征,这是苏南地区城乡统筹发展、一体推进的自然结果,也是经济、社会、文化等多种因素共同作用的结果。**

乡镇经济的异军突起带来了苏南地区县域经济的快速发展和整体均衡。借助毗邻上海、地处长三角腹地的区位优势,苏南地区的张家港、常熟、昆山、太仓、吴江、江阴等县级市经济总量迅速提升。一方面大大提升了苏南地区的经济基础,另一方面也种下了县域经济大于市域经济的种子,为后来的城乡协调、一体化发展奠定了重要的经济和社会基础。

崇文重教的文化传统滋养苏南教育现代化快速发展。"崇文"和"治生"是吴文化品格的关键特征,前者意味着知书达理、温文尔雅,后者代表着泰然处世、和睦久长。教育的观念深植吴文化核心,所以教育现代化的战略发展拥有内在的文化支持和广泛的社会基础,得以快速发展自在情理之中。

活跃的经济和包容的文化使众多外来务工人员涌入、定居并成为新市民。当本地劳动力无法满足经济发展需要时,劳动力输入是自然趋势。以赚钱谋生为初衷的外来务工人员,当发现适宜的气候条件、包容的苏南文化、良好的城市建设、卓越的教育条件、乐观的经济前景时,自然会定居下来,成为新市民,成为苏南经济社会发展的潜在人力资本。

教育政策及发展规划的城乡统筹兼顾、一体化推进,是苏南地区城乡教育一体化发展的主要动因。例如,苏州市先后出台了《苏州市教育基本现代化实施纲要》《关于加快建设教育强市,率先实现教育现代化的决定》《关于加快实现城乡教育一体化现代化的意见》等,把科学规划学校布局、合理配置教育资源,作为促进教育均衡发展的重要内容常抓不懈,基本形成了覆盖城乡、布局合理、发展均衡的教育体系。

总体上看,政府主导、统筹推进、大力投入、均衡发展是苏州教育现代化发展路径的核心要素和内在逻辑。"大政府"主导的教育发展格局是苏南教育现代化取得如此成就的根本原因,同时也带来了教育自身活力不足、学校自主权有限、管理体制机制的应变性有待加强等几个制约教育现代化继续发展的问题。当"外延式"教育现代化走到尽头、依靠经费投入可以立即实现的事情都做完后,关注人的现代化、坚持内涵式发展将走向苏南教育现代化发展的核心舞台。

### (三)"信息化拉动",教育现代化未来发展不可或缺的技术赋能

世界发达国家十分重视教育信息化的发展,相继制定了系列政策规划指引教育信息化的发展方向,同时采取了多项举措推动教育信息化政策目标的具体落实。有论者从组织机构、发展路线、推进策略及评估机制等四个方面深入分析了发达国家教育信息化政策推进路径及其典型特征。其推进路径是:设施建设——教育应用——变革创新;其特征是:多方参与政策推进,专门组织提供长期支持,配套激励措施提升政策效能,开展评估促进政策完善。在此基础上,立足我国实际,提出了对我国教育信息化推进的启示:一是注重调动多方面力量参与,促进教育信息化政策的有序推进;二是关注教育信息化政策的倾斜性,强调基础条件的均衡发展;三是建立数字教育资源的审查与评估机制,提升数字资源服务水平;四是重视教育信息化推进工作的评估,加大对评估标准及工具的研究。[1]

还有研究者从"信息化带动教育现代化"的政策背景入手,分析了"信息化带动教育现代化"的政策内容,重点阐述了"信息化带动教育现代化"的政策展望:对社会而言,教育信息化政策是推动整个社会信息化的基础;对学校而言,教育信息化政策可以创生出无限的教育空间;对教师而言,教育信息化建设为教师的发展提供了一个崭新的平台;对学生而言,教育信息化政策的实施有助于学习理念的提升。[2]

---

[1] 吴砥等:《发达国家教育信息化政策的推进路径及启示》,《电化教育研究》,2017年第9期,第5—13+28页。
[2] 张世波:《教育信息化带动教育现代化的政策研究》,《中国教育信息化·基础教育》,2007年第6期,第81—84页。

以教育信息化带动教育现代化是我国教育事业发展的战略选择。在后信息时代、大数据时代,信息化带动教育现代化的路径多样,运用网络开放共享名师教学资源加快教育公平的实现,创新多样的数字化平台支持和加速创新人才培养,创新"视—传—研—创"教育新模式,是信息化带动和促进教育现代化的重要路径。[1]

以大数据、人工智能、"互联网+"为主要特征的信息化时代带来了教育现代化内涵的深化。围绕人才培养模式改革,学会信息化时代所特有的生存和发展方式,实现人的现代化,成为教育现代化的新目标。信息化时代所带来的幕课、微课程、翻转课堂、混合式教学等新的教学组织形式对现行的教学观、课程观、教学模式、教学评价等带来变革性的影响,教与学面临着一场深刻的变革。[2]

以基础教育为例,人工智能助推学校现代化,或学校现代化的技术赋能,存在如下5种可能的路径:

1. 环境/空间的智能化再造

未来学习环境或空间的再造,是未来学习发生所必不可少的场所,是多维空间优化建构的生态路径,也是未来学校现代化进程中"上演"艺术想象力和科技创新性的基本"舞台"。近些年来,我国中小学界已有一些可贵的尝试。江苏省南京市琅琊路小学明发滨江分校基于对当下教育的审视与反思,进行"未来学习社区"的设计,主要从创新实验的行动纲领、激荡思维的文化图景、智慧空间的研习秘籍和学习变革的进阶路径四个方面设计了儿童成长的新生态。[3]

上海市长宁区天山第一小学基于"联通儿童与世界"的办学理念,于2012年建成了"未来学习中心",它将学校的物理环境、信息技术应用与课程教学融为一体,创设学习和实践平台,旨在培养"阳光、智慧,具有中国情怀和全球素养的未来中国人"。"未来学习中心"的空间及其功能设计,可以概括为"一个中心,多种功能"。"一个中心"是指一体化的学习功能区域,分为三类教室(专用教室、外教教室和无边界专用学习室)和两大功能区(个别化辅导区和开放式阅读区);"多种功能"则是指学校利用这一物理空间以及强大的网络功能与信息化设备,可以实现一个教室多种功能、一个中心多门课程、一位教师多种角色、一位学生多种学习方式四大功能。

---

[1] 陈琳、陈耀华:《以信息化带动教育现代化路径探析》,《教育研究》,2013年第11期,第114—118页。
[2] 舒悦:《浅谈信息化时代背景下教育现代化的深化》,《中国教育学刊》,2015年第7期,第73—78页。
[3] 季红兵:《未来学习社区:设计儿童成长的新生态》,《中国教师报》,2020年10月14日,第6版。

一些研究者也从多学科交叉应用的角度，为未来学习构建新的空间或场域。如有研究者将数字孪生和全息技术融合应用于未来学习场域，这种融合的内涵主要体现在学习场所形态、学习内容呈现方式、师生交互形式、学习评价方式的演变等方面。基于这一场域所勾画出的未来学习图景具有八大特征，包括事物的自我数字映像、知识点的动态呈现、学习要素的全程交互、虚实共生的课堂环境、量身定制的课程内容、全域感知的学习空间、支持移动计算的终端设备和真实有效的具身体验。①

还有研究者主张，学习者本位的未来学习本质上旨在让学习者在信息化、智慧化的学习场域中实现由单一的"学以致用"向多元的"学以致慧"转变，从而构建一个个能融贯认知世界、社会世界以及生活世界的"完整意义生命体"。基于这一立场，该研究构思了由"物理场域技术融入""情境场域样态优化"以及"文化场域作为基本载体"三个维度构成的未来学习场域。②

2. 成长图谱导引下的课程创新

近20年来我国基础教育界受到持续关注的事件可以说是课程改革，尤其是近5年来校本课程开发出现了"低段重整合、高段重选择"的倾向，课程整合与课程选择联手带起一波"课程改革再出发"的二重旋律。来自基层的课程开发热潮及其形态各异的课程产品或成果，如能得到人工智能技术的参与、支撑和提升，无疑将有望升级为各种"未来课程新版本"。

有研究者预言：未来的每一门课程都会建立起知识图谱，每个学生都会构建自己的知识体系。基于学科知识图谱和学生个人知识体系，能够为每个学生推荐个性化的练习，学习将变得个性化而不再是千篇一律。③ 已有的课程改革实践中，不仅是有了"学科知识图谱"，而且有了供学生按照自己的发展志趣来自主选择课程的"课程图谱"（如上海中学）和"一人一张课程表，走班上课"（如北京十一校）。这些用于规划和指导学习者个性化学习的课程蓝图，不妨称之为"成长图谱"，也需要人工智能等新兴技术给予支撑性的总体设计和优化。

本书作者所在团队与上海、江苏、浙江等地一些中小学合作，开展了相关的课

---

① 张艳丽、袁磊、王以宁、张海、谭姣连：《数字孪生与全息技术融合下的未来学习：新内涵、新图景与新场域》，《远程教育杂志》，2020年第5期，第35—43页。
② 罗生全、胡月：《学习者本位的未来学习场域形态及其建构》，《教学研究》，2020年第1期，第22—27页。
③ 王卓：《未来学校的样子——看人工智能如何助力教育发展》，《湖南教育（A版）》，2020年第1期，第29—30页。

程改革探索。如与上海市洵阳路小学合作,设计、开发和实施了贯通低中高三学段的"主题—广域—模块"系列课程,在每个学习日的上午均实施国家课程方案规定的学科课程,而每个学习日的下午,低学段开展"主题式课程",即以单元形式呈现的《开学了》《神奇的动物王国》《发现春天》《在春天里做一件美丽的事》等;中年段是"广域(即 WIDE)课程",如《儿童哲学》《儿童戏剧》《艺术创想》《科学探究》等学科大类的项目化学习课程,孩子们常常会把"WIDE 课程"读成"玩的课程",倒也贴合这类课程的旨趣;到了高年段,所有学习都进入到学科课程,学生学习也出现层次差异和类型差异,学校便推出"模块课程"以满足学生多样化的学习需求。这样的课程系列,体现了从学前生活逐渐进入小学学科学习的过渡式安排,帮助学生顺利地从"生活体系"走进"学科体系"。从人工智能时代的要求看,该课程体系的下一步就是要架构于新兴信息技术平台上,完成必要的升级。

疫情期间,我们团队适时向学校申请到"灾难教育课程开发"专项课题,我们意识到,在新冠疫情的背景下,灾难教育又一次被提上重要的议事日程。从长计议,课程的校本化开发与系统化、日常化的实施,是促进年轻一代应对灾难、反思生命和提升相关素养的可行路径。这项研究在反思灾难教育现状、定义灾难教育内涵、阐发灾难教育意义的基础上,提出并建构了儿童哲学、STEM+/STEAM 课程、国际理解教育及教育戏剧等多种灾难教育的课程形态,并从学校课程的自主开发和国家课程/地方课程的再开发两条路径展开探索性实践,致力于通过学校课程的系统设计和日常化实施来帮助学生从容应对灾难、体悟生命意义。其中的国际理解教育课程,还举行了新疆阿克苏地区、湖北恩施市、浙江杭州市三地连线的以"世界粮食危机"为主题的线上线下融合式的课程实施与课堂研讨。[①]

互联网和人工智能将成为新一轮课程改革的重要引擎,它必将渗透在课程理念、目标、方法、管理、评价等诸多方面,最终带来教育观念的转变和课程文化的革新。[②]

### 3. 智能渗透全程的教学流程再造

如前所述,教学是信息技术应用的"基本盘",甚至可以说一直以来都是。人类通信技术的每一次进步,都会得到学校尤其是教学的响应。从斯金纳发明教学机器并试图取代教师开始,到计算机辅助教学和前些年慕课、翻转课堂的大红大

---

[①] 杨小微、刘学良、于超、王昆杞、王雪华:《灾难教育的课程形态与开发路径》,《课程·教材·教法》,2020年第11期,第20—27+35页。
[②] 李碧武:《"互联网+":基础教育课程改革新引擎》,《教育家》,2017年第40期,第29—31页。

紫,再到疫情之下倏然站到"前台"的大规模在线教学,莫不如此。近些年来我国中小学的新技术设施配置可以说是焕然一新,除了早已成为常态的电子白板、录播教室等,云课堂乃至"云课桌""云厨房"也都相继出现。根据《中国教育现代化2035》,未来还将面临利用现代技术加快推动人才培养模式改革、创新教育服务业态、建立数字教育资源共建共享机制等更高的要求。硬件建设达标之后,称心如意的软件及其合理有效应用就成了十分迫切的诉求。人工智能应用于教学过程,可以解决传统教学方式、手段不能或难以解决的诸多问题,且使教学新观念转化为实际行动变得可能。例如,因材施教与大班上课效率是通常难以兼顾的难题,技术赋能教育后,破解这一难题成为可能。大数据技术和人工智能技术加持的个性化学习系统/平台,能够基于学习全记录数据探析学生的偏好、风格、特长与薄弱环节,所做的个性化服务决策(如适性资源推荐、个性路径规划等)还能够根据学生的这些特征适性调整(机器学习使然),甚至诸如学习路径都是根据学生的现状即时生成的。Knewton 即是个性化平台的典型案例。可见,技术赋能个性化教育教学的最大优势即是"适性":学生得到的个性化服务,随着学生的发展变化适性调整。[1] 当然,随之而来的学生学习路径的繁杂多样,也为教师的一对多式的群体教学新增了挑战。

还有研究者以关键字词频为依据,将"人工智能+教育"融合的实施路径分为智能教学协助、智能教学环境构建、智能教学过程设计、智能教学评价、智能教学服务 5 种应用场景/路径,并展开较为深入的研究和阐述。[2] 若在今后教学中这些技术支持全部落实到位,不亚于一种教学流程再造。与此同时,当下那些流行的"以教定学"导致学生被动学习的偏向也将得到纠正,并走向"为学而教"的新路径。

4. 主客体交融的师生主体协同化

有论者预测:在服务产业和人工智能产品中,将会出现三种新的产品或服务应用于教育。一是"教师助手"。他们为教师分担如阅卷、作业批改、错题订正等客观事务,把教师从繁重的事务中解放出来,有利于在学生思想教育、教育科研等方面深入钻研。二是"陪读小先生"。他们每天同学生一起进入课堂,接受知识教育,课后为学生提供学习帮助,系统分析学生学习中的得与失。三是"定制教师"。

---

[1] 肖卓宇、徐运标、陈果、郭杰、黄俊:《"人工智能+教育"融合的实施路径研究》,《计算机时代》,2020 年第 11 期,第 103—105+109 页。
[2] 马旭光:《人工智能背景下的基础教育发展展望分析》,《瞭望》,2019 年第 9 期,第 92—93 页。

学生可根据自己的喜好、崇拜的偶像定制人工智能"私人教师",他们有着和人相似的体态、相当的体温、相同的肤色,但却拥有装有世界各大图书馆芯片的大脑,无所不知、随时呈现。他们还能抓住学生的最近发展区,及时捕捉并适度引导学生向最好的方向发展,及教师所不能及。智能技术在教育中的应用,使主体行为的协同不再仅仅局限于师生、生生之间,而是扩展到了人机协同。人机协同的原则即是优势互补,具体地讲,即是把适合机器做的事让机器去做,把适合人做的事让人来做,把适合人机合作的事让人与机器一起来做。目前,关注教师与机器之间的协同教学(即人机共教)的研究较多,如有论者认为,人机协同教学包括四个阶段:AI代理(替代教师的重复性工作)、AI助手(教师增强AI自动化处理)、AI教师(AI增强教师创新)、AI伙伴(二者交互社会性增强)。[1] 目前我们处在AI助手阶段。要实现后两个阶段,除了要在技术上有颠覆性突破外(如AI教师要突破认知智能技术,AI伙伴要突破社会智能,特别是情感智能技术),人机协同决策机制也需要精心设计。[2]

人机协同是一个新问题,在智能技术应用环境下,我们不仅要警惕学习者对智能学伴产生依赖心理而成为智能机器的"奴隶",也须防止教师对教学助手的依赖。已有的尝试表明,当后台能够自动搜索学生作业反馈信息之后,教师有可能渐渐失去以往凭经验积累起来的对学生反应和教学过程动向的敏感。

5. 大数据驱动下的学校治理智能化

人工智能系统集信息论、控制论和统计学等学科知识于一体,拥有大数据处理分析、可视化图像模拟等功能。因此,一般认为,人工智能系统对学校管理结果预测更精准,更能促使学校管理的透明化和数据化。

学校治理不同于以往的管理,是由多个主体介入办学过程,通过对话协商达成规则、形成机制、建立新的秩序,从而实现多中心意义上的治理。利用人工智能技术支持学校治理现代化建设,要按照国家智慧校园(数字校园)建设的指导意见和《智慧校园建设框架》,立足于学校课程研发、教学变革和管理过程变革,设计和建设智慧校园。除充分运用5G等技术,建成新型的物联网感知的信息化环境之外,智慧校园建设重点要以"课程内容、教学过程与信息技术的深度融合"为核心目标,建立"精品课程、精准教学"范式,通过对教学多元数据和过程性数据的采集

---

[1] 余胜泉、王琦:《"AI+教师"的协作路径发展分析》,《电化教育研究》,2019年第4期,第14—22+29页。
[2] 祝智庭、彭红超:《技术赋能智慧教育之实践路径》,《中国教育学刊》,2020年第10期,第1—8页。

和分析,精准发现课程设计与实施以及教和学中的问题,精准分析问题的原因,并采取针对性的措施,进行精准干预和合理调适。在创新实践层面,搭建人工智能教育软硬件环境,建设人工智能体验中心,设计和实施人工智能教育课程,培养学生创新能力;引进人工智能助手,赋能教师,促进教师专业发展。在日常化学校管理方面,重点是决策和实施的问题。有研究者认为,大数据支持下的学校管理要达到决策优化的目的,有三个关键点:一是建立学校清晰、可量化评估的管理模型,以此为依据设置相应监测数据采集流程和决策策略;二是最大程度将学校的管理流程数字化、网络化,为采集全面、科学的决策大数据奠定基础,为此学校应部署相应的传感器与软件系统;三是建立校园管理大数据的监测平台,让管理者按照权限级别实时动态掌握学校的教学和管理过程数据。[①]

　　人工智能应用于学校治理,将渗透于规划决策、组织实施、评价反馈的全过程之中,对整个学校的现代化进程具有统领的意义,其重要性不言而喻。总体来说,人工智能与学校现代化之间具有相互赋能的关系,此处还只是重点讨论了技术对教育赋能的这一侧面。而在学校现代化对技术的赋能方面,概括起来说,学校现代化对技术主要是价值观念上的一种精神性、理念性的赋能,是将先进技术应用于学校改革与发展的目标导向。现代化的核心在于理性,如果说,学校现代化代表着对科学、民主、法治、公平、开放和可持续发展等价值理性的追求,那么人工智能等先进技术则代表着一种经由科学技术创新而提高效能的工具理性。在国家要求推进教育高质量发展的当下,重申摆正价值理性与工具理性的关系尤其重要。在理想的意义上,工具理性是为价值理性服务的,然而国内外社会现代化的历史告诉我们,原本服务于现代化理念的工具理性凌驾于价值理性之上,手段工具成了目的乃至唯一的目的,导致了现代性困境甚至现代性危机。教育领域亦不例外,人工智能作为当代科学技术的"神器",发挥得当,将助推学校现代化迈上快车道;若用之不当,则可能变成给学校发展带来负面效应的"钝器",或导致新的不公平,或带来身心上的伤害,或走向技术至上而忘却了技术应用的初衷。这些都是需要我们时时警醒的。在各种持续不断的尝试与探究人工智能教育应用的过程中,在追求效能的同时,注重其合理的效益和福祉,并不断地以现代化价值取向为基准展开反思与重建,才能使人工智能技术应用真正成为学校现代化发展的康庄大道。

---

① 曹晓明:《教育大数据驱动下的现代学校治理》,《教育信息技术》,2018年第3期,第3—7页。

### (四)"第三方介入",涌现于基层的教育治理现代化发展活力

作为第三方参与下的教育发展推进模式很多,主要有"委托管理""集团化办学"以及大中小学合作下的多种模式,如以促进进城务工人员随迁子女民办学校文化融合与质量提升的"春雨计划"等。限于篇幅,这里仅以上海市的委托管理薄弱学校为例讨论。

上海基础教育界实施委托管理的创新举措,是在积极推进优质教育资源向郊区农村辐射,提升郊区农村学校的教育教学质量和管理水平,弥补上海教育发展的"短板",从而推进城乡教育均衡发展,率先实现教育现代化的背景下提出和实施的。也是基于浦东新区率先探索"管办评"分立与联动机制,推进教育治理体系和治理能力的现代化经验,进而推广到全上海市范围的。面对来自民众、市场、社会及学校各方的挑战,政府必须要转变其职能,重新厘定、理顺政府、社会和学校之间的关系,实现从"管理"到"治理"的转变,提升公共服务的水平与质量,加快推进教育治理能力的现代化。

1. 上海基础教育委托管理的概况

(1) 委托管理的发轫与发展。上海市基础教育委托管理发端于浦东新区实践。2005年6月,国务院批准浦东新区成为全国首个综合配套改革试验区,它将浦东战略发展重点确定为"转变职能,打造一个公共服务型政府"。浦东新区针对区域教育基础相对薄弱,优质教育资源短缺且城郊发展不均衡的现状,在教育体制机制方面开始先行先试。此外,积极探索小政府、大社会框架下"政府主导、社会参与"的教育行政管理模式创新。在此背景下,浦东新区自2005年开始实施公办学校"委托管理"模式,由政府出资将所属公办学校——东沟中学委托给上海成功教育咨询中心管理,作为一种新的实践模式和机制创新引起来自包括上海市政府在内的各方关注。四年的实践证明,东沟中学经过托管后发生了极大的"蜕变",从一所"困难校"跃升为"同类学校中教育质量名列前茅、社会认可的合格学校"。鉴于此,从2007年起,上海市教委将该模式推向全市,作为上海市推进区域教育均衡发展的一项重要举措。全市推广的委托管理模式基本延续了浦东委托管理模式的基本思路,通过政府购买服务的方式,将农村薄弱学校委托给专业教育机构或中心城区优质学校管理。委托期间,受援学校的原有隶属关系不变,支援学校和机构依协议享有相应的办学自主权。其目标是"通过引入城区教育的智力资源和知识产品,改变农村旧有的教育传统与习惯,提高学校管理水平和教育教学水平,

培育和催生一批新的优质教育资源,形成多元的教育格局与教育文化"①。

上海基础教育委托管理项目两年为一轮,从 2007 年启动到现在已经完整实施四轮,第五轮正在进行中。参与委托管理的支援主体一般为中心城区的品牌中小学及长期从事教育研究与实践的教育机构,受援学校则为郊区农村义务教育阶段办学相对薄弱的学校。下图是五轮委托管理支援机构和受援学校的数量,第一轮支援机构数量为 19 个,受援学校为 20 所,鉴于第一轮委托管理取得的成效,第二轮双方数量几乎扩大了一倍,后面三轮则与第二轮基本持平。前四轮累计托管农村学校 158 所,覆盖 3 300 个班级,惠及 12 余万名学生。

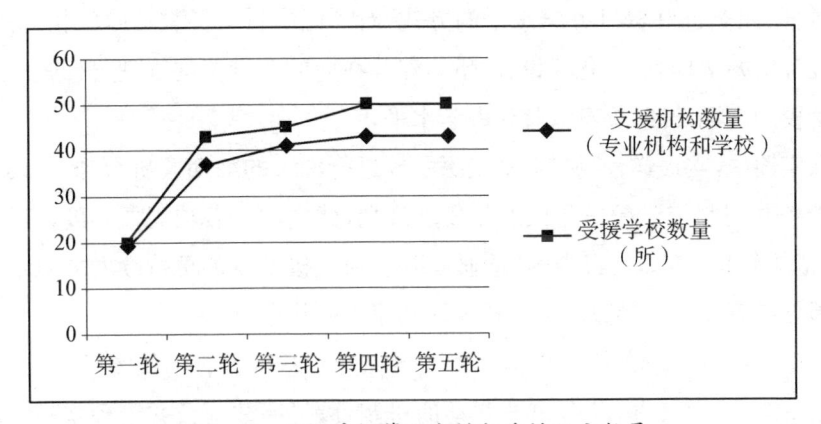

图 3-2　五轮委托管理支援与受援双方数量

（2）委托管理的特点。一是责任主体转移。上海市委托管理在学校委托管理过程中强调团队契约式托管,在学校的国有产权属性不变,行政区划和隶属关系不变的前提下,将学校的办学管理责任转移委托外包给专业机构或优质学校,要求参与委托管理工作的品牌学校或中介机构,应有 3 名以上管理人员或教师常驻受援学校,且管理人员不少于 1 人。为了加强监管,托管机构必须与被托管学校所在的区县政府或教育主管部门签订托管协议,明确双方的权利义务关系和托管内容与目标,以更好地规范托管工作,推动托管学校健康发展。在托管期间,支援学校(机构)具有一定的办学自主权,以推动学校变革,从而加速薄弱学校和新建学校的软件建设,推动基础教育学校的均衡化发展。而各受援区县教育局的职责在于加强过程管理,做好托管方案的评估认定、托管过程的跟踪指导、托管中期评

---

① 朱怡华：《探索"委托管理",促进教育公平——基于上海基础教育实践的调查与思考》,《现代基础教育研究》,2011 年第 1 期,第 22—35 页。

估、托管学校的年度督导及考核等各项工作。

从上海市教育委托管理的实践来看,具体的责任主体转移方式并不相同。责任主体转移可分为三种类型:一是支援方派校长入驻受援方担任校长;二是支援方和受援方共同建立管理委员会、或称"组委会";三是以受援方为主体、支援方派校长助理和教师予以多方支持。[1]

二是以提升学校内涵为目标的全面管理。基础教育委托管理项目是上海基础教育从"外延式"发展向"内涵式"发展转向阶段中采取的重要措施。委托管理与传统的支教、帮扶结对(更关注教学及教师的成长)不一样,采取缔结契约转移办学责任、团队进驻提升办学水平的方式,对郊区农村义务教育阶段相对薄弱学校开展包括办学理念、文化建设、队伍培养等在内的全方位的管理,目的在于促进受援学校的内涵发展,提升其整体办学水平。

在实践中,支援学校(机构)对受援学校进行深入的前期调研,在此基础上,与受援学校共同制定学校三年或五年发展规划,建立健全各项规章制度,实施精细化、规范化管理,培养其自身的"造血"功能,为受援学校的可持续发展奠定基础,避免因委托管理结束导致受援学校退回到原先的状态。

三是由第三方教育评估机构提供质量保障。基础教育学校委托管理的动因之一是政府探索"管办评"分离与联动的机制,以提高政府公共管理水平。那么,委托管理的质量该如何保障?该由谁来保障?委托管理作为一项具有开创性的教育改革探索,在实施过程中必然会存在种种困难或障碍,如何减少各种障碍及其带来的一系列消极影响,确保政府投入资金安全,扩大其产出效益,真正起到促进教育均衡发展就显得非常重要了。为此,市教委从委托管理政策出台之时起,就将基础教育学校"委托管理"的质量保障放在了非常重要的位置。

在现代教育治理体系背景下,向教育中介机构购买服务是政府转变职能的重要体现。委托管理工作在顶层设计之初便安排了第三方进行绩效评估的监督机制,对托管工作的产出进行评价,形成绩效问责机制。为了提高评估的客观性、科学性和公正性,也是为了实现"管办评"分离,上海市教委委托上海市教育评估院负责对两年托管工作进行整体设计和全程实施。经过周密设计,整个评估过程分为四个阶段:一是初态评估,在项目启动时进行;二是《托管方案》论证评估;三是

---

[1] 刘荣飞、徐士强:《关于引导外部优质资源介入薄弱学校管理的讨论》,《上海教育科研》,2007年第12期,第10—13页。

中期评估；四是绩效评估。通过全程分段评估，加强过程管理和调控，保障了托管项目的绩效，也提升了评估可靠性。

2. 上海基础教育委托管理的成效

事实证明，上海自2007年实施委托管理起，成效显著。四轮绩效评估报告显示，委托管理在提升郊区农村学校内涵建设、缩小城乡教育差距方面发挥了积极作用。经过托管，农村薄弱学校在学校管理、课堂教学、教师专业发展和学校文化培育等方面有了较大变化，不少学校整体办学在原有基础上有了较大提升，社会声誉有了提高，人民群众的满意度提高。此外，不少区县模仿市级委托管理开展区域内委托管理，由此产生了"连锁效应"。具体而言，委托管理的成效主要体现在以下几方面：

（1）推进城乡教育均衡发展，提升了上海教育现代化水平。委托管理实施以来，打破了传统教育资源的区域限制，实现优质教育资源城乡共享，为促进城乡教育均衡发展和教育公平，整体提升上海教育现代化水平发挥了积极作用。2009年，中国上海首次参加了OECD组织的PISA测试。测试结果显示，上海学生在阅读、数学及科学素养三个领域在参与本次测试的65个国家和地区中均获得第一。不仅如此，通过PISA2009的阅读成绩来测算校间均衡显示，"与OECD平均值相比，上海全体样本（即包括初中和高中）所代表的学校体制间均衡性差不多，但上海初中学校间的均衡性更好"。在PISA2009的国际坐标中，中国上海与中国香港、韩国、芬兰、加拿大等国家和地区一起，属于"高质量、高均衡"的类别。[1] 中国大陆学生第一次参加该测试便取得如此好的成绩，引起了国内外的广泛关注，"引来海外教育界集体'围观'基础教育均衡化的成功案例——上海经验"[2]。2012年上海第二次参加PISA，上海学生在数学、阅读和科学三个领域上的平均成绩再次均列首位，同时，上海初中阶段学校间均衡仍然高于OECD平均值。[3] 委托管理作为推进城乡教育均衡发展的一项重要举措受到了国内外媒体的关注。OECD组织来沪探寻"奥秘"，拍摄的委托管理专题片在65个国家（地区）播放。2010年上海市委托管理工作被评为"全国教育改革创新特等奖"。

---

[1] 国际学生评估项目中国上海项目组：《质量与公平：上海2009年国际学生评估项目(PISA)结果概要》，上海：上海教育出版社，2010年版，第43—46页。

[2] 罗阳佳：《上海学生PISA测试"全球第一"引发教育思考》，https://www.edu.cn/zhong_guo_jiao_yu/ji_chu/ji_jiao_news/201103/t20110317_589002.shtm（阅读时间：2022年3月10日）。

[3] 国际学生评估项目中国上海项目组：《质量与公平：上海2009年国际学生评估项目(PISA)结果概要》上海：上海教育出版社，2010年版。

(2) 受援学校内涵建设取得一定成效。委托管理旨在提升受援学校内涵建设。在托管期间,各校积极参与托管工作,立足校情、主动作为,在师生发展、学校管理与教学改革、学校文化培育等方面取得了不同程度的成效。从绩效评估报告[1]来看,就学校内涵发展而言,每一轮受援学校内涵发展各项指标的评价结果均为"合格"以上。就满意度而言,教师/学生/家长问卷表明,各方对托管工作的满意度均较高。

在教师队伍建设方面,注重教师专业发展。在两年的托管期间,支援机构通过采取多种形式为受援学校教师提供专业发展机会,如"引导教师制定个人发展规划、推进教研组建设、开展师徒结对、专家引领、同行交流、顶岗培训等多种形式促进教师专业成长"[2]。此外,有些学校以科研为引领,组织教师开展课题研究,加强教学反思,教师专业发展成效较为明显。

在学生发展方面,注重提升学生综合素质。学生发展是学校内涵建设的重要内容,各支援学校普遍重视学生发展,通过开设拓展课和探究课、组织兴趣小组、开展各类校园文化活动等形式,培养学生良好的行为规范、学习习惯等,促进学生全面发展。从绩效评估结果来看,经过托管,学生综合素质得到了加强,学业成绩也有了一定程度的提升。

在学校发展方面,注重受援学校可持续发展机制的形成。支援机构或学校注重从受援学校的制度建设、队伍建设、文化建设等各个层面推进托管工作,在"输血"的同时更加注重培养受援学校自身的"造血"能力,逐步形成了良性发展的长效机制,为受援学校可持续发展奠定了坚实的基础。

(3) 初步形成管办评联动机制,扶持与培育了教育中介组织。委托管理是政府在明确其公共服务职能的基础上,以购买服务的方式将具体事务委托给专业性强、公信力高的教育机构,并通过第三方评估机构来保障委托管理绩效,初步建成"管办评"联动机制,为创新教育公共服务方式,探索教育管理体制改革作出了大胆尝试。参加委托管理的不仅有公立学校,还有私立学校以及专门的教育机构。在委托管理实施之初,都需要对参与委托管理的学校和机构的资质进行评估,符合托管条件的学校和机构才有可能参与托管,从总体来说,托管对于提升上海教育中介组织起到了推进作用。这对促进社会范围内教育治理体系和治理能力现

---

[1] 该资料来源于上海市教育评估院"委托管理"第三轮绩效报告。
[2] 该资料来源于上海市教育评估院"委托管理"第三轮绩效报告。

代化也富有成效。

3. 上海基础教育委托管理的问题反思

毋庸讳言,委托管理作为一项探索性的实践,在其实施过程中仍有诸多问题值得反思。

(1) 如何处理托管年限与教育长期性之间的矛盾？"托管"可以看作是手段,最终目的是为了"不托管",那么完成从"输血"到"造血"这一过程需要多长时间呢,即托管时间到底多长合适？这是争论较多的一个问题。上海委托管理规定一轮托管时间为两年,另外,根据需要与申请,有些学校可以进入到下一轮托管,但最多只能参加两轮,也即托管的时间一般为两到四年,最多四年。

教育变革是一个非常复杂的过程,不是一个简单的"输入—输出"过程。一般认为,"受援学校存在的主要问题是领导班子办学理念落后、管理粗放、教育教学理念陈旧、方法不当、效能不高,部分学校干群关系较紧张,骨干教师流失严重与部分学校超编情况并存等"。[1] 如此多的问题在两年的时间内能解决吗？单单以学校文化建设为例,其不仅包括制度文化,还包括精神文化,如校园风气、师生面貌等,相对于显性的制度文化,精神文化是隐性的,是更为内在的,其形成是多方面因素综合作用的结果。正如有论者所认为的,"一所学校的内在文化精神不是一开始就具有,也非孤立地形成,总是在特定社区和社会文化环境中,受自身发展历史积淀与现实状况的深刻影响而逐渐形成"。[2] 在托管实践中,的确存在有些支援机构为了能在短短的两年内见到成效,仅仅关注教学,甚至仅抓毕业班的升学率,如此急功近利的做法显然违背了托管的初衷。

(2) 如何处理经验复制与特色培育之间的矛盾？如何在短短的两年(最多四年)中获得有目共睹且令各方满意的成效是托管双方都最为关心的一个问题,也是一个很难的问题。一所薄弱学校要想在短期内得到快速提升,复制、移植优质学校的某些特色项目似乎是一条捷径。在实际的托管工作中,这种现象的确不少见。"从目前教育委托管理机构看,管理基本上是优质学校校长管理经验的复制,往往并不适用于被托管的薄弱学校,可能水土不服。"[3] 这种观点似乎有些极端,也

---

[1] 陈效民:《探索突破体制障碍 复制放大优质教育——义务教育阶段学校委托管理的实践与思考》,《教育发展研究》,2011年第6期,第12—17页。
[2] 杨小微:《长江文化共识下学校文化建设的思路探寻》,《教育发展研究》,2012年第8期,第1—6页。
[3] 王湖滨、黄忠敬:《藉"托管"走向"均衡"——教育公共治理方式的新探索》,《基础教育》,2011年第2期,第46—50+24页。

许言过其实,但对托管中的复制现象还是值得反思的,毕竟托管的目的不是为了简单地复制优质资源。

客观地说,薄弱学校并不能完全等同于"差校",有些薄弱学校在其发展历程中也有过辉煌的时期,由于某些原因成为了薄弱学校。不管是怎样成为薄弱学校的,有一点不能否认,即薄弱学校并非一张白纸,而是有其底色的,在长期的办学过程中也积淀了一些办学传统,形成了独具特色的学校文化,从这点上说要将薄弱学校办成优质学校的"翻版"也是不太现实的。因此,支援学校(机构)应该充分了解受援学校原有办学基础与特色,"因地制宜地培养和发展农村薄弱学校的独特的文化,而不是复制自己学校本身的文化。"当然,这也需要受援学校克服"文化自卑"心理,在支援学校面前不能轻易放弃自己的"领地",而一味地"拿来"。

此外,需要补充说明的是,将薄弱学校区别于"差校",在情感方面更易被受援学校接受,这也是解决托管双方情感冲突,形成和谐托管的一个前提。

(3) 如何处理实践与制度偏离之间的矛盾?在委托管理的实践过程中,不乏偏离了制度设计的实践,如按规定,原则上参与郊区农村义务教育委托管理的受援学校为相对薄弱学校,即上年度督导排名处于全区后三分之一的学校,或办学矛盾突出、问题明显、发展遇到瓶颈的其他学校;或者为新办学校。实际上各区县对委托管理受援学校的选择定位不一致,有的区县欲借委托管理将区内已有一定发展基础的学校培育成特色学校;有的受援学校已与支援学校有一定的合作基础,委托管理是熟人间的"再次握手"。此种选择明显有违制度规定,也会因为委托管理具有一定的"排他性",一些真正有需要的薄弱学校却被拒之门外。再如,在托管专项经费使用和审计方面也存在一定问题:一是个别区县托管经费拨付滞后,影响经费的调度使用;二是部分受援区县将经费拨付至支援机构,受绩效工资影响,无法顺畅使用;三是部分支援机构托管经费管理与使用欠规范:如,经费结余较多,预算执行率偏低;经费使用内容和结构不合理;财务管理流程不规范等[①]。

正如迈克·富兰所言,变革是一个旅程,充满了不确定性、焦虑和困难,而不是一个蓝图。委托管理作为一项创新性探索实践,必然会存在许多问题,值得关注的地方还有很多,但从总体上说,委托管理在推进上海教育均衡发展,整体提升上海教育现代化水平的过程中"功不可没"。

---

① 上海市教育评估院"委托管理"第四轮绩效评估报告。

**(五) 城乡一体化：以体制机制创新促进教育优质而公平的发展**

尽管城乡教育差距普遍存在，但中西部地区尤为突出。这里选择成都市城乡教育一体化发展作为典型经验加以介绍和评述。

1. *模式成型：从"六个一体化"到"四大体制机制"建设*

2007年6月7日，成都市被国务院批准设立为全国统筹城乡综合配套改革试验区，自此开启了自主探索统筹城乡教育一体化发展的道路。2009年，提出了以"发展规划、办学条件、教师队伍、教育经费、教育质量、评估标准"六个一体化为核心内容的"成都模式"。推进教育现代化的"成都模式"将发展规划一体化作为城乡教育统筹发展的先导；办学条件一体化作为城乡教育统筹发展的基础；教育经费一体化作为城乡教育统筹发展的保障；教师队伍一体化作为城乡教育统筹发展的关键；教育质量一体化作为统筹城乡教育发展的核心；评估标准一体化作为城乡教育统筹发展的手段。"成都模式"在全国树立了统筹城乡教育发展的标杆，得到了全国范围的关注，为教育综合改革提供经验，为全国其他地区借鉴和学习提供样本。

2013年，成都市启动统筹城乡教育综合改革试验区第二阶段建设任务，在第一阶段"发展规划、办学条件、教师队伍、教育经费、教育质量、评估标准"等"六个一体化"基础上，深化在公共服务、资源配置、质量水平、管理方式等四个方面的城乡一体化体制机制建设。在新的阶段，成都市在教师发展、管理方式和评价机制建设等方面有明显着力，以深入推进教育现代化的实施。

2. *教师发展：优化管理辅之专项支持*

(1) 优化教师管理制度。成都市是实施教师编制"县管校聘"管理制度地区之一。"国标中城市上限标准"中，小学师生比为1∶19，初中为1∶13.5；高中为1∶12.5，新增教职工编制1600余个。成都市在此基础上，将教职工编制标准上浮7%，并实行动态调整制度，每三年集中调整一次。特殊教育学校教职工编制则按标准师生比1∶3.5确定。成都市19个区(市)县均成立教师管理服务中心。教师管理服务中心与教职工签订人事聘用合同，学校与教职工签订岗位管理合同。共有25766名教师纳入"县管校用"范畴。其中以青羊区、温江区、新津县为试点。

成都市率先尝试打破教师职业"铁饭碗"的现状，完善教师"奖惩"机制。成都市内实行教师资格准入和定期注册制度。教师职务(职称)晋升向农村中小学专任教师倾斜，城镇中小学教师在评聘高级职务(职称)时，需要在农村学校或薄弱学校任教一年以上。鼓励教师专业发展，对完成学历提升的教师给予一次性奖励。2014年,成都市出台并实施《教师退出教学岗位实施办法》,从完善教师队伍出口、提高教师素质、加强师德监督的角度出发,实行"合同退出机制",对考核不合格、不适应教学岗位的教师实施转岗培训,培训后仍不适应教学岗位、考核不合格的教师,责令其退出教学岗位。不合格的教师采取转岗、待岗培训、解聘和辞聘四种循序渐进、层次深入的退出流程。

在教师流动方面,成都市探索"多校任教"制度,鼓励工作量不饱和、紧缺学科教师在同一区域内多校任教。小学教学点所需教师,由就近学校派员轮流执教、兼职任教,待遇在学校绩效考核中予以倾斜。

(2) 专项计划支持教师专业发展。"成都市特岗教师计划""成都市免费师范生计划""常青树——名优退休教师下乡兴教计划"三大配置计划是成都市针对教师配置和专业发展所制定的长期的专项计划,目的是优化农村学校教师年龄、学历结构,提升教师能力和办学水平。至2015年,"成都市特岗教师计划"共招募2 949名教师。"成都市免费师范生计划"规定,从2011年开始,除接收部属院校免费师范生,还每年培养成都市免费师范生。2010年开始,成都市启动"常青树——名优退休教师下乡兴教计划",至今共招募省内外118名退休名优教师赴69所郊区(市)县学校担任学监、导师、把关教师。专项计划在补充优秀教师的同时,也协调了城乡教师资源的分配,从而整体上促进了全域教师的专业发展。

3. 管理方式:从标准化建设到优质教育资源共享

(1) 城乡一体的标准化建设。按照经济水平和教育情况,成都市被分为中心城区、近郊和远郊"三个圈层"。在学校标准化建设的过程中,成都市实行"一圈层(中心城区)给政策、二圈层(近郊)给补贴、三圈层(远郊)给倾斜"的项目经费支持机制,市级财政向农村倾斜,新增教育经费主要用于农村。2011年,成都市计划投入40亿元进行城乡中小学标准化提升工程建设,并于2014年完成。建设内容包括教师编制标准及其动态调整机制、教师素质提升标准、技术装备提升标准、教室光环境改造标准、学校运动场改造标准、统一并提高城乡生均公用经费拨款标准等六个目标,从教育基本条件方面缩小不同圈层的差距。同时,在公办幼儿园实施一体化建设方面,成都市计划在2016年底前新建、扩建公办幼儿园473所。市级财政对中心城区公办幼儿园建设酌情采用"以奖代补"方式给予支持,近郊(市)县建设资金由市、县两级财政按6∶4比例分担,远郊区(市)县建设资金市、县两级财政按8∶2比例分担。

(2) 优质教育资源辐射。深化名校集团发展。成都市力求将名校资源的辐射效应放到最大,尤其是偏远地区和农村。希望无论山区和新区,还是城乡结合部、卫星城等地都能分享到名校的优质资源。全区(市)县基础教育阶段名校集团95个,共计170所成员学校。义务教育阶段集团有52个,与125所农村学校、薄弱学校和新建学校建立合作管理。成都市石室中学、成都七中、树德中学这三所名校带动了三个圈层共计45所薄弱学校。在职业教育方面,成都市开展"3+N"职业教育集团化办学,以委托管理的方式,由三所高职学院托管2所中职学校,领办12所中职学校的14个专业。成都市还组建了11个专业职教集团,与近560家企业展开合作。

成都市重视名校集团的管理。宏观上,成都市打破了优质名校地域界限,实行市级统筹规划优质名校集团布点、以区(市)县为主的管理体制,建立和完善集团备案制和退出机制。微观上,在名校集团内部实行名校、集团内各校教师统筹交流、校级领导定期交流制度。对输出管理干部和骨干教师的名校,采用弹性或动态编制管理制度。市级财政每年单列1 000万元专项经费,采取"以奖代补"方式对成绩突出名校集团给予补助。推动集团内部建立以共同愿景为核心、以制度体系为框架、以规则程序为纽带的集团运行机制。

相比东部地区名校集团如杭州以民办力量为主导,成都市充分发挥政府的领导作用。从全市的角度统筹名校集团的发展,以促进优质的教育均衡。

(3)推进圈层融合发展。成都市三个圈层存在较为显著的差距,成都市将打破圈层之间的障碍,实现三个圈层的融合与共同发展作为统筹城乡教育发展的使命。名校集团化也正是实现这一目标的关键举措。此外,成都市从宏观层面以区县教育联盟为框架,促进整体联动、共谋共进。成都市21个区(市)县结成11对"一对一"教育联盟。通过签订协议、共同制定规划和实施方案、年度计划等,在教育理念、管理、制度等方面整体对接和谋划,促进资源共享、优势互补、共同发展。

在中观层面,在10对区县联盟共结成256所学校对子,公办幼儿园占17.87%,义务教育阶段学校占41.53%,普通高中占45.21%。融合发展主要体现在如下两个方面:

**一是促进优质远程发展**。成都市教育"四化"融合发展,将信息化作为实现教育现代化的手段,同时也将信息化作为教育现代化的内涵。提出了创新联动、项目推动、应用驱动、榜样带动、圈层互动、督评促动的"六动"教育信息化工作机制。实施教育信息化基础能力提升、城乡师生信息素养同步提升、优质教育资源共建共享、信息化与教育教学融合发展、教育信息化国际合作、教育治理能力信息化

"六大工程"。以提升教师信息技术应用能力、学生信息素养、信息技术与教育教学融合水平、信息化管理和领导水平，推动互联网＋教育均衡化、现代化、国际化融合发展。

在远程教育方面，成都市充分利用信息实现中心城区优质教育资源与近郊、远郊学校共享。其中，著名的有成都七中东方闻道网校、成都市实验小学东方闻道网校等。成都市实验小学、成都七中育才学校、成都七中3所名校的网校（网班）分别与区（市）县24所小学的33个年级，56所初中的107个年级，36所普通高中165个班建立共享机制。此外，成都市还建立了中小学的数字化图书管理平台，系统采集分析全市中小学校的3 335万册图书流通数据，对150余万名城乡学生阅读行为进行科学干预，推进图书资源共享。

**二是坚持协同创新发展**。成都市重视教育领域的交流，为学校、教师以及学生创造交流机会，建立了"市校共推中外合作办学"互动机制。各个学段和类型的学校都有充足的交流机会。如全市500所学校2 500名学科教师参加由中国教科文全委会发起和资助的应用信息技术提高教学质量"优创"项目培训。中小学生参加成都市和珀斯市互动举办的"拥抱大熊猫——我和成都有约"、"我和珀斯合个影"游学奖学金竞赛、"成都-菲尼克斯国际友城青年学生使者"等3个学生国际交流互访品牌活动，进一步拓展学生的国际视野。引进德国AHK职业资格证书，建设德国AHK职业教育培训中心。邀请德阳、绵阳、遂宁、广安等合作区域的教育同行来蓉参加国际教育与教育创新研讨会，交流和分享先进的教育经验和创新成果。

此外，成都市与国家教育发展研究中心共建成都教育改革研究基地。依托成都高校和研究机构，成立5个基地工作部，就试验区建设、教育综合改革等多个重大项目开展协同研究并协同推进。2013年，教育部教育科学规划决策研究中心在成都设立实践基地。成都大学合作建立了统筹城乡教育发展研究中心，得到丰富的研究成果，以省人文社科基地名义发布32项省级科研课题。2015年，中心被省社科联授予四川省社会科学高水平研究团队。成都市与四川师范大学签署新的《教育战略合作协议》，共同建设和发展"校地教育协同创新中心"。在对成都城乡教育一体化的反思、实践之后形成《成都市城乡教育一体化发展研究报告》《城乡教育一体化水平监测与评价研究——以成都市为例》《城乡教育一体化的"成都模式"实践研究》等协同研究成果。

成都市建立多个区域共建试点。蒲江县与国家教育发展研究中心共建"农村基础教育改革实验区",为促进西部农村教育又好又快发展提供典型经验与借鉴模式。锦江区与教育部基础课程教材发展中心合作建立"教育现代化改革示范实验区",促进区域教育的均衡化、国际化和现代化。成华区与中国教育学会共建"全国优质均衡教育实验区",促进办学条件、师资队伍、教育质量、管理水平达到优质均衡。金牛区与中国教育学会合作建设"教育评价与质量管理改革实验区",研制符合金牛教育实际、具有金牛特色的评价指标体系,促进全区"卓越学校"建设。武侯区、青羊区与中国教育科学研究院共建教育综合改革实验区,探索区域性推进教育改革发展的成功模式。新津县、邛崃市与国家教育发展研究中心合作,推动区域现代学校制度建设。温江区与10所驻地高校结成校地合作联盟,有序推进三大类共80个校地合作项目建设。

4. 评价机制：建立教育多元评价机制

2013年,成都市获批国家中小学教育质量综合评价改革实验区,制定出《成都市中小学教育质量综合评价改革实验方案》,并推出《成都市中小学教育质量综合评价指标(试行)》。评价指标包含5个一级评价指标、20个二级评价指标和31个三级评价指标。力求形成教育水平"综合导向"机制,对教育水平实行"多维监测"。成都市以教育"均衡化、现代化、国际化"三化联动发展,制定和完善了《成都市义务教育校际均衡监测指标体系》《成都市区(市)县教育现代化发展水平监测指标体系》《区域教育国际化工作水平监测评价指标体系》等不同层面的教育评价指标体系。其中重点对义务教育校际和县域资源均衡配置水平、区域教育现代化水平、区域教育国际化水平开展年度监测、分析并发布公告。2014年,成都市义务教育均衡指数为0.3,教育现代化总达成度90.3%,教育国际化总实现度均值接近60%。2014年,国家教育发展研究中心《全国15个副省级城市教育现代化监测评价与比较研究报告(2014)》显示,成都市教育发展指数在15个副省级城市中居第1位,教育公平指数、教育城乡一体化指数均排名第3位。

成都既是部省市共建的统筹城乡教育综合改革试验区,也是探索城乡教育一体化有效方式的国家教育体制改革试点项目城市,还是全国30个中小学教育质量综合评价改革实验区之一,成都探索的教师"县管校用"、教师交流制度、大力发展校园足球等上升为国家教育政策或制度。2013年,成都荣获中国教育报组织的第三届"教育改革创新奖",2014年,荣获21世纪教育研究院组织的第四届"地方政府教育制度创新奖"。

成都市重视社会对教育的满意度。在成都市公共服务满意度行业测评中,

2013年、2014年,城乡居民对基础教育的满意度分别为79.95、80.06;教育在11个测评行业中,排名从2012年的第10名,跃升到2013年的第3名,2014年,基础教育满意度在城市、农村以及全市平均三个维度中均排名第一。

5. 区域先行:青羊区推进教育现代化的经验

2009年4月,青羊区委、区政府颁布实施了《深化城乡统筹推进教育现代化纲要》提出到2010年率先基本实现区域教育现代化。

自1996年始,青羊区一直是教育改革的前沿阵地。2009年6月青羊区成为中央教科院教育综合改革实验区,探索西部地区区域教育现代化道路。本着"城乡统筹、质量领先"的成都教育现代化发展理念,青羊区与中央教科所合作,确立了教育现代化发展的"四大战略"——深层次的均衡发展战略、长期性的内涵发展战略、多样化的特色发展战略、全方位的协调发展战略;系统推进"九大工程"——创新人才队伍建设工程、教育信息化建设工程、现代学校制度建设工程、素质教育区域推进工程、学校特色发展工程、教育国际化工程、区域教育集团发展工程、终身教育工程、区域教育质量监测体系工程。在六年多的实践中,青羊区在现代学校制度改革、教育均衡化、教育信息化以及课堂教学改革等方面有许多可以借鉴的经验。

在区域层面,为促进教育均衡,青羊区进行了农村学校标准化建设与城乡教育资源整合。在此基础上推进名校集团化发展,实现了优质教育资源的共享。青羊区设计并实施教育质量监测体系。结合网络数据分析与评估组入校测评的方式,青羊区对区域整体教育质量、学校的增值效应以及学生的综合素质进行全面测评,对数据进行横向与纵向分析。在教师队伍建设方面,青羊区研制"青羊实验区教师发展标准",为教师的选拔、培养与评价提供依据;通过构建网络化学习平台、特级教师工作室等方式促进教师专业发展;改变教师管理制度,推广"区管共用"模式,促进教师双向流动。

在学校层面,为改变学校标准化建设带来的同质化问题,青羊区提出"一校一品,一校一景"的学校特色发展策略。以特色项目为核心打造特色学校。在学校制度改革方面,青羊区创设"学校民主管理委员会"制度,吸纳家长与社区力量参与学校决策。为促进更深更广的国际交流与合作,青羊区推进教育国际化特色学校建设,打造了一批国际化特色学校。

在微观层面,青羊区进行了"现代课堂"的探索,促进课程与教学改革。"现代课堂"以培养具有现代素养、适应现代社会发展的公民为核心,倡导课堂的"生态化、活动化、特色化",以实现现代教学的"民主平等、个性特色、丰富多元、开放互动、科学合理、先进高效"的要求。

成都市在以政府为主统筹城乡教育发展、整体推进教育现代化发展方面提供了典型经验。对教育现代化的理解较为全面,教育公平、教育信息化等理念融入了具体的推进措施之中;推进的路径不是点状的,而是全面系统的。在体制建设的基础上,思考了如何进一步进行机制建设,即在政府干预减少之后,如何持久有效地将教育现代化建设进行下去。

## 三、分区、分步、统筹、系统推进的实施路径

2016年9月,我国发布了《中国落实2030年可持续发展议程国别方案》,其第四条就是"中国落实2030年可持续发展议程的总体路径",表明中国政府将从战略对接、制度保障、社会动员、资源投入、风险防控、国际合作、监督评估等七个方面入手,分步骤、分阶段推进落实2030年可持续发展议程。其中,战略对接的重点包括以下三个方面:一是将17项可持续发展目标和169个具体指标纳入国家发展总体规划,并在专项规划中予以细化、统筹和衔接。"十三五"规划纲要提出"积极落实2030年可持续发展议程",实现了可持续发展议程与国家中长期发展规划的有效对接。各政府部门围绕"十三五"规划重要内容,将可持续发展目标转化为经济、社会、环境等领域的具体任务。二是推动省市地区做好发展战略目标与国家落实2030年可持续发展议程整体规划的衔接。按照国家"十三五"规划纲要的总体要求,中国大陆地区31个省、自治区和直辖市已完成制定各自的"十三五"规划,各市、县等制定实施行动路线图和12年度计划,落实各项具体工作。各地区通过制定并落实本地区"十三五"规划,切实贯彻国家可持续发展统一部署,实现了中央与地方在落实2030年可持续发展议程行动上的有效对接。三是推动多边机制制定以落实2030年可持续发展议程的行动计划,提升国际协同效应。

制度保障,旨在为落实2030年可持续发展议程提供机制体制和方针政策等方面的支撑,重点包括以下四个方面:一是推进相关改革,建立完善落实2030年可持续发展议程的体制保障。二是完善法治建设,为落实2030年可持续发展议程提供有力法律保障。三是科学制定政策,为落实2030年可持续发展议程提供政策保障。四是明确政府职责,要求各级政府承担起主体责任。既要加强横向的跨领域、跨部门协调,又要确保政策纵向落地,形成"中央—地方—基层"的有效落实机制。

《方案》的最后部分，还以表格的形式，列出了17项可持续发展目标的具体落实方案。其中也包括"目标4：确保包容和公平的优质教育，让全民终身享有学习机会"。因本书第一章有相关阐述，此处不赘述。

《中国教育现代化2035》，则明确了实现教育现代化的实施路径：一是总体规划，分区推进。在国家教育现代化总体规划框架下，推动各地从实际出发，制定本地区教育现代化规划，形成一地一案、分区推进教育现代化的生动局面。二是细化目标，分步推进。科学设计和进一步细化不同发展阶段、不同规划周期内的教育现代化发展目标和重点任务，有计划有步骤地推进教育现代化。三是精准施策，统筹推进。完善区域教育发展协作机制和教育对口支援机制，深入实施东西部协作，推动不同地区协同推进教育现代化建设。四是改革先行，系统推进。充分发挥基层特别是各级各类学校的积极性和创造性，鼓励大胆探索、积极改革创新，形成充满活力、富有效率、更加开放、有利于高质量发展的教育体制机制。

《中国教育现代化2035》文件中所概括的"总体规划、分区推进，细化目标、分步推进，精准施策、统筹推进，改革先行、系统推进"这一实施路径，既体现了国家意志，也吸取了地方经验和研究机构的合理建议。各级政府以及学前教育、义务教育、高中教育、高等教育、特殊教育、民办教育、社会教育等各级各类学校教育机构40余年来在政府主导下的教育变革进程中，积累的丰厚的推进实施成果和经验，都通过各种途径汇集于中央，经试验、总结和提炼形成政策或制度创新。近些年来获得立项的国家和省部级相关课题，也为此贡献了智慧和宝贵的政策建议。

以本书作者所在的学术团队为例，在完成了2013年立项的国家重点课题"教育现代化评价指标体系及推进路径研究"之后，又于2017年2月28日获得了该年度教育部人文社会科学研究专项委托项目——"教育现代化推进路径研究"，根据立项通知书（教社科司[2017]37号）要求，项目组在认真研究我国教育现代化推进的理论热点及社会模糊认识基础上，结合对我国东中西部地区现状、经验和问题调研结果以及专家问卷与工作坊意见的分析，提交关于教育现代化推进路径的政策建议如下：

1. 从国家层面提出总思路：以人的现代化为重心，推进更加公平、更高质量、更有效能、更具活力的中国教育现代化

当今中国的教育，已由注重规模、速度及条件装备和技术的"外延式"发展转向注重公平、质量和效益的"内涵式"发展，内涵式的教育现代化的关键是人和文

化的现代化。人的现代化是教育现代化的出发点和归宿，其重要性不言而喻。但是，人的现代化，比制度现代化和器物现代化要困难得多，不是仅靠增加经费投入就能实现的，需要经由艰难的观念改变、文化认同和精神、心理上的转化。因此教育现代化的推进与评价，均要以"人的现代化"为重心。

具体而言，还需要有"**顶层设计、分段实施、梯度推进**"的**工作思路**。"顶层设计"的意思是以 2030 这个远期时点来确立国家及省市教育现代化的目标、战略及推进路径，近接 2020，远衔 2050，与社会各领域的现代化形成呼应和"共振"；"分段实施"是将教育现代化进程大致分为"侧重于物的现代化""人与物并重的现代化"和"以人为中心的现代化"三个时间段，分步达成；"梯度推进"则是指根据东、中、西梯度之间的文化、经济、教育发展的不均衡状况，分阶段推进，如当下的东部可直接进入"以人为中心的现代化"阶段，而中西部则应由"侧重于物的现代化"尽快进入"人与物并重的现代化"阶段。

2. 教育现代化评价指标及其实施的改进：侧重现代化内涵发展、破解柔性指标的技术难题，加强评价过程的协商性和结果使用的建设性

鉴于当前一些省份在教育现代化评价指标上面临的重显性轻隐性、重数量轻质量，难以体现教育现代化价值内涵，同时也缺少个性和弹性，难以实现"以评促建"良好初衷等问题，提出如下建议：

（1）侧重教育现代化内涵式发展，破解柔性指标的技术难题，提炼出简略、敏感、覆盖力强的核心/关键指标，既突出重点，又聚焦特色，还能降低测评的工作量；（2）将东部与中西部、城市与农村、区域行政与中小学区分开来，聚焦不同重点，细分评价类型，进行分域、分类、分层的教育现代化评价；（3）在评价指标的设置上加大个性、地方性和弹性，在"必测项目"与"自选项目"之间确定适当的比例；（4）在教育现代化评价过程中，加强评价双方的对话与沟通，注重评价过程的协商性和结果使用的建设性，切实发挥"以评促建"的积极作用；（5）建设科学有效的评价指标体系和监测系统，以常规督导和系统监测为基础，并构建教育现代化评价数据库共享平台。

3. 推进教育现代化的路径选择：示范区引领、体制机制创新、城乡一体化推进、启动重大工程予以支撑和助力

在国家总体布局之下，可以由省市因地制宜，选择推进教育现代化的路径与战略，基于国际参照和调研发现的地方经验，可以提供如下路径供各省市自治区因地制宜、自主选择：

**(1) 总体布局下的"示范区引领"**。经济社会发展的历史与现实决定了教育现代化推进需要在总体布局下分地区、分阶段进行,且因经济结构、体制形式、文化类型的不同而应有不同的推进模式。推进路径上,可通过教育现代化示范区和示范校的建设,探索道路、反思失误、吸取教训、总结经验,为教育现代化的战略抉择、路径选择、政策与制度创新提供事实依据,减少发展的代价。可考虑分段分级、分域分类启动示范区建设,如贯彻教育事业"十三五"规划纲要精神,依据未来人口变动趋势,建设普惠性学前教育示范区、优质公平的义务教育学校标准化示范区、普及而多样的高中教育示范区、全纳平等的特殊教育示范区;对接国家创新驱动发展、产业结构调整等重大战略,建立产教融合、普职融通的职业教育示范区、高等教育结构性改革与创新人才培育示范区;在大教育整体发展的视域下建设学习化社会模范社区等。

**(2) 多方参与的"体制机制创新"**。教育治理现代化,需要科学的顶层规划,更需自下而上地尝试、探索。当下迫切需要打破制度壁垒,开放与监督并重,"放""管"与"服务"结合,促进社会力量合理参与办学,形成公民办教育互补体制和全社会多主体参与教育治理的互生机制。除了形成民间资金参与办学的合理机制之外,还可以公办民办结合的集团化办学、"管""办""评"分离式的委托管理、政府购买服务等方式,为民间力量参与办学提供渠道。

**(3) 旨在促进城乡一体化发展的"整体综合路径"**。在我国城镇化快速发展背景下,需要整体综合式的教育现代化推进路径,城乡统筹或城乡一体化是其中的代表。成都以"后进跨越式"区域现代化作为理论框架,构建统筹城乡教育现代化的基本模式:以"信息化、标准化、均衡化"三化联动为基本途径,以"权利保障机制、资源调配机制、质量监控机制"三制并重为运行机制,富有前瞻性地从"实质性受教育权利"的角度构建教育均衡制度体系。作为"大城市带大农村"特征鲜明的直辖市重庆,普遍重视以现代化技术手段带动农村教育发展,实现城乡资源配置的一体化,鼓励城乡优质教育资源共建共享。

**(4) 启动重大工程支撑和助力各级各类教育现代化推进**。

可选择教育现代化的重要领域和关键环节,设计若干重大工程,如:教育现代化评价体系及监测系统建设工程,教育技术现代化开发与普及工程,教育国际交流与合作促进工程等,用以引领和支撑教育现代化的有效推进。

2017年6月12日,教育部收到建议后,给出了评价和采纳证明如下:

华东师范大学：

你校基础教育改革与发展研究所杨小微同志撰写并交我司的咨询报告《关于教育现代化推进路径的政策建议》，在分析教育现代化推进的理论热点及社会模糊认识基础上，指出我国现阶段推进教育现代化所面临的若干难题及破解之策，阐述了"以人的现代化为本、顶层设计、分段实施、梯度推进"的总思路，提出了基于系统监测的"以评促建"、总体布局下的"示范区引领"、多方参与的"体制机制创新"、旨在促进城乡一体化发展的"整体综合路径"等政策建议，为研制教育现代化有关文件提供了参考。特此证明。

教育部综合改革司（盖章）

# 第二编　区域教育发展

# 第四章　东部：扬长率先式发展的目标定位与推进战略

何谓"扬长率先式发展"？此处的"扬长"与"扬长避短"中的"扬长"同义，指的是发扬长处、优点或有利条件，而"率先"指的是带头、先行一步。因此，东部地区的"扬长率先式发展"强调的是东部地区发扬长处与优势实现带头发展，在全国教育发展中发挥示范和引领作用。

从全国教育的区域差异来说，东部地区教育相对发达，教育水平普遍较高，教育资源丰富，在追求教育"扬长率先式发展"的过程中积累了丰富有效的经验。东部地区各省提出的面向2035教育发展目标，除与国家教育发展2035相一致并结合省情予以落实之外，各自具体表述不同、"率先"和"扬长"的特征明显。以江浙沪为例，根据中共上海市委、上海市人民政府2019年3月印发的《上海教育现代化2035》，其提出的战略定位是"在国家教育现代化和上海高质量发展的全局中，承担起教育改革示范区、教育开放引领区、区域教育发展先行区、教育支撑创新发展新高地的重大使命"，具体目标为"到2020年，全面实现'十三五'发展目标，率先总体实现教育现代化"，"在此基础上，再经过15年努力，到2035年，实现更高水平、更高质量的教育现代化，建成与时代发展相适应、同具有世界影响力的社会主义现代化国际大都市相匹配的一流教育，教育事业发展和人力资源开发主要指标达到全球城市先进水平"。此处的"改革示范""开放引领""发展先行""支撑创新""率先总体实现""一流教育"以及"全球城市先进水平"，无疑体现了"具有世界影响力的社会主义现代化国际大都市"的特有气质。根据浙江省委、省人民政府2020年5月发布的《浙江教育现代化2035行动纲要》，"到2020年，浙江教育现代化要取得重要进展，教育总体水平走在全国前列。到2035年，浙江教育在全省各领域率先实现现代化，我省在全国率先高水平实现教育现代化，成为高素质人才聚集地、高新技术创新发源地、来华留学生重要目的地"。"全国前列""率先实现"等词也彰显出浙江教育在全国教育发展中的先行地位。同年5月，中共江苏省委、省人民政府印发《江苏教育现代化2035》，强调江苏教育要"成为国家教育现代化建设的排头兵、各方面优秀人才的聚集区、人人向往求学创业的理想地,在全国率先高水平实现教育现代化","排头兵""率先高水平实现"等词也表明江苏教育现代化"扬长率先式发展"的目标定位。

本章主要聚焦以苏浙沪为代表的东部地区的教育现代化率先发展样本研究,具体探讨"示范引领的上海教育""先行先试的浙江教育"和"以教育强省的江苏教育"的教育发展目标定位及战略推进。

## 一、极具示范引领效应的上海教育发展目标与推进战略

《上海教育现代化2035》在战略定位中提出,上海应当承担起"教育改革示范区、教育开放引领区、区域教育发展先行区、教育支撑创新发展新高地的重大使命",《上海市教育发展"十四五"规划》提出"教育影响辐射能力稳步增强"的发展目标,可见上海教育历来在全国地区教育发展中处于领先地位,影响力巨大。上海教育具备充分条件在总结提炼的基础上推广其"扬长率先式发展"的经验,有望对其他地区的教育发展发挥示范引领作用。上海教育的经验主要体现在:上海市"新优质学校"的建设与发展、"管办评分离"的尝试与探索、"委托管理"的实行与推动、国际大规模测评的参与与应用等,上海教育在这些方面都具有前瞻性和示范性。

### (一)"新优质学校"的建设与发展

2009年上海市首次参加经济合作与发展组织组织的PISA测试,在65个参与国家和地区里,成绩名列前茅,高分段比较多,低分段比较少。从测试结果来看,上海市基础教育"托底"工作做得比较好,但仍然存在一些教育急功近利的问题与现象。2011年3月,上海市召开基础教育工作会议,明确要重新定义新优质学校,亟须寻找和培育在先进理念引领下,践行内涵发展、转型发展的新学校。在这一背景下,形成了遴选"新优质学校"的政策。何谓新优质学校?"新优质学校",是不挑选生源、不集聚优质资源、不争抢排名,依靠内涵式发展逐渐提升办学实力的学校。新优质学校不再把学业成绩、分数排名作为衡量学校优质与否的唯一标准,而是真正关注人的发展,关注如何让教育过程更丰富、师生关系更和谐、多样化学习需求更能得到满足。关注每一个孩子的身心发展和内心世界,让学生浸润于丰富的课程中,逐渐成长为情感丰富、生命旺盛且富有追求的人,这是新优

质学校的核心。① 2011年市教委启动"新优质学校"推进项目,总结提炼普通公办学校全面提高教育质量、实现转型发展的基本经验,43所"家门口好学校"通过项目实践,实现了全面、快速的发展,获得老百姓的好评。② 并且新优质市级项目学校在历次全市学业质量绿色指标监测中在学业水平、身心健康、品德和社会化行为、学习动力等方面达到或高于全市平均水平,也培养出一大批的优秀教师。从他们的成效与经验中,我们不难总结概括出新优质学校成功的秘诀:第一,总结提炼优秀办学经验,并运用到其他学校当中去,解决自身的问题与瓶颈,推动学校不断发展与提升;第二,从新优质学校的理念、内涵与特征出发更高位地设计与规划学校发展路径,朝着优质学校的方向发展;第三,对学校进行全面审视,发现问题及时改进,寻找最近发展区,设计实施项目帮助学校解决问题而发展;第四,明确四大关键领域,即打造满足儿童发展需要的课程、打造让学习真实发生的课堂教学、打造有信念的师资队伍、打造育人为本的管理。③

为全面落实国家和上海市中长期教育改革和发展规划纲要,进一步推进上海市义务教育优质均衡发展,上海市教委制定了《上海市新优质学校集群发展三年行动计划(2015—2017年)》,该行动计划是在推进"新优质学校"项目的基础之上,深化"新优质教育"的实践和并展开新的探索。上海市教委表示,采取四项举措以推进新优质学校的集群发展。第一,按需集群、开展实践,市区两级层面组织一批项目学校聚焦课程与教学、管理与文化、评价与改进等领域的瓶颈问题,组成实践研究团队;第二,提炼范例、培育经验,对项目学校逐一深度调研,并从中提炼与总结推广新优质学校发展的基本路径与典型经验;第三,多维分享、创建平台,开设多种宣传渠道与平台,宣传优秀案例与实例;第四,培养队伍、打造中坚,培养一支高素质高水平的教师队伍。④ 上海市新优质学校建设行动自2011年开展以来引起了社会的重大反响,人民网、新华网、中国教育报等先后进行报道,同时也促进了优质教育均衡发展。一大批富有个性、特色鲜明、充满生命力和创造力的学校在上海不断涌现。例如,杨浦区上理工附小提出"不一样的生命一样的精彩",虹口区实验中学"把百姓的孩子高高举起",平南小学提出"一个都不放弃,把每个都

---

① 木铎:《上海新优质学校:办好每一所家门口的学校》,《基础教育课程》,2012年第12期,第22页。
② 罗阳佳:《打造义务教育优质均衡发展"双引擎" 上海市教委推进学区化集团化办学和新优质学校集群发展》,《上海教育》,2015年第27期,第21页。
③ 汤林春:《破解上海"新优质学校"的密码》,《上海教育》,2021年第21期,第32—33页。
④ 罗阳佳:《打造义务教育优质均衡发展"双引擎" 上海市教委推进学区化集团化办学和新优质学校集群发展》,《上海教育》,2015年第27期,第21页。

教好",它们用契合时代特征、有学校个体特色的新理念做导航,围绕新课程,脚踏实地探索让"优质教育"之光照进学生心灵的办学实践,在区域内获得了良好声誉和广泛认可。[①] "新优质学校"的推进建立了以人为本的绿色指标评价体系涌现出一批具有鲜活生命的、生命力旺盛的学校,以督促各个学校以检查自身问题为突破口找到学校发展的瓶颈并对症下药,找到问题解决的途径与方法,使得"办好家门口的每一所学校"从理念转化为现实。

### (二)"管办评分离"的尝试与探索

中共中央、国务院于 2010 年 7 月印发的《国家中长期教育改革和发展规划纲要(2010—2020 年)》,提出"明确各级政府责任,规范学校办学行为,促进管办评分离,形成政事分开、权责明确、统筹协调、规范有序的教育管理体制"。[②] 在 2014 年 1 月召开的全国教育年会上,时任教育部部长袁贵仁对管办评分离做出了原则性阐释,即"政府宏观管理,学校自主办学,社会广泛参与"。[③] 2015 年,教育部办公厅印发了《关于确定教育管办评分离改革试点单位和试点任务》,确定了上海市教育委员会为全国教育管办评分离改革综合试点单位之一。[④]

事实上,早在 2005 年 4 月,浦东新区社会发展局就开始酝酿东沟中学接受委托管理事宜,由此催生了"委托管理"机制。浦东教育"委托管理"机制厘清了教育三大"主体"(政府、学校与社会)的基本职责与关系,其基本模式构想是:政府宏观管理,学校自主办学,社会提供专业服务。上海市自 2015 年被教育部确定为全国教育管办评分离改革试点单位以来,继续在转变政府职能、落实学校办学自主权、吸收社会资源等方面作出积极探索,受上海市委托的浦东、杨浦、闵行等区开展了管办评分离的实践路径探索。

1. 实现教育督导立法,明确相关责任

上海市教育督导工作起步较早,早在 1999 年市政府就颁布实施了《上海市教育督导规定》,近几年,上海市在教育督导工作的完善制度、创新机制等方面做出

---

① 木铎:《上海新优质学校:办好每一所家门口的学校》,《基础教育课程》,2012 年第 12 期,第 22 页。
② 中华人民共和国中央人民政府网:《国家中长期教育改革和发展规划纲要(2010—2020 年)》http://www.gov.cn/jrzg/2010-07/29/content1667143.htm(阅读时间:2022 年 3 月 8 日)。
③ 《"管办评分离":理念梳理、难题举例和落地路经》https://www.thepaper.cn/newsDetailforward1806871(阅读时间:2022 年 3 月 9 日)。
④ 教育部:《关于确定教育管办评分离改革试点单位和试点任务的通知》,http://www.moe.gov.cn/srcsite/A02/s5911/moe_621/201510/t20151009_212155.html(阅读时间:2022 年 3 月 19 日)。

了积极的探索,也积累了一些新的可行经验,如建立学校发展性督导评价制度、建立区县政府依法履职自评公示制度等。2012年,国务院颁布了《教育督导条例》,对上海市的教育督导相关立法提出了更高要求。2015年2月11日上海市第十四届人民代表大会常务委员会第十九次会议通过的《上海市教育督导条例》于5月1日正式施行,上海市以教育督导立法的形式撬动管办评分离,为逐步实现教育管理到教育治理的转变拉开序幕。不少地方的教育督导存在这样的现象:教育督导部门和教育行政部门是两块牌子,实质上是一套班子,区县教育局局长可能也担任督导室主任,这样就会出现监督与评价的不客观、不公正情况。《上海市教育督导条例》明确教育督导机构独立设置,与教育行政部门相区别。教育督导队伍中包括专职督学和兼职督学,专职督学由市和区、县人民政府任命,具有专业技术职务的专职督学,按照相应专业技术职务管理办法晋升。兼职督学由教育督导机构聘任,任期为三年,可以连续聘任,连续聘任不得超过三个任期。这样的晋升方式强化了专职督学应有的地位和晋升空间,有效避免教育督导机构成为"养老部门"。上海市实行市与区县分级督导、分工负责的教育督导体制,进一步明确各部门和各职位的基本职责。[①] 此外,《上海市教育督导条例》的出台使得高校不再是督导的"盲区",一直以来高等学校都是教育督导所忽略的对象,教育督导大多数集中在其他阶段的教育中,但是高校办学用了纳税人的钱,理应受到多方主体的共同监督与评价,因此,高等教育督导评价指标体系的构建应根据高等教育区别于其他教育的本质特征以及高等教育的发展目标与方向等实际情况而定。

2. 完善内部治理结构,保障学校办学自主权

在完善内部治理体系与结构方面,上海市普陀区以学区化章程建设为抓手,在"一校一章程"的基础上修订形成学校章程2.0版,使学校章程成为建立新型政校关系的公法契约。杨浦区把学校章程建设作为区域教育综合改革的一项重要内容,2015年实现了学校章程建设全覆盖,全区中小学和幼儿园均以学校章程为依据,制定学校发展规划,完善各项规章制度,实施依法办学,自主发展。[②] 浦东新区尝试构建较为完备的管理机制,开展学校、家庭与社区合作协商制度的试点工作,基本形成了由家长委员会、社区代表与学校联合组成家校合作协商委员会,共

---

[①]《上海:以"教育督导立法"形式撬动管办评分离》,https://www.edu.cn/edu/zong_he/zong_he_news/201505/t20150504_1254582.shtml(阅读时间:2022年3月18日)。

[②] 张歆:《深化"放管服"改革,激发中小学办学活力——基于上海教育"管办评"分离改革经验》,《上海教育科研》,2021年第9期,第44—49页。

同研究决定有关学校发展和学生成长方面的全局性、前瞻性和重要性的问题。[①] 在现代化学校制度建设方面,上海市启动了为期三年现代大学制度建设试点工作,并且加快研制上海《推进现代大学制度建设指导意见》等文件,以全面推进、指导现代大学制度建设。

其间,上海市浦东新区对管办评分离中的各个角色的职责作出了明确的界定与划分,把区域事业规划、资源配置、公共财政投入、政策设计、质量监控、服务平台建设等属于政府职能的,划归政府;把教职工聘任、课程开发、教育教学组织、自我评价等属于学校职能的,让给学校;把知情权、参与权、监督权以及社会对教育的评估等属于社会职能的,还给社会;把可供多元选择的教育服务、多元多层次国际教育、民办教育等市场职能,划转给市场。[②] 这一举措体现了是相关角色职能的归位,有效消除因权责范围不清晰而导致的一系列治理乱象,明确了学校办学的基本权利,也规范了政府及其他主体的职责,进一步保障了学校的自主办学权。完善内部治理结构是多方面的,在推进现代化进程中起到了不可小觑的作用,上海市不仅意识到完善内部治理结构的重要性,而且积极采取相应的措施推进与完善,具体做法在全国范围内值得其他省市借鉴与参考。

3. 健全教育评估机制,促进学校良性发展

第三方评价居于"管办评"分离改革的"关键"位置。如若没有社会第三方评价组织和机制的发育和成熟,由单一的政府管理转向政府、学校与社会多元协作治理,就变得不太现实,甚至遥不可及。第三方评价的方式在上海市学校办学绩效、集团化办学、政府项目管理等多个评价层面都有应用,并且取得了良好的成效。[③] 上海市杨浦区试点引入了第三方评估机构,针对不同集团开展的个性化评估,通过立体、多维的评价办法更精准地发现与诊断集团化办学中的优势与问题,真正发挥以评促建的积极作用,使得评价得出的改进建议都在点子上,增进学校变革的实效,引导集团良性发展。除此之外,上海市完善评价机制方面的举措还体现在两个方面:第一,上海市改革了现有的教育评估机构运行方式,增加"市场化"成分,多部门协作,培育和推动独立的第三方专业教育机构参与教育评估和监

---

[①] 张歆:《深化"放管服"改革,激发中小学办学活力——基于上海教育"管办评"分离改革经验》,《上海教育科研》,2021 年第 9 期,第 44—49 页。

[②] 吴能武:《"管办评"分离改革的"上海经验"》,《人民教育》,2016 年第 8 期,第 72—74 页。

[③] 《管办评分离激发教育新活力教育》,http://edu.people.com.cn/n1/2017/1222/c1053-29723522.html(阅读时间:2022 年 3 月 12 日)。

督;第二,上海市加大了投资与引进力度,并且明确了第三方机构评价的过程以及原则等。在推进第三方教育评估方面,上海市有一套完整的招投标制度,教育局和第三方委托机构之间是一种协议关系、契约关系,第三方评估机构依据协议对学校开展初态评估、中期评估、终结性评估,然后对评价结果进行前后比较,通过观测被评估学校在同类学校中的进步,以此来评判学校发展的成效等。第三方评估应制定与运用一套科学、及时、准确的评估体系开展以目标为导向的客观性评价,并且这些评价的结果应及时转换为具体的可行性建议以供学校参考,学校应对第三方评估的结果做出及时的反馈与解释,进一步明确哪些问题是真问题、还有哪些问题需要澄清或解释等,在经过一番讨论与协商之后,依据协商结果制定相应的发展规划与实施方案进而解决问题。

### (三)"委托管理"的实行与推动

委托管理是上海促进义务教育均衡发展、合理配置优质教育资源的一项重大举措。2007年,上海市形成了托管的基本构思——由市教委出资购买专业化服务,委托优质学校或教育中介机构管理相对薄弱的农村中小学校,植入先进的教育理念和学校文化,帮助它们迅速提升办学水平。这一策略的提出主要针对两大难题:一是义务教育学校的硬件基本均衡后,城乡之间办学理念、学校管理、师资队伍和教学质量等的差异更突显;二是在现行属地化管理体制下,学校的人、财、物等资源难以实现跨区域流动,优质教育资源无法真正辐射。[①]

为此,上海市进行了两轮四年多的积极尝试,通过"团队契约式支教"方式输出教育理念、管理模式、教学方法和师资,使一批农村初中的教育质量和学校面貌焕然一新。第二轮为期两年的委托管理,受援学校从20所增加到43所,直接惠及农村学校班级890余个,学生32000余人,43所学校内涵发展各项指标的评价结果均为"合格",其中9所学校为"优秀"。[②] 其中上海市浦东新区可作为典型案例。浦东是中国与上海的改革前沿,经济总体实力快速增强。但与中心城区相比,浦东教育仍处于相对后发地位,效益和品牌均需提高。就其自身而言,优质教育资源短缺且城郊教育的不均衡也十分显著,具备了探索"城郊资源共享,促进教育均

---

[①] 《上海在全市推进第三轮农村义务教育学校委托管理》,http://www.gov.cn/gzdt/2011-09/28/content_1958236.htm(阅读时间:2022年3月13日)。

[②] 《上海在全市推进第三轮农村义务教育学校委托管理》,http://www.gov.cn/gzdt/2011-09/28/content_1958236.htm(阅读时间:2022年3月13日)。

衡优质发展"的条件。2005年国务院批准浦东进行综合配套改革试点,因此,上海市浦东新区实行"委托管理"试点行动就此拉开序幕。

上海市浦东新区首先明确了学校性质和隶属关系的两个"不变",在委托管理期间,东沟中学的"国有公办初级中学"的性质保持不变,与社发局的隶属关系不变,进而明确委托管理期限以及评估方式。上海市浦东新区委托管理东沟中学是想通过委托管理的形式进一步提升东沟中学的办学质量,而更为重要的预期设想与目标在于建立平台、拓展功能、辐射推广。建立相应的校长、教师的培训基地,探索教学、研究、培训一体化的模式,并向周边区域进行辐射,将委托管理的形式与效应做大做强。其主要做法是:通过委托管理把由政府承担的部分管理事务委托给相关中介组织;通过培育和健全社会中介组织,使其成为承担政府管理社会服务的具体组织者和运行者等。[①] 从以上具体做法来看,委托管理的实质与特征即是转变了政府职能。同时上海市浦东新区在委托管理行动中也进一步明确了政府在教育方面承担的公共职能,明确了不同机构与部门之间的关系与职责范围,将传统的公共教育全流程切分为管、办、评三大领域,将过去的"政府教育职能"进行分解,改变了以往单纯的政府行政手段管理学校的方式,使得学校的自主性、能动性更强。经过了四年的委托管理,委托管理机制的建立与实施创新了政府的资源配置,增强了政府的管理服务水平,提高了学校的综合办学水平,满足了广大师生的发展需要,成果突出,效益明显。

总体而言,上海市委托管理通过城乡优质学校托管农村学校,由中心城区优质品牌学校托管薄弱学校,有效促进品牌学校文化的跨区域流动;以品牌中小学、区级教育学会、高等院校等多元主体参与共同的委托管理,多方利用教育资源推动学校特色发展;采取团队契约式托管,要求托管机构必须派出学校负责人、学校中层干部以及一定数量的教师组团前往被托管学校,明确各部门各主体的责任,切实提升薄弱学校的管理能力和管理成效,进而对薄弱学校产生系统全面的深刻影响,实现效益最大化。上海市委托管理的经验在全国范围内具有优先实行、引领发展的示范作用,为其他省市推进优质教育均衡发展、加快实现教育现代化树立了优秀的榜样。[②]

---

[①]《上海市浦东新区"委托管理"机制转变政府职能》,https://learning.sohu.com/20080922/n259682590.shtml(阅读时间:2022年3月15日)。

[②] 李彦荣:《学校委托管理的实施策略与发展思考——以上海市义务教育学校委托管理为例》,《中国教育学刊》,2010年第11期,第22—25页。

(四) 国际大规模测评的参与与应用

PISA 是由经济合作与发展组织发起并组织实施的国际教育成效评估研究项目。PISA 主要测评处于义务教育阶段末期 15 岁在校学生的阅读、数学和科学等领域的"素养"(Literacy),即考查学生个体运用已学知识和技能解决现实问题的能力,从而了解和推测学生是否具备未来社会经济生活所需的知识、技能和能力。[①] 2009 年,上海作为中国大陆的第一个地区分别在 2012 年和 2015 年参与了这项调查研究,并于阅读、数学和科学三大学习领域测试中取得了优异的成绩,稳居全球第一。但上海市在 PISA 测试中的优异成绩并不能代表全国范围的教育水平与质量,我们应从取得优异成绩的背后分析与总结有用的经验,进而迁移推广到其他地区。也正因此,许多学者对"上海市 PISA 测试取得优异成绩"展开研究,意图探寻测试结果与上海教育模式之间的联系,从而为其他地区的教育模式改革提供可供参考的经验。

有论者认为:"之所以上海的数学能在 PISA 测试中取得好的成绩,其主要原因在于吸取了世界现代先进的数学教育理念和方法,突出数学的学理教育与育人价值,加强数学与现实的联系等;坚持信任每个学生,促进每一位学生的发展,把每一个学生都教好,并对每位学生都充满期待与信任;实施小步前进教学为学生的知识学习和技能习得铺下坚实的基础,同时也丰富与强调变式练习,让学生加强对所学知识和技能的理解与掌握,获得新意等。"[②] 从 PISA 测试中,我们可以借鉴的是上海摒弃了针对少数精英的重点教育模式,采取了一种兼容的教育体制,大规模地提高了教师的待遇和培训投入,减少了死记硬背的教学内容,注重在课堂上开展各种解决问题的教学活动。[③] 尽管如此,上海市教育成功的背后同样映射出一些比较突出的问题,如学生的学习负担过重、数学教学存在弱点、学生的自我调控策略较差,等等。因此,上海教育应理性客观地看待已经取得的成绩,保持自信、自省、自觉的态度,在充分知晓自身问题与不足的基础上进一步探寻改进完善的方法与路径。

PISA 测试反映出教师对学生学业水平有一定的影响,因此,经济合作与发展

---

① 张民选:《PISA、TALIS 与上海基础教育发展》,《外国中小学教育》,2019 年第 4 期,第 1—9 页。
② 张民选、黄华:《自信·自省·自觉——PISA2012 数学测试与上海数学教育特点》,《教育研究》,2016 年第 1 期,第 35—46 页。
③ 陆璟、朱小虎:《如何看待上海 2009 年 PISA 测评结果——中国上海中学生首次参加国际测评结果反响述评》,《上海教育科研》,2011 年第 1 期,第 17—19 页。

组织又研发了TALIS调查,旨在对初中教师的专业准备、专业发展、学校社会对教师的支持以及教师的教育教学开展问卷调查,发现各国在教师培养方面的优势与弱点,并为各国提供改进和借鉴方法。TALIS调查每五年举行一次,上海参加了2013年的第二轮调查,调查结果发现上海教师的大部分指标都远高于世界平均值,十多项问卷结果为世界第一,充分反映出上海教师的专业发展水平、教育教学的实践水平和为人师表的敬业精神。[1] 此后,各国教育界人士纷纷慕名而来,宣称要学习上海的先进经验并派遣教师来上海学习与交流等。面对如此佳绩,我们仍应坚持自信、自省、自觉的心态,在对既有成功经验保持自信的同时,也需要透过成功表象探测背后隐藏的问题,这些更为深层次的问题常常为表面的假象遮蔽和忽略。例如,在TALIS测量中,我们虽发现教师的专业发展水平和实践水平较高,但对"非连续性文本""控制学习策略"等还相当陌生,也存在许多其他问题与不足。并且任何测试都具有局限性和多面性,需要辩证地看待测试的结果。但值得肯定的是,上海市参与的两项国际性大规模评价测试在一定程度上成为了国内外参考借鉴的学习例证,而由此引发的广泛讨论与探索也进一步指明了上海教育的现实瓶颈与改进方向。

## 二、先行先试的浙江教育发展目标与推进战略

2010年,国家中长期教育改革和发展规划纲要工作小组办公室发布了《国家中长期教育改革和发展规划纲要(2010—2020年)》,提出"大力支持民办教育"。"民办教育是教育事业发展的重要增长点和促进教育改革的重要力量。各级政府要把发展民办教育作为重要工作职责,鼓励出资、捐资办学,促进社会力量以独立举办、共同举办等多种形式兴办教育。完善独立学院管理和运行机制,支持民办学校创新体制机制和育人模式,提高质量,办出特色,办好一批高水平民办学校。依法落实民办学校、学生、教师与公办学校、学生、教师平等的法律地位,保障民办学校办学自主权。"在这样的政策背景下[2],作为全国唯一的民办教育综合试点省的浙江展开了一系列的民办教育实践探索。

---

[1] 张民选:《PISA、TALIS与上海基础教育发展》,《外国中小学教育》,2019年第4期,第1—9页。
[2] 中央政府门户:《国家中长期教育改革和发展规划纲要(2010—2020年)》,http://www.gov.cn/jrzg/2010-07/29/content_1667143.html(阅读时间:2022年3月15日)。

## (一) 有力推进民办教育的发展

注重民办教育的发展是浙江省在全国范围内的扬长率先式的做法。2004年以来,浙江民办教育不断发展,规模进一步扩大,质量进一步提升,办学实力增强,办学特色逐步形成,对浙江教育发展的贡献进一步增加,特别是《国家中长期教育改革和发展规划纲要(2010—2020年)》的出台和《浙江省中长期教育改革和发展规划纲要(2010—2020年)》的制定与实施,浙江民办教育获得新的重大发展机遇。然而,浙江民办教育在发展过程中也出现了许多问题,如办学机制有待完善、教育质量有待提升、师资队伍稳定性较差等,浙江绍兴、杭州、宁波、温州等地都开展了具有针对性的实践性探索,决意解决民办教育发展中的问题,促进民办教育更好的发展。综合浙江省的一系列推进民办教育质量的举措来看,主要体现在以下几个方面:

第一,为民办学校的教师提供保障,解决民办教师流动的问题。民办学校教师的稳定性在困扰中国民办教育健康发展的问题中处于核心位置,而目前影响其稳定性的最大障碍是在养老保险方面,民办学校的教师不能享受公办学校教师同样的社会保障制度,导致民办学校教师的职业评价下降,骨干教师流失现象严重。为此,浙江省的许多地方都展开了解决问题的路径探索,基本方法和路径是应聘进入民办学校的人员享受与事业单位的同等待遇。例如,绍兴市机构编制委员会于2003年发文规定:应聘进入民办学校的人员,原身份是事业性质的,继续享受与事业单位相一致的养老、失业、医疗社会保险政策;对新就业的大专及以上毕业生,被聘到教师或行政管理岗位的,可以参照执行与事业单位相一致的养老、失业、医疗社会保险政策,所需费用由民办学校和个人自理。这一规定率先打破了阻碍教师合理流动的"坚冰",在全省乃至全国产生了积极影响。[1] 2002年,浙江省湖州市德清县教育局联合县人事局制定了《德清县民办学校中的公办教职工管理暂行办法的通知》,明确规定:公办学校在职教职工到民办学校工作,身份不变,编制按照学校规模进行单独核编,在公办学校与民办学校之间可相互流动,养老保险、失业保险、医疗保险、住房公积金等均由民办学校参照公办教职工标准到有关部门办理。德清县的这一做法,曾得到上一届全国人大教科文卫委员会领导的高度肯定,认为值得在更广范围推广。[2] 诸如此类前瞻性、探索性、引领性的做法还有很多,此处不再一一列举。

---

[1] 吴华:《浙江省民办教育发展报告(2004—2010年)》,杭州:浙江大学出版社,2011年版,第56页。
[2] 吴华:《浙江省民办教育发展报告(2004—2010年)》,杭州:浙江大学出版社,2011年版,第56页。

第二,规范民办学校的内部管理制度。浙江省委、省人民政府于2010年12月公布的《浙江省中长期教育改革和发展规划纲要(2010—2020年)》文件指出,要深化现代化学校制度建设,要正确处理政府、学校、社会之间关系,推进政校分开、管办分离,建设依法办学、自主管理、民主监督、社会参与的现代学校制度,依法保障学校充分行使办学自主权和承担相应责任。逐步克服各级各类学校行政化倾向,取消实际存在的行政级别和行政化管理模式。具体地说,就是要积极推进现代大学制度建设,健全中小学校管理制度,规范民办学校内部管理制度。[①]

所谓规范民办学校内部管理制度,就是要完善民办学校法人治理结构,督促民办学校规范运行方式和决策程序。《规划纲要》要求制定理事会或董事会章程,理顺理事会或董事会与校行政的关系,规范决策程序,完善办学章程,确保民办学校规范运行。确保党组织在民办学校中的政治核心作用。加强民办学校工会、共青团等群众组织和教职工代表大会、学生代表大会建设,发挥教师、学生在学校管理中的作用。完善民办高等学校督导专员制度。发挥年检年审制度对民办学校规范办学行为的促进作用。扩大社会参与民办学校的管理与监督。[②]

在深化办学体制改革方面,《规划纲要》又指出:坚持教育公益性原则,以增强学校活力、提升教育质量、提高办学效益为目标,加快建设政府主导、社会参与、办学主体多元、办学形式多样的办学体制。主要目标有两个:一是完善公办学校体制,二是积极鼓励支持民办教育规范发展。[③]

第三,积极鼓励支持民办教育规范发展。浙江省鼓励支持民办教育规范发展呈现两种思路:一是清理当前民办教育发展中的问题,各个击破,促进其高质量发展;二是鼓励多样化的民办教育办学,鼓励社会力量办学,形成多途径、多方式、多形式的民办学校。清理并纠正对民办教育学校的各类歧视政策,依法落实民办学校师生与公办学校师生平等的法律地位。探索行业、企业等社会力量参与公办学校办学的有效形式。《规划纲要》还从资金、改革试点、专任教师流动、民办学校收费核定、完善财会资产管理、举办者退出机制、民办教育评估及政府专项基金等方

---

① 台州市椒江区人民政府:《浙江省中长期教育改革和发展规划纲要(2010—2020年)》,http://www.jj.gov.cn/art/2011/1/5/art_1229280814_1343501.html(阅读时间2022年3月18日)。
② 台州市椒江区人民政府:《浙江省中长期教育改革和发展规划纲要(2010—2020年)》,http://www.jj.gov.cn/art/2011/1/5/art_1229280814_1343501.html(阅读时间2022年3月18日)。
③ 台州市椒江区人民政府:《浙江省中长期教育改革和发展规划纲要(2010—2020年)》,http://www.jj.gov.cn/art/2011/1/5/art_1229280814_1343501.html(阅读时间2022年3月18日)。

面制定和落实支持民办教育发展的一系列政策措施。①

《浙江省教育事业发展"十三五"规划》也提出了大力促进社会力量办学的要求。主要包括：着眼于满足人民群众多样化教育需求，统筹规划教育资源配置；积极鼓励多主体以多种途径多种形式参与办学；切实落实民办学校学生、教师与公办学校学生、教师平等法律地位；制定和落实支持民办教育发展的政策措施，努力增加公共财政对民办教育的扶持，推进各级政府通过购买服务、以奖代补、补助生均经费等方式扶持民办教育发展；明晰母校高校与独立学院之间的产权关系和治理关系，推进独立学院不断发展提高；依法引导民办学校规范办学行为，改善办学条件，提高管理水平和办学质量、教育质量，实现特色化、优质化发展。②

温州自2010年承接国家民办教育综合改革试点任务以来，在教育部、浙江省政府的大力支持指导下，全力推进试点工作，有效激发社会力量兴办教育的积极性，促进教育整体格局优化，形成了"温州模式"。温州市政府调研梳理了民办教育在法人属性、扶持政策、管理机制等方面存在的十大突出问题，进行了针对性的改革，出台了"1+14"分类管理政策体系，积极推动落实。"温州模式"的主要政策要点是：建立分类管理制度，加大财政扶持力度，创新投资融资政策，突破土地税收政策，建立自主收费政策，创新教师保障政策，建立办学奖励制度，改进产权归属制度。温州分类管理政策的出台及实施取得了许多成果，引起了全国性的关注。教育部称温州模式为"全面回应民办教育改革的十大难题"。其成效具体表现在：鼓励了社会力量，促进了教育质量提升和结构优化，增强了教育供给和服务能力。③

对温州民办教育现状的实践调研表明，温州民办教育的协调发展存在的主要问题有：民办教育整体规模大，主要满足刚性需求；政府对民办学校服务和管理尚未完全到位；公办与民办学校的互惠互利机制尚未建立。针对以上问题，有论者提出了在温州民办教育的发展中完善政府责任的对策建议，具体包括：科学规划

---

① 台州市椒江区人民政府：《浙江省中长期教育改革和发展规划纲要（2010—2020年）》，http://www.jj.gov.cn/art/2011/1/5/art_1229280814_1343501.html（阅读时间2022年3月18日）。
② 浙江省教育厅：《关于印发浙江省教育事业发展"十三五"规划的通知》，http://www.zj.gov.cn/art/2016/9/20/art_1229540818_4667131.html（阅读时间：2022年3月13日）。
③ 何华兵：《民办教育改革的经验与启示——基于五所民办高校的调研》，《广东职业技术教育与研究》，2018年第4期，第41—46页。

民办教育事业发展;实行总量控制的原则;明确民办教育的目标定位;政府要积极履行民办教育的主体责任;严格规范民办学校的办学行为。①

民办教育是公办教育的必要补充,且有其自身的独特价值,但需要从大局出发致力于两类教育的协调发展。有论者对杭州城市现代化进程中的教育体制机制改革作了必要性分析,对市民对公办、民办教育的选择偏好进行了多维探源,最后从政府、学校、家长三方面对优化杭州市公办教育与民办教育协调发展提出了对策建议。尤其是从学校制度改革方面提出了一些值得参考的意见:(1)改革领导体制,规范学校运行。全面贯彻全国教育大会精神,探索推进中小学党组织领导下的校长负责制,强化中小学校办学党的领导和重大事务、重大利益决策、重大问题化解的主导地位,建立杭州中小学校负责人灵活的用人机制和教职岗聘奖惩机制,破除教育行政化的积习弊端;深化在教师教学、晋升、培训、职称方面的综合改革,健全奖励激励机制,提升教师工作主体性和荣誉感。(2)加强优势互补,促进教学与管理互鉴。建立公办、民办中小学教师和教育管理者的联合研修培养、共同发展进步的培训机制;导入支教历练,定期委派公办校长、教师到民办学校挂职或安排民办学校校长、教师到公办学校挂职学习。(3)保障民办学校学生权益。建立重点督查机制,确保民办学校学生在评奖评优、升学就业、社会优待、医疗保险、助学贷款、奖助学金等方面与同级同类公办学校学生享有同等权利。提出管理要求,规制民办学校考虑从学费收入中提取一定资金用于奖励学生。(4)探索多元主体合作办学。汲取国内外优秀办学实践经验,建立杭州市公办学校与民办学校相互购买管理服务、教学资源、科研成果的渠道与平台。推广政府和社会资本合作模式,探索举办混合所有制学校、中外合作办学等发展举措。②

## (二) 着眼"共同富裕"推动教育改革示范区建设

2021年5月20日,中共中央、国务院印发《关于支持浙江高质量发展建设共同富裕示范区的意见》,文件指出"共同富裕是社会主义的本质要求,是人民群众的共同期盼。当前,我国发展不均衡不充分问题仍然突出,城乡区域发展和收入分配差距较大,各地区推动共同富裕的基础和条件不尽相同。促进全体人民共同

---

① 周承露、林成堂、黄云碧:《温州民办教育发展与政府责任的实践研究》,《教育界》,2019年第16期,第125—127页。
② 周明宝、廖博思等:《城市现代化进程中公办教育与民办教育协调发展研究——以杭州教育体制机制改革为例》,《创意城市学刊》,2019年第1期,第121—131页。

富裕是一项长期艰巨的任务,需要选取部分地区先行先试、作出示范。浙江省在探索解决发展不平衡不充分问题方面取得了明显成效,具备开展共同富裕示范区建设的基础和优势,也存在一些短板弱项,具有广阔的优化空间和发展潜力"。[1] 2021年3月,《国民经济和社会发展第十四个五年规划和2035年远景目标纲要》在"鼓励东部地区加快推进现代化"一节中明确提出"支持深圳建设中国特色社会主义先行示范区、浦东打造社会主义现代化建设引领区、浙江高质量发展建设共同富裕示范区"[2],为浙江以教育变革促进共同富裕示范区建设提供了政策支持。

共同富裕是全体人民通过辛勤劳动和相互帮助最终达到丰衣足食的生活水平,是消除两极分化和贫穷基础上的普遍富裕,是人民群众物质生活和精神生活的双富裕。由于中国人口众多、幅员辽阔,共同富裕不是也不可能是同时富裕、同等富裕或同步富裕,而是一部分人一部分地区先富起来,先富帮后富、先富带后富,逐步实现共同富裕。党的十八大以来,以习近平同志为核心的党中央带领全国人民始终朝着实现共同富裕的目标不懈努力,全面建成小康社会取得伟大历史性成就,特别是决战脱贫攻坚取得全面胜利,为新发展阶段推动共同富裕奠定了坚实基础。党的十九届五中全会对扎实推动共同富裕作出重大战略部署,这意味着实现共同富裕不仅是经济问题,而且是关系党的执政基础的重大政治问题。

以基础教育为例,作为公共服务体系的重要组成部分,基础教育在推动全社会共同富裕的征程中,应该有哪些作为?

首先,作为公共服务机构,基础教育学校要通过推进教育公平来促进社会公平,这是"共富之基",亦即走向共同富裕的前提性基础。完整理解的教育公平,不仅仅是平等对待每一位学生,即"有教无类",还须尊重差异、区别对待、满足每个人的个性化发展需求,即"因材施教"。其次,作为育人组织,学校教育要为社会培养具有现代人品质的未来公民,这是"长久之计"。所谓现代人品质,包括了社会参与、效能感、独立性和创新精神等作为未来社会公民所不可或缺的品性。第三,作为一种社会组织,基础教育学校应成为公平公正、共建共创的楷模,进而成为"共享之范",任何一所学校,如果自身便是低效率、非公正、无合作、少凝聚力的,

---

[1] 中共中央国务院:《关于支持浙江高质量发展建设共同富裕示范区的意见》,http://www.gov.cn/zhengce/2021-06/10/content_5616833.htm(阅读时间:2022年3月15日)。

[2] 中国政府:《中华人民共和国国民经济和社会发展第十四个五年规划和2035年远景目标纲要》,http://www.gov.cn/xinwen/2021-03/13/content_5592681.htm(阅读时间:2022年3月15日)。

则难以在学生身上形成开放包容的态度、同理同情的品质和兼济天下的情怀,更难经由合作共享达于"精神共富"。

中共中央、国务院于2021年5月印发了《关于支持浙江高质量发展建设共同富裕示范区的意见》(以下简称《意见》),解读其中关于教育如何助力共同富裕的相关内容,深受启发。《意见》指出:"推动义务教育优质均衡发展,建成覆盖城乡的学前教育公共服务体系,探索建立覆盖全省中小学的新时代城乡教育共同体,共享"互联网+教育"优质内容,探索终身学习型社会的浙江示范,提高人口平均受教育年限和综合能力素质。"这是关于教育的最核心论述,此外还有"切实保障农民工随迁子女平等接受义务教育,逐步实现随迁子女入学待遇同城化"。在涉及"完善先富带后富的帮扶机制""探索建立先富帮后富、推动共同富裕的目标体系、工作体系、政策体系、评估体系"时,提到了"文化教育支援"。

笔者所在学术团队在为浙江省丽水市景宁县研制"十四五"规划过程中,了解到地方教育行政领导和师生特别重视本省这一文件精神在规划中的落实,因而我们在规划中写道:坚持党对教育事业的全面领导,回应景宁县人民的迫切需求,坚持教育优先发展,以高质量发展理念来提升景宁教育的育人质量和现代化水平,以景宁县教育的"共同卓越"来促进全社会的"共同富裕"。在规划的愿景与目标部分还提出:让每一个景宁孩子都能享有优质的基础教育,让更多的孩子有机会享有优质高等教育,让畲乡孩子"学得好、出得去、回得来",为畲乡共同富裕而共同奋斗。

浙江省推进高质量的共同富裕示范区建设的一系列做法具有较强的问题意识、层次性以及针对性等,值得我国其他省市借鉴与参考。而对于浙江省推进示范区建设的举措不能简单模仿,生搬硬套,应充分考虑到不同区域、城乡间的教育现状与差异等相关的基础性前提性条件选择适合的推进策略与模式,但是不可否认的是浙江省在对推进共同富裕的战略部署中的问题意识以及分层分类分阶段式的推进思路值得借鉴。

### (三) 在共享理念下探寻集团化办学路径

浙江省积极探索集团化办学模式在全国范围内具有领先示范作用,而其集团化办学的类型与模式是多样的,浙江省职业教育集团化办学、义务教育集团化办学以及民办教育集团化办学在全国范围内都进行了较早的探索,为全国以集团化办学模式促进优质教育均衡的举措提供了宝贵的实践经验。集团化办学起源于

20世纪90年代的职业教育集团化,浙江省教育行政部门于2002年在全国率先出台了有关职教集团的专门性政策文件,而进入21世纪后,集团化办学模式开始从职业教育转向基础教育。2002年,浙江省杭州市成立了全国首个公办基础教育集团,开启了基础教育领域的集团化办学新篇章。基础教育集团化办学产生的重要背景在于,随着城市的发展提速,择校之风愈演愈烈,越来越多的家长希望子女接受良好的教育,并且对优质教育的需求日益增加,而由于当地的政治、经济与教育条件不同,再加上择校热更加催生了教育不公平的现象发生,因此,为了缓解与解决优质教育不均衡的问题,集团化办学模式应运而生,并得到了进一步的重视。2004年,杭州市委、市人民政府印发了《关于进一步推进基础教育改革和发展的若干意见》文件,其中首次提出在全市实施名校集团化办学实践。[1] 2006年9月和2007年9月,杭州市又先后出台了《关于实施中小学名校集团化办学战略的若干意见》和《关于进一步推进名校集团化战略的意见》,进一步深化名校集团化战略。杭州市推进名校集团化办学,走出了一条义务教育均衡、协调、可持续发展的道路,形成了多种组合式的办学模式,如"名校+弱校""名校+名校""名校+强校"等。名校集团化办学有效破解了"上好学难"的问题,其最大的成效在于推进了基础教育的均衡发展。

2005年,教育部印发《关于进一步推进义务教育均衡发展的若干意见》,文件指出"要充分发挥具有优质教育资源的公办学校的辐射、带动作用,采取与薄弱学校整合、重组、教育资源共享等方式,促进薄弱学校的改进"。[2] 随着政策的不断推进,各省市开始探索集团化办学模式,部分地区先后出台了相应的制度政策以扎实推进集团化办学,为集团化办学模式提供思路与智慧支持,并形成了独具特色的"北京模式""长沙模式"等集团化办学模式。无疑,浙江省杭州市名校集团化办学以办学体制、教育资源配置、学校管理的三大创新机制,扩大了优质教育资源,缓解了"择校之风",满足了不同的教育需求以及提升了办学效益,为其他省市推进集团化办学提供了实践样板。

华东师范大学基础教育改革与发展研究所自2013年来,以国家重点重大课题为依托,以推进东部地区基础教育现代化为主题,与杭州市江干区合作开启了

---

[1] 中共杭州市委:《关于进一步推进基础教育改革和发展的若干意见》,http://www.hangzhou.gov.cn/art/2004/10/21/art_809029_2400.html(阅读时间:2022年3月16日)。

[2] 教育部:《关于进一步推进义务教育均衡发展的若干意见》,http://www.moe.gov.cn/srcsite/A06/s3321/200505/t20050525_81809.html(阅读时间:2022年3月16日)。

共建凯旋教育集团之路,在合作共研中不断探寻适合东部城市教育高质量发展的共享机制及有效路径。第一轮合作,成功尝试了集团内学校特色课程跨校走班的共享模式以及初中教学质量改进与学业支持的设计、实施与评价体系。第二轮的合作,则推动了校本课程开发从"共享"走向"共创",集中研发了"国际理解""儿童哲学""STEAM+"等新的特色课程,且辐射到集团外、江干区内乃至全国的学校。除此之外,还创设了"凯旋教育发展论坛""教师工作坊"合作交流平台以推进基础教育均衡发展。目前第三轮的合作正在进行之中。

## 三、以教育强省的江苏教育现代化监测与示范区战略

江苏省域教育现代化监测及苏南教育现代化示范区建设都是颇具特色和代表性的。苏南地区包括江苏的南京、无锡、常州、苏州和镇江五市,地处长江三角洲核心区,面积2.8万平方公里,2014年末常住人口3313万人。苏南是近代中国民族工业发祥地,是我国科教资源最丰富、经济社会最发达、现代化程度最高的地区之一,肩负着率先基本实现现代化的重任,在全国现代化建设中具有重要地位。以教育强省为目标,江苏省在教育现代化进程中的发展成果与经验主要体现在完善教育现代化监测评估体系、推动职业教育高质量发展、创建教育现代化示范区等方面,产出了诸多值得其他省市参考的宝贵经验。

### (一) 完善教育现代化监测评估体系

江苏省是全国范围内教育现代化先行省份,通过研究发现,江苏省在推进教育现代化进程中,十分重视教育现代化评估体系的构建与施测,主要体现在以下几个方面:

1. 构建与完善教育现代化评价指标体系

通过梳理江苏省教育现代化相关政策制定的过程,不难发现早在2007年江苏省就颁布了《江苏省县(市、区)教育现代化建设主要指标》,并成为全国首家启动县域教育现代化建设和评估的省份。[①] 为了顺利实现省教育规划纲要确定的2020年教育现代化的目标,促进江苏基本实现现代化建设,省政府2013年出台了

---

① 褚宏启:《构建教育现代化指标体系的思考》,《中国高等教育》,2013年第11期,第14—16+26页。

省域层面的《江苏教育现代化指标体系》。① 该指标体系总体框架由三级指标构成：一级指标共8项，包括教育普及度、教育公平度、教育质量度、教育开放度、教育保障度、教育统筹度、教育贡献度、教育满意度。二级指标共16项，三级检测点共46个。相比以往的江苏省基本教育现代化指标，该指标体系更加全面完整，涵盖了基础教育、职业教育、高等教育、继续教育等各级各类教育，不仅涉及到教育普及度、教育保障度等可量化的教育发展常规指标，而且包含了教育公平度、教育质量度、教育统筹度、教育满意度等发展性的较难量化的非常规指标。许多亮点指标的设计以及目标值的确定体现了指标体系的先进性和引领性，如教育普及度二级指标中包含"继续教育"，符合建设学习型社会的要求和国际潮流；教育公平度三级检测点包含"提供多样化的教育"，体现了为每个儿童提供适应其个性特点的教育的新公平理念；教育保障度"师资水平"二级指标中设计了"教师领军人才数在全国的占比"检测点，体现了江苏在教师队伍建设上的高标准和高要求。②

同样，相比其他省市的教育现代化评价指标体系，江苏省的教育现代化指标体系显出一定的特色与亮点，大量吸收了国际通行的指标，如"各级教育毛入学(园)率""高水平大学数量""留学生占普通本科高校在校生比例""新增劳动力人均受教育年限"；同时也设计了很多能够反映江苏省情和特色的指标，如在"城市和农村居民社区教育活动年参与率"中增加"老年人年参与率"子项，符合江苏老龄化社会的发展趋势，在"投入水平"二级指标中，设计了"各级教育生均预算内教育经费在全国省份排名"检测点，从而缓解江苏生均经费偏低的情况。③

2. 规范监测过程并制定科学的监测制度

江苏省的教育现代化评估指标体系彰显出一定的特色与新意，采用县域和省域两个层面开展教育现代化建设评估监测，并且呈现出政府主导、部门联动的特征，政府也参与到教育现代化的评估监测中来，使得测评结果更科学与客观。在县域教育现代化监测评价方面，主要采用县区自评—材料评审—现场考察—评估整改的评估程序，2007年起进行监测评价，现在全省所有县区均通过了验收；在省域教育现代化监测评价方面，2013年进行了省域的教育现代化评估，在监测过程

---

① 褚宏启：《构建教育现代化指标体系的思考》，《中国高等教育》，2013年第11期，第14—16+26页。
② 褚宏启：《构建教育现代化指标体系的思考》，《中国高等教育》，2013年第11期，第14—16+26页。
③ 谢绍熺、马晓燕、鲍银霞：《地方教育现代化监测评价指标体系及实践研究》，《教育发展研究》，2015年第1期，第39—42页。

中,突出强调被监测对象要有一定的话语权,能在一种平等、公正的情境中进行对话。监测制度的规范性是监测质量的重要保障。江苏省研发了江苏教育现代化建设监测管理信息系统和江苏教育现代化建设监测数据中心,实现数据采集、审核、统计的精准化。构建了业务培训、数据采集、满意度调查、数据审核、统计分析、研制报告、新闻发布和数据反馈等流程,形成了鉴定、诊断、预警和改进的良性机制。重视协商与建构发展性评价,指向发现问题和薄弱环节,总结成果和经验,寻求更好的教育现代化推进路径和更有效的政策改进策略。[①]

3. 强化评价结果的分析与运用

江苏省意识到教育现代化监测结果的运用与反馈的重要性,并且在教育现代化评价结果的运用中展开了实际的操作,对于县区教育现代化监测评价,建立了省级政府表彰奖励,自 2009 年开始,省政府就对通过监测验收的学校进行表彰,对被认定为"江苏省教育现代化建设先进县(市、区)"给予一定的奖励,以此来激励和促进学校现代化;而在 2013 年,江苏省开始实施省域教育现代化监测,并且形成全省和各地教育现代化监测报告,于 2014 年公布了监测报告,明确其优势与问题,通过自查、自省、自纠,探寻出解决问题的办法,引领各地教育现代化发展。并且在 2014 年江苏省教育厅发布《2013 年度江苏教育现代化监测报告》之后,江苏省每年实行一次教育现代化建设监测,并及时发布监测报告,对教育现代化的整体进程与主要成效进行考察,就教育投入、教育过程和教育产出等环节进行深入分析,就政策热点、学龄人口变化对教育资源配置的影响进行预警分析,进而提出富有成效的政策建议,积极服务政策决策咨询。[②] 由此可见,江苏省将教育现代化建设监测结果运用于实践,以评促建,促进教育问题的改善和教育实践的进步。

## (二) 推动职业教育高质量发展

职业教育是国民教育体系和人力资源开发的重要组成部分,肩负着培养多样化人才、传承技术技能、促进就业创业的重要职责。长期以来,江苏立足地方经济社会实际,坚持把职业教育放在优先发展的战略地位,不断深化体制机制改革,创新职教办学模式,努力探索建立产教深度融合的现代职业教育体系,为我国职业

---

① 陆岳新、洪港:《教育现代化监测评估的国际经验与江苏行动》,《江苏教育(教育管理版)》,2017 年第 9 期,第 22—24 页。
② 陆岳新、洪港:《教育现代化监测评估的国际经验与江苏行动》,《江苏教育(教育管理版)》,2017 年第 9 期,第 22—24 页。

教育现代化发展积累了有益经验。《苏南教育现代化示范区"十三五"建设规划》明确了阶段性的主要任务,提出在职业教育方面,健全现代职业教育体系,提升职业教育内涵发展,创新校企合作有效机制。① 中共江苏省委、江苏省人民政府印发《江苏教育现代化2035》,该文件明确提出将完善现代化教育体系作为江苏省推进教育现代化的战略任务之一。在完善现代化教育体系方面,江苏省发展产教融合的职业教育,立足于完善产教融合的发展机制,健全职业教育和培训体系,推进职业教育高质量发展。②

江苏省的职业教育发展具有全国性的领跑与示范作用,作为中国近代职业教育的重要发祥地,江苏省曾创造了职业教育领域中的多个"全国第一",如第一所职业大学、第一所县办大学、第一所中德合作职业学校,等等。那么,江苏省职业教育是如何做到领跑全国的？其主要原因有三：第一,出台与制定相关的政策为职业教育注入源源不断的活力。自党的十八大以来,江苏省印发了《江苏省职业教育创新发展实验区建设方案》《江苏省政府关于加快推进现代职业教育体系建设的实施意见》《省政府办公厅关于深化产教融合的实施意见》《省政府关于加快推进职业教育现代化的若干意见》等文件,先后批准建立了两批19个省职业教育创新发展实验区,鼓励有条件的市、县在发展模式、办学体制、人才培养机制等方面先行先试。第二,深化改革激发职业院校办学活力。例如,为优化专业布局,江苏省定期发布中等职业教育专业结构与产业机构吻合情况预警报告,制定了中等职业教育、五年制高等职业教育品牌专业、特色专业、合格专业标准,建设了国家级重点建设高职专业284个,国家职业教育专业教学资源库13个,占全国24%。部分高校引进青年博士联合高校、企业、科研院所共同承担国家科技支撑计划重点项目。第三,积聚多方资源以加速产教融合,苏州工业职业技术学院根据不同学院的专业特性,与相关企业合作建立了昂拓精密制造学院、科伯瑞机器人学院、菱欧自动化学院等23个"企业学院",构建起以"企业学院"为特色的合作育人载体。苏州、无锡等地为深入推进产教融合发展,除"引企入校""办校入场"外,一些职业院校还积极探索校办医院、校办企业等办学形式,走出了产教融合的新路子。③ 尽

---

① 江苏省人民政府办公厅：《关于推进教育现代化建设的实施意见》,http://www.jiangsu.gov.cn/art/2013/5/13/art_46724_2608715.html(阅读时间：2022年3月19日)。
② 《江苏教育现代化2035》,http://www.ntnc.edu.cn/item/10483.aspx(阅读时间：2022年3月19日)。
③ 《江苏职业教育是如何领跑全国的》,https://epaper.gmw.cn/gmrb/html/2018-09/08/nw.D110000gmrb_20180908_1-08.htm(阅读时间：2022年3月19日)。

管如此，江苏省在推进职业教育高质量发展过程中，也遇到了一些棘手的难题和瓶颈问题，主要包括：社会大众对职业教育仍存在一定的偏见和轻视，某种程度上被视为学生难以获得普通高中或普通高等教育入学机会的"替补"；职业院校招录的学生分数较低，学生基础差、"底子薄"；职业教育培养的学生在就业方面存在限制，甚至受到歧视等。

致力于职业教育高质量发展是江苏省一直以来长期专注的目标，也是江苏省未来职业教育的发展方向。2020年，江苏省教育厅印发了关于《江苏省职业教育质量提升行动计划（2020—2022年）》的通知，该文件明确提出，通过三年努力，推进各层次职业教育协调发展，现代职业教育体系更加完备；健全质量标准体系和评价体系，职业教育类型特征更加凸显；深化产教融合、校企合作，职业教育办学体制机制更加完善。① 2022年1月江苏省委、省人民政府出台的《关于推动现代化职业教育高质量发展的实施意见》，明确了江苏省职业教育到2025年、2035年所要达到的目标与任务，提出需从着力培养高素质技术人才、统筹各层次职业教育高质量发展、深化产教融合改革创新、打造江苏职业教育品牌四个方面着力。从以上两个关于职业教育高质量发展的文件来看，两者前后一贯地重视职业教育的高质量发展，在努力的方向上保持一致。相较而言，2022年出台的《关于推动现代化职业教育高质量发展的实施意见》在已有基础之上更加具体和细化，增加了高素质技术人才培养等方面。回溯江苏省职业教育推进的发展历程，前期的职业教育发展举措为职业教育高质量发展打下了坚实的基础，高端人才的引进与培养、加大教师的培养力度以及加快产教融合均是江苏省推进职业教育发展的重要内容。

### （三） 创建教育现代化示范区

"十二五"以来，江苏省坚持教育优先发展战略，坚持推进教育现代化建设，坚持统筹各级各类教育协调发展，各级各类教育事业取得新成绩，整体水平和教育综合实力在国内名列前茅，高等教育现代化建设主要指标处于全国前列。② 2013年，江苏省启动新一轮教育现代化建设，并确定首批22个教育现代化建设示范

---

① 江苏省教育厅：《关于印发江苏省职业教育质量提升行动计划（2020—2022年）的通知》，http://jyt.jiangsu.gov.cn/art/2020/7/23/art_55511_9324497.html（阅读时间：2022年3月19日）。
② 孙国忠：《江苏省实现教育现代化的方法与途径探索》，《当代教育实践与教学研究》，2018年第3期，第22—23页。

区,同时也出台了相应政策。2013年5月13日,江苏省政府出台了《关于推进教育现代化建设的实施意见》(以下简称《意见》)。《意见》提出,到2020年,全省构建体系完备的终身教育,形成惠及全民的公平教育,提供更加丰富的优质教育,健全充满活力的体制机制,实现富有成效的社会服务,总体实现省定教育现代化指标体系要求,教育发展达到发达国家平均水平,主要指标达到国际先进水平。[①] 此外,《意见》还规划了2015、2018、2020年三个具体时间段推进教育现代化建设,要求全省对标教育现代化指标体系,苏南、苏北、苏中三个地区应达到一定比例的指标要求。同年,国家发展改革委印发《苏南现代化建设示范区规划》,明确苏南地区为江苏的南京、无锡、常州、苏州和镇江五市,肩负着率先基本实现现代化的重任,发挥对全国现代化建设的示范引领作用,立足为全国现代化建设提供示范,推动苏南地区探索经济现代化、城乡现代化、社会现代化和生态文明、政治文明建设的模式,走出一条具有中国特色、符合苏南实际、体现时代特征的现代化发展之路。[②] 把苏南地区作为优先示范区,目的就是带动苏北、苏中地区逐渐走向全省的教育现代化。江苏省的教育现代化推进战略具有一定的前瞻性和层次性,扎实的教育现代化基础为苏南地区优先发展、建立教育现代化示范区提供了充分的前提条件,而苏南地区的优秀经验将进一步发挥辐射引领的示范作用,有望推广运用至苏中、苏北以及全国其他地区,以点带面,推进教育现代化发展。

为推动苏南教育现代化示范区建设,江苏省许多城市都开展了积极动员与实践。江苏省镇江市丹徒区认真贯彻落实省市相关文件精神,积极推进教育现代化示范区的建设工作,明确每一个阶段的任务与工作,并高标准、严要求地落实执行,增强对教育现代化建设的监测督导,针对达标的和不达标的情况采取不同的奖惩措施,并对相关负责人启动问责程序。在这样一个系统统筹、整体推进、强调督导评估的战略之下,镇江市教育现代化程度有了明显改进与提升。2013年5月,基于在县域教育现代化建设工作中取得的优异成绩,连云港市被确定为江苏省首批"教育现代化市级示范区"建设单位。为更好地推动"教育现代化市级示范区"创建工作,连云港市成立专门课题组,围绕江苏省2013年1月23日公布的《江苏省教育现代化指标体系》要求,对全市教育现状进行了调研,对"教育现代化市

---

① 江苏省人民政府网:《省政府办公厅关于推进教育现代化建设的实施意见》http://www.jiangsu.gov.cn/art/2013/5/30/art 46144 2545142.html(阅读时间:2022年3月12日)。
② 国家发展改革委:《关于印发苏南现代化建设示范区规划的通知》,http://www.gov.cn/zwgk/2013-05/06/content_2396729.htm(阅读时间:2022年3月19日)。

级示范区建设推进策略"开展探索。调查研究发现,连云港教育现代化存在理念要提升、方式要转变以及发展要均衡等问题,同时也根据这些问题提出了改进策略,立足于制定更高标准的指标体系和实施方案,着重发挥战略目标的高位引领作用。一方面,形成政府、教育行政部门、学校和各个领导等上下多级联动状态,以获得持续高效的执行力;另一方面,注重学校的内涵式发展,在有效促进教育公平的同时,突出自身的优势与特色。[①] 江苏省建立教育现代化示范区的举措无疑是一个创举,为其他省市教育现代化提供了样板与优质经验。其他省市在参考借鉴过程中可对照这些已有案例,结合自身发展需求与特点探寻问题解决的有效路径,早日实现高质量的教育现代化。

---

[①] 陈广团、张兆权:《教育现代化市级示范区建设推进策略研究》,《江苏教育研究》,2015年第29期,第70—74页。

# 第五章　中西部地区后发赶超式教育发展目标定位与推进战略

由于众所周知的原因,东部地区经济社会发展优于中西部地区(迄今似可追加一句:中西部地区又优于东北地区),这几乎已是常识。尤其是改革开放以来,由于东部地区的率先发展所产生的"虹吸效应",吸引了中西部众多人才和资本流向东部发达地区,我国地区之间的发展差距难以在短时间内缩小,也成为不争的事实。教育事业的发展与经济社会的发展息息相关,中西部地区教育在"后发"的状态下如何实现"赶超",也成为值得关注的重要问题。

## 一、中西部地区经济社会发展对教育战略决策的诉求

中西部地区经济社会发展与东部地区的差距是有目共睹的,其主要体现在经济、科技、生态发展几个方面。而经济社会发展对教育战略的诉求,主要是通过构建合理的高等教育布局结构、促进中西部职业教育转型升级、形成协同的教育发展共同体来实现中西部地区和东部地区之间的公平优质的教育,不断提升人口素质、高质量人才的引进与培育。基于机会导向型总体战略决策思路,为有效回应旨在缩小差距的中西部地区经济社会发展的教育诉求,结合中西部地区实际发展状况,可从强化政策引领战略、实施特色发展战略和促进资源共享战略三方面实施战略决策。

### (一) 中西部地区经济社会发展与东部地区的差距所在

经济社会发展,实质指整个社会的物质资料生产与再生产情况以及城镇化、就业、教育、福利保障等方面的发展。[①] 十九大报告指出,中国特色社会主义进入新时代,我国社会主要矛盾已经转化为人民日益增长的美好生活需要和不平衡不充分的发展之间的矛盾。实际上,经济社会发展存在区域差异是一个普遍现象,而我国各区域之间经济社会发展不平衡问题由来已久并不断扩大,尤其是中西部地区与东部

---

① 成程:《我国区域经济协调发展测度与评价》,云南财经大学,2019年硕士毕业论文。

地区之间的经济社会发展存在巨大差距已成为不争的事实。就现实情况来看,中西部地区经济社会发展与东部地区的差距主要体现在经济、科技、生态发展几个方面。

1. 经济上的差距

中西部地区与东部地区在经济发展上的差距主要表现在综合经济实力、产业结构、自然资源空间分布和基础设施水平等方面。国内生产总值是反映国家或地区经济规模、研究国民经济结构和比例关系的重要指标,能够很好地反映出地区的综合经济实力。根据表5-1中2020年我国三大区域经济数据及占比全国情况可以看到,经济最发达的东部10省区占比全国经济总量超过一半,而中部地区仅占四分之一、西部地区占比不到五分之一,东部地区的综合经济实力依旧远远超过中西部地区。就产业结构而言,一直以来,我国东部地区的第三产业占全国比重远超中西部地区,第二产业和第三产业比重大于第一产业,整体处于工业化发展后期,而中西部地区第一、第二产业占比大于第三产业,整体处于工业化中期阶段。自然资源的存储与利用水平对地区发展核心产业即第二产业具有重要影响作用。西部地区具有丰富的矿藏资源,其石油、天然气及其他各类矿蕴藏量都远高于中部和东部,为西部地区的经济发展创造了极好的自然条件。但由于自然环境脆弱、人类活动频繁、科技水平不足等因素的影响,西部地区的自然资源并未在当地得到有效分配和利用,这在一定程度上进一步拉大了与东部地区经济发展的差距。最后,基础设施水平作为区域经济发展最直观的体现,很好地反映了中西部地区与东部地区的差距。以交通设施为例,东部地区的高等级公路里程数远高于中西部地区,且东部地区运网密集、水运能力强,由此而达到的水陆贸易运输水平也是西部地区难以企及的。

表5-1 2020年中国东中西部经济数据及占比全国情况

| 地区 | 2020年(亿元) | | | 2019年(亿元) | | |
| --- | --- | --- | --- | --- | --- | --- |
| | GDP | 占比全国 | GDP增速(均) | GDP | 占比全国 | GDP增速(均) |
| 全国 | 1 015 986 | | 2.30% | 986 515 | | 6.00% |
| 东部(10) | 525 733.03 | 51.75% | 2.83% | 511 112.61 | 51.81% | 6.17% |
| 中部(8) | 261 760.81 | 25.76% | 1.91% | 256 788.05 | 26.03% | 6.88% |
| 西部(10) | 173 753.5 | 17.10% | 3.89% | 166 483.44 | 16.88% | 6.94% |

2. 科技上的差距

区域科技水平对当地的社会经济发展有着重要影响,中西部地区与东部地区的科技差距严重制约了东中西部地区的协调发展,其差距主要体现在科技创新环境、科技投入水平和科技产出水平三个方面。其一,科技创新环境是指包括物质资源和非物质资源在内的促进科技创新的各类资源,其中,物质资源往往由科技人力资源和科技组织资源来反映,而非物质资源往往由科技意识来反映。[①] 科技人力资源是科技创新环境的核心软实力,科技组织资源包括各类科研机构。广西科技情报研究所曾在 2011 年统计了我国东中部地区的科技创新环境情况,发现东部地区的专业技术人员、大专以上学历人数、政府部门所属科研机构、企业技术开发机构和专利申请量等都远远超过中西部地区。实际上,东部地区拥有全国最多的高等教育学校,为国家培养了大批量的科技创新人才。同时,各大知名国内外企业云集于东部沿海地区,也不断吸引着其他地区的人才向东部流动。其二,科技投入水平主要包括地区对科技建设与创新的人力投入和财力投入。受到经费和高等教育技术人才需求的影响,东部地区财力雄厚、高学历人才普遍,其在人力和财力投入上都具有明显优势。譬如 2011 年在政府的科技财政投入上,西部、中部地区的投入分别仅为东部地区的 18.3% 和 20.9%。[②] 其三,在科技产出水平上,无论是科技论文还是专利、商标等,中西部地区都未达到东部地区的四分之一[③],其科技产出水平还有极大上升空间。

3. 生态上的差距

生态环境的建设与发展作为经济社会发展的基础与保障,必须要在资源约束水平、环境污染程度和环境治理力度等方面做好相应预防与修复措施,从而促进可持续发展。而经济社会发展与可持续发展的平衡一直是现代化进程中城市发展必不可忽略的一个重要平衡,被看作城市发展的生态指标。根据《中国经济绿色发展报告 2018》数据统计,东部地区的城市经济绿色发展名列前茅,在省区尺度上有浙江、广东、江苏三省位居全国前三,在城市尺度上有深圳、杭州、北京、广州和上海五座城市居于全国领先水平。[④] 而相较之下,西部的南宁、柳州等地尽管可

---

[①] 甘国勇、陆艳:《我国区域科技创新差距及对策研究——基于东中西部区域比较的视角》,《科技和产业》,2011 年第 8 期,第 95—99 页。

[②] 甘国勇、陆艳:《我国区域科技创新差距及对策研究——基于东中西部区域比较的视角》,《科技和产业》,2011 年第 8 期,第 95—99 页。

[③] 甘国勇、陆艳:《我国区域科技创新差距及对策研究——基于东中西部区域比较的视角》,《科技和产业》,2011 年第 8 期,第 95—99 页。

[④] 郑文:《绿色之路必须因地制宜〈绿色之路——中国经济绿色发展报告 2018〉发布》,《公关世界》,2018 年第 11 期,第 62—63 页。

持续性发展较好,但其经济发展的滞后影响了绿色发展;中西部的武汉、成都等地经济发达,但自然环境受到不利影响,生态平衡受到破坏。由此可见,中西部与东部在生态上也存在一定的差距。

**(二) 旨在缩小差距的中西部地区经济社会发展的教育诉求**

2016年,习近平总书记在全国高校思想政治工作会议上强调:"我们对高等教育的需要比以往任何时候都更加迫切,对科学知识和卓越人才的渴求比以往任何时候都更加强烈。重视教育就是重视未来,重视教育才能赢得未来。"[①]促进经济社会的高质量发展,人才是根本,而教育则是根本之根本。在新时代背景下,缩小中西部与东部地区的经济社会发展差距成为重中之重,这也对构建合理的高等教育布局结构、促进中西部职业教育转型升级和形成协同的教育发展共同体提出了期望与要求。

1. 构建合理的高等教育布局结构:优化中西部地区人口素质、引进和培育高质量人才,提高高等教育布局结构与中西部经济社会发展的协调性

发展高等教育是促进地区经济社会发展的重要手段,而当前中西部地区的高等教育布局结构存在诸多不合理之处,包括高水平大学数量不足、学科专业结构不合理等问题。以重庆市的高等教育布局结构为例,总体来看,在渝博士、硕士授权单位较少且集中于主城区,渝东北和东南的17个区县仅有9所高校,不能够很好地适应经济社会发展和人民群众接受良好教育的需要;在学科专业结构上,学科覆盖率不广且优质学科数量较少,难以满足战略性新兴产业急需人才的需求。[②] 为有效解决中西部地区高等教育布局结构不合理问题,缩小其与东部地区的经济社会发展差距,需要中西部地区的高等教育布局结构在目标上体现对产业结构的观照、在层次结构上引导高校分类发展、在学科建设上强化社会服务功能倾向。其一,在目标上体现对产业结构的观照。地区经济社会发展有赖于产业结构的合理与协调,在预设中西部高等教育布局结构的优化目标时,应该思考如何促使高等教育布局结构与区域社会产业结构同频共振,使得高等教育的空间布局、类型结构、专业结构、层次结构等都能对区域产业具有相应的适应和带动作用。[③] 其二,在层次结构上引导高校分类发展。伴随着我国高等教育现代化的不断推进,高等教育系统中出现了不同类型、不同层次的高校。中西部地区在优化

---

① 习近平:《习近平谈治国理政》第二卷,北京:外文出版社,2017年版,第376—380页。
② 邓成超、蒋凯:《重庆高等教育布局结构优化路径探析》,《科技和产业》,2021年第11期,第164—167页。
③ 江涛:《高等教育布局结构优化的理论前提》,《吉林工程技术师范学院学报》,2021年第2期,第28—32页。

高等教育布局结构时应注意引导区域内同类型的高校实现交叉错位发展、不同类型的高校实现多层次发展,促进其良性竞争与有效合作,从而构建分类共享良性发展格局。其三,在学科建设上强化社会服务功能倾向。长期以来,高等教育学校经历了从"知识传授"到"研究学问"到"社会服务"的职能转向和多元发展历程。[①] 中西部地区在优化高等教育布局结构时应注重其社会服务功能,在学科建设上可适当提高与社会发展直接相关的学科比例,这需要地区根据当地新兴产业需要和未来经济发展趋势来探寻学科生长点,促进学科建设与地区社会发展的互利共生。

2. 促进中西部职业教育转型升级

2016年,国务院办公厅《关于加快中西部教育发展的指导意见》要求:"立足中西部经济社会发展实际,助推经济转型和产业升级,鼓励社会力量参与职业教育发展。"中西部地区的经济社会发展离不开产业的发展,而产业的发展有赖于职业教育培养出高质量人才。当前的中西部职业教育必须在促进产教协同的融合型职业教育、发展智能型职业教育和加强普职融通的职业教育等方面多作努力,以适应经济社会发展对各类人才的需要。其一,促进产教协同的融合型职业教育。产教一体的融合型职业教育是基于产、教两个不同的国民经济部门。一方面,中西部地区应建立起产教融合的基本制度,包括行政部门对职业学校的工作指导制度、促进产教融合的职业教育人才培养目标、课程教学内容等;另一方面,应建立起促进产教融合的协同制度,鼓励和支持社会各行业参与职业教育人才培养、建立现代学徒制管理服务平台、打造促进中西部乡镇产业发展的职业教育培训基地。其二,加快发展智能型职业教育。随着教育信息化2.0时代的到来,利用好信息技术手段来促进职业教育的发展成为中西部地区不可错过的机遇。一方面,中西部地区应做好基础保障工作,确保信息化设备和信息化人才的充足,构建起智能型职业教育服务体系;另一方面,引进东部地区的职业教育信息化治理模式,优化智能型职业教育生态系统,并不断改善职业院校的网络信息化建设所存在的资金、设备和师资等问题,升级其信息化监管与评价体系,从而更好地打造智能校园。其三,加强普职融通的职业教育。普职融通在我国试点的这些年里尚未达到理想的实施效果,尤其在中西部地区更难以形成气候。为了有效促进普职融通,中西部地区首先应在理念上实现融通,构筑坚实的理念土壤,这是普职融通从内在走向外在的基础,同时,普职融通也应注意提高实效性,以整体性思维来促进系

---

① 马陆亭:《高等教育要为民族复兴伟业提供有力支撑》,《中国高等教育》,2018年第18期,第9—12页。

统融通,共同实现职业学校学籍与普通学校学籍的互认、学习过程中给予职业院校学生与普通院校学生同等学习机会、学习的未来选择路径上建立起属于职业学生自己的高考制度,不仅仅停留在入学、就学与升学某一个环节上,而是就长远发展来打通所有环节的融通,这样才能使普职融通真正落地。

3. 形成协同的教育发展共同体:区域间协同互补、区域内自我提升

东中西部地区的经济社会发展不平衡受限于教育的资源布局不均衡,因此,为弥补中西部地区与东部地区之间的差距,需要借助东部地区的优势来牵引中西部地区发展不足之领域、中西部地区之间也应互相借鉴优势之处,以此实现区域间的协同互补;而中西部地区内部也应该就其发展尚可的领域寻求新的提升点,以期实现区域内的自我提升。首先,区域间的协同互补,包含东部地区对中西部地区的优势帮扶和中西部地区之间的优势互补。进一步提高中西部地区教育水平一直是国家教育战略的重点,《中国教育现代化 2035》《加快推进教育现代化实施方案(2018—2022 年)》等文件中也强调东部地区应为中西部地区的教育发展提供有力支持。东部地区的京津冀、珠三角、长三角几大城市群拥有较好的经济、科技与教育资源,应主动为中西部发展薄弱地区进行相应的人才资源输送,可通过政府间、高校间建立合作等方式促进互动交流,实现互利共生。同时,中部地区诸如武汉等高等教育资源发达城市也应与西部弱势地区进行帮扶,可通过更开放的教育管理体制来吸纳西部地区学子,为西部发展培养高质量人才。其次,区域内的自我提升,主要有赖于中西部地区内部各省市之间实现资源共建共享、构建联合育人机制,最大化地利用本地资源,诸如西部高校可以针对当地的特色乡土资源构建"高校—博物馆—中小学"三位一体的馆校联动平台,将高校学术研究与中小学课程开发实施、乡土资源博物馆文化传承相结合,促进地区的教育资源良性循环。

## (三) 回应社会发展之教育诉求的战略决策思路

教育战略是一种全局性和长远性的重大谋划。有学者指出,战略决策首先要判断外部环境中的机会和挑战、分析自身的优劣与外部环境的相关性,由此而呈现出资源导向型、机会导向型、攀比跟风型和被逼无奈型四种典型的决策思路。[①] 其中,攀比跟风型和被逼无奈型是值得反思的,而资源导向型和机会导向型

---

① 杨小微:《我国地方教育发展的战略决策与实施路径探寻》,《南京师大学报(社会科学版)》,2021 年第 6 期,第 16—26 页。

则值得中西部在进行教育发展战略决策时结合当地实际情况进行针对性运用。所谓资源导向型,强调根据内部资源来迎合相应机会发展教育,更有利于具有优质教育资源的地区进行发展,而机会导向型则是先看外部机会再整合内部资源,能否抓住机会是关键。中西部地区作为社会经济发展资源较为薄弱的区域,选择资源导向型战略决策思路具有不利因素,需要上层的外部政策来进行一定弥补。而近些年随着国家对中西部地区发展的重视程度不断加强,一系列政策措施也为中西部地区的发展带来了新的机遇,如《中共中央国务院关于新时代推进西部大开发形成新格局的指导意见》就指出,"新时代继续做好西部大开发工作,对于增强防范化解各类风险能力,促进区域协调发展,决胜全面建成小康社会,开启全面建设社会主义现代化国家新征程,具有重要现实意义和深远历史意义"。[1] 基于机会导向型总体战略决策思路,为有效回应构建合理的高等教育布局结构、促进中西部职业教育转型升级和形成协同的教育发展共同体等教育诉求,结合中西部地区实际发展状况,可从以下三方面实施战略决策。

1. 强化政策引领战略,构建政策保障制度并明确中西部地区教育发展方向

中西部地区作为经济社会发展薄弱地区,其发展受到国家政策的大力支持。为积极回应中西部与东部地区差距下的教育诉求,首先就应在政策上强化对中西部地区的引领作用。其一,通过政策引领构建政策保障制度。中西部地区的教育发展需要国家在政策层面予以一定的经费保障、人才保障和法治保障,使其在基础条件达到的前提下进行教育提升。其二,通过政策引领明确中西部教育发展的目标和未来方向。2013年,《中西部高等教育振兴计划(2012—2020年)》颁布,确定了"到2020年中西部高等教育结构更加合理,特色更加鲜明,办学质量显著提升,建成一批有特色、高水平的高等学校,为整体提升我国高等教育发展水平、建设高等教育强国奠定坚实基础"的总体发展目标,并提出了中西部高校在"办学条件、人才队伍和学科专业建设、人才培养、科学研究、社会服务、文化传承创新"等方面进行重点发展,明确了中西部地区高等教育发展的未来发展方向。[2] 国家也应根据中西部的整体教育状况从教育阶段、教育布局、重点发展领域等方面提出相应的发展目标,使其进行有针对性的、重点突出的教育发展。

---

[1] 中共中央国务院:《关于新时代推进西部大开发形成新格局的指导意见》,http://www.gov.cn/zhengce/2020-05/17/content_5512456.htm(阅读时间:2022年1月3日)。
[2] 教育部:《中西部高等教育振兴计划(2012—2020年)》,http://www.moe.gov.cn/srcsite/A08/s7056/201302/t20130228_148468.html(阅读时间:2022年3月22日)。

2. 实施特色发展战略,形成具有地方特色的中西部教育发展局面

中西部地区的教育发展离不开自身的努力,这就有赖于区域内部的自我提升,实质应采用扬长避短的手段。中西部地区有我国大量的少数民族聚集地和独具特色的乡土文化资源,这些都是东部沿海发达地区所缺乏的。中西部地区应抓住自身优势特色资源,实施特色发展战略。譬如各高等院校可以挖掘地方特色文化、探寻学科生长点,打造符合地区发展目标的特色学科和专业,随后再逐步使其成长为一流学科,不断跨越区域局限、走向世界,从一个特色中心向外扩展出多个特色发展同心圆,并由优质特色省市带动周边特色发展不足省市或区域,形成辐射示范效应,进一步促进其特色品牌的创造。同时,受"一带一路"政策影响,中西部地区高校相较于东部高校而言,其在与"一带一路"沿线国家和地区的沟通与交流上具有天然的区位优势,应积极开展高校间的合作办学与科研交流活动,吸收其特色资源,形成特色发展联盟,从而打造出立足本地、面向国际的新型中西部教育特色化发展局面。

3. 促进资源共享战略,整合有利于中西部地区教育发展的有效资源

机会导向型战略决策思路下的中西部教育发展不仅要抓住政策机遇、自身特色资源,还应积极向外探索,抓住外部资源,促进资源共享,整合有利于中西部地区发展的各类要素。从资源共享的原则上来看,中西部地区的教育发展应该从对等置换、投入互补、就近共用和弱势补偿几个方面实现资源共享。[1] 其一,对等置换的资源共享。这类似于经济学中的等价交换,意即中西部地区可在区域内部、与东部地区之间进行一定的资源交换,譬如东部地区可将自己的科技优势学科资源输送给中西部,而中西部地区也可以将自己的少数民族文化教学资源向东部输送。其二,投入互补的资源共享,这要求中西部在数量或质量上进行投入来弥补相应差异,譬如针对新兴产业学科建设不足的情况可以在职业院校中加强相应学科的发展。其三,就近共用的资源共享,按字面意思就是根据地理距离实行就近原则,中西部地区应该在相近地区积极挖掘人力、物力资源,并不断向外扩大资源共享范围,将原处于较远距离的资源体向内拉近,形成心理距离上的就近共享。其四,弱势补偿的资源共享,这要求处于资源优势的一方向处于资源弱势的一方进行资源输送,主要是指东部地区应将额外的优势资源向中西部倾斜,给予相应

---

[1] 徐静、潘煜:《协同创新战略背景下的大学体育教学资源共享研究》,《运动精品》,2021年10期,第38—39页。

的教育师资、场地和教学设备等支持,促进中西部地区教育弱势领域的补充与完善。

## 二、后发赶超式教育现代化发展的战略主题与目标定位

相较于我国东部地区扬长率先式发展的教育目标定位与推进战略,中西部教育期望利用后发优势实现教育现代化发展的赶超。后发优势的探讨起源于经济学领域,后发优势理论的正式创立者、美国经济史学家格申克龙在总结德国、意大利等国工业化过程追赶经验的基础上首次提出后发优势概念,并探索了经济落后国家实现经济增长的有效途径。[1] 美国著名社会学家列维从现代化的角度将"后发优势"理论具体化,认为后发国家现代化的后发优势主要有:借鉴发展经验,采借技术、设备、资金等发展资源。[2] 此后,"后发优势"理论在伯利兹、克鲁格曼、阿布拉莫维茨、日本学者南亮进等多位学者的讨论下得以进一步丰富和发展。改革开放以来,尤其是1990年后,后发优势理论被引入中国,国内学者开始探讨和运用后发优势的理论框架来致力于解决中国的发展问题。从经济发展来说,后发优势主要表现在经验借鉴优势、采借技术优势、利用外资优势、精神动力优势和人力资源优势[3],集中于后发国家对先发国家发展资源的引进和发展经验的学习以及后发国家自身具有的如自然资源等优势。将经济发展的经验迁移到教育领域,教育发展的后发优势主要体现在教育后发地区对教育先发地区的资源引进、经验学习、制度参考和模式借鉴以及教育后发地区自身所具有的个性基础和特色资源,对于中国区域教育发展来说便是中西部教育通过东西教育协作学习借鉴发达地区教育发展的经验,通过中西部教育开发创造性地促进教育发展,最终实现中西部教育发展对东部教育的后发赶超。

就像"超车"需要明确目标和方向一样,中西部教育的后发赶超也需首先明确战略主题和目标定位。但中西部教育的后发赶超绝不只是对标东部教育的直线追赶,而需将中西部地区的社会发展和教育基础结合教育现代化的价值主流和国际趋势,明晰中西部教育的发展理念与战略主题以及各级各类教育的目标定位与

---

[1] Alexander Gerschenkron. Economic Backwardness in Historical Perspective, Cambridge: Harvard University Press, 1962.
[2] [美]M. J. 列维著,吴萌译:《现代化的后来者与幸存者》,北京:知识出版社,1988年版,第828—848页。
[3] 李云智:《"后发优势":理论基础、现实困境与破解路径》,《学习与探索》,2021年第2期,第17—22页。

推进战略,在价值引领、稳步前进的基础上力图实现"弯道超车"。

### (一) 可持续发展理念下的中西部后发赶超式战略主题

中西部教育的后发赶超首先离不开全球教育发展的背景框架和中国教育发展的目标方向,应当具备前瞻性的视野和全局意识,直接对标教育可持续发展和教育现代化的战略定位。

1. 核心主题:现代化进程中的教育可持续发展

2015 年 9 月,联合国召开全球发展峰会,193 个成员国审议并签署通过"2030 年可持续发展议程"(SDGS),其提出的第 4 项子目标为"确保包容和公平的优质教育,让全民终身享有学习机会",包括 7 项具体目标、11 项全球指标和 32 项主题指标,涉及各级各类教育和全民终身发展。同年,联合国教科文组织与韩国政府共同主办的"世界教育论坛"通过《仁川宣言》,后联合国教科文组织发布了题为"迈向全纳、公平、有质量的教育和全民终身学习"的"教育 2030 行动框架",勾勒了 2015 年后十五年的全球教育发展蓝图。依据"可持续发展目标"、《仁川宣言》和"教育 2030 行动框架",联合国儿童基金会(UNICEF)于 2019 年 9 月发布了《让每个孩子都能学习:教育战略 2019—2030 年》(Every Child Learns: UNICEF Education Strategy 2019 - 2030),提出该组织规划期内在教育领域的三大战略目标,即保障公平的学习机会、提升所有儿童的学习和技能以及改善紧急情况下和脆弱环境中的儿童学习和保护,并制定了相应的实施路径和保障措施。[1] 由此可见,公平、优质、终身可持续发展的教育是未来全球教育发展的共同诉求和美好愿景。

2019 年,中共中央、国务院印发的《中国教育现代化 2035》兼顾国家现代化建设总体战略目标的"国情"和呼应全球 2030 年可持续发展议程的"世情",在国家现代化和建设人类命运共同体的全局中考虑我国教育定位。从对接 2030 的教育可持续发展到对接 2035 的教育现代化,不仅体现了不同主题的对接与转换,更体现了主题转换后的互渗与融合。[2] 教育的现代化和教育的可持续性,其实是同一事物的两个面:现代化描述的是教育的各个层面及各个方面变化与发展的样态,可持续则是从其时间维度描述教育走向未来的可能性和可然性。[3] 现代化的教育

---

[1] UNICEF: Every Child Learns: UNICEF Education Strategy 2019 - 2030, New York: UNICEF,第 2019 页。
[2] 杨小微:《为了可持续发展的中国教育现代化》,《教育发展研究》,2019 年第 21 期,第 3 页。
[3] 杨小微:《走向城乡一体化:农村教育现代化的价值定位与路径选择》,《当代教师教育》,2019 年第 2 期,第 7—14 页。

强调创新、协调、绿色、开放和共享等观念,从可持续发展的视角看,这些观念也体现了多元、和谐、共生和永续的可持续发展思想。①

不论是全球教育发展的愿景与展望,还是中国教育发展、中西部教育发展的诉求与呼唤,"现代化进程中的教育可持续发展"是中西部教育后发赶超式发展的核心战略主题,以此统领教育发展全局,在"教育现代化"和"可持续发展"的理念下提炼出教育的"公平""优质"和"多元"等关键词,形成"公平导向下的教育均衡发展""效能坚守下的教育高质量发展"和"个性基础上的教育多元发展"三个战略子主题。

2. 子主题:公平导向下的教育均衡发展

习近平总书记在党的十九大报告中明确指出:"我国社会主要矛盾已经转化为人民日益增长的美好生活需要和不平衡不充分的发展之间的矛盾。"教育部副部长朱之文指出,"不平衡问题集中体现为:教育的'四大差距',即城乡差距、区域差距、校际差距、群体差距还比较大"②。可见缩小教育发展的区域差距、城乡差距是中国教育现代化的重要任务,也正因此,中西部教育发展、乡村教育发展便成了重中之重。

中西部教育后发赶超式发展的初心便是为了缩小区域教育、城乡教育差距,实现公平导向下的教育均衡发展。就教育领域而言,公平主要表现为三个维度:对所有人同等对待的"平等对待"(包括学习权利的尊重、学习机会和资源的分配平等,相当于"有教无类");对不同的人不同对待的"差别对待"(相当于因材施教);以及对有特殊需求的人"特殊优待"(指向的是"各得其所")。从全国教育体系来说,中西部地区属于教育发展的弱势地区,理应获得政策扶持和特殊优待,帮助中西部教育的后发赶超,而中西部教育发展本身也保障了教育落后地区儿童受教育的权利,确保儿童获得平等受教育的机会和更加优质的教育资源。因此,中西部教育的后发赶超应当恪守促进教育公平的初心,致力于为每一个儿童提供平等的受教育机会,尽可能向发达地区靠拢,缩小区域之间、城乡之间的教育差距。

从中国教育发展历程来说,我国教育从效率优先的重点发展转向公平导向的均衡发展。东部教育的扬长率先式发展体现出我国教育发展初期的效率优先,在

---

① 杨小微:《迈向2035:中国教育现代化的目标定位》,《华中师范大学学报(人文社会科学版)》,2019年第5期,第38—44页。
② 《教育部副部长朱之文:解决基础教育发展不平衡不充分问题要在这4个方面下功夫》,https://toutiao.sanhao.com/news-detail-21651.html(阅读时间:2022年2月1日)。

追求速度和数量的过程中牺牲了一定程度的教育公平和质量,后又因城市发展的"虹吸效应"遥遥领先。公平导向下的教育均衡发展不仅是中西部教育后发赶超的发展初心和起点,也应该注意在促进公平的过程中避免制造新的不公平。第一,要缩小中西部地区内部的区域教育发展差距,尤其要关注乡村、山区、贫困区等教育薄弱地区的教育发展;第二,要缩小校际之间的教育发展差距,尤其要关注乡村小规模学校的生存处境;第三,要关注学校内部学生受教育的过程公平,尤其要关注弱势儿童、边缘儿童的成长与发展。在中西部教育后发赶超的发展过程中,率先意识到教育公平的重要性,不仅能够前瞻性地绕开东部地区教育发展的一些问题和困境,而且能够事半功倍地跨越式迈向教育现代化的未来。

3. 子主题:效能坚守下的教育高质量发展

关于教育发展的不平衡不充分,教育部副部长朱之文指出,"不充分的问题主要体现为:虽然教育普及水平大幅提升,但教育质量有待进一步提高,教育的差别化、个性化供给不足,优质教育资源难以满足家庭不断增长的需求,人才培养的规格、质量、结构等与经济社会发展需求还不能很好地适应等"[①],可见促进教育高质量发展仍是未来教育发展的重要方向。而在全国教育体系中,中西部教育、乡村教育的质量远远落后于东部教育、城市教育的质量,意味着中西部教育、乡村教育质量的提升是教育充分发展的关键着力点。

中西部教育发展虽是以促进教育公平、均衡为初心,但并非牺牲效率、忽视质量,而是追求效能,包含追求效果、效率和效益这三重含义,强调提供优质教育服务、促进教育高质量发展。效能追求下的教育高质量发展不是一味地追求教育规模和容量,而要关注教育目标的达成和投入产出比,将国家政策扶持下投入中西部教育发展的财政资金用出最大化、最优化的效果。有些地区在城乡教育发展的过程中就出现了城镇学校大班额导致教育质量下降、乡村学校空有先进的物质条件和设施却生源流失,撤点并校轰轰烈烈却难有实质性的教育发展成效,这便是对教育效能和教育质量的忽视。中西部教育发展不仅应当追求效能和教育高质量发展,而且在追求效能方面具有巨大的后发优势:一方面,中西部教育发展能够参考借鉴东部地区教育在教育效能方面的先进经验和成熟模式,直接引入或结合自身情况改造运用一些制度和资源;另一方面,有了东部地区教育的先行探索,中

---

① 《教育部副部长朱之文:解决基础教育发展不平衡不充分问题要在这 4 个方面下功夫》,https://toutiao.sanhao.com/news-detail-21651.html(阅读时间:2022 年 2 月 1 日)。

西部教育发展大大节省了研究提升教育效能的时间和人力、物力、财力成本。东部教育的率先扬长式发展,尤其是教育效能方面的丰富经验,正是中西部教育后发赶超的强大助力,转化为中西部教育发展的"加速度"。

此外,"效能"其实还有"效能感"的意思,效能感即是学生、教师、校长等主体对于自己的能力有信心,具有完成当下任务、达成预期目标的胜任力,是一种由外在追求转化为内心素养的"胜任感"或"自信力"。[①] 教育发展的外在模仿和赶超容易,教育发展的内涵式提升更为困难,效能感的提升是教育效能、教育质量发展到一定程度之后的状态。不少中西部地区和学校由于一贯以来社会经济和教育发展的弱势处境而缺乏对自身发展的信心,而如何提升中西部校长、教师和学生的效能感,须做到不以东部教育质量为唯一标准,而是在追求效能的道路上创造性地发展教育,帮助中西部教育发展呈现出丰富多样的"高质量"发展样态。

4. 子主题:个性基础上的教育多元发展

中西部教育发展的后发赶超并非一味模仿东部地区的教育发展模式,而应充分考虑到中西部教育的发展基础、特色和优势,探索彰显自身个性和特色的现代化发展道路,实现个性基础上的教育多元共生,和而不同,方能达成对东部教育的"弯道超车",甚至发掘出更多条不同的赛道。

《中国教育现代化2035》在实现教育现代化的路径中提出"一地一案""精准施策"等要点,强调在国家教育现代化总体规划框架下,推动各地从实际出发,制定本地区教育现代化规划。"一地一案"是宏观层面对教育发展基础和本土特色的观照,在中观层面则表现为"一校一策",在微观层面表现为"一人一境",皆体现了教育现代化过程中个性彰显、多元共生、和而不同的生动局面,这也是中西部教育现代化、乡村教育现代化的发展之路。中西部教育现代化、乡村教育现代化不是放弃自身、奔向发达地区并为其改变,而应是一种自主而主动的"在地化",即"在地城市化"和"在地现代化",是厚植于乡村土壤又充分吸收现代性"养料"而生长出来的独特的"城乡现代化"样态。[②] 这就要求在保障中西部教育和东部教育、乡村教育和城市教育平等性的前提下,采用与发达地区教育相同的资源、水准发展中西部教育,从中西部教育实际出发,尊重中西部教育的特性、规律,考虑到当地

---

① 杨小微:《对标2035:学校教育现代化推进的方向与路径》,《人民教育》,2020年第Z1期,第17—20页。
② 杨小微:《城乡教育一体化:乡村教育现代化的一种路径选择》,《中国民族教育》,2021年第5期,第15页。

人民的心理和意愿来发展中西部教育。[①] 尤其应充分利用乡村教育独有的乡土教育资源,包括得天独厚的地理位置、自然环境和乡土文化,凭借自身的本土资源和特色优势打造教育发展的个性品牌。

在此种意义上,中西部教育的后发赶超已不再将赶超作为目的,不再以东部地区教育作为赶超的对象,而是将"赶超"作为过程,在各个地区、各个学校挖掘自身特色、发挥自身优势、寻求个性发展的同时自然而然便达到了"后发赶超"的效果。

### (二) 在各级各类教育中选择不同的发展目标与战略

中西部教育后发赶超式发展应当体现在各级各类教育的发展中,这就需要在宏观的战略主题之下确定各级各类教育发展的"可实现目标"。2016 年的《加快中西部教育发展的指导意见》、2019 年的《中国教育现代化 2035》以及 2020 年的《关于新时代推进西部大开发形成新格局的指导意见》中皆有提及对各级各类教育发展的具体要求(见表 5-2)。尽管中西部教育发展以公平、优质、特色、现代化、可持续为战略主题,但各级各类教育发展各有侧重,发展基础不同,发展重点不同,发展目标与战略也必然有所不同。

表 5-2 国家政策文件对中西部各级各类教育发展的要求表述

| 年份 | 政策文件 | 对各级各类教育的表述 |
|---|---|---|
| 2016 | 《加快中西部教育发展的指导意见》 | 重点任务:"实现县域内义务教育均衡发展""大力发展职业教育""加快普及高中阶段教育""提升中西部高等教育发展水平""积极发展农村学前教育""推动民族教育加快发展""保障残疾人受教育权利"。 |
| 2019 | 《中国教育现代化 2035》 | 以农村为重点提升学前教育普及水平,建立更为完善的学前教育管理体制、办园体制和投入体制,大力发展公办园,加快发展普惠性民办幼儿园。提升义务教育巩固水平,健全控辍保学工作责任体系。提升高中阶段教育普及水平,推进中等职业教育和普通高中教育协调发展,鼓励普通高中多样化有特色发展。振兴中西部地区高等教育。提升民族教育发展水平。 |
| 2020 | 《关于新时代推进西部大开发形成新格局的指导意见》 | 加强普惠性幼儿园建设,大力培养培训贫困地区幼儿园教师。加快改善贫困地区义务教育薄弱学校基本办学条件,全面加强乡村小规模学校、乡镇寄宿制学校建设。在县域义务教育学校学位供需矛盾突出地区有序增加义务教育供给,有效解决"大班额"问题,做好控辍保学工作。发展现代职业教育,推进职业教育东西协作,促进产教融合、校企合作。逐步普及高中阶段教育。加强学校语言文字工作,确保国家通用语言文字作为教育教学基本用语用字。支持探索利用人工智能、互联网开展远程教育,促进优质教学资源共享。支持西部地区高校"双一流"建设,着力加强适应西 |

---

[①] 马磊:《农村教育现代化的价值取向与路径选择》,《继续教育研究》,2017 年第 4 期,第 34—36 页。

续 表

| 年份 | 政策文件 | 对各级各类教育的表述 |
|---|---|---|
|  |  | 部地区发展需求的学科建设。持续推动东西部地区教育对口支援,继续实施东部地区高校对口支援西部地区高校计划、国家支援中西部地区招生协作计划,实施东部地区职业院校对口西部职业院校计划。促进西部高校国际人才交流,相关人才引进平台建设向西部地区倾斜。鼓励支持部委属高校和地方高校"订单式"培养西部地区专业化人才。 |

1. 普及普惠学前教育

一直以来,我国将普及普惠作为学前教育的建设方向,发展学前教育坚持公益性和普惠性,确保幼儿受教育机会,维护社会公平。我国中西部地区、乡村地区学前教育发展依然存在"入园贵、入园难"问题,体现出学前教育普惠性资源的匮乏与短缺。因此,中西部地区学前教育首先应当以"普及普惠"为发展目标,加快建设公办园、普惠性幼儿园,重点扩大农村地区、脱贫攻坚地区、新增人口集中地区普惠性资源,完善县乡村学前教育公共服务网络,推动城乡一体化的学前教育公共服务体系建设。

2. 均衡发展义务教育

我国义务教育近几十年来一直在为均衡发展而努力,但距离内涵式发展意义上的"优质均衡"目标尚有相当长的路要走。我国城乡二元的传统体制导致乡村义务教育缺乏优质资源,尤其是乡村小规模学校面临着生源流失、师资薄弱、资源利用率低、话语权缺失、吸引力消解的困境。因此,在中西部地区、乡村地区,均衡发展义务教育仍是首要目标,在城乡一体化的整体规划下实现义务教育的高质量高水平发展是中西部教育现代化的核心任务。

3. 加快普及高中教育

在我国各级各类教育体系中,普通高中教育是薄弱环节,尤其是中西部地区普通高中教育发展仍面临诸多难题与挑战。2017年《高中阶段教育普及攻坚计划(2017—2020年)》指出,"继续实施普通高中改造计划,支持中西部省份贫困地区教学生活设施不能满足基本需求、尚未达到国家基本办学条件标准的普通高中学校改扩建校舍、配置图书和教学仪器设备以及体育运动场等附属设施建设"。可见中西部地区高中教育的办学条件和生存处境有待于提升,"加快普及高中阶段教育"是当前中西部普通高中教育的发展目标。加快普及高中教育应加大对中西部欠发达地区的经费投入、扩大和落实普通高中办学自主权、改革普通高中招生录取制度、转型升级高中治理理念与模式、挖掘乡村地区丰富资源促进高中多样化发展①,从而补齐中西部地区高中教育"短板",提升高中教育办学水平。

4. 加强振兴高等教育

与东部地区相比,中西部高等教育发展呈现出明显的滞后性。尽管国家出台了一系列政策措施,如"中西部高等教育振兴计划"等,"对口支援"支持中西部高等教育发展,但仍未从根本上扭转中西部高等教育发展弱势的局面,因此,有必要加强振兴中西部高等教育的发展。在以国内大循环为主体、国内国际双循环相互促进的新发展格局下,中西部高等教育振兴应强化政策引领明确发展方向,注重结构优化增强服务职能,突出机制创新保证发展动力②,促进要素融通整合教育资源,支持西部地区高校"双一流"建设,着力加强适应西部地区发展需求的学科建设。

5. 大力发展职业教育

我国中西部地区的职业教育整体水平相对落后,面临着职业教育普职发展严重失衡、职业教育经费投入仍然不足、职业教育区域内发展不平衡现象突出、职业教育师资队伍建设薄弱难以适应发展需求等问题。③ 中西部地区经济转型、产业升级和社会发展离不开职业教育培养的人才,人才培养质量将直接影响中西部地区经济社会发展的进程,因此要大力发展职业教育,改善职业学校办学条件,改革人才培养模式,推进职业教育东西协作,促进普职融通、产教融合、校企合作,探索形成满足中西部经济社会发展的现代职业教育体系。

6. 规范保障特殊教育

我国中西部地区、乡村地区特殊教育发展水平相对落后,主要面临以下问题和困境:特殊教育学校数量少、位置偏;特殊教育经费投入不足,缺乏专用教室和康复设备等基础设施;特殊教育学生入学率低;特殊教育师资薄弱,缺乏专业的教师队伍。④ 相对于东部地区较为成熟的特殊教育体系,中西部地区首先应当规范保障特殊教育,按照国家相关政策的要求和标准基本保障特殊教育的学校建设、

---

① 安雪慧:《中西部欠发达地区如何获得有质量的高中教育》,《人民教育》,2016年第23期,第34—36页。
② 陈时见、杨盼:《"双循环"视域下中西部高等教育振兴的价值与路径》,《国家教育行政学院学报》,2021年第5期,第53—60页。
③ 《教育与职业》课题组、唐智彬、刘青:《中西部地区职业教育发展的现状、问题与对策》,《教育与职业》,2016年第7期,第8—13页。
④ 杨希洁:《中西部新建和改扩建特殊教育学校发展现状及问题调查》,《中国特殊教育》,2015年第11期,第13—18页。

师资培养和学生教育,促进特殊教育规范化、标准化建设,满足特殊学生的基本教育需求。

7. 加快推进民族教育

我国西部地区是少数民族集聚的地区,少数民族主要分布于广西、内蒙古、新疆、西藏、宁夏等省区,呈现出大杂居、小聚居,相互交错居住的民族分布特点。因此,民族教育是中西部教育的重要组成部分,加快推进民族教育是中西部教育现代化发展的重要任务,教育现代化的民族化体现的是对民族边疆欠发达区域教育质量的关注和重视。加快推进民族教育应充分利用政策倾斜、特殊专项等支持措施,通过民族文化资源挖掘、民族特色精品课程打造、民族地区学校建设、民族地区教育现代化示范区和民族文化体验中心创建[①],层层递进,逐步深入,实现民族教育跨越式发展,助力中西部教育现代化。

中西部地区各级各类教育发展在对接战略时应选择确定不同的目标定位和发展侧重,通过普及普惠学前教育、均衡发展义务教育、加快普及高中教育、加强振兴高等教育、大力发展职业教育、规范保障特殊教育和加快推进民族教育,全面构建现代化、可持续、高质量的中西部教育发展体系。

### (三) 中西部教育发展后发赶超探索的实践案例

在中西部教育发展后发赶超的实践探索中,除了中西部地区教育提高自身的发展实力以外,与东部发达地区教育开展互动合作也是常见的模式,主要表现为对口帮扶、资源共享、教育结盟等形式。接下来将以义务教育、职业教育、高等教育领域的三个案例为例介绍中西部教育发展后发赶超探索的实践经验。

案例 5-1

**信息化助推东中西义务教育资源共享——以东中西同上一节课为例**[②]

**案例背景**:随着信息化时代的到来,信息技术与教育深度融合,依托互联网平台实现教育资源区域共享成为推动城乡义务教育一体化发展的重要举措。2018年,《教育信息化2.0行动计划》提出大力推进网络条件下的精准扶贫,引导教育

---

① 杨小微:《民族地区推进教育现代化要有民族文化传承意识》,《中国民族教育》,2021年第4期,第21页。
② 吴继承:《教育精准扶贫——东部与中西部同上一节课》,《中小学信息技术教育》,2020年第C1期,第126—129页。

发达地区与薄弱地区通过信息化实现结对帮扶,以专递课堂、名师课堂、名校网络课堂等方式,开展联校网教、数字学校建设与应用,实现"互联网+"条件下的区域教育资源均衡配置机制,以期缓解东部和中西部地区教育数字鸿沟问题。

**案例内容**:中西部地区和东部地区通过建设两地网上信息技术教学联盟平台,探索出一种区域间信息技术远程互动教学的模式,并在两地举行的"同上一节课"活动中获得实践检验。中西部地区和东部地区"同上一节课"的实践内容主要包括:第一,"师生视频+线上互动+资源展示"模式改变了传统远程教学"教师讲、学生听"的局面,充分利用教学平台讨论、测试、资源共享、作品发布、评价反馈等功能,加强了两地师生互动与生生互动。第二,两地教师利用网络教学平台实现教师合作教研与教学,既能够在平台内实现在线备课、讨论与分享,又能够在平台外生成资源包,交互利用课程资源,实现在线合作教研。第三,两地学生通过视频会议系统与网络教学平台实现线上合作学习,既能够借助视频会议系统实现面对面交流,又能够借助网络学习平台共享学生学习资源、讨论交流、课堂检测、展示作品等。区域间信息技术远程互动教学的模式不仅帮助中西部的师生看到了外面的世界,促进两地师生相互认识与了解,而且借助技术实现了东部地区和中西部地区优质教育资源的共享,推进教育公平,提升中西部地区教育质量。

**案例评价**:信息化时代下在线教学的蓬勃发展与日益成熟为促进区域教育、城乡教育优质资源共享提供了契机,通过网络教学平台让中西部欠发达地区的学生获得与东部发达地区同等的优质教育资源,通过两地师生的互相学习、讨论交流促进中西部地区教育质量提升,将有利于缩小两地义务教育发展差距,促进城乡义务教育一体化发展。

案例 5-2

### 职业教育东西协作推进教育扶贫——以沪滇合作为例

**案例背景**:2016 年,教育部、国务院扶贫办联合印发《职业教育东西协作行动计划(2016—2020 年)》,以职业教育和培训为重点,以就业脱贫为导向,瞄准建档立卡贫困人口精准发力,启动实施东西职业院校协作全覆盖行动、东西中职招生协作兜底行动和支持职业院校全面参与东西劳务协作。2017 年,教育部办公厅印发《职业教育东西协作行动计划滇西实施方案(2017—2020 年)》,搭建上海、天津、江苏、浙江和东部 10 个职教集团对口帮扶滇西 10 州市职业教育发展的平台,精准识别和组织动员滇西地区建档立卡贫困家庭"两后生"①到东部地区省(市)接受优质职业教育,完善滇西职业教育东西协作长效机制。

**案例内容:** 上海市对口扶贫滇西四省,包括丽江市、保山市、楚雄彝族自治州和西双版纳傣族自治州,自2017年起,云南来沪"两后生"响应政策号召到上海多所职业学校接受优质职业教育,通过为期三年的学习提高文化知识、职业技术和就业能力,毕业生可自行选择回归家乡发展或留沪接受学校分配的就业岗位。该项行动的初衷是希望通过东部发达地区对口帮扶西部贫困地区,尤其瞄准西部建档立卡贫困家庭"两后生",以职业教育资源的政策优惠和定点输送达到教育扶贫促进就业脱贫的成效。国家政策为云南"两后生"来沪学习提供了基础保障,包括学费免除、往返车票减半或免除、各项补助金等,而上海职业学校的老师成为其学习与生活的坚实后盾,表现为学习上的指导、生活上的定期询问、对学生的思想开导、捐款捐衣一对一辅导等。此外,上海地区的非营利机构与职业学校合作为云南来沪"两后生"提供社会服务,通过营队培训的方式提升其各方面能力,帮助其适应融入上海城市。经过职业学校三年的学习和社会全方位的帮扶,学成而归的云南来沪"两后生"大多已在家乡或上海顺利就业,职业教育沪滇合作取得了不错的成效。

**案例评价:** "职业教育东西协作计划"通过东部地区和西部贫困地区的职业教育对口帮扶,帮助西部地区建档立卡的贫困生来到东部城市获得享有优质职业教育的机会。这项行动计划直接带来了如下好处:第一,政策优惠减轻了西部贫困家庭的教育成本和经济负担,贫困学生来到东部城市学习不仅能够免费享受优质教育资源,而且能够开阔眼界、激发学习动力;第二,有些学生在西部地区处于辍学无业的状态,此举为其重新进入学校生活提供了机会,提供了回归社会的希望与可能;第三,职业教育培养的人才既能在家庭层面以就业促脱贫,又能在社会层面以服务家乡建设促贫困地区社会经济发展,可谓一举多得。

案例5-3

**高校联盟建设实现跨区域共商共建——以中西部高校联盟为例②**

**案例背景:** 高校联盟在欧美国家已形成一种态势,如由24所英国顶尖高校组

---

① "两后生",在扶贫政策中是指未能继续升入大学或中专院校就读的初、高中毕业生。
② 沈成飞:《跨区域高校联盟的发展研究——以中西部高校联盟为例》,南昌大学,2016硕士毕业论文。

成的罗素集团、澳大利亚八校联盟等。由于高校联盟在人才培养、学科建设、师资队伍、社会服务等方面能实现资源共享、优势互补，因此，我国高校也日益加强重视、开展探索，通过各种形式结盟的大学合作组织成为我国高等教育发展中引人注目的景观。我国中西部地区高等教育水平低于东部发达地区，为优化高等教育的布局结构，加快缩小区域间高等教育差距，提升中西部高等教育的核心竞争力，国家在无教育部直属高校的中西部省份中，专项支持一所本区域内办学实力最强、办学水平最高、区域优势明显的地方高水平大学，由这些高校自愿组成的高校联盟是中西部教育振兴计划的一部分。

**案例内容**：2013年，中西部14所大学本着"自愿、平等、合作、发展"的原则，以提升中西部高校综合实力为理念，正式组建中西部高校联盟，全称为"'中西部高校综合实力提升工程'高校协作联盟"，属于非营利性的、非法人的高校联合体。参加中西部高校联盟的成员高校有南昌大学、河北大学、山西大学、内蒙古大学、郑州大学、广西大学、海南大学、贵州大学、云南大学、西藏大学、青海大学、宁夏大学、新疆大学、石河子大学。14所高校在制度建设、人才培养、学科建设、队伍建设、社会服务、科学研究、国际交流与合作等方面展开多边合作，共同探索中国特色现代大学办学理念和制度建设，推动中西部高校联盟成员间的经验交流和管理制度创新。中西部高校联盟发展的动力来源于自我发展的内驱动力、政府推动的外在动力和高校竞争的压力，其对内每年举办书记校长圆桌会议和工作经验交流会议来协调各高校之间的关系，分享办校经验和研讨人才队伍建设，获取互补性的发展资源；对外则处理好与政府、其他高校、其他联盟、产业界的合作关系，争取更多发展资源并合理分配、有效使用。中西部高校联盟自成立以来取得显著绩效，联盟成员高校整体实力迈上新台阶，社会认可度日益增加，报考生源、教师团队、学术科研、学科建设等各个方面取得优良成果。

**案例评价**：中西部高校联盟是推动中西部地区高等教育发展的有益探索，其在政府引导下以教育共同体的形式开展高校之间的互动与合作，不仅能够帮助中西部地区的高校"抱团取暖"，开展经验分享与交流，获取互补性的资源，在对话合作中实现共商共建，而且能够与发达地区的高校联盟开展合作，学习借鉴其他高校联盟的建设经验与模式，不断提升成员高校的发展实力，在所在区域发挥引领辐射、特色示范作用，缩小中西部地区和东部地区高等教育发展的差距。

这三个案例虽分属于义务教育、职业教育、高等教育三个不同的领域，但其实践探索的目标主要围绕着"均衡"和"质量"两大核心关键词，"均衡"体现在缩小中西部地区教育与东部地区教育的差距，致力于实现中西部教育发展的后发赶超，促进全国区域教育、城乡教育均衡发展，"质量"体现在提升中西部教育发展实力，并非亦步亦趋地跟在东部教育后面一味追求速度，而是致力于探寻具有自身特色、适应本土社会经济发展水平、满足本地人民教育需求的发展道路，以促进中西部教育高质量发展。

## 三、中西部地区推进教育现代化的战略路径

中西部地区教育现代化的发展主要以后发优势实现对东部地区的赶超。在可持续发展理念的引领下，其后发赶超式战略主题包括"教育可持续发展"的核心主题，也衍生出了"公平导向下的教育均衡发展""效能坚守下的教育高质量发展""个性基础上的教育多元发展"等多个子主题，基于战略定位，扎实做好中西部地区教育现代化后发式赶超的顶层设计。与此同时，在上述宏观战略主题下，在各级各类教育中选择可行目标是具有现实意义和实践价值的，包括普及普惠学前教育、均衡发展义务教育等。承上启下的后发赶超式战略与目标定位，为中西部地区推进教育现代化指明了方向。研究团队以重庆市荣昌区和武汉市江岸区为例，参照《中国教育现代化2035》，从其实践经验中归纳总结出中西部地区推进教育现代化的战略路径，包括"一地一案""一校一策""规划引路"三个方向。

### （一）一地一案：探索区域推进城乡教育一体化发展的西部路径

为全面深化荣昌教育综合改革，提高教育教学质量，助推荣昌教育现代化进程，根据教育部《中国教育现代化2035》《县域义务教育优质均衡发展督导评估办法》和《荣昌区提升教育发展水平实施方案》等文件精神，荣昌区教委与华东师范大学基础教育改革与发展研究所共同制定和实施荣昌教育现代化区域行动计划。其目标在于探索具有区域特色且内涵丰富的教育现代化发展理念，制定推进荣昌教育现代化总体计划，即"荣昌路径"，全面提高区域教育质量。基于荣昌区城市化进程较缓、乡村较多的特殊情况，在探索西部推进教育现代化的"荣昌路径"的过程中，研究团队重点关注对乡村教育振兴计划的推进，打造学区项目特色学校，建立城乡学校之间互动共享的发展机制，继而推进城乡教育一体化。

1. 基本情况及优势

荣昌区教育现代化的实践过程中，有着自身独特的优势，这些优势极大地增

加了荣昌区继续推进教育现代化的信心,也为其他地区的教育现代化实践提供了参考和借鉴。

(1) 领导层推动区域教育改革力度大

荣昌区教育行政和教研人员在访谈过程中都表现出了极大的决心,也愿意积极地投入到学校建设和区域发展中,并且在荣昌区已有的条件和基础上尝试做出了努力,采取了一系列举措去改善当前状态。他们深知荣昌区在教育和经济等方面与其他区之间存在的差距,但一直在不断探索一条适合自身发展特点的荣昌本土特色改革之路。同时,他们也指出了当前教育发展状态及发展瓶颈,主要集中在教师专业发展、教育经费以及教师流动、职称评定等方面,希望与高校专家团队经过三年的合作,真正改善荣昌区的现状,解决或缓解阻碍荣昌教育发展的问题。

(2) 学区制改革促进资源共享与有效管理

依照重庆市政府的布署,荣昌区政府将城乡教育一体化建设、促进教育均衡发展纳入政府工作范围之中,积极探索城乡学校一体化发展模式。其中,学区制改革是一项很好的创新举措,既能促进区域内城乡教育均衡发展,也能实现有效管理。荣昌区内共划分有安富学区、昌元学区、昌州学区、盘龙学区、仁义学区、荣隆学区、双河学区、吴家学区这八大学区,学区内实行"中心校负责制",即学区内原先办学质量基础较好的学校成为"中心校",发挥引领和示范作用;其他比较弱的学校,一方面可以学习中心校的学校管理模式,另一方面可以通过学区内的教师集体教研活动,学习实用性的教学经验。在一定程度上发挥了名校的辐射功能,有利于形成乡间学校、区域内学校捆绑发展机制,实现优质教育资源共享,共促教育公平。

学区制改革也有利于实现学区内学校的有效管理。八大学区划分后,每个学区都配备有"学区长"。学区长主要负责"信息的上传下达",具有一定行政协同的职能,在一定程度上为实现学区内学校的有效管理奠定了基础。

(3) 校长和教师学习及研究意愿较强

荣昌区的乡村学校行政领导、教学人员和后勤人员,普遍表达了建设更好的学校的愿望和要求。具体表现为以下几点:

一是校长对于学校文化凝练、特色发展和愿景规划形成了初步思考。大部分校长都会结合自己学校的地理和人文特色,充分利用社会资源,形成自身独特的办学理念,并将其渗透在日常教育教学中,也会从外部寻求经验。

二是教师自主学习意愿强烈,能够主动寻求专业发展路径和资源。在教师培训方面,校长会尽可能地支持教师出外培训。教师自身很敬业且有很强烈的学习愿望,既有职业追求,也有自主学习的热情,不断提升自己的教学能力,并在很多学校也形成了新老互助的工作氛围。

三是教师勤于奉献,能够主动承担教学之外的诸多事务。其中包括与家长的沟通和对学困生的关心,将学生发展放到第一位,尽可能地为后进生和学困生提供帮助。

2. 问题及困境分析

尽管荣昌区的教育现代化发展和"荣昌路径"探索具有一定的地区优势和现实基础,但当下面临的困境和挑战也是不可回避的重要议题。

(1) 城市化进程中,城乡生源比例失衡

城市化进程中,荣昌区的教育出现了很多问题,尤其严重、亟待解决的是城乡生源比例失衡的问题。城乡生源比例失衡主要体现在以下两个方面:一方面,城市学校与乡镇学校的生源比例失衡。随着城市化加速,为了追求更好的生活、为孩子提供更好的教育环境和条件,许多孩子随着父母来到大城市或乡镇读书,导致乡村学校出现生源不足的现象。另一方面,乡村学校之间也存在生源竞争。一般而言,有的父母采用就近原则让孩子入学、或根据自身家庭经济条件让孩子入学、亦或者是因为某个学校拥有好的口碑或历史悠久的办学文化或者是有优质的教师队伍等原因进行择校。

(2) 校长管理自主权有限,区域层面有待进一步放权

校长管理自主权有限主要体现在绩效工资、学校中层队伍建设、教师流动三个方面。在绩效工资分配上,上级行政部门给予校长的自主权不够,校长难以真正做到按劳分配与奖励优秀。同时,教育责任被下放到学校,因而导致权责不匹配的现实。在"无权""无钱"的状态下,校长更多依靠个人魅力工作。在学校中层队伍建设方面,上级行政部门的过度干预使得校长对中层的管理自主权弱化,出现部分中层管理部门及其负责人职能紊乱的问题,进而导致部门之间互相推脱相关事务,极大地降低了管理效率。在教师流动方面,校长几乎没有管理教师流动的自主权,当有些教师教学效果不好或考核不合格时,校长没有支配教师离岗或调换其他教师的权利,这样一来教学现状得不到改善。

(3) 教师管理机制不完善,有待进一步改善

教师与教学质量、学生健康成长密切相关,教师管理机制不完善成为制约荣昌区学校发展的阻力,影响教师的专业发展与教师工作的积极性,进而影响教育

良性发展。从调研的情况来看,其问题主要表现在以下几个方面:第一,教研活动少且流于形式。学校没有一套完整的体系保证教研质量。第二,培训质量不高,机会少。荣昌区现有的培训层次低,内容针对性不强,没有实效作用;在农村学校,教师培训更是难以开展。第三,教师流动机制不健全。第四,教师激励体制不合理。行政教师、班主任普遍反映自身待遇差,干了更多的活,承担了更大的责任,却和普通教师待遇基本一致。第五,评价指标单一,职称评定困难。教师评价仍然主要以学生成绩为主要考核标准。教师普遍反映职称评定困难,指标少。

(4) 教师职业倦怠严重,教师队伍质量不高

一方面,教师职业倦怠明显。教师接受新的教育理念、教学方法比较慢,课改推行困难。工作上安于现状,但求无过;学习上,满足于已有的知识,不愿意接受新理念。另一方面,教师专业素养有待提高。农村教师多数为中等师范院校毕业,真正本科全日制毕业的教师比较少,业务理论水平不够,专业性不深,缺乏创造力,学科素养不高。再者,教师队伍结构不合理。表现在两个方面:教师学科结构不合理和教师年龄结构不合理。教师学科结构不合理,在农村学校尤为明显,有些学校没有音体美等专业教师,都是由其他学科教师兼任。整个教师队伍年龄偏大,不利于教师队伍的可持续发展。

3. 对策及其实施

为化解上述"城镇挤、农村弱"的教育资源不均衡问题,荣昌区坚持城乡教育机制创新,精准发力,破解城乡教育二元难题。在与华东师范大学三年合作过程中,探索出如下"五大机制"以优化城乡教育一体化资源配置。

(1) 区校三级多维联动机制。将荣昌全区义务教育阶段学校划分为八大学区,围绕区内自设的"学区制",构建了高位统整的"行政维"、中位引领的"教育教学维"、低位落实的"督导维";同时,形成"学区""督导责任区"和"学校"的三位一体,实现"城区基地校""学区基地校""学区内其他学校"之间的三级联动。构成以城带乡、以区带校、强乡促城的三级多维联动机制,理顺了体制改革带来的多维多层互动的复杂关系。

(2) 区内教师柔性流动机制。相较于人事关系迁转的"刚性流动",荣昌区采取了不转关系并有时限的"区内柔性流动"机制,具体方式是强校支持弱校、城市流向农村、弱校强师流向强校、农村流向城市。区内根据实际情况和学校需求进行走教、支教,深入推进村小教学点音体美教师走教工作,2016年以来累计选派1 100名教师到农村学校支教走教,有效缓解了农村学校学科结构性缺编问题。

赋予学区师资调配权,同一学区内学校间干部教师交流,由学区根据学校建议统一制定交流方案。2016年以来共交流干部教师2 600余人次,"双圈"①干部教师交流34人次。

(3) 优质资源共享机制。在多方努力之下,八大学区建构了由成渝双圈牵手学校、重庆市区牵手学校、荣昌城区牵手学校、学区中心校这几类学校构成的城乡资源共建共享模式,形成优势互补、相互促进的优质资源共享机制。搭建城乡资源共享平台,全面完成"三通两平台"建设,实现教育城域网、校园网、班班通、教育资源平台全覆盖。此外,还建立了基础教育数字教育资源和荣昌区中小学课程资源库。这一机制致力于让教育资源"共享"成为基于"共创"的"共享",吸引越来越多的教师"共创未来,共享成长"。

(4) 特色学校示范辐射机制。在全区的四大行动中,"素质教育发展行动"的核心任务是聚焦课程、教学和评价,推进义务教育示范校建设。具体在每个学区的文化理念统领下,以八大学区的基地校为核心,构建特色课程群;以"为学而教、为学而建、为学而评"课堂基本理念,聚焦"建、教、评"课堂教学范式,打造区域特色"三为"课堂,形成特色学校群。搭建由"基地校—基地校学校群—市区校—UGS平台联盟校"构成的同心圆式的"四环"学区化交流与辐射基本框架,定期进行学校之间成果和经验的公开展示与相互学习。

(5) 协商式发展性督导评估机制。深化学区管理体制改革,设置八个学区和督导责任区,实行两块牌子、两套班子、两个办公场所,推进教育管办评分离。将学校三年发展规划纳入督导评估内容,推动学校持续完善发展规划。以共同体为评估单位,以通过协商产生的规划中的发展目标为评估依据,以意在达成规划目标的学校改革与发展项目为评估内容,通过专家论证加以完善。建立五级督导机制,加强督政工作力度。

在五大机制促进荣昌区教育现代化过程中的城乡一体化建设时,各学区形成了"教学共研、资源共享、制度共建、团队共进、文化共生"五大城乡教育一体化发展策略(简称"五共策略")。在实施各大策略过程中形成了数量可观的典型课程教学案例、资源建设故事、学习共同体建设资源包(含活动信息、活动照片、活动报道与链接等)等丰硕成果。这些举措带动了区域内学校共同发展,探索出城乡义务教育一体化行动的新路径。

---

① "双圈"是指成渝双城经济圈。

(1) 教学共研策略。教学共研策略主要用于各学区及其所属学校因地制宜开展"为学而建、为学而教、为学而评"的"三为"课堂范式。华东师范大学研究团队在每次赴荣昌区的调研和指导活动中,都在各学区各基地校进行"三为"课堂的开放式研讨,在这个过程中逐渐丰富了这一策略的内涵,也逐渐形成了"三为"课堂评价标准及指标体系、"三为"课堂教学设计基本模板。还有不少学校提出了对本校课堂的特殊命名,如荣昌初中的"点化课堂"、小学的"五有"体验课堂、安富小学的"有品课堂"等。

(2) 制度共建策略。制度可以从广义和狭义上来理解。城乡教育一体化进程中共建的制度,主要是狭义的制度,即指任何一个社会组织中每一个成员都必须遵守的办事规则或行动准则。在治理的视域下,制度是参与管理的成员经由互动、协商而达成的需要共同遵守的规则或行动准则。

在学区和学校层面的制度共建,宏观意义上的制度是学区/学校发展规划,以及与之配套的年度实施计划,中微观意义上的制度主要是教学教研制度、家校沟通与合作制度等。学区制本身就是一种制度创新,但其运行机制以及在机制运行中对个人与个人、个人与组织、组织与组织之间关系起约束或协调作用的制度,是需要在实践中不断调整完善的。

(3) 资源共享策略。该策略是指学区内或学区之间可用以共享的教育资源,主要集中在条件、装备、技术、课程教学资源及教师这一人力资源。条件、装备、技术资源主要指操场、乡村少年宫、多功能室和多媒体等基础设施;教师人力资源主要指教师作为知识载体的共享性,具体包括教师的教研活动、教学成果等;课程教学资源则包括教材、课例、信息平台等为课程开发和教学改革提供服务的资源。

(4) 团队共进策略。团队在城乡教育一体化行动中是多维度多层面的,除了传统的中层管理团队、教研组、备课组、年级组之外,还有基地校分片活动中涌现的校内跨学科、校际跨校和跨学区的各种合作团队,这些团队中有的还有专家参与。2018 年启动的省区学校牵手,2019 年开始的荣昌区内城乡学校牵手,渐渐出现一些新形态的合作团队。有待于进一步梳理、总结和提炼的是:新老合作团队的日常交流和节点如何推进;在将非遗文化资源引入学校课程的过程中,如何涌现出有影响力的课程研发团队、课堂变革合作推进团队等。

(5) 文化共生策略。文化共生是一种互利互惠、相互依存、同生共长的良好状态。从不同层面看,有区域文化共生、学校文化共生、课程文化共生、教学文化共生、教师研修文化共生、班级文化共生等共生形态。自推进素质教育基地校、城乡教育一体化、"三名"培养工程和初高中教学质量提升等四大行动以来，尤其是从陶艺、夏布、折扇、移民等非遗资源引入校本课程以来，又增添了新形态的文化共生，如：学校文化与地域文化的共生、学校文化与家庭和社区文化的共生、大学文化与中小学文化的共生、城市文化与乡村文化的共生、东部文化与西部文化的共生等。清晰地探明这些层面和维度的文化共生现象，把握其形态、特征及发展演化脉络具有重要意义。

### （二）一校一策：课程教学现代化推进学校特色发展

荣昌区的教育现代化建设从区域整体发展层面逐渐辐射至各个学校，对学校课程教学进行现代化改革，而这种改革不是依样画葫芦的千篇一律、千校一面，是一种主动的"在地化"，即"在地城市化"和"在地现代化"，继而实现"一校一策"，真正打造荣昌特色品牌学校，进而反促区域教育现代化。

#### 1. 基本情况及优势

从基础条件来看，荣昌区推行"一校一策"，打造特色品牌学校，提升区域教育教学质量具有一定的现实优势。

（1）区域文化资源丰富，能够为学校开发特色课程提供基础

"天下海棠本无香，独荣昌海棠香扑鼻"，荣昌古称昌州、雅称"海棠香国"，有始于宋代的"荣昌陶"，与建水陶、钦州陶、宜兴陶齐名，并称"中国四大名陶"；有始于宋代的荣昌折扇，与苏杭折扇齐名，并称"中国三大名扇"；有起源于汉代的夏布，号称"天然纤维之王"；是"湖广填四川"的重要聚集地，被誉为"客家文化活化石"。荣昌人杰地灵，是著名廉吏、"天下清官"喻茂坚的故乡，涌现出一批文化名人。这些宝贵的历史文化资源将成为荣昌区推进教育现代化、深化学校变革、开发校本课程、凝练主题活动、建设校园文化的不竭源泉。

（2）学校的特色和文化突出，重视校本课程开发与本土特色相结合

荣昌区积极推进所辖各学区学校的特色文化建设，效果显著，主要表现为学校在各学区的引领下形成了与当地本土特色相结合的校园特色与文化。荣昌区有着悠久的历史文化与当地特色，学校充分利用这一优势，构建学校特色与文化。其中，安富地区的陶艺文化有几千年的历史传承，蕴含丰富的陶土资源，有关于陶艺的非物质文化遗产传承人。盘龙是重庆市最大的客家人聚居区和客家方言岛，全镇有近40%为客家人，拥有深厚的移民历史文化和独特的客家方言文化资源。

不同地区学校都结合相应地方文化开发了特色课程,颇具"荣昌"色彩。

2. 问题及困境分析

当地丰富的文化资源为特色品牌学校打造提供了资源基础,而学校层面基于本土特色进行的校本课程开发也为品牌学校建设打下了基础,但依旧面临品牌效应及其辐射面较弱、学校办学质量较差等现实困境。

(1) 基础性规范建设急切与品牌创新急迫之间存在落差

荣昌区有着自己丰厚的历史底蕴,近些年教育教学改革发展也涌现出很多带有地域特色的有效经验。但是,从区域和学校两个层面的专业管理来看,区域性地推进教育现代化所需要的基础性规范建设与区域学校品牌特色创建乃至发挥荣昌教育的辐射和影响力之间存在一定落差。规范和特色,基础建设和品牌辐射的"两条腿走路",如何走好、走稳、走充分、走平衡,成为区域推进教育现代化中所面临的问题。缩小两者之间的落差是系统提升区域教育品质所面临的问题。

(2) 学校教育系统化程度较低,教育教学质量有待提升

荣昌区所建立的八大学区在举措上实现了创新,但在实践效果上并未有突出表现,其学区办学质量依旧有待提升。跨域式地开展区域和学校层面的规范建设面临困难,缺少规范管理、精细管理、知识管理等理念的引领,未建立起建设各个学校和区域层面的质量保障体系,也未形成系统且结构完善的教育教学体系。同时,在城市化发展的过程中,荣昌区面临着优质生源流失的巨大挑战,也面临着其他区域和市区优质初高中对荣昌区教育教学所形成的压力和冲击,如何以区域质量保障体系建设为抓手,全面提升教育教学质量,成为当地学校发展亟待解决的问题。

3. 对策及其实施

就荣昌区的特色品牌学校打造而言,它不同于发达地区的特色品牌校建设。一般来说,发达地区的特色品牌校往往是基于拥有的优质教育资源而使学校在生源、师资配置、学业成绩、升学率等方面都处于领先地位,以期达到一个全面优质的效果。而荣昌区并未享有优质教育资源的红利,拥有的仅仅是"非重点"的普通学校,那么如何让这些学校依托本土文化资源将自己打造为特色学校成为"荣昌路径"探索的重要一环。

从理论层面来看,可以以"内涵式发展路径"和"辐射示范路径"这两条线为抓手,指导荣昌区的特色品牌校打造。

(1) 内涵式发展路径。特色学校的概念内涵决定了特色创建的差异性,每一所学校都需要根据自己的实际情况来找准合适的发展定位,努力挖掘本校历史文化底蕴。这就要求特色学校首先要向内探寻,找到创建学校特色的文化基础,通过对特色文化基因的提取与改造实现内涵式发展。"内涵"强调的是事物更加内核的质的规定性,重在本质特征,其发展目标在于"使事物的内在本质特征能够更加充分地体现或实现"[1]。也有学者抛却这种先验性的解释而从发展结构类型的角度来界定内涵式发展,"内涵式发展是发展结构模式的一种类型,是以事物的内部因素作为动力和资源的发展模式"[2]。因此,我们可以结合动力源泉和发展目标两个因素来把"特色学校的内涵式发展"界定为"不通过集聚优势教育资源而以学校的内部因素作为动力和资源、侧重于实现特色学校本质特征的发展模式"。

特色学校应该怎样实现内涵式发展呢?正如内涵式发展的界定所述,事物的内部因素是动力和资源,关键在于事物本质特征的实现。而特色学校的本质特征恰好在于独特的个性风貌和优秀的办学成果。特色学校要实现内涵式发展,则必须要结合学校现有条件,利用学校自身的文化、历史等教育资源不断进行探索与实践,注重要素的优化,包括教师素养的提升和组织结构制度等创新,最终打造出自己的特色品牌并形成优秀的办学成果。

当然,在实现特色学校内涵式发展的过程中,还有两个重要关系需要注意,即要处理好传承与创新的关系、全面发展与特色发展的关系。首先是要处理好传承与创新的关系。特色学校的形成有赖于对学校优秀历史文化传统的继承,学校要注意充分挖掘和吸收历史文化中的营养,结合学校当下的现实条件找到值得继承和创新的方向,然后再整体协调进行特色创建。其次是要处理好全面发展与特色发展的关系。促进学生的特色发展是特色学校内涵式发展的重要目标之一,但是这种特色发展是以适度的全面协调发展为基础的[3],要让学生得到真正平衡而有个性地发展。

(2) 辐射示范路径。特色学校的建设发展是一个链接历史、立足当下、走向未来的过程。作为一项基础教育领域的整体性的学校发展战略,它具有长期性和系统性,除了对内进行内涵式发展,也应该要对外进行辐射示范,为区域教育质量的

---

[1] 石中英:《高等教育内涵式发展的理论要义与实践要求》,《国家教育行政学院学报》,2020年第9期,第7—15页。
[2] 马大建:《校长成长 教师成长》,郑州:大象出版社,2015年版,第20页。
[3] 马颖英:《试论特色学校建设中要处理好的三个基本关系》,《教育科学》,2015年第6期,第19—22页。

整体性提升服务。

从辐射示范的途径来看,特色学校进行辐射示范的类型主要包括两类:一是主要依托在线平台进行构建特色学校的成果展示、经验分享,例如在学校"三微一端"平台上进行宣传;二是主要依托线下平台进行优质教育资源的共享,包括集团化办学、学区化办学、委托管理、校际合作等方式。前者使得一般学校与特色学校不必进行实际接触便能获取一定物质资源(活动图片等)和精神资源(办学思想、办学特色等),后者是特色学校进行辐射示范的主要类型,在具体操作中可采取观念影响、智力支持、课题带动、交流互动等途径。从本质上看,特色学校的辐射示范也是一种资源共享。但是,辐射示范与一般的资源共享的不同在于,共享往往建立在共建的基础之上,且其本身强调一种"各取所需、各得其所"的公平,而辐射示范旨在通过辐射实现示范效应,必然有一个辐射的出发点作为主要的资源建设者和分享者,反映在实践中则是——特色学校往往是资源输出方,一般学校往往是资源接收方。特色学校作为辐射的圆心定然会付出更多,其辐射示范也并非基于和一般学校的资源共建。

要真正做到价值引领、办学示范、成果辐射,这就需要进行示范的特色学校拥有更多的责任意识和大局意识,要认识到教育的使命不仅仅在于促进本校的学生发展,更在于促进全社会学生的发展,也要认识到地区乃至国家的教育发展能够促进本校的发展,从而乐于并善于推广本校的成功经验,把帮助其他学校创建特色的成功当作促进本校成功来看待。只有这样,我们才能够建成"化人"而非"化物"、"面向未来"而非"只顾当下"的优质学校,才能够有效促进教育现代化目标的实现。

从实践层面来看,荣昌区在特色品牌校建设实践中,致力于质量提升与特色打造双管齐下,不断提升特色品牌校的影响力和发展的可持续性。荣昌区在U-S合作的城乡一体化建设行动中加强了特色学校的建设,号召各所乡村学校在教育资源处于劣势的情况下大力挖掘本土文化资源,实现内部要素的重组优化,助力学生成长与教师发展。

(1)特色品牌辐射机制建设。总体上看,近五年来,荣昌区已建成国家级特色学校13所、市级特色学校36所,学生的整体素养得到很大提升。当然,这也是当地特色学校辐射示范的重要成果,在发挥特色学校辐射示范作用、推动区域教育优质均衡发展上探索出了独特的路径。在具体实施过程中,荣昌区依托城乡教育一体化项目,从农村向城市辐射,资源共享、示范引领,坚持走"特色基地校—特色学校群—市区特色校—UGS平台联盟校"四环辐射示范的发展之路。

如图5-1所示,第一环是被选为特色学校建设重点的农村基地校,如安富学区以安富小学为中心基地校,重点打造陶文化个性;从基地校向外辐射,走向第二环,即围绕在基地校周边的学校群,通过学习基地校创建特色学校的经验和吸取基地校"走弯路"的教训探索形成自己的特色,最终形成学区内的特色学校群;下一步要跨越荣昌区的地域限制,实现从乡村向城市的重大跨越,让各学区的特色学校群继续向外辐射,与市区的学校进行联合,通过结对共建等形式进行辐射示范,这是第三环;最后一环则依靠更大的平台,与整个UGS(高校—政府—小学)平台联盟校进行辐射与交流。

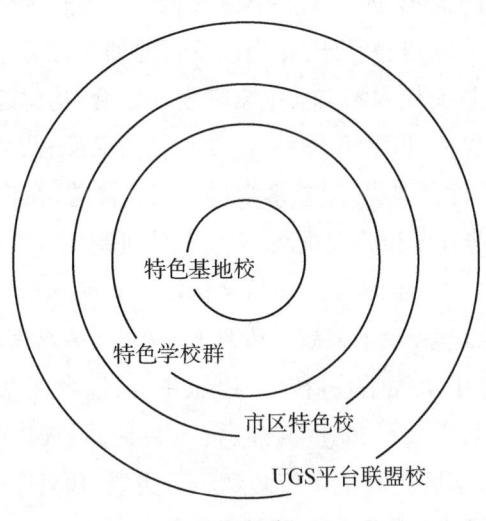

图5-1 荣昌特色学校辐射示范图

(2) 积极打造在地化特色课程。各个学区确立了本学区的整体课程理念、课程目标与方法,并取得了一定成效。安富学区以"安陶"为载体,形成学区独有的陶文化,将"陶文化"融入学校课程建设;昌元学区以陶行知先生的"生活教育"理念为指导,开发"厚植生活课程",形成生活常识类、生活技能类、生活情趣类、生活创意类四大类生活课程;昌州学区打造"扇韵"课程,并形成了"三三三"校本课程体系,包括三种常规课程、三种特色课程和三种拓展课程共九大类课程;盘龙学区将客家人"勤、善、孝、诚"的良好家风家训融入到学校的特色课程建设之中,按照从习惯到品格形成的顺序,开展具有探究性、体验性、实践性的课程形式;荣隆学区以"自然美、社会美、艺术美"的大美教育理念为支撑,形成了大美立德、大美启智、大美健体、大美艺术、大美劳动的特色课程体系；仁义学区以中心校辐射机制为基础，建立了课程发展的"三级梯队"，基地校为第一梯队，辐射作为第二梯队的中心校，与第三梯队的村小、完小共享校本课程资源，推动课程实施；双河学区开设了"水滴课程"体系，包括西方文化经典诵读、综合实践活动以及各具学校特色的竹文化、悦读、茶文化和手工等课程；吴家学区以阳光行为、阳光课堂、阳光管理为理念，根据学校发展实际情况开展相应活动。各学区优秀课例范例日渐完善，呈现良好的发展趋势。

(3) 双路径引领发展特色品牌校。以荣昌区双河中心小学为例，在内涵式发展方面，自2018年以来，在专家指导下，该校结合学校实际，从课程改革、特色课程建设入手进行了特色学校创建。首先，学校依托双河作为全国麻竹之乡这一地域资源，深入挖掘其内涵，找到可转化为教育资源的文化意蕴；其次，学校在夯实国家课程基础上，将竹文化内涵与学生素养发展结合，构建起以全面发展核心素养为课程理念的雅竹"六质"课程体系，主要包括竹品课程、竹雅课程、竹理课程、竹健课程、竹艺课程、竹合课程，涵盖多学科领域。接着，在特色课程建设的实施过程当中，学校进一步在学校管理机制、师生评价机制等方面同步进行特色改造，实现制度机制的优化，从而创建了一所竹文化特色学校。

在辐射示范方面，学校牵手荣昌区拓新玉屏小学、荣昌区联升小学、双河治安中心小学和金佛中心小学等学校，按照"以城带乡、以乡促城、城乡融合、共生共长"发展模式，围绕"教学共研、制度共建、资源共享、团队共进、文化共生"的"五共"总体发展策略，对辖区内其他学校起到示范引领、辐射带动作用。具体来看，包括思想辐射、管理模式辐射和资源辐射。

### (三) 规划引路：建设中部地区教育现代化试验区

中西部地区教育现代化的后发赶超式发展在实践中取得了显著的成效。其中，西部地区主要以重庆市荣昌区为例，通过"一地一案"的方式探索城乡教育一体化的发展路径；发挥"一校一策"在特色品牌校打造路径上的优势，借助课程教学现代化改革反促区域教育现代化。在区域层面和校际层面实施不同的战略路径，做到自上而下和自下而上的有机结合。而中部地区则以武汉市江岸区为例，通过全方位的教育规划引领，建设中部地区教育现代化试验区。

1. 基本情况及优势

武汉市江岸区始终坚持党对教育事业的全面领导，牢牢把握社会主义办学方向,秉承"质量优、特色新、品位高、现代化"奋斗目标,紧扣"率先实现教育现代化"主线,切实抓牢教育公平和教育质量,落实办人民满意教育的宗旨,扎实推进素质教育、教育治理体系和治理能力现代化,拥有较好的教育发展基础。

(1)"责信德育"筑牢立德树人根本。为改变"重智育轻德育"的现状,提高立德树人工作实效,江岸区倡导打造"责信德育"品牌,以学生成长过程中的"责任""诚信"两大核心为主题,注重与红色教育、社会主义核心价值观"四进"(进支部、进社团、进网络、进团课)、"红色基因传承"、"五色研学旅行"等主题实践活动紧密结合,让学生加深对社会主义核心价值观的理解。

(2)"雁阵工程"助推干部教师发展。稳步实施包括教育教学干部"头雁领航"计划、学科骨干教师"大雁凌云"计划、新进入职教师"新雁腾飞"计划在内的教师成长"雁阵工程"。在关注教师心理健康的基础上改革分配机制,成功构建"出工、出力、出绩"的"三出"分配机制,激发教师工作热情。通过搭建高品质研修平台、组织培训,打造了一批教育理念先进、领导能力强、管理水平高的专业化干部队伍。

(3)"品牌联办"促成优质教育共享。重点在"学区共进、品牌共生、人资共享、发展共评"四个机制上进行探索,通过"老区"提档,焕发老校二次发展活力;"新区"配建,补齐区域教育布局短板;"片区"互补,打造学段间优质教育链条,建成更多群众家门口的好学校。发挥优质学校带动、品牌联办优势,让老百姓在家门口享受优质教育。

(4)"发展共评"促进教育优质均衡。深入推进教育管办评分离,积极构建政府部门、社会组织和专业机构等共同评价机制,率先引入第三方评估。聚焦现代学校治理、现代育人模式、现代课堂教学、现代课程体系,助推义务教育现代化建设。创新开展"一首多辅"挂牌督导模式,优化督学队伍学科、年龄、专业结构,提升了督导专业性和权威性。

(5)"美好教育"升华"和谐教育"理念。进入新时代,江岸教育提出了"美好教育"建设目标。"美好教育"是"和谐教育"的升级版,强调更多的是个个都好,是对"和谐教育"的深度延展和完善,"美好教育"要实现的是公平而有质量教育的提供者,区域经济社会发展的服务者,最终让江岸教育校园更美,学段更优,教师更好,质量更高,治理更善。

2. 困境及挑战分析

"十四五"期间,江岸区将进行的产业升级、老城区改造、"三孩放开"、城镇落户限制放宽等政策利好,将使江岸区成为外来人才就业首选之地,这令江岸教育有了更大的发展空间。然而,面临错综复杂的社会发展形势,江岸教育要在教育现代化进程中再上一个台阶,依旧面临着诸多挑战。其中,人民群众对优质美好教育高需求与区域教育优质供给不平衡不充分的矛盾将成为江岸区教育发展所面临的主要挑战,主要表现在以下几个方面。

(1) 各级各类教育发展不够平衡,供给保障不充分

普通教育、职业教育、特殊教育三类教育发展存在一定的不平衡,职业教育、特殊教育品牌发展不够充分;学段衔接、纵向贯通的一体化养成教育体系尚需完善,整体育人机制不够健全;家校社互动合作的长效机制建设需要加大力度;残障学生的资源教室配备尚需寻找有效解决路径;硬件条件与实施队伍的短板需要突破;民办教育功能定位与社会期待存在偏差;现有育人水平与拔尖创新人才培养的短板尚待突破。

(2) 教育品牌发展不够平衡,辐射带动不充分

品牌影响力和梯队还不均衡,需要系统梳理提炼打造,包括名校名师品牌、课程创新品牌、教学改革品牌等。优质品牌提炼与辐射不充分,品牌提炼能力包括品牌孵化、品牌策划、品牌建设等还有待加强,需要更加明确思路,苦练内功,积少成多,放大亮点,持续提升江岸教育在全市、全省乃至全国基础教育阶段的话语权和影响力。

(3) 教师资源配置不够平衡,优化提质不充分

由于现行编制政策与教育实际的不适应性,教师队伍"超编"与"缺编"并存、聘任教师比例过大、教师职称评定指标不能满足教师专业发展需求等问题突出,同时教师总体素养与人民群众对优质教育的高需求之间存在一定差距,在加强教师专业化发展的同时,教师招聘和培养的力度还有待提升,合同聘用制教师的规范管理亟待加强。

(4) "五育"并举发展不够平衡,整合融通不充分

"五育"并举发展在不同领域、不同学校、不同学科教师发展中存在一定程度的不平衡问题。体艺教师流动大、老龄化问题较为严重;支撑"五育融合"的多样化课程建设不够充分;聚焦中高考改革的课程开发不够充分;学科学习与项目化学习存在一定程度的不平衡;聚焦新课标、新教材的培训不够充分;学生综合素养培养和评价改革还需充分研究。

(5) 信息技术发展不够平衡,融合创新不充分

教育信息化软硬件之间不平衡,信息素养提升不充分;各类学校之间信息资源不平衡,信息服务能力不充分;数据积累不平衡,数据利用不充分,数据共享壁垒尚待突破;名课程、名师资源开发不平衡,共享和运用不充分。

3. 对策及其实施

聚焦江岸区基础优势和主要挑战,致力于将江岸教育打造成教育高质量发展的"江岸之心"、成为我国中部地区具有先导性和示范性的教育现代化强区的总体目标定位,江岸教育领导班子与华东师范大学专家团队提出了六大任务和十大项目,积极探索中部地区建设教育现代化强区的战略路径和实践经验。

六大任务主要包括以下几个方面:

(1) 着力普惠益童,让学前教育更温馨。《中国教育现代化2035》要求建成覆盖城乡、布局合理的学前教育体系和科学保教体系,使适龄幼儿通过有质量的学前教育,养成良好行为习惯,促进学生健康快乐成长。江岸学前教育要秉持普惠益童宗旨,全面提高幼托机构办学质量,加强0—3岁儿童早期教育指导,进一步扩大公办幼儿园比例(2025年超过50%),严格公办民办幼托机构办学标准,为江岸儿童提供更加温馨的成长乐园。江岸区将制定深化学前教育改革发展、推进第四期学前教育行动计划等综合性政策,整体提升学前教育保教水平与质量。

(2) 聚焦公平优质,让义务教育更清新。《中国教育现代化2035》提出要保障适龄儿童接受良好的义务教育,九年义务教育巩固及完成水平和学生学业质量要进入世界前列。江岸义务教育要聚焦公平和优质,进一步优化学校布局,提升课程教学质量,构建充满活力、丰富多彩的学习环境;深入推进学区化、集团化办学,进一步激发中小学办学活力。针对初中学生身心发展特征,加强教学质量改进和学业支持,推动初中"壮腰工程"取得明显的成效。

(3) 推动优质多样,让高中教育更放心。高中阶段是家长最揪心、社会最关心的教育阶段,江岸教育要有效满足学生个性化、多样化发展需求,显著增强学生自主发展能力,让家长更放心、社会更满意。江岸高中教育要认真贯彻落实《国务院办公厅关于新时代推进普通高中育人方式改革的指导意见》,扩大优质普通高中教育资源覆盖面,重点建设领航学校和特色高中。大力扶持优质民办高中发展,支持民办高中争创省、市级示范学校。制定适应新中考改革的高中阶段学校计划招生管理办法,保持高中阶段教育职普比大体相当。

(4) 聚力产教融合,让职业教育更贴心。江岸职业教育要继续引导学生和家长树立现代职业观和生涯发展观,跳出中等职业教育的学段层级定位,转向类型化职业/专业定位,畅通"普职融通"成长通路。深化产教融合、校企协同育人,推动企业深度参与,共建共享高水平专业化产教融合实训基地。坚持职业教育质量年度报告制度。多措并举打造中高级"双师型"教师队伍。

(5) 坚持全纳平等,让特殊教育更暖心。《中国教育现代化 2035》指出,要形成布局合理、学段衔接、普职融通、医教结合的特殊教育体系,建立更加完善的家庭经济困难残疾儿童少年助学政策体系,让残疾儿童少年接受适合自身特点、有利自身发展、有质量的教育。实施特殊教育三年行动计划,建设完善学前、小学、初中、普通高中和中等职业教育相互衔接的特殊教育体系,提高特殊教育质量、教师队伍素质和各项保障水平。

(6) 着眼时时处处,让终身教育更润心。到 2035 年,我国各级各类学校教育要与社会教育、家庭教育密切配合、良性互动,形成网络化、数字化、个性化、终身化的教育体系,建成人人皆学、处处能学、时时可学的学习型社会。江岸要推进国家级社区教育实验区、数字化学习先行区建设,开展社区教育实验街道、实验项目创建工作,进一步完善服务全民终身学习的在线教育服务平台功能,推进居民在线学习。实施区社区教育学院标准化建设,打造区社区教育学院全民终身教育学习基地。

为高质量完成各级各类教育领域的主要任务,未来 5 年将重点实施如下十项工程:

(1) "责信德育",立德树人创新工程。通过"责信德育"品牌深化课程体系建设,高标准提升教育整体质量,持续推进教育教学变革。系统梳理"责信德育"品牌,积极构建系列主题教育活动,助力学生全面发展。以"培养值得信赖的责任公民"为总体目标,结合当前"五育融合"的实践经验,将德育与其他各育相融通,进行全方位、全过程式的贯穿渗透,全力打造一系列德育课程活动,真正寓"德"于学,践"德"于行,在潜移默化中加深学生对于社会主义核心价值观的理解。

(2) 美好课程,五育融合优化工程。以落实核心素养和拔尖创新人才培养为出发点,坚持德智体美劳五育并举,通过课程规划研制和课程结构设计,有效促进学校课程体系建设。通过国家课程校本化、学校课程特色化的系统化整体设计,形成学校整体课程结构;通过多元资源开发,建设特色课程;通过前沿课程探索实践,促进学校人才培养品质提升。探索学科与跨学科两种课程改革路径,先试点再推广,形成课程、教材、教法、资源、评价的学校课程实施系统。选择实验校探索儿童哲学、教育戏剧、项目化学习、国际理解等课程开发与实施模式。

(3) 众雁齐飞,良师益友锻造工程。师德为首,加强教师队伍思想政治建设。改革教师评价,健全师德建设长效管理机制,加大对师德失范行为的教育惩戒力度。培养为基,有效激发教师专业发展新动能。充分发挥教师发展中心的业务指导作用,科学构建培养体系,完善学科教师和班主任教师培训机制。加强校长、中层干部及校级后备干部培育,试行校长职级制,提升校长队伍的胜任力。创新为要,深化教师人事制度改革。坚持编制管理,深化中小学教师招聘制度改革。不断夯实"纵向贯通、横向融通"全学段教师交流,促进师资均衡配置和合理流动。

(4) 赋能变革,智慧教育建设工程。创建国家级智慧教育示范区,推动美好教育智慧江岸建设。聚焦"智慧校园"建设,借助创建全国智能教育实验校、省级数字校园、市级智慧校园等专项工作,提升智慧教育环境,努力建设未来学校新样态。以江岸教育大数据中心建设推进为依托,全面提升各级各类学校的智能教育环境建设,打破原有的时空限制,实现学校教育生态的转变。树立以学习为中心的理念,关注学生元认知能力的发展,变革中小学课堂学习方式和教学方式,鼓励学生自主学习和积极学习,以先进的信息技术赋能学校教学,推进线上线下一体、课内课外衔接的智慧课堂实践。

(5) 学业支持,学科育人提升工程。聚焦"质量一号工程",树立质量够高、数量适宜、能标志学生身心健康成长的"绿色学业质量观"。以"绿色学业质量"为取向,建立合理有效的学业支持体系。利用先进的信息技术建设学业支持平台,建构起从学科知识技能体系到学业目标系统、从学习方式及教学策略到以评促教的评价系统的完整的学业支持体系。继承中国式教研传统,探寻现代学校教研机制,促进教师学习共同体建设;建立现代教研智库,促进教研转型。探索现代课堂教学变革实践,积极探索教学组织方式变革,促进学习方式变革。

(6) 产学一体,创业创新促进工程。以生涯发展为取向,以服务就业、创业创新为宗旨,探索普职融通的多通道,切实提升职业教育的社会地位,高标准提升职业教育的整体质量。依据学生发展需要和社会经济发展需要,继续开设创新创业必修课程,整合政府、企业、社会、学校、校友各方资源,加强校企合作、订单培养,促进"产学研"融合,广泛搭建教学实训基地,将推进创新创业教育融入人才培养全过程。

(7) 评价改革,多样发展助力工程。深化教育评价制度和方式的改革,更好地发挥教育评价促进教育发展的功能,从学生评价、教师评价、学校评价几个层面逐步深化落实,鼓励家长和社会参与学校和教育评价,建立健全"以评促建"的教育评价制度。开展基于大数据的学业质量分析、监测和评价,完善学生综合素质评价。教师评价主要考察师德水平,以课堂教学水平、教育科研能力为主的专业素养和能力。学校评价主要从内部评价机制建设和外部评价机制建设两方面着力。学校内部评价机制建设以校长为主导,各部门明确职责,确保教育教学各项工作的责任落实到个人,工作公开透明。学校外部评价机制借助第三方评价机构,畅通家长、社会评价学校、学区的渠道,形成客观、全面、有效的外部评价。

(8) 融合教育,特殊教育推进工程。坚持特殊教育融合理念,在办好特殊教育专门学校的同时,落实随班就读,做好普特融合。以项目研究为抓手,提高融合教育的专业性,加强资源教室等专业支撑平台建设,给每个孩子以希望,给每个家庭以力量,动员全社会呵护和关爱弱势孩子,促进教育公平和社会公正。秉承"让学生体验成长的快乐,给学生搭建自立的平台"的办学理念,以适合智障学生形成认知、开发潜能、康复训练、培养技能为一体的教育体系建设为基础,聚焦障碍研究,引进先进理论,有效进行感统训练,通过综合干预、诊断指标研制、功能性语言训练以及"互联网+"运用等多种课题研究和成果转化应用,促进特殊教育的现代化发展。

(9) 合力育人,家校社区协力工程。坚持以现代学校制度为指引,推进家长、社区或社会人士参与学校治理。坚持以全面育人为指向,推动家庭、学校、社会的教育资源整合。推动家长进课堂、家长论坛、校园开放日、家长志愿服务常态化;积极与社会团体或机构合作建立校外教育实践基地;推动优良家风与校风的相互促进、社区文化与学校文化的相互融合、学校资源与社会资源的相互开放。坚持以能力建设为重心,切实提高教师的家校共育能力和家长的家庭教育能力。切实将家校共育纳入教师研训的体系,提高培训针对性和实效性。

(10) 交流互鉴,教育对外开放工程。持续推进品牌输出,打造高质量"中部教育现代化实验区"。在国家教育政策有效落地上先行先试,壮大江岸教育品牌,在武汉市内及"1+8"城市圈持续开展教育品牌输出工作,使江岸教育品牌在不同区域得到发展。同时让部分校级干部和骨干教师在品牌辐射输出过程中二次创业再出发,达到既盘活全系统的人力资源,锻炼干部教师队伍,优化干部年龄结构,又能提升江岸教育品牌影响力长远发展的效果。加大国际优质教育资源引进力度,探索运用中外合作办学等方式,加快建设一批和国际接轨的学校,不断夯实教育资源优势。

# 第六章 县市区层面：基于规划的地方教育发展目标与战略

地方政府对未来五年、十年乃至更长时间段的教育发展作出规划,实质是一种战略策划,具有阶段性、发展性的特征。"十三五"的收官也就意味着"十四五"的序幕被拉开,教育事业如何在又一个五年中稳中求进、再创佳绩,成为中央和地方教育规划关注的重点。建设中国特色的社会主义教育强国,有赖于中央和地方的勠力同心,地方教育战略要响应与落实国家教育发展战略,首先要对教育发展环境做深入的研判,据此确立战略决策思路,要善于在资源导向型和机会导向型之间进行权衡和取舍,并对攀比跟风型和被逼无奈型决策思路展开反思。同时,也要将"教育高质量发展"这一主题贯穿战略规划目标、任务和项目及其实施的始终。地方教育战略决策过程要响应国家教育战略的要求,要对人口及经济社会发展作出教育上的回应,要参照与借鉴同类地区的成功经验,也要对基层学校及其他教育机构发挥引领和支持作用。可见,地方教育战略的实施过程,既是一个既定战略的解码与执行过程,又是为国家战略寻找地方路径、创新地方经验的过程。本章节中以调研团队指导参与的地方教育事业规划及教育实践探索为例,用案例剖析的方式阐述了教育战略在实施过程中如何为国家战略寻找地方路径,如何创造出独一无二的地方经验。

## 一、战略背景：建设教育强国有赖于中央和地方的协力

战略,按其字面意思,"战"即战争,"略"即谋略,是对战争全局的筹划和指导。后运用于其他社会领域,其意为"对全局性、高层次的重大委托的筹划和指导"。有论者赞同美国战略学家杰克·特劳特(Jack Trout)关于战略的五种含义之一——"战略是一种计划"的定义,将"教育战略"理解为"是高层决策者基于对一定时期组织内外环境的综合判断,从组织的现实需要出发,对未来组织发展所作出的重大的、全局性的和长远性的谋划"[1]。本文所谈教育战略,亦是作为一种全

---

[1] 何伟强:《英国教育战略研究》,杭州:浙江教育出版社,2014年版,第9页。

局性和长远性的重大谋划,但可大致区分为中央和地方两个层级。

"到 2035 年,总体实现教育现代化,迈入教育强国行列,推动我国成为学习大国、人力资源强国和人才强国"是中共中央、国务院印发的《中国教育现代化 2035》提出的战略目标,实现这一目标,需要中央和地方的协力;落实这一目标,则需要地方教育对中央战略部署的积极响应。这也是地方教育发展战略决策的基本背景。

### (一) 国家教育发展战略须得到地方的响应与落实

实现教育强国建设的目标,无疑是以推进教育现代化为全面战略,在各级各类教育及各个地区教育发展层面则体现为分解后的不同运作战略。目前,新发展格局是国家未来战略性政策方向,构建"双循环"新发展格局,是国家发展政策的重大战略调整,"是积极应对国内外形势变化的主动选择,是充分发挥我国超大规模市场优势的内在需求"①,这一政策方向是长久之策而非权宜之计。因而,有论者认为:教育需要聚焦新发展格局的要求重点发力,加强与社会融合是教育必须克服的短板。补齐短板,需要明晰各级各类教育的社会定位,加强各级各类教育的内涵建设,完成高质量教育体系建构。②《中国教育现代化 2035》不仅提出了总体实现教育现代化的十大战略任务,还明确了实现教育现代化的实施路径,首要的就是"总体规划,分区推进",即在国家教育现代化总体规划框架下,推动各地从实际出发,制定本地区教育现代化规划,形成一地一案、分区推进教育现代化的生动局面。

这一生动局面的形成,首先需要各个地方通过自己的教育发展规划去响应、去落实,继而需要"细化目标,分步推进""精准施策,统筹推进",尤为关键的是要"改革先行,系统推进"。换言之,我们未来五到十年乃至更长时间内,都要充分发挥基层特别是各级各类学校的积极性和创造性,鼓励大胆探索、积极改革创新,以持续不断的改革来促进我国教育的高质量发展。

地方或基层单位对国家战略的回应,既可以是紧密的,也可以是松散的。紧密的如《国家中长期教育改革和发展规划纲要(2010—2020 年)》《中国教育现代

---

① 本书编写组:《党的十九届五中全会〈建议〉学习辅导百问》,北京:党建读物出版社、学习出版社,2020 年版,第 19—19 页。
② 马陆亭:《抓关键和补短板:新发展格局中的教育战略选择》,《清华大学教育研究》,2021 年第 1 期,第 3—7 页。

化 2035》、国家教育五年规划等国家教育改革与发展的大政方针从中央到省(市自治区)到地级的市再到县级的市县区,逐级形成全面系统的教育改革发展五年规划。松散的则如地方高校或研究机构在人才培养、专业设置、学科发展及课题研究等方面对国家各战略大计的响应与参照,如为了更好地落实国家传统文化复兴战略而开设书法本科教育专业、培养书法人才[1],又如在国家"一带一路"倡议之下展开对语言传播教育战略的研究[2]等。

### (二) 地方推进国家战略须对教育发展环境做深入的研判

用于企事业发展战略规划的矩阵模型很多,如 SWOT 分析模型、波士顿矩阵(BCG Marix)、GE 矩阵模型等,目前不少地方政府和学校在进行战略规划时,也开始大量使用诸如此类的分析工具,尤其是 SWOT 模型最为普遍。但笔者观察到,这些分析者在具体维度的调研和分析方面尚可,也基本清楚已有的发展基础、面临的形势(机遇和威胁/挑战)、自身的优势和短板,却普遍缺失了综合性概括,以及根据几个核心因素分析结果匹配之后的战略研判和决断。也就是说,少了"临门一脚"的关键动作。

正确实施的 SWOT 分析步骤,应在确立当前的战略时,用(政治、经济、社会、技术 PEST)分析模型或"波特五力"分析模型来确认外部环境的变化,然后根据区域教育发展基础或教育资源组合情况,确认区域教育的关键能力和关键限制,按照通用矩阵或类似方式打分评价,分别归纳出与机会相关的优势和劣势以及与威胁相关的优势和劣势,最后将其结果在 SWOT 分析图上定位。如果分析结果为"OT",即机会极好且优势突出,就选择"增长型战略";如结果为"OW",即虽有机会但与自身优势不符,则选择"扭转型战略";如结果为"SW",表明遭遇严重挑战,须采取"防御性战略";如结果为"ST",表明环境中挑战不小,自身优势强度降低或得不到充分发挥,则需选择"多种经营"或"特色发展/差异化发展战略"。

GE 矩阵模型从"市场吸引力"和"行业竞争力"两个维度,分别进行低中高三级评价,将其交叉构成 9 个宫格形成不同的组合,并作为战略抉择的依据。这比

---

[1] Rongqian Chen: New Thoughts on the Cultivation of Calligraphy Talents under the National Strategy of Traditional Culture Revival — Take Calligraphy Undergraduate Education of Guizhou Minzu University as an Example, Frontiers in Educational ResearchVolume 4, Issue 2. 2021.

[2] Jingjing Wang: The research of language communication education strategy: The Belt and Road background. Proceedings of 2017 4th International Conference on Education, Management and Computing Technology(ICEMCT 2017).

SWOT法和波士顿矩阵更加精细和具体,也开始被运用于教育领域,比如地方高职院校专业发展的研究与探索。① 环境分析之后的战略抉择,也不能以封闭僵化的观念看待矩阵分析结果,而需要有一种开放的动态的视角作为前提。例如2005年上海市浦东新区率先推出以"委托管理"带动"薄弱学校"发展的举措,就是基于浦东地区优质教育资源稀缺而浦西地区教育资源充沛的极大反差,从而开启了借助外力拉动自身发展的这一创新战略。又如中西部地区越来越倾向于向东南沿海地区学习借鉴改革发展成果和经验,也体现了这种开放的观念,只是更要注意东部经验与自身现实状况的适切度。

### (三) 地方政府和学校组织要依据环境研判确立战略决策思路

如前所述,战略决策要依据对外部环境中机会和挑战的判断,以及自身优劣势及其与外部环境相关性的研判,在外部机会和挑战二因素、内部优劣势二因素分析结果之间进行匹配从而作出决策的过程中,有四种典型的决策思路,即:资源导向型、机会导向型、攀比跟风型和被逼无奈型。

**资源导向型**。这种决策思路即先看企业拥有什么资源,再分析资源可投入行业的机会,由此进行决策。由于历史的原因以及受地方经济文化环境影响,我国东中西三梯度之间、城乡之间、学校之间一直以来存在着较为显著的差异,导致教育的优质资源往往集中于东部和城市地区,选取资源导向型的教育发展决策,在这些地方显得驾轻就熟。进入新世纪以来,公平导向、均衡发展的理念渐渐被普遍接受,一些教育资源尤其是硬件资源也开始向中西部倾斜,但在人力资源即师资资源上仍分布不均,总体上东部优于中西部、城市优于农村、大城市优于中小城市,高等教育优质资源更是集聚在为数不多的一线城市。这或许需要有更合理的政策导向来扭转。

**机会导向型**。这一类型的决策思路是先看外部机会,再组织资源抓住机会,其成功的基础依赖于对机会的准确判断。从教育改革与发展的视角来看,自改革开放以来就有持续不断的机遇。中国经济发展的总量和增长速率给教育发展带来了绵延不断的时机,就最近而言,国家的"双循环新发展格局"是宏观环境上的重大机遇,建设中国特色社会主义的教育强国、推进教育现代化、建设高质量教育

---

① 沈波、巴佳慧、杨肖宁:《GE矩阵:高职院校专业(群)发展战略选择与评价的一种有效分析方法》,《南京广播电视大学学报》,2017年第2期,第14—18页。

体系，则是教育领域中的重要机会。当然，外在环境所呈现的发展机会，也只是提供了一种可能性，将可能性转化为现实性的重要前提，是对机会的准确判断与有效把握。准确判断，不仅在于对机会本身的认知，还在于机会与自身资源和实力的适切性理解；有效把握，则需要有相应的可行路径与策略。另外，即使这机会伴随着威胁甚至危机，也要有发现先机、找准时机、化"危"为"机"的见识与魄力。

**攀比跟风型**。攀比跟风型决策思路在中国企业中大量存在，无论国有企业还是民营企业。同行其他企业搞起多元化上了什么产品赚了钱，自己不根据新时期情况作认真分析，就投机式跟风进入，结果往往事与愿违。教育改革与发展上，同样大量存在攀比跟风现象。一说劳动教育重要，申课题、报成果、做项目，必少不了劳动教育，无论自身条件基础是否具备。"深度学习""智慧课堂"等，似乎地方和学校发展规划中没有这类"工程""项目"就显得不够时尚和高大上。俗话说"没有金刚钻，别揽瓷器活"，匆忙下场，一着不慎，便不仅做不成"英雄"，反倒成了"烈士"。这种决策思路，是因对自身优势和短板缺少充分研判所致。

**被逼无奈型**。被逼无奈型往往由多种原因造成。有些企业不关心外部变化，只知低头拉车不知抬头看路，结果当行业衰败时企业才被逼想出路。有时被逼无奈是企业受种种情况限制难以做出壮士断腕的决策，比如退出成本过高等，企业只好选择熬下去等转机。教育领域中也有抱残守缺、不思进取，迫于上级压力勉强应付的情况，这是缺乏改革发展内动力的表现。

上述四种战略决策典型思路中，资源导向型和机会导向型均各有利弊，地方和学校要结合自身实际灵活应用，攀比跟风型和被逼无奈型均是应予以反思改进的。由于SWOT模型采用二分法思路，即首先区分为外部因素和内部因素，然后将外部环境划分为机会与威胁，将内部资源划分为优势与劣势，简化了事物的复杂性，由此快速组合为四种战略思路，从而提高了决策的效率。但是这种二分法也有明显的不足，存在"非此即彼"的绝对化问题。这就需要重视事物在特定条件下相互转化，以及转化过程存在的不确定性或非预期性，充分考虑两两因素之间相互转化的可能性，以及战略决策与实施过程中，因组织流程（如新的课程开发、新的教学制度实施、新的课堂流程再造）而使决策因素发生变化的无限可能性。地方政府和学校若能在反思"攀比跟风型"和"被逼无奈型"决策思路的基础上，将"资源导向型"和"机会导向型"结合起来，并将其置于复杂动态的教育发展环境中分析考量，才能做出符合教育活动/教育事业错综复杂性和动态生成性特征的正确决策。

## 二、战略规划:教育高质量发展理念贯穿目标、任务和项目

地方教育的战略规划过程,实质上是一个"承上启下""左顾右盼"和"前瞻后顾"的过程(如图6-1所示)。在纵向关系方面,地方政府既在中央政府与基层学校(或下一级政府)之间上传下达,又或有可能自下而上地传达"民情";在横向关系上,一面回应同级社会层面其他领域尤其是人口和经济发展提出的教育诉求,又参考其他同级地区教育发展的成果与经验。在纵横关系的基础上再加一条时间维度,战略规划要对地方教育的历史基础有所观照和凝练,同时还要对未来社会及教育形势的发展有所预判和前瞻。

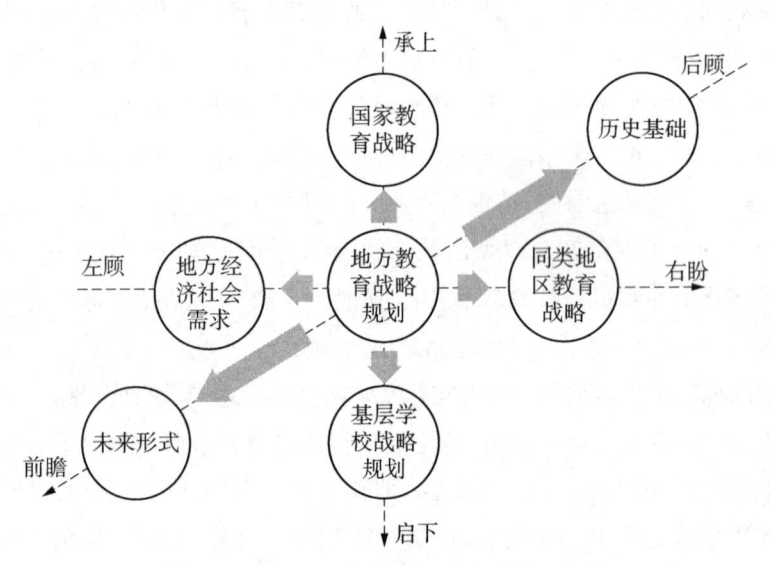

图6-1 地方教育战略规划的关系示意图

依循这样一种关系模式,下文将概括地阐述地方教育战略规划的主题、对国家战略的响应、对社会诉求的回应、对下情的考量、对同类地区的参照、对历史基础的观照、对未来形势的前瞻以及如何转化为自身战略的目标、任务和项目。

### (一) 战略主题:教育高质量发展

如果说,建设社会主义教育强国是我国推进教育现代化的战略总目标,那么推动我国教育事业高质量发展则是核心战略主题。高质量发展是2017年中国共

产党第十九次全国代表大会首次提出的新表述,表明中国经济由高速增长阶段转向高质量发展阶段。党的十九大报告中提出的"建立健全绿色低碳循环发展的经济体系"为新时代下高质量发展指明了方向,同时也提出了一个极为重要的时代课题。高质量发展是适应经济发展常态的主动选择,是贯彻新发展理念的根本体现,是适应我国社会主要矛盾变化的必然要求,也是建设现代化经济体系的必由之路。建设现代化经济体系是跨越关口的迫切要求和我国发展的战略目标。实现这一战略目标,必须坚持质量第一、效益优先,推动经济发展质量变革、效率变革、动力变革,提高全要素生产率,不断增强我国经济创新力和竞争力。建设高质量发展教育体系,也列入了《中共中央关于制定国民经济和社会发展第十四个五年规划和二〇三五年远景目标的建议》,成为教育"十四五"规划的战略主题。

经济建设上的三大变革,即质量变革、效率变革、动力变革,是转变发展方式、优化经济结构、转换增长动力的攻关期的重要内容。其中,质量变革,包括通常所说的提高产品和服务质量,更重要的是全面提高国民经济各领域、各层面的素质,这是一场从理念、目标、制度到具体领域工作细节的全方位变革。效率变革,就是要找出并填平在以往高速增长阶段被掩盖或忽视的各种低效率洼地,为高质量发展打下一个效率和竞争力的稳固基础。从宏观层面看,效率变革就是提高生产要素配置效率和产业生产率;从微观层面看,效率变革就是提高企业技术进步、技术效率和规模效率。[1] 动力变革,就是要在劳动力数量和成本优势逐步减弱后,适应高质量、高效率现代化经济体系建设的需要,加快劳动力数量红利到质量红利的转换。必须把发展教育事业放在优先位置,加快教育现代化,从基础教育、高等教育到职业教育,全面提高教育质量,提高经济社会发展各个层面劳动者的素质。[2]

### (二) 对国家教育战略的响应

《中国教育现代化2035》提出了我国2035年发展的主要目标,聚焦教育发展的突出问题和薄弱环节,立足当前,着眼长远,重点部署了面向教育现代化的十大战略任务,这些目标与战略任务之间存在的关联性如表6-1所示:

---

[1] 茹少峰、魏博阳、刘家旗:《以效率变革为核心的我国经济高质量发展的实现路径》,《陕西师范大学学报(哲学社会科学版)》,2018年第3期,第114—125页。
[2] 刘世锦:《推动经济发展质量变革、效率变革、动力变革》,《中国发展观察》,2017年第21期,第5—6+9页。

表 6-1　国家与地方教育发展战略目标与战略任务的列表比较

| | 战略目标 | | 战略任务 | |
|---|---|---|---|---|
| | 总目标 | 分目标 | 总任务 | 分任务 |
| 国家战略 | 建成服务全民终身学习的现代教育体系 | 普及有质量的学前教育；实现优质均衡的义务教育；全面普及高中阶段教育；职业教育服务能力显著提升；高等教育竞争力明显提升；残疾儿童少年享有适合的教育 | 学习习近平新时代中国特色社会主义思想；发展中国特色世界先进水平的优质教育；构建服务全民的终身学习体系 | 推动**各级教育**高水平高质量普及；实现基本**公共教育服务**均等化；提升一流**人才**培养与创新能力；建设高素质专业化创新型**教师**队伍；加快**信息化**时代教育变革；开创教育**对外开放**新格局 |
| | 形成全社会共同参与的教育治理新格局 | | 推进教育治理体系和治理能力现代化 | |
| 地方战略·东部（以浙江省景宁县为例） | 优质均衡、普及普惠、智慧赋能的民族地区教育发展先行区 | 学前教育普及普惠县；教育智能实验区；义务教育优质均衡县；打造高质量示范学校；达到并部分超过省市指标 | 基本任务：<br>——全力抓好五大类教育（学前教育；义务教育；普通高中；职业教育；统筹协调。该县无高校）；<br>——重点实施八大工程（五育融合；评价改革；教师队伍；教育数字化；家校合作；资源供给；民族团结；治理现代化） | "牵一发而动全身"的五大战略举措即：校长队伍建设；奖励保障；初中质量；普高突破；职高转型<br>散见于任务和工程中的34个专项（略） |
| 地方战略·中部（以武汉市江岸区为例） | 聚力高位均衡,共创公平优质、惠民利国的"美好教育"新体系；建成高品质、多样化的中部教育现代化强区 | 高规格提供教育服务供给；高标准提升教育整体质量；高起点推动队伍结构优化；高水平建设终身教育体系；高品质建成教育现代化强区 | 主要任务：<br>普惠益童的学前教育；<br>公平优质的义务教育；<br>优质多样的高中教育；<br>产教融合的职业教育；<br>全纳平等的特殊教育；<br>时时处处的终身教育 | 重点项目：<br>"责信德育"创新工程；<br>五育融合优化工程；<br>众雁齐飞的良师工程；<br>智慧赋能的建设工程；<br>学科育人的提升工程；<br>产学一体的职教工程；<br>评价改革的助力工程；<br>融合全纳的特教工程；<br>家校社合力人工程；<br>教育对外开放工程 |

由表6-1可对应分析得出如下结论：

（1）国家教育战略目标与任务体现了质量效益与公平均衡的不可或缺与内在一致。《中国教育现代化2035》提出的"发展中国特色世界先进水平的优质教育"这一战略任务中，特别提到要"完善教育质量标准体系，制定覆盖全学段、体现世界先进水平、符合不同层次类型教育特点的教育质量标准"，事实也是如此，要发展这样的优质教育，就要以明确的质量标准来界定其"优在何处"，教育上的高质量发展就要向这一标准看齐，并以此作为检测的尺度。教育上的高质量不仅是"质量第一"的，同时还应该是"效益优先"的。效益既不同于作为产出的"效果"，也不同于投入与产出之比的"效率"，它包含着其满足主体需要的程度。例如，教育的效益就是教育所提供的服务和生产的产品满足社会需要的程度。因而可以说，教育高质量发展的最大效益，便是满足人民群众日益增长的对优质教育的需求。随着现代化尤其是城镇化的快速发展，人们对教育公平的诉求也日益迫切，也是一种必要的价值追求。从较宽泛的意义上看，教育公平本身既是一种质量，也表征着效益的特殊内涵。

（2）在国家教育战略中，战略目标与战略任务基本上是对应匹配的，即"建成服务全民终身学习的现代教育体系"的目标对应于"构建服务全民的终身学习体系"，其中都包含学前教育、义务教育、普通高中、职业教育、高等教育和特殊教育等各级各类教育，并以"有质量""优质""全面普及""显著提升""全面提升""适合的"等关键词修饰，体现其品质和程度要求；形成"全社会共同参与的教育治理新格局"这一目标，也对应于"推进教育治理体系和治理能力现代化"的任务。相比战略目标，在战略任务中又突出强调了"学习习近平新时代中国特色社会主义思想""发展中国特色世界先进水平的优质教育"，还充实丰富了"教育公共服务均等化""人才培养与创新""教师队伍"和"对外开放"等具体任务。

（3）地方教育战略对国家战略也几乎是全方位响应的，除了大多数区县没有高等教育机构而无法对应、优质教育标准体系研制难以胜任或不具代表性而勉强对应之外，少数地方限于条件而未能与"对外开放"任务对应，这可以通过在基础教育阶段开展国际理解教育来加以弥补。"教师队伍""评价改革""教育信息化""家校合作"等方面都对应相关政策要求提出了更为具体的目标和任务。一些区县教育规划还提出了具有地方特色的项目或工程，以落实诸如"民族地区教育发展先行区创建"以及与地方上产业升级、老城区改造、城镇落户政策限制放宽等实际变化与需求相呼应的相关任务。

## （三）对人口及经济社会发展的回应

人口这一因素的变动，对教育的影响是首当其冲的。有研究者以人口预测为基础，分析了从目前到 2035 年的教育需求状况。从学龄人口总量看，未来教育需求增长不大，但受城镇化进程的影响，城镇学前至高中阶段的教育需求旺盛，农村各阶段学龄人口则开始下降；本专科阶段高等教育适龄人口将小幅度增长，峰值在 2035 年；23—30 岁人口在"十四五"时期将大幅度下降，会对研究生教育和继续教育方向产生一定影响。研究团队依据上述分析结果，提出"十四五"时期教育发展的建议是：继续增加城镇学前教育和义务教育的学位供给，提前谋划城镇高中阶段教育布局结构，抓住契机调整高等教育体系结构，不断加大继续教育和技术培训力度，全力确保"十四五"期间教育经费增长落实到位。[1]

还有研究者指出，自 2014 年以来"单独二孩""全面二孩"政策相继出台，为人口变化增加了额外的推动力量。人口形势的变化、生育政策的调整，无疑会对中国教育事业的发展产生重大影响。未来一段时期内，随着城镇化进程的推进，出生人口的短期增长连同进城农村人口增加带来的入学需求增长，必然会使城市教育供给面临着越来越大的压力，基础教育资源日渐紧张。受人口空间分布格局的影响，东部地区将面临着教育资源供给紧张的格局。出生人口增长在达到一定的峰值之后，常住新出生人口仍会趋于递减。因此，教育部门在确定基础教育资源供给的时候，应当充分考虑到这种短期和长期效应，既要注意短期入学需求旺盛的问题，又要考虑长远教育需求呈现稳定或递减的趋势。[2] 2021 年后国家又出台了"三孩政策"，其所将带来的人口波动，可能会对教育发展提出更大的挑战。

地方经济社会发展对地方教育战略的制定与实施也具有不容小觑的影响。如浙江省景宁县是我国东部地区唯一的民族自治县，2019 年被评为全国唯一民族团结示范区，因而景宁县教育也将全面回应民族地区经济发展和民族文化建设的一系列要求。又如，武汉市江岸区未来 5 年教育事业发展规划提出："'十四五'期间将进行的产业升级、老城区改造、'二孩放开'、城镇落户限制放宽等政策利好，将使江岸区成为外来人才就业首选之地，这令我区教育有了更大的发展空间，但

---

[1] 梁彦、王广州、马陆亭：《人口变动与"十四五"教育规划编制思考》，《国家教育行政学院学报》，2020 年第 9 期，第 86—95 页。
[2] 孙百才等：《2016—2030 年人口变动及城乡、区域分布对教育供给的影响研究》，《教育经济评论》，2018 年第 3 期，第 14—39 页。

是江岸区人民群众对优质、美好教育的高需求与区域教育优质供给不平衡不充分的矛盾仍然存在。"如何群策群力、科学谋划、整体推进,解决好这些不平衡不充分的问题,是该区"十四五"期间教育发展战略规划一定要回答的挑战性问题。

### (四) 对同类地区的参照与借鉴

企业制定战略规划,往往选择行业内最强劲的对手作为追赶对象,教育行业并不存在此等意义上的竞争关系,但寻找标杆、提升标准以激励自身的奋斗热情和创新智慧,也是很有必要的。在开放共享的信息化时代,更不能"只埋头拉车,不抬头看路"。事实上,中西部地区向东部地区、农村地区向城市地区学习借鉴成功的改革经验,也十分常见。例如合肥等地对上海经验如绿色指标评价、新优质学校遴选等的学习与借鉴。即使同处东部地区,如前述浙江省景宁县在研制"十四五"规划过程中,对上海和深圳的经验就特别看重,会尽可能地学习和借鉴。

### (五) 对基层学校的引领与支持

地方政府制定的教育发展战略规划,是指导所辖全域的顶层设计,其目标与任务的提出,一般也是在充分调研与分析权衡的基础上,从基层学校及其他教育机构的实际出发而拟定,总是具有很强的规范和引领作用。许多地方在研制"十四五"规划时,经常会聘请来自高校或发达地区教育科研机构的专家承担研制任务,其意图主要是希望带入理论研究的前瞻性和来自先进地区的榜样示范性,才足以发挥其战略规划对基层学校的引领作用。

至于支持方面,在我们的合作过程中,许多地方领导会直言不讳地说,我们设置这些工程和举措,其意图之一就是为了方便向人事、财政部门申请人力和物力上的支持。地方政府的教育发展规划对基层学校提出了"高要求",而达到要求离不开人力、物力这些前提性支撑条件。地方政府此举,也代表了政府对基层学校必要的"高支持"。

### (六) 对历史基础的观照与凝练

地方政府制定教育战略规划,首先需要对前一轮战略规划实施的成果和经验进行总结提炼和反思改进,尤其需要关注地方教育自身的发展基础和优势特色、地方教育发展过程中的成功经验和失败教训以及当前面临的本土困境。地方教育战略制定是站在"前人"的肩膀上对教育目标、任务及项目进行更高层次的定位,因此战略规划中必然要体现出对历史基础的观照与凝练,再提出新的教育目标、任务和项目,其背后隐含的便是新旧过渡转化的暗线。如湖北省武汉市江岸区在制定规划之前,认真总结和反思了自己在"十三五"期间的探索与尝试,提炼出"责信德育""雁阵工程""品牌联办"等教育改革成果、经验以及长期坚持和践行的从"和谐教育"升华到"美好教育"的发展理念。

### (七) 对未来形势的预判与前瞻

所谓"战略规划",本就带有对未来的谋划之意,地方政府制定教育战略规划,一方面需对未来形势作出预判,考虑到未来社会各方因素对教育产生的影响;另一方面也需前瞻"去向何处",对本土教育未来发展之径清晰定位、明确方向。过去未曾料到新型冠状病毒肺炎疫情的爆发带来了线上教育的蓬勃发展,后随着疫情形势的缓和转为线上线下混融教育,这一灾难的始料未及迫使各地政府和学校赶忙将"推动技术与教育融合"这一重要任务提上日程。而在局促的被动应变之后,不少地方开始意识到技术发展为教育带来的机遇,主动将"数据赋能""智慧校园""数字教育"等纳入了教育规划的目标任务中。未来,疫情何时结束,结束后教育该回归线下还是混融发展,社会是否还会出现其他的重大变化,未来形势总体上的未知实则并不妨碍地方政府对社会主流发展趋势的洞见与把握,而这些预判与前瞻则能够确保地方教育战略目标任务及项目的开拓性和先进性。

在此,以浙江省景宁县和湖北省武汉市江岸区教育事业发展"十四五"规划编制的经验作为两个案例,分析阐述地方教育战略规划的制定过程是如何"承上启下""左顾右盼"和"前瞻后顾"的。以"高质量发展"为主题,"承上"响应国家教育战略,"启下"引领支持基层学校,"左顾右盼"回应地方人口及经济社会发展,同时参照借鉴同类地区的发展经验,"后顾""十三五"教育发展基础,"前瞻"未来社会及教育发展形势。

案例6-1

### 浙江省丽水市景宁县教育事业发展"十四五"规划编制

**案例背景:** "十三五"期间,景宁县教育事业获得长足发展,基本实现"小县大教,学在畲乡"发展目标,各级各类教育取得明显进步,成绩喜人。站在"十四五"的新起点上,做到抓住机遇、迎接挑战、突破瓶颈、破解难题,推进区域教育优质均衡发展，实现从"小县大教"向"小县强教"转变的发展战略目标，努力打造民族地区教育发展先行区，成为景宁县教育发展未来五年乃至更长时间面临的基本任务。为此，依据中共中央国务院印发的《中国教育现代化2035》和党的十九届五中全会通过的《中共中央关于制定国民经济和社会发展第十四个五年规划和二〇三五年远景目标的建议》以及《浙江教育现代化2035行动纲要》《丽水市教育提质行动计划2019—2022年》等政策文件，结合景宁县经济社会与教育事业发展实际，在充分调研论证的基础上，景宁县教育局与华东师范大学基础教育改革与发展研究所达成共识，合作开展景宁县教育事业发展"十四五"规划的编制工作。

**案例分析**：该规划最终将总体目标确定为"把景宁县教育打造成优质均衡、普及普惠、智慧赋能的民族地区教育发展先行区，全县教育综合水平居于全市前列，教育发展水平达到浙江省26个加快发展县中上水平"，确立了全力抓好五大类教育、重点打造八大工程的基本任务，提出了落实牵一发而动全身的"五大战略举措"，包括：打造一支高质量的校长队伍，解决校长断层问题；多方筹措资源，建立奖励保障的长效机制；推动初中质量提升，解决教育质量短板问题；加快景宁二中建设，加强体制创新，实现普高再突破；职业高中转型高质量发展。

"承上启下"：一方面，景宁县教育发展规划的编制在目标与任务上对国家战略作出了积极的响应。浙江省景宁县的教育发展规划以"优质均衡、普及普惠、智慧赋能的民族地区教育发展先行区"为总目标，除当地缺乏高等教育机构以外，该目标服务于学龄前儿童、中小学生、特殊儿童等群体，很好地响应了国家关于"建成服务全民终身学习的现代教育体系"总体目标。同时，在分目标上，景宁县明确了学前教育、义务教育各阶段的目标，基本对应国家战略分目标。就战略任务来看，景宁县总任务中的五大类教育与八大工程也很好地对应了国家战略分任务中对各级教育、教师队伍、信息化、对外开放等的重视。

另一方面，景宁县教育发展规划的编制可以实现地方各类教育民情的向上传达和对基层学校的引领与支持。本次规划制定主要是景宁县教育局与华东师范大学基础教育改革与发展研究所的专家团队进行对接，具有理论研究的前瞻性和先进地区的榜样示范性。同时，调研期间，调研组一行人先与景宁县教育局领导班子以及人事、财务等职能部门负责人开展会议沟通需求，随后走访调研了11所代表学校，涉及学前教育、义务教育、高中教育、特殊教育、职业教育、成人教育各领域，与教研员、园长校长、教师、家长和学生开展座谈共计30余场。在这样全方位的调研下，编制团队对教育民情进行了深入考察，能够将一线的教育诉求很好地向上传达。

"左顾右盼":景宁县是全国唯一的畲族自治县,是华东地区唯一的少数民族自治县,2019年被评为全国唯一民族团结示范区。在景宁县的10万人口中,畲族人口占比11.5%,畲族特色明显,畲族文化资源丰富,民族政策执行落实到位。畲族精神是畲族文化之魂,是畲族人民在两千多年一次又一次艰苦卓绝的长途迁徙中熔铸而成的,其内涵是勤劳果敢、忠勇担当、相互扶持、诚实守信、热爱和平,而畲族精神也被纳入到许多学校的德育文化体系中。同时,景宁县地处瓯江源头,依山傍水,环境优美,生态良好,许多学校身处乡村,具有丰富的乡村资源,可纳入学校课程与文化建设中,为自然教育、劳动教育和研学旅行提供了现成的资源和平台。

基于其人口经济条件、少数民族特色和独特的乡村教育资源,景宁县教育发展规划的编制将"打造民族地区教育发展先行区"作为总目标之一,并设计了具体任务:(1)办好民族幼儿园、民族小学、民族中学,贯彻党和国家基本方针和民族政策,凸显教育的民族特色;(2)挖掘"印象山哈""中国畲乡·三月三"文化节等畲族文化资源,在国家和地方课程校本化及学校课程自主开发两条主渠道中建设畲乡文化特色的精品课程;(3)以民族学校为核心,以畲族文化博物馆、城市规划展览馆、民族文化技能大师工作室等民族教育基地为载体,结合创建畲乡文化体验中心,充分发挥其教育、宣导、辐射民族文化,促进民族团结、筑牢民族文化共同体的功能。

同时,在发展规划制定过程中,编制团队还借鉴了同属于东部地区的上海、深圳的先进经验,在教育信息化、学业支持体系的建设上进行创新。例如,全力创成"全国民族教育教育智能化试验区",推动景宁县的教育信息化走上新水平;同时依托互联网信息技术优势,积极改善教育装备条件,提升信息技术应用能力以及初步智能化、数字化管理水平;实施基于大数据的"互联网+"区域教育管理与服务新模式,设立"云端教育数据",提升精准化管理与服务水平;制定统一的数据标准与采集规范,建设针对不同主体、学段、类型进行评价的教育质量综合管理平台,为不同区域、不同学校提供接口,形成一体化的教育质量评价综合系统;借助大数据分析技术,采集教学、学习、管理和评价等全过程生成性数据,形成融合人工智能的大数据资源库,全面推进基于大数据的个性学习指导。

"前瞻后顾":历史奠基未来,了解地区在上一个五年规划时间里取得的成就和遗留的问题可以帮助我们更好地预判未来的发展。在编制景宁县教育"十四五"发展规划时,团队先综合考察了现实基础,获悉景宁县教育发展在"十三五"期间取得的基本成就——景宁县的学前教育普惠发展快速推进、义务教育均衡发展持续推进、普通高中办学质量稳步提升、职业教育专业建设不断加强、特殊教育"从无到优"、成人教育"从弱到强"等,因此在制定"十四五"规划时才会进一步将各级各类教育的发展任务升级为"推动学前教育优质普惠发展、实现义务教育优质均衡发展、推动普通高中高质量发展、推动职业教育跨越发展……"。除了对已有成就进行总结提炼以外,规划制定过程中还对影响景宁县教育发展的主要问题进行了深入剖析,发现义务教育段办学质量整体水平较低,优质资源偏少,且存在生源流失危机,初中段是明显的短板,高中教育质量持续提升遇到挑战,队伍建设遭遇困境,校长、骨干教师及班主任、教研员、学校中层干部、教育局科室长均需要全面提升专业素养、各学校学位供给不够充分等问题,因此在规划中特地增加可以针对性解决以上问题的五大战略举措。

同时,战略规划本身具有的前瞻性使得规划编制团队不得不深入分析景宁县教育发展将面临的未来形势——数字赋能教育升级迭代、教育治理体系和治理能力现代化步伐加快等一系列新时代的新机遇和新挑战,因而在规划当中也呈现出对教育数字化水平提升、县域教育治理现代化的重视。

**案例评论**:浙江省景宁县的教育事业发展"十四五"规划编制基于前期的实地调研,获取了第一手资料,对其在"十三五"期间所取得的成就和遗留下来的历史问题进行了深入了解和剖析,明晰了未来教育发展的需求,为后续的设计打下了良好的现实基础。继而对照国家战略发展的目标任务,规划明确了景宁县教育发展的目标和任务,并将一线教育主体所面临的问题和教育诉求融入规划当中,实现了教育民情自下而上地传达。在规划制定过程中,团队很好地分析了该县当地独特的人口经济条件,以民族特色为重要抓手,着力打造"民族地区教育发展先行区",并有效借鉴了同处于东部地区的上海和深圳的先进经验,真正做到"左顾右盼"。总体来看,该县的教育事业发展规划为我们提供了一个地方战略规划编制"承上启下""左顾右盼""前瞻后顾"的范例,可以帮助我们有效地理解地方战略规划的编制历程。

案例6-2

## 湖北省武汉市江岸区教育事业发展"十四五"规划编制

**案例背景**:在习近平新时代中国特色社会主义思想指导下,为落实武汉市江岸区第十四个五年规划和2035年远景目标,紧紧围绕江岸区"汉口之心、美好江岸"定位,适应"三中心一基地"建设,进一步发扬"英雄城市、英雄人民"精神特质,继续壮大江岸区作为全市教育高地优势,以《中国教育现代化2035》《武汉市教育事业发展"十四五"规划》为依据,在充分调研论证的基础上,江岸区教育局与华东师范大学基础教育改革与发展研究所达成共识,合作开展武汉市江岸区教育事业发展"十四五"规划的编制工作。

**案例分析**:在编制规划过程中,江岸区教育局与华东师范大学团队共同协商,最终将战略总目标定位为聚力高位均衡,共创公平优质、惠民利国的"美好教育"新体系和建成高品质、多样化的中部教育现代化强区,分目标为高规格提供教育服务供给、高标准提升教育整体质量、高起点推动队伍结构优化、高水平建设终身教育体系、高品质建成教育现代化强区。提出未来五年教育事业发展的主要战略任务为建设普惠益童的学前教育、公平优质的义务教育、优质多样的高中教育、产教融合的职业教育、全纳平等的特殊教育、时时处处的终身教育,并着力推进十大重点工程:"责信德育"创新工程、五育融合优化工程、众雁齐飞的良师工程、智慧赋能的建设工程、学科育人的提升工程、产学一体的职教工程、评价改革的助力工程、融合全纳的特教工程、家校社合力育人工程、教育对外开放工程。由此可见,教育高质量发展既是国家教育战略的主旋律,也是地方教育战略的核心主题。

"承上启下":在规划编制的过程中,江岸区教育局着重强调,江岸区教育事业发展"十四五"规划中涉及的各项目标任务和发展指标的定位,必须牢牢对应国家教育事业发展"十四五"规划、湖北省教育事业发展"十四五"规划和武汉市教育事业发展"十四五"规划,必须紧跟国家的步伐,响应上级教育战略的号召,将国家和上级教育战略的各项目标任务和要求具体化到本区的教育事业发展规划中贯彻落实。由此可见,区教育战略的制定其实与中央、省市对教育战略的定位是一脉相承的,核心主题与理念是一致的,各项重要的目标、任务和项目也是自上而下、由抽象到具体、层层下达、层层落实。而且这种"承上"的力量并非来自于上级对下级、中央对地方权威的硬性压制,而是地方在制定教育战略时仿佛有一股向心力,对中央和上级自觉靠拢、紧扣主线。

除了对国家教育战略的响应以外,地方教育战略规划制定还应关注对基层学校的引领与支持,主要表现为两方面:一是规划编制"从群众中来",规划编制要建立在基层学校的需要和愿景之上;二是规划实施"到群众中去",规划出台最终是为基层学校服务,引领支持基层学校改革与发展,所以广泛收集基层学校的诉求和建议就变得尤为必要。在规划编制初期，华东师范大学调研团队对江岸区各级各类教育开展了广泛而深入的调研，走访调研了10所代表学校，涉及学前教育、义务教育、高中教育、特殊教育、职业教育、社区教育各领域，与教研员、园长校长、教师、家长和学生开展了约35场座谈。在每所学校，调研组成员在校领导的带领下参观学校，感受不同学校的校园文化；进入课堂听课，体验学校课堂的发展现状；在与校领导交流的过程中了解其当前办学面临的困境与需求。对于新一轮规划编制，各所基层学校的教育工作者饱含教育情怀、高度配合、推心置腹、建言献策。由此可见，地方教育战略规划看似宏大，实则为基层学校高度关心，毕竟这将奠定未来五年学校教育发展的总基调和主旋律。因此，地方教育战略规划的制定必须要重视其对基层学校的引领与支持，不负一线工作者的教育热忱，为学校教育发展和师生成长保驾护航。

"左顾右盼"：在规划编制过程中，华东师范大学调研团队向江岸区教育局了解了江岸区的地理位置优势和社会发展情况，确保地方教育战略规划的制定能够与人口、经济、文化、社会等各方面因素相适应，满足江岸区人民对教育事业发展的需求。武汉市江岸区区域总面积70.25平方公里，户籍人口71.11万，常住人口100万，发展至今已成为武汉市的政治、经济、文化、信息中心，是一个底蕴深厚、多元文化交融的历史老城区，更是武汉市的教育大区。江岸区在编制完成的未来五年教育事业发展规划中写道："十四五"期间将进行的产业升级、老城区改造、"二孩放开"、城镇落户限制放宽等政策利好，将使江岸区成为外来人才就业首选之地，这令我区教育有了更大的发展空间，但是江岸区人民群众对优质、美好教育的高需求与区域教育优质供给不平衡不充分的矛盾仍然存在。如何群策群力、科学谋划、整体推进，解决好这些不平衡不充分的问题，是该区"十四五"期间教育发展战略规划一定要回答的挑战性问题。此外，武汉是中国历史文化名城、中国楚文化的发祥地之一、辛亥革命武昌首义之地，具有丰富的红色革命文化资源，如武汉二七纪念馆、八七会议会址等，目前也已被结合到责信德育、思政教育中，发展出了红色教育、社会主义核心价值观"四进""红色基因传承""五色研学旅行"等主题系列教育活动。由此可见，地方社会发展过程中的人口、经济、文化等因素不仅对教育事业发展具有重大影响，而且也是教育资源挖掘利用的丰富宝库，既是机遇，也是挑战。因此，地方教育战略规划制定需对人口及经济社会发展有所回应，地方教育事业发展"十四五"规划应与地方经济和社会发展"十四五"规划相得益彰。

除此以外，规划编制也对同类地区的教育发展经验和规划编制经验有所参照与借鉴。江岸区教育事业发展"十四五"规划编制的过程中,江岸区教育局与华东师范大学调研团队开展多次座谈,江岸区教育局也多次询问到其他地区的教育发展经验,华东师范大学调研组也经常拿上海经验举例。在后续规划编制的过程中,对目标任务和发展指标的设定也参照借鉴了其他地区的一些指标定位。

"前瞻后顾":在编制江岸区教育事业发展"十四五"规划之前,江岸区认真总结提炼和反思了自己在教育事业发展"十三五"期间的探索与尝试。"十三五"期间,江岸区教育发展情况总体向好,打下了扎实而深厚的发展基础,始终走在教育领域综合改革前列,具有较强引领性和辐射影响力。在江岸区各级各类教育中,其大力推进了学前教育普惠型发展,促进了义务教育均衡优质发展,探索了高中教育育人方式变革,高效落实了职业教育创新创业,全面落实了特殊教育全纳理念,提升优化了终身教育平台建设,充分发挥了民办教育地位功能,全面开展了综合素质教育。此外,其还创建了一批具有自身特色的品牌教育项目,如"责信德育""雁阵工程""品牌联办"等,在教育品牌的辐射示范下,江岸区教育发展得有声有色、亮点鲜明。然而,江岸区也总结反思了其当下教育发展面临的问题与困难,最主要的是人民群众对于优质美好教育的高需求与区域教育优质供给不平衡不充分的矛盾,具体包括各级各类教育发展不够平衡,良性生态不充分;教育品牌发展不够平衡,提炼辐射不充分;教师资源配置不够平衡,结构优化不充分;"五育"并举发展不够平衡,整合融通不充分;信息技术发展不够平衡,信息技术与课堂深度融合不充分,江岸区教育事业发展"十四五"规划将重点瞄准这些问题的改善与解决。地方教育战略制定要"后顾",在回看、总结、反思地方教育发展的历史基础之上提升进步、改革创新、继往开来。

而所谓战略规划,比起"后顾"更重要的是"前瞻",战略规划本身就具有前瞻性。地方政府制定教育战略规划时的前瞻,不仅需要预判未来经济及社会发展形势、未来教育发展主流与热点,而且还要充分认识到战略规划对未来发展道路的指引作用。江岸区教育局在编制教育事业发展"十四五"规划时不仅考虑到了当下出台的各项政策对未来可能产生的影响,如人口政策和落户政策的变化可能会导致未来五年内学龄儿童数量增加,而且还考虑到了自身对于未来教育事业发展的层次定位,明确提出要从"和谐教育"向"美好教育"转变,并将"美好教育"理念正式写入教育"十四五"规划。而这种"前瞻"的背后也必然需要"后顾"作为支撑,唯有脚踏实地,方能仰望星空,站在"前人"的肩膀上继续进步。

**案例评论**:该案例完整地展现了地方政府在制定教育战略规划时是如何处理

"承上启下""左顾右盼""前瞻后顾"这三组关系的,又是如何从这三组关系的考量中确定地方教育事业发展的目标、任务及项目的。江岸区教育战略规划的制定"承上"响应中央、湖北省、武汉市教育战略的号召,"启下"引领和支持基层各级各类学校的发展,"左顾"回应江岸区人口、经济、文化及社会发展态势,"右盼"参照和借鉴上海及其他地区的教育发展和规划编制经验,"后顾"江岸区"十三五"教育基础,"前瞻"美好教育发展之路。其规划编制的流程较为成熟完备,既有理性决策的运作,又有生动材料的充实,或许可作为地方制定教育战略规划具有代表性的案例提供有价值的实践经验。

## 三、战略实施:为国家战略寻找地方路径、创新地方经验

从战略制定到战略实施是一个较长的周期,地方教育的战略规划一旦制定,便开启至关重要的实施过程,这是一个为国家寻找地方路径的过程,也是一个创造地方教育改革与发展经验的过程。

### (一) 地方教育战略的解码与执行

地方教育发展战略的框架展开,与企业的战略框架展开有异曲同工之妙,故参照企业战略管理框架略作改动,形成图6-2:

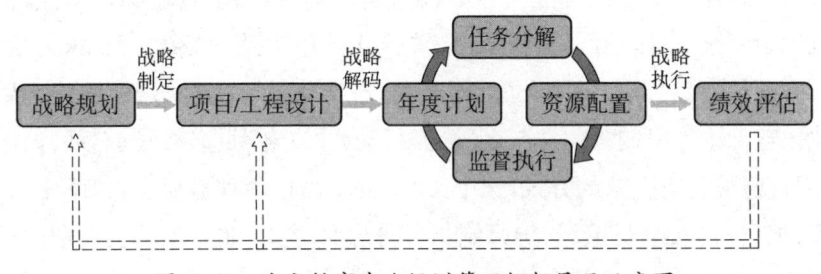

图6-2 地方教育战略规划管理框架展开示意图

从图6-2可见,战略制定之后的战略解码与战略执行,是战略实施的关键过程。由于战略具有整体性、长远性、目标性、过程性、实用性、持续性、动态性等特点,由此,战略的中心命题是明确"做什么""如何做""由谁做"。[①] 战略实施的三个

---

① 胡佐超、余平:《企业专利管理》,北京:北京理工大学出版社,2008年版,第85页。

重要步骤,一是解读和领会战略规划的理念和意图,梳理战略规划中各基本任务和重点项目/工程与战略目标、战略任务之间的逻辑关联,进而找到实用、快速、能够利用新旧资源和创新举措获得持续发展优势的途径和方法;二是分解目标和任务,把合适的人放到合适的位置上,锁定责任部门和责任人,配置资源,形成具体的计划或行动方案,以切实落实规划;三是以过程监测和绩效评估来规范和保障规划的动态实施,实施调整规划或行动计划,并不断探索和总结实现规划的最佳实践经验。

### (二) 如何为国家教育战略寻找地方路径

国家战略目标和任务,总体上看肯定是要全面遵循、尽量落地的,但这不代表可以照单全收,也不意味着简单机械执行,而是要有轻重、有缓急、有取舍。在重点、急迫和主动选取的地方,竭尽全力、突围创新、凸显特色,走出一条合理有效回应国家战略的地方路径。笔者所带研究团队于4年前受我国西部地区的C市R区邀请,开展基础教育领域的全方位深度合作,志在走出一条中国教育现代化的西部路径。这一路径探索的总体框架,是以一个"行动规划"带动"四大行动"。具体是指:(1)素质教育再出发行动。选择了11所中小学作为基地学校,紧扣"课程—教学—评价"一体化开展变革行动,提出了"为学而教"的核心理念,将课程资源建设、教学方式变革、评价方式改革融入一体化改革行动之中。(2)城乡教育一体化行动。选择八个学区各一所中心校为牵头学校,带动村小和教学点,借助华东师范大学专家、本区学区长、督学长、教研员和C市及R区教育专家力量,探索了"教学共研、资源共享、制度共建、团队共进、文化共生"这"五共"策略和城乡教育一体化若干运作机制。(3)"三名"培养行动。"三名"指名校长、名教师、名教研员,采用自愿报名后遴选的方式,选中130名校长、教师和教研员,以学术讲座、观摩学习、现场研讨、学员论坛、导师制指导等多种方式,在三年的长周期内进行系统的培训与研修。(4)初高中教学质量提升行动。运用质量管理理论,对初中高中进行教育质量现状调研,在此基础上提出质量提升的行动方案,以"知识树""双向细目表""习题库""错题集"以及评价反馈等多种方法手段改进教学方式、优化学习方法、为学生提供学业支持。

国家战略实施的地方路径,看上去是目标和任务的对接,其实质是将国家战略目标和任务中所蕴含的价值取向转化为现实。解读《中国教育现代化2035》所提出的推进教育现代化的八大基本理念,以德为先、全面发展是育人价值取向,面向人人、因材施教、知行合一是育人方式的取向,注重终身学习、融合发展、共建共享,则是育人体系建设的取向。上述C市R区的合作,探寻的是如何让"有质量的公平"的战略意图,以共建共享、融合发展的方式,在西部地区基础教育的改革与发展中得以实现,R区所尝试的"学区化"治理、城乡教育一体化运行、专业化创新型教师队伍建设等,都是对优质公平这一主题的回应与落实。

(三) 如何在响应国家战略、实施地方战略过程中创新地方经验

"十四五"战略刚刚开启,尚无成熟的案例可供研讨,好在"十三五"期间各地已积累了大量生动的实践案例,这为今后五年乃至更长时期的"一地一案"分区推进教育现代化提供了十分具有示范意义的先例。下面结合笔者亲身参与过的教育现代化样本区样本校合作实践,略作阐述与分析。

案例6-3

**探寻西部教育现代化发展路径的城乡教育一体化机制**

案例背景:随着我国城镇化的快速推进,"去地化"的进城务工潮持续地导致了农村的"空心化"现象,大量农民进城务工的同时也带走了适龄儿童青少年,原有的乡村学校规模迅速递减,有的乃至撤销学校建制。乡村学校如何才能留得住学生?乡村教育如何才能振兴?这也许不是教育一家的事情,却也是责无旁贷要面对的问题。

案例进程:2018年启动的"城乡教育一体化"行动,以特色学校群及乡村特色学区化建设、城市中心校联盟以及城乡互动合作机制建设为抓手,对区域城乡教育发展进行全面科学规划,深入探寻城乡教育协同发展的核心机制和推进路径,对乡村学校提供更加切实有效的指导,实现区域内城乡教育协同优化发展。

当时提出的总体目标,一是区内自设"学区制",打造八大学区特色学校群,在八大学区范围内,做优初中、做强中心校,以问题为导向,因需设置教改课题,形成学区各自的特色,带动学区内学校共同发展。二是八大学区内定期开展专题活动,通过学区间和学校间交流,带动各学区有特色的整体发展。三是三年后八大学区内基本实现教学管理互通、教学教研互动、资源交流共享、评价考核同步。

经过三年的努力,各区从各自的"地利"出发,将"非遗文化资源"引入学校形成校本课程并营造新的环境文化,围绕"三为课堂"展开"为学而建、为学而教、为

学而评"的"课程—教学—评价"一体化的基地学校建设,探索形成了"区校三级多维联动""区内教师柔性流动""优质资源共享""特色学校示范辐射"及"协商式发展性督导评估"这五大机制。下面展开阐述一下其中两个机制。

所谓"区校三级多维联动"指的是 C 市八大学区,围绕区内自设的"学区制",构建了高位统整的"行政维"、中位引领的"教育教学维"、低位落实的"督导维"这三个维;同时,形成学区、督导责任区和学校的三位一体,实现城区基地校、学区基地校、学区内其他学校之间的三级联动。

所谓协商式发展性督导评估机制,是将学校三年发展规划纳入督导评估内容,通过公开答辩、广泛听取意见建议等举措,推动学校持续完善发展规划。以共同体为评估单位,以各校在协商互动中研制的学校发展规划(尤其是其发展目标)为评估依据,以承载规划目标的学校改革与发展项目为评估内容,通过专家论证加以完善。在中期检测后再次协商调整目标或项目;在规划周期结束前,开展终结式评估及其反思重建。

在城乡义务教育一体化推进中,各学区经由各自探索、对话研讨、总结提炼,形成了"教学共研、资源共享、制度共建、团队共进、文化共生"五大城乡教育一体化发展策略,在这些策略的实施下,各校得以把"荣昌猪""安富陶""夏布""折扇""移民文化"等地域文化资源引入学校,形成了丰富多彩的"非遗"文化课程,探索出"点化课堂""育美课堂"等有辨识度的课堂教学新样态,积累了数量可观的课程教学典型案例、资源建设故事、学习共同体建设资源包等丰硕成果。

**案例评论**:对照前述国家教育战略目标与任务,R 区的地方战略策划及其实施,一是回应了建成现代教育体系总目标中的"义务教育优质均衡""普及高中教育"的分目标,以及发展优质教育总任务中的推进基础教育高质量发展和公共教育服务均等化。二是在落实上述目标任务过程中促进了教师专业发展和学校育人模式的变革与优化。三是在西部率先实行学区化管理,尝试了学区为载体的城乡教育一体化体制机制的创新与发展。

### 案例 6-4

### 东部地区以共享共创为特征的集团化治理模式

**案例背景**:21 世纪初,随着城市化的快速推进,人民群众对公平而优质的教育的诉求日益强烈,而优质教育存量相对有限,这就导致了竞争激烈的"择校热"。

地处长三角地区的杭州市为解决这一问题，自 2002 年起，尝试利用名校资源，推进"名校集团化办学"举措，不仅有效地缓解了"择校热"，也带动了一大批学校快速成长。

**案例进程**：基础教育阶段集团化办学，始于 21 世纪初，以浙江杭州的全域推进"名校集团化"之举尤为引人注目。十数年来，经历了从"名校+"和"紧密型"向"淡化名校效应""凸显优质共享"和"松散型"的进阶，形成以追求优质公平为宗旨、多种集团类型"适合就好"的区域推进基础教育现代化的独特格局。所谓"适合就好"是指只要符合学校发展需求和实际、只要能促进均衡发展，无论建制上的"紧密"或"松散"、规模上的整体推进或局部深化，都属可循之路、可选之策。如有的集团不是推动全面改革而是着力锻造教师队伍，那么这个集团的建设就选择以教研为主题；有的集团单看各个成员学校都属上乘，但缺少一种前瞻和凝聚的力量，那么就选择与高校的研究团队长期合作共建；有的集团基本是城市扩容之后由农村学校转换身份成为新的城市学校，那么就继续发挥名校效应，采用"名校+新校"的集团办学模式。不同背景和基础的集团选择不同的路径和类型，最终却是殊途同归，共同推动本地区基础教育的优质均衡发展。

由于历史惯性和现实条件，中小学从分治到共治的转变是一个艰难而漫长的过程。也因为历史的机缘，杭州市各区的公办中小学集团化办学，开始超越政府单一主体自上而下的管理模式，探索多主体参与、多中心治理的方向和路径。笔者所带团队自 2013 年起，受杭州市江干区邀请共建凯旋教育集团，经历了两轮七年的大学与中小学合作共创，这个由 4 所小学、2 所初中所组成的教育集团取得了丰硕的成果和丰富的经验。概言之，一是建构了以"合作共享、和谐发展"为理念、以"理事会—三大中心—成员校"为基本架构的集团治理新框架以及"教师联聘、学生联招、活动联合、资源联享、特色联建、中小学联动、专家联席、平台联通"的"八联"运作新机制；二是在校本课程开发方面，探索形成了从跨校选课的"共享"到国际理解、儿童哲学、STEAM+三大课程"共创"的递进式合作研发的新范式；三是开辟了"凯旋教育发展论坛""教师工作坊""跨校教研组""挂职副校长""订单式科研项目"等集团合作共研新路径。

**案例评论**：该案例从区域和学校两个层面回应了国家战略中关于基础教育改革与发展的目标与任务。全域性的集团化办学推进，与上海的委托管理战略有异曲同工之妙，都是动员优质的学校教育资源和社会支持力量，聚焦中小学改革发展中的关键领域，以优质均衡发展的理念，以体制机制创新的方式，探索适合本地教育发展和经济文化水平的变革路径。就其具体策略而言，集团化办学所探寻出来的集团化运作机制、课程研发与工作坊研修方式、跨校教研与跨校选课制度、大学与中小学在共建教研集团过程中协商式行动研究与文化互动方式，等等，都充满了创意，或许昭示了未来学校发展和治理的新形态。

国家教育战略转换并落实到地方，是一个需要不断加深理解、动态生成和解决问题并寻求转化之道的过程；地方教育战略对接国家教育战略的过程，同时也是一个需要发挥创意和想象力从而不断呈现自己的独创和特色的过程。本章中呈现的所有案例仅仅是地方教育战略对接国家教育战略的初步探索，要真正将国家战略有效转换并落实于地方，还有待于进一步探索和实践。

# 第三编　各级各类教育发展

# 第七章　各级教育发展的目标与战略

本章将从学前教育、义务教育、普通高中教育和高等教育各级教育的维度讨论我国面向 2030 年的发展战略。限于篇幅,只能聚焦每一层级教育的核心或关键问题展开阐述。

## 一、全纳平等视域下学前教育发展的目标与战略

"人生百年,立于幼学",学前教育作为国民教育的启蒙,对儿童、家庭、社会均有重大意义。它不仅可以促进儿童的社会参与与情感交流,对打破贫困的代际传递,促进教育和社会公平以及乡村振兴的国家战略同样发挥着不可替代的作用。幼儿教育是重要的社会公益性事业,关系每一个儿童的健康成长和每一户家庭的切身利益。

### (一) 政策背景

早在 20 世纪 60 年代,美国开始实施"开端计划",联邦政府及州政府作为主要出资方,为家庭条件贫困的幼儿提供免费的学前教育。[①] 印度在 1974 年发起"儿童综合发展服务项目"(ICDS),为环境不利的幼儿提供健康、营养、安全、保育与教育的服务。[②] 1998 年,英国开始实施"确保开端"项目作为国家战略工程,为弱势家庭的幼儿创造美好生活。

美国的"佩里方案"长期追踪研究等多项研究均表明,学前教育是具有强正外部效应的准公共产品,是政府投资最少、回报率最高的教育事业,是关系到社会整

---

[①] Pamela A. Morris, Maia Connors, Allison Friedman-Krauss, etc. New Findings on Impact Variation from the Head Start Impact Study: Informing the Scale-up of Early Childhood Programs [J]. AERA Open, 2018(2): 1 - 16.

[②] Kumar S., Banerjee S. Integrated Child Development Services (ICDS) Programme in the Context of Urban and Poor and Slum Dwellers in India: Exploring Challenges and Opportunities [J]. Indian Journal of Public Administration, 2017(1): 94 - 113.

体、长远发展的公益性事业。① 世界经济合作与发展组织（OECD）指出，学前教育是终身学习的第一笔投资，是为了满足每个家庭更加广泛的经济、社会需要的一项意义远大的政策援助。② 在中国，对乡村学前教育发展起着直接巨大推动作用的政策法规是：《国务院关于当前发展学前教育的若干意见》（简称《国十条》）以及《中共中央国务院关于学前教育深化改革规范发展的若干意见》，在前者中明确提出"努力扩大农村学前教育资源"，而后教育部等多部门持续性联合颁布并实施了一期、二期"学前教育三年行动计划"和"第三期学前教育行动计划的意见"。后者明确支持"大力发展农村学前教育，完善县、乡、村三级学前教育公共服务网络"，以及继续实施学前教育行动的各专项计划，"重点扩大农村地区、脱贫攻坚地区、新增人口集中地区普惠性资源"。③

为进一步提高教育质量，保障教育公平，推动全球教育事业的发展，2000 年，联合国教科文组织发布了《达喀尔行动纲领》。随后，又在其基础之上于 2015 年制定了"教育 2030 行动框架"。这一行动框架是教科文组织高度协调、各成员国和合作伙伴积极参与下制定完成的，其总目标围绕"确保全纳、公平的优质教育，使人人可以获得终身学习的机会"。④ 其中关于幼儿教育的基本认识涉及对其重要意义、内容与方法、措施保障几个方面。同年 12 月 18 日，2030 年教育发展议程国际研讨会在北京举行，会议就未来中国如何更好地参与落实 2030 年教育议程进行专家研讨。郝平指出：行动框架等决定，体现了各国对未来 15 年全球教育发展的共同愿景，也为中国深化教育改革，进一步提高教育水平提供了国际参照系。全球可持续发展议程的通过与中国"十三五"规划建议的出台几乎同步，这是教育发展的重大历史机遇。⑤ 足以可见中国政府对于教育发展的重视。2019 年 2 月，国务院颁发了《中国教育现代化 2035》，提出要"建立更为完善的学前教育管理体制，大力发展公办园，加快发展普惠性民办幼儿园"。⑥ 强调了对于学前教育进一步全面普及的要求。

---

① 范亮、李姗泽：《农村学前教育补偿机制构建探讨》，《教育理论与实践》，2017 年第 32 期，第 19—21 页。
② 谢维和：《教育政策分析》，北京：教育科学出版社，2002 年版，第 36 页。
③ 雷经国：《贫困县乡村学前教育精准扶贫政策的进展与地方实践——以贵州省为例》，《陕西学前师范学院学报》，2020 年第 4 期，第 93—98 页。
④ 徐莉、王默、程换弟：《全球教育向终身学习迈进的新里程——"教育 2030 行动框架"目标译解》，《开放教育研究》，2015 年第 6 期，第 17 页。
⑤ 《从全民教育行动到 2030 年教育目标——中国召集国内外专家共商落实全球教育可持续发展议程》，http://www.moe.edu.cn/s78/A23/moe_880/201601/t20160104_226732.html，2016-2-1。
⑥ 庞丽娟、夏婧：《国际学前教育发展战略：普及、公平与高质量》，《教育学报》，2013 年第 3 期，第 49—55 页。

## (二) 发展目标

"教育 2030 行动框架"中指出学前教育发展的规划目标是"到 2030 年确保所有女童和男童获得优质的早期保育和教育,为接受初等教育作好准备"。[1] 各国在联合国教科文组织的指导文件之下都针对本国现状制定了相关政策文件,试图促进学前教育进一步健康发展。2016 年 9 月,《中国落实 2030 年可持续发展议程国别方案》中提出的"中方落实举措"是:扩大普惠性学前教育资源,鼓励普惠幼儿园发展,加强农村普惠性学前教育,重点保障中西部农村适龄儿童和实施全面两孩政策城镇新增适龄儿童入园需求。到 2020 年,实现全国学前三年毛入园率达 85%。完善学前教育资助制度,资助家庭困难幼儿、孤儿、残疾儿童等弱势群体儿童接受普惠性学前教育。加强幼儿园教师队伍建设。

学前教育的目标定位既需要国际参照,更要立足本土,确立符合中国国情、能够解决中国学前教育问题的目标愿景。这里,既包括学前教育的规模与数量,如普惠性资源的供给、幼儿园的数量等;更涵盖着质量的提升,如学前教育师资队伍的优化、保教质量的提升;同时,还要完善学前教育保障机制,如安全监管机制、质量评价机制、财政投入机制、成本分担制度、教职工权益保障机制等。从定性意义上看,面向 2030 年的我国学前教育发展目标宜突出如下要点。

1. 关注社会公平:普及普惠是底线

2015 年 5 月,联合国教科文组织在世界教育论坛通过"迈向 2030 年教育愿景"的《仁川宣言》。提出"确保包容和公平的优质教育,让全民终身享有学习机会,并鼓励提供至少一年的免费、义务、优质的学前教育,让所有儿童接受优质的幼儿发展、保育和教育"。[2] 同年 9 月,联合国教科文组织又在纽约通过了"教育 2030 行动框架",确定 2030 年全球教育发展的总目标。"教育 2030 行动框架"勾勒出学前教育的目标蓝图是:到 2030 年,确保所有儿童接受优质的儿童早期发展、保育及学前教育,从而为初等教育作好准备。[3]

---

[1] UNESCO. Education 2030 Incheon Declaration towards inclusive and equitable quality education and lifelong learning for all, http://en.unesco.org,2016-05-26.

[2] 联合国教科文组织,周红霞译:《2030 年教育:迈向全纳、公平、有质量的教育和全民终身学习——2015 年世界教育论坛〈仁川宣言〉》,《世界教育信息》,2015 年第 14 期,第 35—38 页。

[3] 郭伟、张力玮:《借镜〈教育 2030 行动框架〉打造"中国教育现代化 2035"——访中国教育学会副会长、中国教育发展战略学会副会长、长江教育研究院院长周洪宇教授》,《世界教育信息》,2018 年第 4 期,第 3—7 页。

一直以来,我国始终把普及普惠作为学前教育的建设方向,以确保幼儿受教育机会,维护社会公平。王海英等人认为,面向2030,我国学前教育发展的总体目标是建立起普惠、公益、优质、均衡的学前教育公共服务体系,实现益童、惠民、利国的学前教育发展愿景。① 而具体来看,其目标可分为事业发展、体制发展、投入发展、公平指数和质量发展等五个方面。姜勇等人根据党的十九大报告中指出的2035年基本实现社会主义现代化的六个重要标准,设计了"面向2035年的学前教育"战略目标:科技引领、理念先行、立德树人、民生为本。② 具体的发展目标在于利用大数据人工智能等新手段进行教育创新改革;建设现代化教育治理体系,提升现代化治理能力;注重中华优秀传统文化的浸润以及关注民生诉求。王建则参照联合国《2030年可持续发展议程》与《中国教育现代化2035》从可持续发展的角度指明了儿童早期教育的大方向。他认为,要确保所有儿童获得高质量的早期发展、保育和学前教育,为入学和终身学习作好准备;确保所有儿童完成免费、公平、优质的义务教育,并取得相关和有效的学习成果;消除教育不平等和歧视,确保"不让一个孩子掉队"。③

在2010年7月,我国教育部就颁布了《国家中长期教育改革和发展规划纲要(2010—2020年)》,正式提出基本普及学前教育的发展目标。同年11月,国务院办公厅发布的《国务院关于当前发展学前教育的若干意见》中明确提出,"发展学前教育,必须坚持公益性和普惠性",并开始实施学前教育三年行动计划,在2017年的第三期行动计划中明确提出,"到2020年,要基本建成广覆盖、保基本、有质量的学前教育公共服务体系"。

2018年,中共中央、国务院印发《关于学前教育深化改革规范发展的若干意见》,将学前教育发展的指导思想确定为"推进学前教育普及普惠安全优质发展"。2019年,中共中央、国务院印发的《中国教育现代化2035》将"普及有质量的学前教育"作为主要发展目标之一。

《中华人民共和国国民经济和社会发展第十四个五年规划和2035年远景目标纲要》对学前教育的经费投入、师生比以及公办园学生比例等方面均作出了详

---

① 王海英、江夏、王友缘:《我国面向2030年的学前教育中长期发展目标及推进策略构想》,《幼儿教育(教育科学)》,2016年第9期,第3页。
② 姜勇、郑楚楚、庞丽娟:《对"面向2035年的学前教育"战略目标与规划图景的思考》,《中国教育政策评论》,2018年第1期,第116—132页。
③ 王建:《可持续发展、教育现代化与儿童发展》,《教育与教学研究》,2020年第8期,第118—128页。

细规划。到2025年,学前教育经费占国内生产总值的比重为0.6%,生均学前教育经费标准应为2540美元,师生比达到15∶1,公办园在园学生比例规划为60%,公共经费所占比例不低于60%。教师最低学历要求方面,大专及以上学历的幼儿园专任教师比例提高到90%以上,并推动国家相关法律修改,把幼儿教师的最低学历要求提高到专科。[1]

2. 统筹城乡一体化:乡村教育重点抓

学前教育的发展既要顾全局,更要补短板,农村学前教育普惠性资源投入不足,依然面临诸多问题。因此,《中华人民共和国国民经济和社会发展第十四个五年规划和2035年远景目标纲要》提出,要推进基本公共教育均等化,完善普惠性学前教育保障机制,学前教育毛入园率提高到90%以上。而针对农村地区,特别提出,"十四五"时期我国教育促进乡村扶贫和振兴的目标之一就是0—6岁农村儿童教育贫困的全面改善,可见,贫困乡村地区学前教育资源的匮乏与短缺。

当前,农村学前教育的发展依然存在"入园难、入园贵"等问题,加快建设公办园、普惠性幼儿园,推动城乡一体化的学前教育公共服务体系建设刻不容缓。《"十三五"脱贫攻坚规划》中就已经提出"加快完善贫困地区学前教育公共服务体系"。[2] 而后,中共中央、国务院印发《乡村振兴战略规划(2018—2022年)》,提出具体的行动目标:"发展农村学前教育,每个乡镇至少办好1所公办中心幼儿园,完善县乡村学前教育公共服务网络。"2020年,教育部印发《县域学前教育普及普惠督导评估方法》,其中规定要按《幼儿园教职工配备标准(暂行)》配足配齐幼儿园教职工,县域幼儿园专业教师总数在园幼儿总数之比不低于1∶15。

在这期间,地方政府也根据实际发展需求,提出学前教育的目标细则。如贵州省制定的《贵州省推进教育现代化建设特色教育强省实施纲要(2018—2027年)》中,把"实施学前教育普惠提质行动计划"作为独立内容进行重点论述,并指出:"建立覆盖城乡的学前教育体系,重点扩大农村地区、脱贫攻坚地区、新增人口集中地区普惠性资源,常住人口在3万人以上的乡(镇)中心办好2所以上公办幼儿园;以大村独立建园或分园、小村联合办园等方式,重点在常住人口2000人以

---

[1] 杨卫安、岳丹丹:《"十四五"我国学前教育发展目标规划研究》,《教育研究》,2020年第5期,第74—85页。
[2] 中共中央国务院:《乡村振兴战略规划(2018—2022年)》,http://www.gov.cn/zhengce/2018-09/26/content_5325534.htm?trs=1(阅读时间:2022年1月4日)。

上的村建设公办幼儿园。"①

3. 促进优质发展:优化结构建高地

党的十九大报告提出"幼有所育"目标,普及有质量的学前教育是2035年总体实现教育现代化的重要任务。《中共中央国务院关于学前教育深化改革规范发展的若干意见》提出,到2035年全面普及学前三年教育,建成覆盖城乡、布局合理的学前教育公共服务体系,为幼儿提供更加充裕、更加普惠、更加优质的学前教育。

2018年2月,《中国教育现代化2035年》提出学前教育的发展目标是"普及有质量的学前教育。全面普及学前三年教育,建成覆盖城乡、布局合理的学前教育体系和科学保教体系,使适龄幼儿通过有质量的学前教育,养成良好的行为习惯,促进健康快乐成长"。"形成完善的学前教育管理体制、办园体制和政策保障体系,为幼儿提供更加充裕、更加普惠、更加优质的学前教育。"2020年,学前教育毛入园率达到85%,2035年超过95%。

《中国教育现代化2035》确立了主要发展目标是建设服务全民终身学习的现代教育体系,其中,要普及有质量的学前教育,具体任务是全面普及学前三年教育,建成覆盖城乡、布局合理的学前教育体系和科学保教体系。有研究者指出"面向2030年的学前教育发展目标,不是简单地将事业发展目标、体制发展目标、投入规模目标、公平指数目标及质量发展目标五个方面进行叠加,而是要进行系统建构。依据《国十条》提出广覆盖、保基本、有质量的发展思路。我们认为,面向2030的学前教育发展总目标,应该是一个基于'空间—规划—质量'的三维体系"。②

2018年11月15日,新华社受权发布《中共中央国务院关于学前教育深化改革规范发展的若干意见》,提出:"到2035年,全面普及学前三年教育,建成覆盖城乡、布局合理的学前教育公共服务体系,形成完善的学前教育管理体制、办园体制和政策保障体系,为幼儿提供更加充裕、更加普惠、更加优质的学前教育。"③

在面向2030的中俄教育现代化发展战略会议上,中方学者提出,"要进一步

---

① 谢旌:《贫困地区学前教育发展与乡村振兴》,聚力乡村教育振兴:2019年中国教育创新20+论坛年会,2019-04-20。
② 王海英:《面向2030,学前教育如何爬坡过坎》,《中国教育报》,2016-07-24。
③ 中共中央国务院:《关于学前教育深化改革规范发展的若干意见》,http://www.gov.cn/xinwen/2018-11/15/content_5340776.htm(阅读时间:2022年1月3日)。

推进中国学前教育现代化,一方面,要加快建设面向所有适龄儿童的普惠性学前教育公共服务体系,进一步加大学前教育经费投入,形成普惠性学前教育的质量标准、收费标准、教师基本薪资标准及拨款资助机制;另一方面,要重视儿童自我控制能力、主动学习精神和批判性思维的发展,培养能够适应未来社会变化的儿童"。俄方学者认为,"确保学前教育的普及性、施行联邦国家学前教育和加大学前教育经费保障,是俄罗斯推进学前教育现代化的重大举措。面向 2030 年,俄罗斯学前教育要着力解决教师队伍老龄化问题,增加学前教育工作者的工资收入;注重学前教育与家庭教育的有机结合,为儿童提供多元化、个性化的教育,着力培养儿童的创新思维和创新能力"。[1]

### (三) 发展现状

《中期评估学前教育专题评估报告》中指出,虽然当前幼儿教育事业已经取得了一系列的成绩,但依然面临诸多制约其健康永续发展的问题。例如,目前学前教育普及率城乡差异显著;公共服务"公益普惠"程度不高;中、西部地区普惠性资源短缺;"入园贵"的问题尚未根本解决等。[2] 面向 2030,幼儿教育需要克服利益主体价值分化严重、部分利益主体地位缺失、质量保障主体单一等问题,应以"教育是全球的共同利益"为指导,注重发挥公共关系管理职能,探索利益相关者共同治理的新模式。要实现中国学前教育 2030 年目标,必须正视如下问题。

1. 学前教育资源缺乏

在学前教育经费的财政投入方面,依然存在资金不足问题,财政拨款或者收费收入基本上只能满足幼儿园基本运转需要。[3] 相对而言,学前教育经费与其他教育学段相比投入比重偏低。2017 年,我国学前教育公共经费所占比例达到 48.0%,虽然相比之前五年已有了很大提升,然而,经济合作与发展组织国家在 2016 年的学前教育公共经费所占比例平均值已达 83.0%,说明依然存在很大差距,普惠性学前资源短缺。

---

[1] 刘永福:《面向 2030 的中俄教育现代化发展战略——2017 年中俄教育战略对话会议综述》,《教育研究》,2017 年第 10 期,第 154—156 页。
[2] 《国家中长期教育改革和发展规划纲要(2010—2020 年)》《中期评估学前教育专题评估报告》,http://www.moe.gov.cn/jyb_xwfb/xw_fbh/moe_2069/xwfbh_2015n/xwfb_151124/151124_fcl/201511/t20151124_220650.html,2016-2-1。
[3] 万湘桂:《县域学前教育师资配置问题与思考——基于湖南省 8 区县调查的分析》,《社会科学》,2015 年第 10 期,第 73—80 页。

同时，随着"二孩"政策的放开，学龄人口在一定程度上的增加必然也会施压于目前的学前教育。有研究表明，"十四五"期间，学龄人口增幅不大，但由于人口进一步从农村向城镇流动，城镇学前教育人口数增幅显著。农村学前教育学龄人口数在"十四五"初期略有增长后开始下降，对教育资源配置提出挑战。① 不仅是城镇，农村学前教育资源投入情况更是不容乐观，2019 年，尚有 4 000 个左右的乡镇无公办中心幼儿园，还达不到"农村地区每个乡镇原则上至少有一所公办中心园"的目标。倘若不加大对学前教育的投入力度，入园难、入园贵的问题则会持续加剧。

2. 师资力量短缺

教师的专业素养与发展水平直接影响学前教育的质量，是学前教育优质化的前提与保障。相关数据表明，全国幼儿园教职工人数为 491.57 万人，专任教师人数为 276.31 万人，按照每班"两教一保"的标准核算，教师缺口达近 50 万人。这是绝对数量上的短缺，具体而言，不同县域之间、城乡之间学前教育师资配备呈现不均衡的态势，且农村地区学前教育教师流动性大，工资低，缺乏从业吸引力②，而农村地区幼儿教师的补充又十分困难，进而加剧了师资力量的匮乏。

从学前教育教师内部结构来看，教师学历低，专业素养欠缺。我国对学前教育专任教师的最低学历要求是中专学历，而截至 2017 年，经济合作与发展组织大部分成员国对学前教育专任教师的最低学历要求依然为本科，部分国家要求为短期高等教育（类似于专科），法国、波兰、葡萄牙等国甚至把学前教育专任教师的学历提高到硕士及以上。可见，我国对学前教育教师学历要求的入行门槛相对较低，这也导致了现在学前教育教师队伍的良莠不齐。除了专业教师，保教人员同样存在数量不足、质量不高的问题。③

3. 保障机制不健全

学前教育的发展不仅需要"量"的扩充、"质"的提升，同时还需要进行优化管理，建立制度保障机制。学前教育管理涉及学前教育监管体系、资金投入、用人、管理机制以及成本分担机制、运行保障机制等方面。然而，当前学前教育的保障

---

① 马陆亭、安雪慧、梁彦、熊建辉、张伟：《"十四五"教育规划制定：依据点、参考点与关键点》，《现代教育管理》，2020 年第 11 期，第 1—7 页。
② 万湘红：《县域学前教育师资配置问题与思考——基于湖南省 8 区县调查的分析》，《社会科学》，2015 年第 10 期，第 73—80 页。
③ 谢旌：《贫困地区学前教育发展与乡村振兴》，聚力乡村教育振兴：2019 年中国教育创新 20＋论坛年会，2019 - 04 - 20。

机制方面存在一些问题,"管理体制顶层设计还不够完善,幼儿园编制及待遇、成本分担机制、运行保障机制以及投入保障机制还存在问题"。

目前幼儿教育质量评估体系建设中,尚缺少全国性的质量监测体系和完善的问责机制、常规化的监测信息发布机制。[1] 同时,监测的具体定位不清、监测的方法与手段创新不足,需要鼓励和支持学前教育质量方面的学术研究,加强对学前教育质量监测测量与评价技术上的支持。[2] 王艺芳等人以上海市第六次人口普查数据为依据,在分析人口变化趋势和学前教育资源需求的基础上,得出适龄幼儿数量和在园幼儿数量将在2023年或2024年达峰值,随后逐渐回落,呈倒"V"形变化。相比于农村地区,"全面二孩"政策对城镇地区带来的挑战更大,现有的学前教育资源远无法满足发展的需求。因此要快速建立人口动态监测系统;有效补充幼儿园教师;合理分配城乡学前教育资源。[3] 另外,普惠性学前教育体制不健全,学前教育结构的比例失衡,多方协同合作机制不完善。

也有研究者专门针对普惠性学前教育的问题做出总结:普惠性学前资源短缺,普惠性学前教育结构不合理,主要表现为:普惠性学前教育结构的比例失衡、城市与农村普惠性学前教育的差距较大、普惠性学前特殊教育需要加强,普惠性学前教育体制不健全,经费投入不足,教育质量不高,教育形式单一。还有研究者指出,变革的劳动力市场、技术的更新换代、人口的压力、全球失业率的攀升、新型城镇化的推进、环境的恶化、经济上行的压力等因素,都对即将到来的2035年的学前教育改革与发展提出了新要求。[4]

### (四) 推进战略

1. 构建学前教育网络

针对目前学前教育普惠性资源短缺,在未来10—15年内,为确保学前教育的全纳性与公平性,为幼儿提供足够数量的学位,分区域构建学前教育的覆盖网络成为基础和前提。"教育2030行动框架"中对幼儿教育的发展提出了一系列指示性策略,其中包括建立政策保障,特别是关注最贫困和最弱势的儿童;建立资源保

---

[1] 潘月娟:《国外学前教育质量评价与监测进展及启示》,《中国教育学刊》,2014年第3期,第16—17页。
[2] 辛涛、乐美玲:《学前教育质量监测的几个问题》,《学前教育研究》,2013年第9期,第3页。
[3] 王艺芳、底会娟、刘虹:《"全面二孩"政策下上海市学前教育资源需求分析》,《早期教育(教育科研)》,2018年第7期,第12—17页。
[4] 姜勇、郑楚楚、庞丽娟:《对"面向2035年的学前教育"战略目标与规划图景的思考》,《中国教育政策评论》,2018年第1期,第116—132页。

障,确保幼儿早期保育与教育在实施过程中资源充足;关注教师专业化建设以及实施幼儿教育政策及项目评估;建立全纳教育机制,重视公平问题,消除男童和女童因性别差异而遭受的不平等待遇。① 霍力岩等人提出,面向2030年的我国学前教育发展价值取向应树立"均衡和全纳"的教育公平观以及基于"儿童本位"的教育质量观。② 同时,也有学者提出还可以分区域、分年段实现学前教育免费,到2030年实现学前教育一年免费教育在全国的全覆盖。③ 需要注意的是,建设普惠性幼儿园,不是大规模盲目扩张,而要以人口集中流入地以及农村地区为重点,进行新建或改建,以免造成资源的闲置与浪费。

《湖南教育现代化2035》提出,"在普及学前教育方面,湖南需要加大教育经费和资源投入,确保每一个有需求的儿童能够接受学前教育,尤其是农村地区,要根据农村地区人口的规模和分布情况,构建完善的县、乡、村三级学前教育布局网络。努力办好一批公办幼儿园,鼓励和扶持普惠性的民办幼儿园,健全省级统筹、区县负责的学前教育管理体制,提高学前教育质量"。④

辽宁省提出"加强城镇幼儿园合理布局和建设,加快提升农村地区学前教育水平,健全适应城镇化发展趋势和适龄人口规模及分布的县(市、区)、乡(镇、街道)、村(社区)三级学前教育网络。加强标准化普惠性幼儿园建设,继续新建、改扩建一批公办幼儿园,鼓励优质公办园举办分园或合作办园,扩大优质公办资源的覆盖面。支持企事业单位办好现有幼儿园,完善基础设备设施,探索企事业单位办园无偿移交当地政府的政策和办法。鼓励社会力量多种形式办园,面向社会招生,提供普惠性学前教育服务。分年龄、分区域、分阶段逐步实施学前阶段免费教育"。⑤

2. 推进教育治理体系与能力现代化

姜勇等人在研究中指出,推进"面向2035的学前教育"有以下几条战略路径:

---

① 王洁、李召存:《国际学前教育发展规划政策性文件述评及启示》,《幼儿教育(教育科学)》,2016年第9期,第50页。
② 霍力岩、徐鹏:《面向2030年的我国学前教育发展价值取向解析》,《教育导刊(下半月)》,2017年第6期,第5—11页。
③ 崔海丽、黄忠敬、李益超:《实施学前一年免费教育的"三步走"战略——教育经费需求的视角》,《华东师范大学学报(教育科学版)》,2018年第5期,第83—93页。
④ 唐汉琦、彭波、贺晓珍:《"湖南教育现代化2035":基础、挑战与愿景》,《当代教育论坛》,2019年第2期,第15—29页。
⑤ 辽宁教育研究院课题组:《关于面向2030年加快推进辽宁教育现代化进程的战略思考》,《现代教育管理》,2017年第8期,第1—11页。

构建"智慧型"课堂;实现"普惠型"学前教育服务;营造"发展型"学前教育格局;搭建人才聚集的"优质型"学前教育平台;构建开放、包容、全纳的"服务型"学前教育体系;创立具有"一带一路"辐射效应的中国特色学前教育新模式。① 在各个学段的教育结构中,学前教育的发展相对较晚且略显薄弱,管理体制尚未完全建立,需要政府及相关利益主体共同参与,推进学前教育治理体系与治理能力的现代化。

在教育治理法治化方面,湖南省提出要完善地方性教育立法,在出台实施《湖南省中小学校幼儿园规划建设条例》基础上,继续做好湖南地方教育法规立法与修订工作,研究制定相应的湖南省实施办法。② 也有学者提出,农村学前教育的治理路向在于形成政府主导、社会参与的多元治理主体,建构供给时代发展和符合农村人文的治理取向,心系让每个孩子享有公平而有质量的治理目标和探索"标本兼治"的治理机制,从而建立符合中国农村学前教育实情的有根教育,培养儿童热爱农村的情怀。③ 在我国未来学前教育的普及和发展过程中,政府需要承担更大的责任,加大学前教育投入力度,提高学前教育财政性投入的比例,维护学前教育的公益性和普惠性。④

提高公立和普惠性学前教育资源供给量,完善政策保障体系,优化均衡教育质量,改善学前教育供给不足和不优给教育贫困地区带来的不利影响,消除学前教育与全社会需求蓬勃增长之间的供需矛盾。⑤ 建立合理的分担机制,减轻单一主体的负担比重,同时激活市场活力。

3. 打造专业化的学前教育队伍

专业化的学前教育体系意味着专业的人做专业的事,教师队伍的补充刻不容缓,但是并不意味着学前教育门槛的降低,具体可包括以下策略:提升数量的同时也要兼顾质量。深化中小学、幼儿园教师管理综合改革,提升师资水平,开展质量评估。调控师生比,促进普惠性资源的优化配置,加强学前教育教师队伍建设,建设高素质专业化队伍。提高学前教育教师的学历,促进教师的专业水平与素养的

---

① 姜勇、郑楚楚、庞丽娟:《对"面向 2035 年的学前教育"战略目标与规划图景的思考》,《中国教育政策评论》,2018 年第 1 期,第 116—132 页。
② 唐汉琦、彭波、贺晓珍:《"湖南教育现代化 2035":基础、挑战与愿景》,《当代教育论坛》,2019 年第 2 期,第 15—29 页。
③ 郗倩玮、龚雪:《当前农村学前教育治理的困境与路向》,《陕西学前师范学院学报》,2018 年第 12 期,第 6—10 页。
④ 邬平川:《我国学前教育投入的政府责任探究》,《教育学报》,2014 年第 3 期,第 94—99 页。
⑤ 李涛、邬志辉、周慧霞、冉淑玲:《"十四五"时期中国全面建设小康社会后教育扶贫战略研究》,《教育发展研究》,2020 年第 23 期,第 30—42 页。

提升，为优质教育提供保障。朱旭等人则强调了师资人才的培养，以全面提升学前教育专业应用型复合人才素质为核心，逐步形成学前教育专业"一核四翼"育人模式①，即完善理论课程、活动课程和实践课程，利用课堂教学、课外活动、校外实践，搭建教学平台、科研平台、培训平台，发展早幼一体、普特结合、差异发展的特色。

除此之外，幼儿教育事业的发展依赖于多方利益相关者，以往以幼儿园教育为绝对主体的幼儿教育发展模式，急需加入多元主体，基于全纳、公平、有质量，人人能够获得终身学习机会的、体现利益相关者以伙伴关系共同参与的幼儿教育发展机制急需建立。同时，幼儿教育需要评价与检测体系的不断健全与完善。做好顶层设计与制度建设，构建幼教机构保教质量评估体系，制定科学的方案并提升教育过程中的科学管理与监控。同时，学前教育应当有独立的话语体系，而非是低龄版的小学。研究者提出，"面向 2035 年我国学前教育必须打破学前教育小学化的模式，回归幼儿的世界，以幼儿为本位建构其自身的学前教育话语体系"，关注幼儿的需要、兴趣与基本权利。注重结果与过程相结合的多元评价体系，摒弃"标准"思维，以标准化测试对学龄前儿童进行考核测评。② 学前教育作为幼儿从生活走向知识的重要场域，充分发挥儿童鲜活经验的效用，必定大有可为，而不必一味照搬小学模式，压抑儿童天性。

面向 2030 年的我国幼儿教育将呈现出新的景象，即：政府高度重视幼儿教育，特别关注弱势群体的教育；多方利益相关者在"共同利益"理念下参与幼儿教育事业；幼儿教师职业受到尊重；幼儿教育质量评价体系建立健全。③

## 二、优质均衡理念下义务教育与普通高中教育发展的目标与战略

本章以"优质均衡"作为引领我国义务教育与普通高中教育发展的基本理念，沿着过去—现在—未来的时间线，梳理我国基础教育发展的演进脉络与基本经验、当前难题与破解之策、面向未来的发展愿景、目标定位以及基本走向与战略选择。由于篇幅有限，在行文中未能专门区分小学、初中和普通高中，而是就其共性

---

① 朱旭、周峰：《面向 2035：建设一流学前教育专业》，《早期教育（教育科研）》，2020 年第 9 期，第 28—29 页。
② 赵旺来、于辉：《面向 2035 年我国学前教育质量观的范式转变》，《河北师范大学学报（教育科学版）》，2019 年第 5 期，第 120—123 页。
③ 关少化：《〈教育 2030 行动框架〉与幼儿教育》，《早期教育》，2016 年第 6 期，第 32—35 页。

问题展开讨论或阐述。

## (一) 改革开放以来基础教育改革与发展的演进脉络与基本经验

自改革开放以来,我国基础教育改革与发展的历史演进经历了从"三恢复""三面向"走向现代化、从单一主体自上而下的管理走向多主体参与的共同治理、从"效率优先的重点发展"到"公平导向的均衡发展"的三重转向。且其在发展过程中积累了丰富的经验,始终关注基础教育事业发展的重要领域和关键问题,始终伴随实践变革、政策创新与理论发展的多向互动,始终秉承传统、立足当下、开创基础教育的未来。

1. 演进脉络

自改革开放以来,我国教育不断发生变革,梳理其脉络发现,其转向可以概括为从"三恢复""三面向"走向现代化;从单一主体自上而下的管理走向多主体参与的共同治理;从"效率优先的重点发展"到"公平导向的均衡发展"。

从"三恢复""三面向"走向现代化。[1] 改革开放之初的"三恢复"即恢复高考、恢复重点学校、恢复专业职称评定,回应了国家对人才的急需,使大中小学走上教育教学的正轨,也回归了专业规范和专业尊严。邓小平"三个面向"题词,为基础教育指明了变革与发展的大方向;义务教育法的颁布,开启了普及九年制义务教育的新征程;"1993纲要"首次将教育现代化确立为教育改革和发展的基本目标,随后的两个行动计划,则将推进的重点放在了中西部和农村的教育;新课程改革的启动,意味着我国基础教育的现代化进入到内涵式发展阶段,体现了以促进公平为导向、推进基础教育尤其是义务教育均衡发展的价值取向;《中国教育现代化2035》的印发,则奠定了我国教育未来发展的主旋律,即以立德树人、面向人人、因材施教、知行统一等为发展理念,将基础教育融入"服务全民终身学习的现代教育体系"之中,致力于"普及有质量的学前教育、实现优质均衡的义务教育、全面普及高中阶段教育"。

从单一主体自上而下的管理走向多主体参与的共同治理。[2] 我国基础教育阶段的管理体制一直是政府单一主体自上而下地实行对学校的统一管理,其弊端是学校缺少自主管理的必要空间,难以激发基层变革与发展的活力,也不利于各级

---

[1] 杨小微、张秋霞、胡瑶:《回望70年:新中国基础教育的探索历程》,《人民政协报》,2019-11-06(010)。
[2] 杨小微、张秋霞、胡瑶:《回望70年:新中国基础教育的探索历程》,《人民政协报》,2019-11-06(010)。

各类学校形成各自的办学特色。"1985 决定"指出:"在教育事业管理权限的划分上,政府有关部门对学校主要是对高等学校统得过死",因而要求"改革管理体制,在加强宏观管理的同时,坚决实行简政放权,扩大学校的办学自主权"。"1993 纲要"要求"深化中等以下教育体制改革,继续完善分级办学、分级管理的体制""中等及中等以下各类学校实行校长负责制",还要求中小学要"办出各自的特色"。党的十八大以来,我国明确了治理体系和治理能力现代化的方向,到《中国教育现代化 2035》这一纲领性文件印发,更加坚定了要继续推进教育治理体系和治理能力的现代化,提高学校自主管理能力,完善学校治理结构,形成全社会共同参与的教育治理新格局。党的十九届四中全会以坚持和完善中国特色社会主义制度、推进国家治理体系和治理能力现代化为主题,提出了总体目标,作出了重大部署。其中关于"构建系统完备、科学规范、运行有效的制度体系,把我国制度优势更好转化为国家治理效能"的要求,对于基础教育来说,又有了在制度机制层面"固根基、扬优势、补短板、强弱项"的发展动力。

从"效率优先的重点发展"到"公平导向的均衡发展"。[①] 办重点中小学是一种效率优先的发展思路,其实可以追溯至 20 世纪 50 年代。1953 年毛泽东主席就主张"要办重点中学",1962 年教育部颁发《关于有重点地办好一批全日制中、小学校的通知》,要求各地选定一批重点中小学,形成"小宝塔",并集中精力先办好一批"拔尖"学校。这些重点学校主要建立在城市和城镇。尽管在 20 世纪 80 年代教育公平并未成为突出的社会问题,但实际上当时农村学生辍学流失、危房坍塌、城乡教育差距扩大等问题已经相当严重。进入 21 世纪以来,随着我国城市化进程加快,原已存在的城乡教育差别以及梯度差异、校际差异和人群之间的教育差异愈发凸显,以公平为导向的均衡发展呼声越来越高,在各级政府的努力之下,重点解决基础教育领域中"不平衡不充分"的问题,先后启动了全国性的"基本均衡""优质均衡"市/县的验收评估工作。

从"外延式均衡发展"转向"内涵式优质均衡发展"。[②] 在中国特色社会主义进入新时代的背景之下,当基础教育发展的规模、速度、设施装备等硬件条件基本满足需求之后,为满足人民群众更优质、更个性化的教育需求,教育应从以外延式增长为特征的发展转向以内涵式优化为特征的发展。从特征上看,外延式发展更关

---

① 杨小微、张秋霞、胡瑶:《回望 70 年:新中国基础教育的探索历程》,《人民政协报》,2019-11-06(010)。
② 杨小微、张秋霞:《新时代我国基础教育改革的难点与对策》,《新疆师范大学学报(哲学社会科学版)》,2020 年第 3 期,第 79—90+2 页。

注事物发展的规模扩张和数量增长,内涵式发展更强调事物发展的结构优化和质量提升。基础教育的外延式均衡发展,着力点在硬件资源的均衡配置上;内涵式均衡发展,则致力于教育者素养和理念、课程内容的优化及教学方式的创新等方面。有研究者提出外延式均衡发展强调政府责任,是靠追加教育投资来实现教育均衡发展;内涵式均衡发展则是指地方政府和学校,在教育资源相对有限的情况下,依靠教育系统内部的结构优化、资源共享、效能提高以及制度保障等措施,以促进教育均衡的过程。随着教育的发展以及硬件的完善,新的时期,人们更关注教育质量的问题,更关注教育内部的发展,例如教学方式、师资水平、学生个性等。"教育均衡分为基础均衡和高位均衡,走向高位均衡是我国基础教育改革与发展的应然追求。"[1]《中国教育现代化2035》提出"普及有质量的学前教育、实现优质均衡的义务教育、全面普及高中阶段教育"[2]等主要目标,其前两项正是对基础教育从外延式均衡转向内涵式均衡的标志性要求。在战略任务中提出"完善教育质量标准体系,制定覆盖全学段、体现世界先进水平、符合不同层次类型教育特点的教育质量标准,明确学生发展核心素养要求。建立健全中小学各学科学业质量标准和体质健康标准"。"建立学校标准化建设长效机制,推进城乡义务教育均衡发展。在实现县域内义务教育基本均衡基础上,进一步推进优质均衡。"[3]这进一步指明了基础教育从外延式均衡转向内涵式均衡的具体路径和策略。近年来中共中央、国务院及国务院办公厅高密度出台文件[4],分别就义务教育改革和质量提升、高中育人方式改革、教师队伍师德师风建设等领域提出要求,传递出来的重要信息,是国家越来越注重把基础教育改革的重心下移到教学、教研、教师队伍建设等基础层面,聚焦于学校内部的基本要素、基本关系和结构优化等内涵式发展问题,致力于深化和推进基础教育公平且有质量的发展。

2. 基本经验[5]

始终回应社会发展要求并不断变革基础教育自身。无论是新中国成立伊始,

---

[1] 刘志军、王振存:《走向高位均衡:基础教育改革与发展的应然追求》,《教育研究》,2012年第3期,第35—40页。
[2] 中华人民共和国教育部:《中国教育现代化2035》,http://www.moe.gov.cn/jyb_xwfb/s6052/moe_838/201902/t20190223_370857.html(阅读时间:2022年1月2日)。
[3] 《教育现代化:在新时代拥抱未来》,《辽宁教育》,2019年14期,第87—94页。
[4] 《中共中央国务院关于深化教育教学改革全面提高义务教育质量的意见》(2019);《国务院办公厅关于新时代推进普通高中育人方式改革的指导意见》(2019);《中共中央国务院关于全面深化新时代教师队伍建设改革的意见》(2018)。
[5] 杨小微、张秋霞、胡瑶:《回望70年:新中国基础教育的基本经验》,《人民政协报》,2019-11-20(009)。

还是改革开放以来，教育的改革与社会的变革都是同步共振的。1984—1985年，当中央相继通过经济体制改革的决定、科技体制改革的决定和教育体制改革的决定之后，邓小平指出："这些改革的总目标是一致的，都是为了使我国消灭贫困，走向富强，消灭落后，走向现代化，建设中国特色的社会主义。"随后的"1993纲要""全面推进素质教育的决定""中国教育现代化2035"，都是对社会发展大趋势的回应，都是对不同历史时期社会发展需求的政策表达，教育改革的根本动因在于社会经济和科技进步提出的客观需要。为社会现代化服务的基础教育，自身不能不是现代化的教育。因而教育在因应社会发展要求的同时，必须要进行自身改革和现代化的建设，作为这种建设的一部分，就是坚持以人为本。恰如"2010规划纲要"所指出的，"要把育人为本作为教育工作的根本要求""要以学生为主体，以教师为主导，充分发挥学生的主动性，把促进学生健康成长作为学校一切工作的出发点和落脚点""要为每个学生提供适合的教育"。

始终关注基础教育事业发展的重要领域和关键问题。可以说，我国基础教育领域中一直是把义务教育作为改革与发展的"重中之重"的。从新中国成立初期的关注扫盲、女童入学，到改革开放后的普及小学、普及初中，到"1993纲要"将这一核心任务概括为"两基两全"，即基本普及九年义务教育和基本扫除青壮年文盲，全面贯彻党和国家的教育方针，全面提高教育质量和办学效益。"2010规划纲要"又把促进公平作为国家基本教育政策，并指出"重点是促进义务教育均衡发展和扶持困难群体，根本措施是合理配置教育资源，向农村地区、边远贫困地区和民族地区倾斜，加快缩小教育差距"。人们常说的区域之间、城乡之间、学校之间和受教育群体之间的差距，在义务教育领域中尤为突出，相关的教师短缺、进城务工人员随迁子女的就学等也始终是要着力解决的关键问题。

始终伴随实践变革、政策创新与理论发展的多向互动。尽管1958年、1966年两次"教育革命"失之过激、过度和低质，然而其面向农村、面向基层的教育，强调劳动人民子弟普遍的受教育权利的取向是合理的，"缩短学制""耕读结合""开门办学"等低重心、实用型的教育一定程度上满足了农村学生基本的学习需求。改革开放之初的教育实验热潮中，有不少是"文革"前中断了的实验在新形势下的继承与发展。近40年来基础教育改革的领域中，学校层面教学变革、课程开发、教师研修、管理创新与领导发展等方面的探索与创新层出不穷，在地方层面旨在推动优质均衡发展的制度创新、区域实验、委托管理、集团化办学等体制机制方面的尝试，也不断地推动着各级的政策创新，大学及科研机构理论探索与实践领域的变革创新汇成合力,又共同推动了政策对变革成果、经验和资政建议的吸纳、转化与推广。

始终秉承传统、立足当下、开创基础教育的未来。秉承传统,表现在基于基础教育全方位、全过程的持续推动和经验积累,得以在教育公平的理念下重新阐释和运用"有教无类""因材施教"等古训所包含的"平等""有差别的平等"等现代思想,还有从思维品质培育、高阶思维发展和 STEM+综合课程实施的意义上传承"学思结合""知行统一"。立足当下,意味着我们在收获改革成果和经验的同时,倍加重视基础教育发展仍然面临的"不平衡不充分"问题并寻求解决。开创未来,则是在《中国教育现代化 2035》的指引下,在互联网科技、大数据运用和人工智能技术的支撑下,在放飞想象的同时又能循证决策、依理施策,根据对未来的科学预测来探索基础教育深化改革的方向与路径。

## (二) 基础教育改革与发展面临的主要难题及破解之策

由于历史传统、现实境遇等多种因素,在迈入新时代之际,要深化基础教育改革仍面临诸多矛盾,这些矛盾的持久性与顽固性构成了我们继续前行的难点问题,这里略述最为突出的五大主要难题及其对应的破解之策,具体包括共建共享解决教育公平诉求与发展不平衡问题、开放创新与特色发展应对优质教育诉求与发展不充分的问题、课程教学评价一体化深度研究与实践发展解决素质教育诉求与应试压力负担屡禁不止的矛盾、用治理现代化理念解决学校自主特色化发展诉求与政校关系不顺的矛盾、简政放权与鼓励创新解决基础教育现代化目标远大与地方和学校改革动力不足的矛盾。[①]

### 1. 共建共享——教育公平诉求与发展不平衡

在教育领域,主要矛盾是人民群众日益增长的优质教育需求与基础教育发展不平衡不均衡之间的矛盾。在基础教育中,"不平衡问题集中体现为:教育的'四大差距'(即城乡差距、区域差距、校际差距、群体差距)还比较大,教育基本公共服务的全覆盖还有'死角',进城务工人员随迁子女、农村留守儿童、残疾儿童等特殊群体平等受教育权利还需要进一步保障等"。[②③] 这里所讲的"不平衡"主要体现

---

[①] 杨小微、张秋霞:《新时代我国基础教育改革的难点与对策》,《新疆师范大学学报(哲学社会科学版)》,2020 年第 3 期,第 79—90 页。

[②] 朱之文:《全面落实立德树人 大力推进基础教育公平优质发展》,《中国教育学刊》,2018 年第 11 期,第 1—7 页。

[③] 朱之文:《切实肩负起新时代建设教育强国的历史使命》,《人民教育》,2017 年第 22 期,第 9—10 页。

为我国基础教育事业发展在现阶段还存在短板,在整体中还存在局部短缺。一是区域教育发展中存在不平衡,有一定数量的区县未达到基本均衡水平,中西部及农村地区的基础教育还有较大的提升空间;二是教育层次结构不平衡,学前教育和高中阶段教育仍然是教育体系中的短板和弱项,尤其是婴幼儿看护和早期教育服务体系还不平衡;三是不同学习教育群体中的不平衡问题,尽管随迁子女和留守儿童的教育问题有了很大的改善,但差距仍然存在,针对学习困难和特殊儿童的关注仍然需要加强,寄宿制学生的健康发展还需进一步关注;四是教育改革的不平衡问题,教育领域的综合改革在有些地方条件成熟、改革力度大,在有些地方则进度缓慢,有些领域则仍处于起步阶段。① 现如今,基础教育改革的不平衡,越来越体现为"软件"的不平衡,这与整个基础教育改革与发展从外延式发展转变为内涵式发展相关。

  针对基础教育发展不平衡的问题,不仅需要上下努力、共建共享,还要特别关注特殊群体的教育水平提升。首先,上级宏观调控与基层经验辐射双管齐下。在国家宏观调控方面,现在已实施脱贫攻坚重大部署、学前教育三年行动计划、义务教育薄弱学校改造计划、高中攻坚计划、特殊教育提升计划等一批重大教育工程项目,聚焦最贫困地区、最薄弱环节和最困难群体,实现贫困偏远地区教育的快速发展。此外,教师轮岗制度的实施也在师资方面致力于提高乡村教育水平。在基层经验辐射方面,发达地区这些年创造出来的委托管理、集团化办学、新优质学校推荐计划、一校带多校、一校多区等在提升薄弱学校方面的有效举措及其经验,也在全国范围内逐渐推开,推进了优质教育资源的有序有效流动。由此可见,中央和地方两个积极性缺一不可,依靠国家政策的力量和自觉探索积累本土经验相结合,让优秀的资源能够在不同范围内流动、分享、凝练和放大,发挥出破解基础教育发展不平衡问题的巨大能量。其次,多渠道多举措促进优质教育资源共享。区域之间、城乡之间和学校之间存在较大差距,固然是需要解决的问题,然而,我们转换视角又会发现:差距又何尝不是一种资源、一种力量,通过流动、共享和支援,不仅实现"自助者天助",而且可望实现"助人者自强"。这其中,除了设备仪器、图书、教学建筑在内的硬件资源的共享,更为重要的是师资、课程和文化等软件资源的流动,带来了无限的思想共享和情感交融。委托管理、集团化学区化办学、新优质学校推荐计划、支教计划等等,明显地惠及诸多新校、弱校、民校和农校,有效地

---

① 安雪慧:《教育发展的那些不平衡和不充分》,《光明日报》,2018-01-23。

提升了区域基础教育整体发展水平。最后,大力提升特殊群体受教育水平。在基础教育适龄儿童中,进城务工人员随迁子女、农村留守儿童、残疾儿童等特殊群体的数量非常庞大,他们能否受到公平且高质量的教育,直接关系到人民群众的教育满意度,更影响到我国基础教育改革的成效。

2. 开放创新与特色发展——优质教育诉求与发展不充分

公平与优质,一直是基础教育改革的基本诉求。然而,由于基础教育内涵式发展不够充分,不仅使优质教育的梦想难以成真,也使更深层次的改革难以推进。教育领域的主要矛盾中,最关键的问题是"不充分"的问题,主要体现为:"虽然教育普及水平大幅度提升,但教育质量有待进一步提高,教育的差别化、个性化供给不足,优质教育资源难以满足家庭不断增长的需求,人才培养的规格、质量、结构与经济社会发展需求还不能很好地适应等。"[1]有论者指出:"不充分主要体现为局部中的整体发展不够,体现在各级各类教育质量还不能满足人民群众'上好学'的教育需求、满足每一个学习者多样化的学习需求,体现为教育在现代化建设中的战略引领作用还不够。"[2]而所谓不充分的现象的原因在于优质教育资源供给的不充分。何为优质教育?联合国教科文组织的一份研究报告指出:"教育质量的一般性概念应包括三个内在相关的维度:为教学所提供的人与物的资源质量(投入);教学实践的质量(过程);成果的质量(产出和结果)。"[3]"中长期规划纲要"明确提出:"把提高质量作为教育改革发展的核心任务。树立科学的质量观,把促进人的全面发展、适应社会需要作为衡量教育质量的根本标准。"同时又指出现阶段存在"教育观念相对落后,内容方法比较陈旧,中小学生课业负担过重,素质教育推进困难;学生适应社会和就业创业能力不强,创新型、实用型、复合型人才紧缺"等问题。高质量的教育一直都是家长、学生以及社会的共同诉求,上述问题不解决,高质量就无从落实。

教育发展不充分关键在于教育质量没有深度提高以及内部过程没有重点关注。把学校办成优质学校的基本路径,一是开放创新,二是特色发展,三是面向未来。其一,开放创新带来优质教育资源的充分涌流。开放,具有打破某一系统原

---

[1] 朱之文:《切实肩负起新时代建设教育强国的历史使命》,《人民教育》,2017年第22期,第9—10页。
[2] 安雪慧:《教育发展的那些不平衡和不充分》,《光明日报》,2018-01-23。
[3] Aletta Grisay、Lars Mahlck, The quality of education in developing countries: a review of some research studies and policy documents, 1991, UNESCO,转引自朱益明:《教育质量的概念分析》,《比较教育研究》,1996年第5期。

本固有结构和形态的强大功能,其原因在于开放的过程即是"异质"因素不断涌入的过程,带来了破除陈规、打破定势的无限可能性。没有开放,无从打开视野、呼吸新鲜空气,创新也无从谈起。其二,特色发展让千万所学校各显风采。"特色"是与众不同的底色,有别于点状出彩的"特点"或"亮点"。也许有许多特色学校最初拥有一个或多个特色项目,但特色项目本身并不代表学校的特色。基于文化、艺术、国际化或某一特殊技能的特色,越来越多的学校通过"一校一品牌,一校一特色"等路径提升办学质量和水平。特色学校的形成,要经历从"一校一品"到"一校多品"最终达于"无品之品"境界的长时间积累、酝酿、萌生、发展和基本定型的过程。有论者认为,教育特色发展的关键在于实现专业化、差异化、精品化"三化联动"。[①] 教育精品化,是指学校在专业化、差异化的基础上,形成精品化教学内容,着力提升学生的创新意识、创新精神和创新能力。其三,秉承传统、立足当下、开创未来。秉承传统,表现在基础教育全方位、全过程的持续推动和积累中,要在教育公平的理念下重新阐释和运用"有教无类""因材施教"中所包含的"平等""有差别的平等"等现代思想;表现在基础教育改革要从思维品质培育、高阶思维发展、人际交往和情感技能等核心素养的发展上立意,在传承"学思结合""知行统一"理念的同时不断创新教育教学方式、变革教育评价理念和方法。立足当下,意味着我们在收获改革成果和经验的同时,倍加重视我们所面临的基础教育发展仍然存在"不平衡不充分"的问题。开创未来,则是在《中国教育现代化2035》的指引下,在互联网科技、大数据运用和人工智能技术的支撑下,在展望未来的同时又能循证决策、依理施策,根据对未来的科学预测探索基础教育改革的方向与路径。

**3. 课程教学评价一体化深度研究与实践发展——素质教育诉求与应试压力负担屡禁不止的矛盾**

从1993年《中国教育改革和发展纲要》指出"中小学要由'应试教育'转向全面提高国民素质的轨道",到1999年《中共中央国务院关于深化教育改革,全面推进素质教育的决定》,再到党的十九大报告提出要"发展素质教育",素质教育一直是基础教育改革的基本方向,然而在严峻的现实面前,素质教育似乎只是一个口号,真正"扎扎实实"进行的还是应试教育。首先,应试主义的导向已不是教育领域之事,很多地方升学率就是地方领导的"政绩指标";其次,诸多学校从校长到教师,都把分数、升学率、重点率、升入北京大学和清华大学的数量等作为教育工作

---

① 陈健、周谷平:《解决好教育发展不平衡不充分问题》,《人民日报》,2018-04-04。

的唯一追求；最后，即使学校校长和教师愿意放弃追求升学率，转而开展实质性的素质教育，家长的焦虑和社会"内卷"的氛围也不会放弃。

如前所述，素质教育诉求与应试教育愈演愈烈，存在着尖锐的矛盾，而一道道严厉的政令、整顿校外补习机构以及惩罚在职教师的校外补习行为，尤其是2021年发布的《关于进一步减轻义务教育阶段学生作业负担和校外培训负担的意见》力度之大，均在进一步解决素质教育的问题。首先，聚焦核心素养的培育整体设计学生的学校生活。学校生活，是学生走向未来生活之前的一种"准社会生活"，为了他们日后能适应和胜任未来生活，有必要从一开始就为他们提供一种有利于其核心素养形成的学习与生活环境，在这一环境中得以积极地参与、有效地互动、富有效能感、愿意接受并从事创新性的工作与学习。其次，在课程、教学与评价一体化意义上丰富学校现代化内涵。项目组对地处我国西部的合作试验学校提出建议："为学生自主主动学习而建设课程"（即"为学而建"），"为方便学生自主主动学习而变革课堂教学"（即"为学而教"），"为促进学生自主主动学习而改革教学评价"（即"为学而评"）。"为学而建"要求在国家课程的校本化实施中注入更加丰富的学习资源；"为学而教"要求在课堂教学过程中重视学生学习方式变革和思维品质培育；"为学而评"要求以多元评价激励学生自由而有深度地学习。最后，彻底解决从应试教育转向素质教育的问题需要标本兼治。所谓"标本兼治"，是指一方面要改变来自学校之外的制度性政策性因素，但另一方面不能坐等制度和政策的改变，而是要在学校改革与发展进程中，回归并坚守教育的本真，从"育分"取向回到"育人"的根本立场。作为教师，要将"促进学生核心素养发展"的理念落实在每一天、每一节课、每一次活动等真实的行动之上，让学生自主地学、主动地学成为一种习惯并能够持续终身。

4. 治理现代化理念——学校自主特色化发展诉求与政校关系不顺的矛盾

政府或教育行政部门与学校之间围绕学校的运营发生的各种互动联系可称为政校关系。有研究者认为政府与公立学校是一种领导与被领导、管理与被管理的隶属关系。[1] 有论者认为，大致可分为"行政执法关系""资源配给关系""经营管理关系"和"指导服务关系"这四种关系。[2] 还有研究者认为，"政府与学校的关系

---

[1] 罗朝猛、胡劲松：《变革社会中我国公立学校与政府关系的调谐》，《教育理论与实践》，2009年第3期，第22—26页。
[2] 李轶：《教育行政管理创新的关键和策略》，《人民教育》，2006年第23期，第14—16页。

实质上是一种行政法律关系,双方地位具有不对等性"。① 整体来看,就我国而言,在政府与学校的关系中,一方面是政府管得过宽、抓得过严,既有"越位"的问题,也有"缺位"和"不到位"的问题;另一方面,学校也存在依赖上层、被动执行、缺乏主动性和积极性的问题。由于第三方的介入不足,政校之间缺乏有效的监督机制。有论者认为,严重的制度短缺导致政府与学校关系的改革难以走出困境。②

如何通过治理现代化理念理顺政校关系并推动学校内部治理,首先,要明晰教育治理是教育中的相关利益群体为某一共同目标进行合作、互动与协调的过程。具体是指国家机关、社会组织、利益群体和公民个体,通过一定的制度安排进行合作互动,共同管理教育公共事务的过程。教育治理最重要的是学校治理,包括学校外部治理和学校内部治理两部分,其中外部治理主要涉及的是学校和教育行政部门、社会机构、学生家长等校外相关权利主体关系的合理配置,而内部治理则是指学校内部的校长、学校行政管理部门、教师和学生等校内权利主体关系的合理配置。同时,治理强调多种力量参与公共事务合作治理,学校治理意味着教师、学生、家长、教育行政部门、社会团体及个人等多个主体参与到办学活动中来,贡献自己的资源和智慧,也意味着教师、家长和学生等主体在学校事务中享有更多的知情权、发言权和参与机会。其次,要明白学校的外部治理重在理顺参与的多方关系。教育参与涉及政府、学校和社会三方的力量,在多方参与过程中,经过充分协商对话达到多元共治。各方各司其职、各尽所能,同时又要相互支持、互融互通,才能达到多元共治。从政府角度讲,需要考虑如何简政放权;从社会角度讲,主要考虑建立市场参与教育事务的运行机制;从学校层面讲,则需要考虑赋予学校以自主发展权以及学校如何自主发展等问题。③ 最后,学校内部治理重在完善结构、增强活力。如果说,良善的治理是学校持续提升办学质量的保障,那么自主创新便是推动学校可持续发展的灵魂。学校内部治理关系到一个学校的发展、教师的教学状态和学生的学习状态,也是学校现代化发展的重要影响因素。将办学的权力真正交给学校,建立和完善现代学校制度、优化学校的内部治理架构,这也是现代教育治理体系建设中的关键环节。有研究者认为,学校在教育治理中的

---

① 褚宏启:《政府与学校的关系重构》,《教育科学研究》,2005 年第 1 期,第 41—45 页。
② 蒲蕊:《政府与学校关系重建:一种制度分析的视角》,《教育研究》,2009 年第 3 期,第 81—85 页。
③ 范国睿:《政府·社会·学校——基于校本管理理念的现代学校制度设计》,《教育发展研究》,2005 年第 1 期,第 12—17 页。

作用,主要在于发挥好"学校自治"和"校内共治"两重角色。① 学校内部治理不仅要以人为本,关心教师生活、关注教学状态,激发学校工作人员的积极性,更要增强科学管理和民主管理水平,让师生和家长能够参与其中,增强学校的活力。

5. 简政放权与鼓励创新——基础教育现代化目标远大与地方和学校改革动力不足的矛盾

当前,不少地方和学校存在着改革动力不足的问题,其根源多在于中央政府与地方政府之间、政府与学校之间的关系未理顺。作为中央政府代理机构的地方政府追求地方财政的最大化、追求对本地资源配置的最大化、在掌握信息和统计资料上中央政府与地方政府之间存在严重的信息不对称等问题,属于中央政府与地方政府的关系未理顺;而"政府行政权力对学校的过度干预、学校缺少应有自主权"等问题,源自于政府与学校的关系未理顺。政府干预过度,学校的改革就难免机械被动或消极抵抗;学校缺少自主权,肩负改革任务的校长和教师就会畏首畏尾。

首先,教育均权化是一个大趋势。所谓"教育均权化",是指实行中央集权制的国家在逐步加强民主化,给地方以更多的权限;而过去实行地方分权制的国家则逐步加强中央的教育权限,涉及到全国利益的教育事业由中央统一管理,从而逐步走向权力的合理分配。② 综观各主要发达国家,不管其过去是中央集权制还是地方分权制,如今都有逐步走向均权化的趋势,即"中央主要负责制定教育方针和政策、全国教育发展规划等,地方则遵循既定的全国性的教育目标和标准,因地制宜,拟定具体计划并付诸实施;中央重在指导和监督,地方则重在执行与创新,呈现出了均权化的趋势与特点"③。在均权化的大背景下,在面对新时代诸多矛盾交织的教育改革进程中,需要探寻中央与地方教育行政权力的分割与配置的最佳平衡点,以便发挥各自应有的教育管理权限作用。其次,简政放权是激发改革动力的大前提。在简政放权方面,关键是要科学地界分中央与地方的教育行政权力,发挥地方自主深化基础教育改革的积极性。④ 要协调好政府与学校之间的关

---

① 董辉、杜洁云:《对教育治理及其体系与能力建设的认识与构想》,《教育发展研究》,2015年第8期,第39—43页。
② 罗朝猛、胡劲松:《变革社会中我国公立学校与政府关系的调谐》,《教育理论与实践》,2009年第3期,第22—26页。
③ 李帅军:《均权化:发达国家教育行政管理的趋势与特点》,《教育评论》,2003年第1期,第97—99页。
④ 罗朝猛、胡劲松:《变革社会中我国公立学校与政府关系的调谐》,《教育理论与实践》,2009年第3期,第22—26页。

系,激发学校经由改革实现内涵式发展的内动力。有论者指出,理顺政府与学校的关系,一是要切实转变政府职能,政府职能应定位于"掌舵"而不是"划桨";二是培育与发展教育中介组织,协调与促进政府与学校关系的调整;三是政府依法行政,是调谐政府与学校关系的根本。此外还要借鉴他国经验,重新设计与安排我国政府与学校的关系。[1] 最后,鼓励创新是激发改革动力的加速器。在鼓励创新方面,既要通过鼓励"一地一案"推进区域性基础教育的现代化发展,又要经由"一校一策"激励每一所中小学在实现自身现代化的道路上奋发有为。

### (三) 基础教育面向 2030 年的发展愿景与目标定位

从过去到现在,我国基础教育发展取得了长足的进步和巨大的成就,但也面临着不少亟待解决的问题与困境。以过去和当下为基础,面向 2030 年,我国基础教育发展应该以何为发展愿景与目标定位,愿景与目标的确立关系到我国基础教育未来发展的路向。

1. 愿景:宏观、中观、微观三个图景

基于我国基础教育发展过程中遇到的问题,可以从宏观、中观、微观三个维度勾勒基础教育面向 2030 年的发展图景。[2]

首先是宏观图景,即以人的现代化为目标,初步形成家庭、学校、社会教育分工明确、协调一致的学习型社会。人的现代化是教育现代化的根本出发点与归宿。实现这一目标,需要在大教育的理念下重塑教育系统,促使整个社会系统发挥正向的教育功能,构建良好的教育生态,而不是仅仅依靠学校,即家庭、学校、社会所包含的有意识的与无意识的、正式的与非正式的教育都应该参与其中,以人的现代化为线索链接,以人的现代化为标准进行评价与调整。对基础教育而言,家庭应承担起孩子养育、待人接物、行为习惯、生活自理能力、正确家庭观念形成等一系列与家庭日常生活相关的素养,其中家长应清晰家庭教育的责任,自觉提高家庭教育的意识与能力;学校应该承担起科学知识的学习、理性思考与批判创新的意识与能力、终身学习的意识与技能等;社会中与教育相关机构应为学生的个性化学习提供正向的支持,比如一般性的社会组织有责任为孩子成长创造良好

---

[1] 罗朝猛、胡劲松:《变革社会中我国公立学校与政府关系的调谐》,《教育理论与实践》,2009 年第 3 期,第 22—26 页。
[2] 李学良、杨小微:《论基础教育现代化 2030 的前景展望与路径选择》,《河北师范大学学报(教育科学版)》2017 年第 5 期,第 26—30 页。

的社会环境。这里特别需要提出,参与网络空间、网络游戏等虚拟空间的组织与个人,理应承担为孩子创造良好发展环境的责任,比如不传播对学生发展不利的信息,不针对学生群体开发具有误导性或养成不良习惯的游戏。在此基础上,协调一致的基础教育系统能够积极回应社会环境的变化与其他社会系统对自己的要求,实现教育与生活、教育与社会的和谐共生,实现学生处处有资源、时时能学习、人人愿学习的教育理想,初步形成学习型社会。

其次,中观图景,即构建基础教育结构完整且沟通顺畅的"立交桥"式的学校教育系统。学校是专门承担教育职能的正式机构,构建完整的学校教育系统是基础教育现代化发展的应有之义。基础教育阶段,学校教育机构包括幼儿园、小学、初中、普通高中与职业高中、特殊学校等。我国早已具备了学校的所有类型,当前的问题主要是纵向的学校教育系统存在较薄弱的环节,比如幼儿园、职业高中、特殊教育,影响了整个学校教育系统的功能发挥;横向不同类型的学校之间缺乏良好的沟通机制,主要表现为不同学段之间的衔接问题,一般学校与特殊学校、普通高中与职业高中之间的沟通问题等;不同区域,基础教育系统发展水平存在较大差距。鉴于上述情况,基础教育的学校系统应着手补足短板,建立不同类型学校系统之间的沟通机制,大力促进基础教育学校系统区域之间的均衡发展,进而形成基础教育结构完整且相互沟通的"立交桥"式的学校教育系统,一方面使每个学生能够在任何时段根据自己的发展需求转变求学方式,比如普通高中与职业高中的学生可以根据需求相互转学;另一方面,使得不同地域、不同民族、不同家庭背景的学生都能享受同等优质的学校教育。

最后,从微观图景来看,学校成为令人向往的地方,学校的环境与文化、领导与管理抑或课程与教学,均能在最大程度上以学生的学习为出发点和归宿,教育过程中充满平等、尊重和爱。学校内部,关注的不仅是学生入学的问题,而是学生入学之后享有何种教育的问题。这里需要重申学校教育的本质,即学校教育的直接目标与根本目的是学生通过学习实现自身的发展,具备适应现代与未来生活的现代人素养。学校成为令人向往的地方,就需要充分考虑学生的需求与发展特点,以学生和学习为中心,重塑学校的环境与文化、领导与管理、课程与教学,关心学生的心灵与幸福[1],让学生感觉到成长的欢乐。除此之外,在学校生活中,每个学生都应该享有同等的权利,选择自己想要的学习资源与机会,被教师与同伴尊

---

[1] 杜占元:《面向2030的教育改革与发展》,《师资建设》,2017年第10期,第34—36页。

重与爱戴。在这个层次,学校教育的理想状态是能够做到"所有的学生平等对待""不同的学生差别对待""有特殊需求的学生特殊优待",保证每个学生能够享受平等、适合且自己想要的学校教育。[1] 从未来结果与现在境况对比的维度,也可勾勒出三幅不一样的图景:比现在更好("乌托邦")、比现在更坏("负托邦")、不好也不坏("零托邦")。出现什么样的结果,既取决于多年未能消除的顽疾能否消除,也取决于新的方向、战略和路径设计是否合理,还取决于新的策略、举措能否真正落实到位。

2. 目标:定性与定量结合、国际与本土并行

从定性角度来看,《中国教育现代化2035》[2]提出到2020年,全面实现"十三五"发展目标,教育总体实力和国际影响力显著增强,劳动年龄人口平均受教育年限明显增加,教育现代化取得重要进展,为全面建成小康社会作出重要贡献。在此基础上,再经过15年努力,到2035年,总体实现教育现代化,迈入教育强国行列,推动我国成为学习大国、人力资源强国和人才强国,为到本世纪中叶建成富强民主文明和谐美丽的社会主义现代化国家奠定坚实基础。在义务教育和高中教育阶段,提出实现优质均衡的义务教育。实现九年义务教育城乡一体化均衡发展,保障适龄儿童接受良好的义务教育,九年义务教育巩固及完成水平和学生学业质量进入世界前列。全面普及高中阶段教育。高中阶段教育普及与完成水平进入世界先进行列,城乡新增劳动力普遍接受高中阶段教育。普通高中与中等职业教育协调发展,有效满足学生个性化、多样化发展需求,学生自主发展能力显著增强,为成长成才提供坚实的知识和能力储备。

从定量角度来看,《中国教育现代化2035》中提到域内义务教育均衡县(市、区)的比例在2035年达到95%为基本均衡。实现优质均衡的义务教育。实现九年义务教育城乡一体化均衡发展,保障适龄儿童接受良好的义务教育,九年义务教育巩固及完成水平和学生学业质量进入世界前列。全面普及高中阶段教育。高中阶段教育普及与完成水平进入世界先进行列,城乡新增劳动力普遍接受高中阶段教育。普通高中与中等职业教育协调发展,有效满足学生个性化、多样化发展需求,学生自主发展能力显著增强,为成长成才提供坚实的知识和能力储备。

---

[1] 杨小微、李学良:《关注学校内部公平的指数研究》,《教育科学研究》,2016年第11期,第9页。
[2] 中华人民共和国教育部:《中国教育现代化2035》,http://www.moe.gov.cn/jyb_xwfb/s6052/moe_838/201902/t20190223_370857.html,2019-02-23。

表 7-1 教育事业发展和人力资源开发主要预期指标(%)

| 指　　标 | 2017 年 | 2020 年 | 2035 年 |
| --- | --- | --- | --- |
| 学前教育毛入园率 | 79.6 | 85 | >95 |
| 九年义务教育巩固率 | 93.8 | 95 | 97 |
| 域内义务教育均衡县(市、区)的比例 | 81（基本均衡） | 95（基本均衡） | 95（基本均衡） |
| 高中阶段教育毛入学率 | 88.3 | 90 | 97 |

此外,2015 年 9 月 25—27 日,举世瞩目的"联合国可持续发展峰会"在纽约联合国总部召开。会议通过了重要文件《改变我们的世界:2030 年可持续发展议程》,该纲领性文件包括 17 项可持续发展目标和 169 项具体指标,将推动世界在今后 15 年内实现 3 个史无前例的非凡创举——消除极端贫穷、战胜不平等和不公正以及遏制气候变化。潘基文秘书长在峰会开幕式致辞中指出,2030 年可持续发展议程对未来提供的承诺和机会为世界各国人民点亮了一盏明灯。这是一个为了追求更好未来的具有普世价值、推动变革的愿景。① 随后,中方发布了《中国落实 2030 年可持续发展议程国别方案》②,其中提到 17 项可持续发展目标的落实方案,目标 4 为"确保包容和公平的优质教育,让全民终身享有学习机会",中国对此制定了相应的落实方案,如表 7-2 所示,其中涉及了各级各类教育,且义务教育段和高中教育列在首位,能看出其目标主要聚焦在中小学教育的公平与优质之上。

表 7-2 中国落实 2030 年可持续发展议程国别方案——教育领域

| 目　　标 | 中方落实举措 |
| --- | --- |
| 目标 4:确保包容和公平的优质教育,让全民终身享有学习机会 ||
| 4.1 到 2030 年,确保所有男女童完成免费、公平和优质的中小学教育,并取得相关和有效的学习成果。 | 全面实行城乡九年免费义务教育制度,全面提高教育教学质量。到 2020 年,义务教育巩固率达到 95%,县内义务教育均衡发展基本实现,完善城乡义务教育经费保障机制。加快缩小城乡教育差距,努力实现城乡基本公共教育服务均等化,保障弱势群体平等接受义务教育的权利。 |

---

① 中华人民共和国商务部:《改变我们的世界:2030 年可持续发展议程》,http://genevese.mofcom.gov.cn/article/wjysj/201604/20160401295679.shtml,2016-04-13。
② 中华人民共和国人民政府:《中国落实 2030 年可持续发展议程国别方案》,http://www.gov.cn/xinwen/2016-10/13/content_5118514.htm,2016-10-13。

续　表

| 目　标 | 中方落实举措 |
| --- | --- |
| 4.2　到2030年,确保所有男女童获得优质幼儿发展、看护和学前教育,为他们接受初级教育做好准备。 | 扩大普惠性学前教育资源,鼓励普惠幼儿园发展,加强农村普惠性学前教育,重点保障中西部农村适龄儿童和实施全面两孩政策城镇新增适龄儿童入园需求。到2020年,实现全国学前三年毛入园率达85%。完善学前教育资助制度,资助家庭困难幼儿、孤儿、残疾儿童等弱势群体儿童接受普惠性学前教育。加强幼儿园教师队伍建设。 |
| 4.3　到2030年,确保所有男女平等获得负担得起的优质技术、职业和高等教育,包括大学教育。 | 到2020年,高中阶段教育毛入学率达到90%,高等教育毛入学率达到50%,具有高等教育文化程度的人数比2009年翻一番。建立职业教育与经济社会同步发展机制、职业教育专业设置标准与产业发展同步更新机制,逐步分类推进免除中等职业教育学杂费,动态调整助学金覆盖面和补助标准。 |
| 4.4　到2030年,大幅增加掌握就业、体面工作和创业所需相关技能,包括技术性和职业性技能的青年和成年人数。 | 推行工学结合、校企合作的技术技能人才培养模式,推行企业现代学徒制。推进教育信息化,发展远程教育,扩大优质教育资源覆盖面。加强高等教育学科建设,满足战略新兴产业、民生等领域的新需求。 |
| 4.5　到2030年,消除教育中的性别差距,确保残疾人、土著居民和处境脆弱儿童等弱势群体平等获得各级教育和职业培训。 | 保障弱势群体在内的每个人的受教育权利。提升特殊教育发展水平,在30万人口以上的县基本建立特殊教育学校。逐步实现残疾学生从义务教育到高中阶段教育的12年免费教育。 |
| 4.6　到2030年,确保所有青年和大部分成年男女具有识字和计算能力。 | 到2020年,进一步降低成人文盲率,防止产生新的青壮年文盲。将新增劳动力平均受教育年限提高到13.5年,劳动年龄人口平均受教育年限提高到10.8年。 |
| 4.7　到2030年,确保所有进行学习的人都掌握可持续发展所需的知识和技能,具体做法包括开展可持续发展、可持续生活方式、人权和性别平等方面的教育、弘扬和平和非暴力文化、提升全球公民意识,以及肯定文化多样性和文化对可持续发展的贡献。 | 深化教育改革,提高教育质量,加强学校体育和艺术教育,把增强学生社会责任感、创新精神、实践能力作为重点任务贯彻到国民教育全过程。性别平等原则和理念在各级各类学校教育教学过程中得到充分体现。 |
| 4.a　建立和改善兼顾儿童、残疾和性别平等的教育设施,为所有人提供安全、非暴力、包容和有效的学习环境。 | 改善薄弱学校和寄宿制学校办学条件。到2020年,城乡义务教育公办学校标准化建设取得显著进展,加强乡村小规模学校建设。 |
| 4.b　到2020年,在全球范围内大幅增加发达国家和部分发展中国家为发展中国家,特别是最不发达国家、小岛屿发展中国家和非洲国家提供的高等教育奖学金数量,包括职业培训和信息通信技术、技术、工程、科学项目的奖学金。 | 落实习近平主席2015年9月出席联合国可持续发展峰会期间宣布的"到2020年,向发展中国家提供12万个来华培训和15万个奖学金名额,为发展中国家培养50万名职业技术人员"的举措。面向其他发展中国家特别是最不发达国家、小岛国和非洲国家,提供更多人力资源、发展规划、经济政策等方面咨询培训,加强科技教育合作和援助。 |

续 表

| 目 标 | 中方落实举措 |
| --- | --- |
| 4.c 到2030年,大幅增加合格教师人数,具体做法包括在发展中国家,特别是最不发达国家和小岛屿发展中国家开展师资培训方面的国际合作。 | 为其他发展中国家提供短期教育培训,在培训班计划和招生方面积极考虑最不发达国家和小岛国对师资培训的需求。 |

### (四) 基础教育改革与发展的基本走向与战略选择

在我国基础教育面向2030年的发展愿景和目标定位的基础上,我国基础教育将以可持续、现代化和优质均衡为关键词确定未来改革与发展的基本走向,以公平与标准导向、优质与均衡发展和区域撬动为未来改革与发展的战略选择。

1. 基本走向:可持续、现代化、优质均衡

新世纪之初,郑金洲提出我国基础教育改革与发展的方向主要表现在这样四个方面:其一,走向文化,知识经济的时代特征以及教育自身面临的问题,都要求教育更多地与文化联姻,在创造出新型学校文化的同时,应对和关注各种相关的文化;其二,走向个性,创新人才的培养总是与学生个性的张扬联系在一起的,基础教育需要树立个性化的教育观,将个性的发展放在突出地位;其三,走向多元,多元文化的出现要求办学体制、学校类型、课程、教学模式等方面呈现多元的态势,用多元替代一统,用多样替代单一;其四,走向校本,学校问题的复杂性使得校本在基础教育中愈益彰显其重要性,以校本研究为起点,校本培训为中介,校本课程的开发为落脚点,并以校本管理为保障条件,是基础教育改革与发展中必须要加以探讨和实施的又一突出问题。[①] 现如今,如前文所讲,基础教育发生了很大的变化,面向未来,本研究将基础教育的走向归结为以下几个方面:教育走向可持续发展、教育走向现代化、教育走向优质均衡。

教育的可持续发展。如前所述,2015年联合国全球发展峰会通过的"2030年可持续发展议程",旨在确保全纳、公平、优质的教育和促进全民终身学习,涉及各级各类教育和全民的终身发展,为下一个15年(2016—2030年)的世界教育发展提供框架。同年,联合国教科文组织在仁川峰会上发布了以"迈向全纳、公平、有质量的教育和全民终身学习"为主题的"教育2030行动框架"。这个行动框架勾

---

① 郑金洲:《基础教育改革与发展的世纪走向》,《华东师范大学学报(教育科学版)》,2000年第3期,第11页。

勒了2015年后十五年的全球教育发展蓝图,并提供宏观方向和战略布局。从中共十九大关于"加快教育现代化"的布局谋篇到《中国教育现代化2035》这一主题式纲领性文件,分时段按类型勾画了"总体实现教育现代化,迈入教育强国行列,推动我国成为学习大国、人力资源强国和人才强国"的宏伟蓝图。[①] 因此能够看出基础教育改革与发展的总体走向是可持续发展的教育现代化。

教育现代化发展。李伟涛提出新时代基础教育迈向2035的战略目标内涵,即学习者的现代化、学校的现代化、治理体系的现代化和世界的影响力。[②] 其一,学习者的现代化,主要强调学习者的文化自觉。缺乏传统文化底蕴和文化自觉的人,将是难以自信的人。追求伟大复兴的中华民族是文化自觉的民族,所谓"文化自觉,意思是生活在特定文化中的人对其文化有'自知之明',明白它的来历、形成的过程、所具有的特色和它发展的趋向"。[③] 未来社会是从传统走向现代的社会,但走向现代并非抛弃传统,反而更加有赖于发挥传统的力量,传统文化与现代性不是完全的对立关系或者说取代与被取代的关系,而可以是一种保持独立性的分离或者说并存。[④] 新时代立德树人,旨在增强一代代中国人对中华传统文化的认知与实践、对中华民族伟大复兴的认同与行动,有民族自豪感和文化自信心,自觉践行社会主义核心价值观,成为德智体美劳全面发展的社会主义建设者和接班人。其二,学校的现代化。首先是学校基础设施和环境现代化,其目标内涵是在消除不达标学校的基础上向育人功能与氛围层面的深层次拓展,指向为学生创造安全快乐的学习生活环境,建成绿色、魅力、安全、智慧校园,形成积极向上的伙伴群体与和谐的师生关系、丰富多彩的校园文化和富有吸引力的学习环境,使每一所学校都成为学生生活、学习、发展和实现人生梦想的美好家园。其次是学校教育教学的现代化,具体体现为学校课程的多样性与高选择性;依靠学校广大教师的专业水平尤其是关怀、指导、引领学生学习的能力;办好每一所学校,激发每一所学校办学的活力,促使每一所学校办出特色,这是从国家或地区层面而言学校教育教学现代化的应有目标内涵。其三,治理体系的现代化。迈向2035的基础教育变革,在基本理念上更加注重共建共享、优化教育生态。新时代的基础教育现代化,将依托政府与学校之间、学段之间、学校与学校之间、学校与社会之间构

---

① 杨小微:《为了可持续发展的中国教育现代化》,《教育发展研究》,2019年第21期,第1页。
② 李伟涛:《我国基础教育迈向2035的战略思考》,《中国教育学刊》,2018年第9期,第7页。
③ 费孝通:《中国文化的重建》,上海:华东师范大学出版社,2014年版,第35页。
④ 杨国枢:《中国人的心理与行为:本土化研究》,北京:中国人民大学出版社,2004年版,第6—7页。

建形成新的关系形态。基础教育变革的过程某种意义上是政府职能转变的过程，政府对基础教育学校的管理服务水平是基础教育现代化的重要衡量。政府为学校配置资源的均衡性、适切性和科学性得以充分体现，政府为学校自主办学提供良好的制度环境、学校自主办学必需的部门政策之间更为协调，学校自主管理能力、校长专业水平与领导力明显提升，是迈向2035的基础教育现代化在政府与学校的关系形态上追求的目标愿景。其四，世界上的影响力。迈向2035的基础教育变革，将坚持中国特色，用中国智慧、中国方案解决教育发展中的问题，在世界上展现影响力与教育自信。改革开放四十年来，我国作为世界上人口最多的国家，文盲人口的大幅减少，义务教育毛入学率的大幅度提升，为实现联合国教科文组织提出的"千年发展目标"作出了重要贡献；中国上海参加经济合作与发展组织组织的PISA测试并获得优异成绩，引起世界对我国基础教育发展的关注。面向2035，进一步提升我国基础教育在世界上的影响力，核心目标内涵是在世界坐标系及对比中，做长短板、做强中国优势，发展素质教育，展示道路、理论、制度和文化自信，凝练凸显中国教育特色，探索实践人口大国基础教育现代化发展的中国模式，包括教育思想的影响力、教育国际交流合作的影响力、对外教育开放水平等均是衡量标准。三是参与全球教育治理的影响力。迈向2035的我国基础教育现代化发展过程，是积极参与国际重大教育行动的过程，并实现从"跟跑"到"并跑"和"领跑"的转变，这既表现为我国发起教育议题数量的增多和议题质量的提升，而且表现为基础教育领域国际教育规则、标准与评价方案制定中更多地发出中国声音、贡献中国方案。

优质均衡取向。阿尔弗雷德·马歇尔指出，构成某一经济系统的、相互作用的、各种变量的值经过调整，使该系统能够保持相对的稳定，那么这样的状态可以称之为均衡。① "促进教育优质均衡发展"已成为全球共识与共同努力的目标。优质均衡是整合了教育均衡和优质教育的思想而提出的一个新概念，其基本的要义是追求"公平"和"优质"的统一。在教育政策中，将优质教育和教育均衡整合成为"优质均衡"这一概念，成为现阶段中国义务教育发展的基本政策导向和价值取向。在教育均衡的主线上，我们可以把"优质均衡"理解为中国推进义务教育均衡发展的新目标和新阶段。在提高教育质量的主线上，我们可以把"优质均衡"诠释

---

① 马歇尔将经济理论融合成看一种折中的理论体系，并建立了均衡价格论和分配论。[英]阿尔弗雷德·马歇尔著，朱志泰、陈良璧译：《经济学原理》，北京：商务印书馆，2019年版，第791—805页。

为中国在教育发展的道路上设置和确立了一个伦理前提和基础,其以"优质+均衡"的内涵体系实现了对均衡发展的理性超越。教育优质均衡发展中的"优质"和"均衡"是对义务教育高质量发展提出的两种核心诉求。其中,优质的诉求指向教育质量,是教育发展的本质诉求,均衡的诉求指向教育的运行样态,是教育发展的规范性诉求。教育优质均衡发展就是义务教育以均衡的样态,朝着提高质量的方向持续发展的过程。[1] 教育优质均衡的特征应当有三:一是缩小差距、承认差异、鼓励特色;二是关注教育质量均衡;三是建立主客观相结合的义务教育多维评价体系。

2. 战略选择:公平与标准导向,优质与均衡发展,区域撬动

公平导向的"均衡化战略"。随着国内地区之间和城乡之间教育发展差异的日益凸显,以及择校之风盛行和学校自主化思潮的风起云涌,对教育公平的关注不断提升。公平是教育的本质要求,均衡发展是实现教育公平的根本路径。教育均衡发展既是教育公平的重要内容,又是和谐社会的基本要素和实现途径。均衡发展就是教育公平思想在基础教育发展政策上的体现。基础教育均衡发展的实质是教育公平问题。各级教育既要解决总量投入不足的问题,也要解决配置不均衡的问题,要发挥中央和地方共同作用,各负其责,保证教育均衡发展的基础。[2] 具体而言包括三大策略,其一为增量战略,即教育资源向薄弱地区及学校倾斜,推进城乡优质教育资源共享;其二为补短板战略,补短板是教育公平本质要义的集中体现、是教育公平重要的公共政策选择、是效益最大的公共教育政策选择[3],补短板不仅仅是补经济资源方面的缺失,还包括师资、公共设施、图书、教学理念、相关制度等方面的不足;其三为特色发展战略,尤其是挖掘区域特色资源、学校特色发展等,在差异化的基础上实现公平均衡发展。

标准引领下的"质量战略"。高质量发展是适应经济发展常态的主动选择,是贯彻新发展理念的根本体现,是适应我国社会主要矛盾变化的必然要求,也是建设现代化经济体系的必由之路。建设现代化经济体系是跨越关口的迫切要求和我国发展的战略目标。实现这一战略目标,必须坚持质量第一、效益优先,推动经

---

[1] 杨清溪、柳海民:《优质均衡:中国义务教育高质量发展的时代路向》,《东北师大学报(哲学社会科学版)》,2020年第6期,第93—94页。
[2] 中央教育科学研究所教育政策分析中心:《义务教育均衡发展是实现教育公平的基石》,《教育研究》,2007年第2期,第3—11页。
[3] 张茉:《县域义务教育均衡发展政策指向及战略选择》,《中国教育学刊》,2013年第11期,第4页。

济发展质量变革、效率变革、动力变革,提高全要素生产率,不断增强我国经济创新力和竞争力。首先,标准导向的高质量必然会涉及评价,好的评估可以进一步构建和完善教育质量监控体系、为质量体系提供结构规范、提出明确要求。好的评价指标,第一应具有科学性,即能够比较有效地评价、解释教育公平的现状;第二应具有可测性,指标简洁,数据容易获取;第三应具有可比较性,指标与国际规范相一致;第四应具有实用性,可以方便地使用于实际工作之中。① 同时有论者强调发展性评价,即实施评价的根本目的是更好地促进学生的成长,促进教师教育教学水平的提高,促进学校的发展;评价内容应多元化,除关注学业成就、升学率外,还要重视被评价者多方面素质与潜能的发展;评价方法要多样化,除考试或测验外,还要使用观察、访谈等多种科学有效、简便易行的评价方法;对学生、教师和学校的评价不仅要注重结果,更要注重发展和变化过程,把终结性评价与形成性评价有机地结合起来;重视学生、教师和学校在评价过程中的作用和主体地位,使评价成为教育行政部门、学校、教师、学生和家长共同积极参与的交互活动。② 在当下,大数据背景之下,要充分利用大数据分析、云计算处理,结合现代教育、社会改革对人才的需求,构建多元智能、数据化评价体系,探索建立现代课堂、学科实践、课程教学、线上线下、校内校外的实时评价体系,以满足学习者的个性化需求,同时要从行为示范、学习引导、课堂组织等方面构建教师综合评价指标体系,探索建立大数据云计算条件下教师课上、课下数据处理能力指标体系,着力提升教师信息化教学能力。以评促建是一种发展性、生成性的思维,即通过评价、评估建立规范性,在此基础上引导教育的正向发展。其次,教育行政部门应尽快加强和完善基础教育监测机构,形成自上而下的监测体系,建立完善的教育监测制度,并以此加强各级政府对教育的管理,促进教育的发展和质量的提高。县(市、区)级教育行政部门要建立和完善义务教育均衡发展的监测制度,定期对辖区内义务教育学校间的差距进行监测和分析。逐步建立规范化、科学化和制度化的义务教育教学质量监测评估体系和教学指导体系。③ 最后,发挥我国的制度优势,2017年中国共产党第十九次全国代表大会首次提出"高质量发展"的新表述,表明中国经济由高速增长阶段转向高质量发展阶段。党的十九大报告中提出的"建立健全绿色

---

① 杨东平、周金燕:《我国教育公平评价指标初探》,《教育研究》,2003年第11期,第5页。
② 董奇、赵德成:《发展性教育评价的理论与实践》,《中国教育学刊》,2003年第8期,第18—21+45页。
③ 中央教育科学研究所教育政策分析中心:《义务教育均衡发展是实现教育公平的基石》,《教育研究》,2007年第2期,第3—11页。

低碳循环发展的经济体系"为新时代下高质量发展指明了方向,同时也提出了一个极为重要的时代课题。高质量发展是适应经济发展常态的主动选择,是贯彻新发展理念的根本体现,是适应我国社会主要矛盾变化的必然要求,也是建设现代化经济体系的必由之路。建设现代化经济体系是跨越关口的迫切要求和我国发展的战略目标。实现这一战略目标,必须坚持质量第一、效益优先,推动经济发展质量变革、效率变革、动力变革,提高全要素生产率,不断增强我国经济创新力和竞争力。建设高质量发展教育体系,也列入了《中共中央关于制定国民经济和社会发展第十四个五年规划和二〇三五年远景目标的建议》,成为教育"十四五"规划的战略主题。如此一来,建设社会主义教育强国是我国推进教育现代化的战略总目标,而推动我国教育事业高质量发展,则是将教育强国愿景转化为现实的重要途径,所以,建设高质量发展教育体系理应成为我国未来教育战略规划的核心主题。

区域支点撬动战略。在我国,依旧存在区域发展不均衡的问题,如何促进优质均衡发展,进而促进国家整体教育的提升,通过区域发展撬动教育的整体发展。其一,根据地区的特征,因地制宜,一地一案,形成多元发展的区域网络,进而构建点、线、面三位一体的区域教育共同体。充分挖掘区域教育特色,以点带面,以面成网,构成优质均衡发展的教育网络,尤其关注少数民族、特定区域等极具地方和文化特色的教育。其二,抓住政策机会,区域教育发展必须密切与教育政策联系,我国对少数民族地区、弱势地区等具有一定的帮扶政策,抓住政策的红利,合理规划、认真研究教育发展的周期、认真分析区情,从实际出发,制定合理的战略发展目标,充分认识教育功能,扩大教育空间。最后,区域发展的过程中,在发展好内部的同时,注重与外界的连接,积极学习外部经验,同时把内部经验积极推出去,发达地区带动发展薄弱地区的发展。同时教育的发展除却研究教育内部的发展规律之外,还需要将其与外部环境结合起来,将内部规律与教育外部环境结合起来,研究经济社会发展和教育发展的现状和未来趋势有机结合起来。教育体系是整个社会的一个子系统,教育的发展离不开经济、社会发展所提供的条件和提出的要求。区域教育发展战略的制定,要在认真研究教育规律的同时,充分研究教育的外部环境,研究经济、社会发展对教育提出的要求、挑战和提供的可能性,研究本地区、全国乃至国际环境对教育发展的有利条件与不利因素。[1]

---

[1] 诸平:《"区域教育发展战略"研讨会综述》,《教育研究》,1995年第6期,第4页。

## 三、国家创新驱动战略下高等教育创新人才培养目标与战略

《国家创新驱动发展战略纲要》指出：国家力量的核心支撑是科技创新能力，创新强则国运昌，创新弱则国运殆。我国近代落后挨打的重要原因是与历次科技革命失之交臂，导致科技弱、国力弱。实现中华民族伟大复兴的中国梦，必须真正用好科学技术这个最高意义上的革命力量和有力杠杆。

"当今世界，综合国力竞争日趋激烈，新一轮科技革命和产业变革正在孕育兴起，变革突破的能量正在不断积累。综合国力竞争说到底是人才竞争。人才资源作为经济社会发展第一资源的特征和作用更加明显，人才竞争已经成为综合国力竞争的核心。谁能培养和吸引更多优秀人才，谁就能在竞争中占据优势。"[1]

"我国科技队伍规模是世界上最大的，主要问题是水平和结构，世界级科技大师缺乏，领军人才、尖子人才不足，工程技术人才培养与生产和创新实践脱节，人才政策需要完善，教育方面也需要进一步改革，以更好培养青少年的创新意识和能力。"[2]

自党的十六大提出"造就数以亿计的高素质劳动者、数以千万计的专门人才和一大批拔尖创新人才"之后，创新人才的培养就一直是高等教育乃至基础教育的聚焦点。但高素质劳动者的"高素质"、专门人才的"专门"以及拔尖创新人才的"拔尖"都离不开创新素质包括创业素质，而创业素质就包含了创新素质在里面。

中国共产党十七大以来，国家发展战略的核心聚焦到提高自主创新能力，建设创新型国家。中国共产党第十八次全国代表大会作出了实施创新驱动发展战略的重大部署，强调科技创新是提高社会生产力和综合国力的战略支撑。实施创新驱动发展战略，建设创新型国家。创新立国、创新强国成为国家发展的主导方向。随着国际形势的错综复杂，人才外流与人才资源的差距，未来我们更需要加强依靠自主培养创新人才的能力，建立和完善创新人才培养体系，成为未来中国发展的重要战略方向。实施创新人才战略，既需要对人才资源的提升和开发，也需要建立在和谐公平的可持续发展战略框架中。

"十四五"规划突出高质量发展的目标，聚焦创新驱动，推动绿色生态和"双循

---

[1] 摘自习近平总书记《在欧美同学会成立100周年庆祝大会上的讲话》2013年10月21日，《人民日报》，2013年10月22日。
[2] 摘自习近平总书记《在中国科学院考察工作时的讲话》2013年7月17日。

环"供给侧的改革。而实施国家创新驱动战略,离不开创新人才培养体系的建设。建设高质量教育体系核心将聚焦到创新人才培养体系建设上。

罗马俱乐部最新权威报告《2052:未来四十年的中国与世界》预测:中国有明确的增加公民收入的雄心;再加上对环境领域不断加大的投入,中国还将在能源、粮食和其他基本资源自给自足的道路上取得显著进展。[①]

未来在从"中国制造"到"中国创造"的大变革大转型中,创新将是世界趋势,也是各国人才竞争的爆发点。建设创新型国家已经成为中国可持续发展的主要国家战略。面对时代新问题,创新驱动不仅是世界强国发展本国经济社会的共同选择,也是中国这一东方大国的必然选择,是当代中国社会转型发展的历史使命。[②]

### (一) 国家创新驱动战略的背景及其对高等教育改革与发展的要求

高等教育是国家创新人才成长的摇篮,是落实国家创新发展战略的前哨,因此,创新人才培育这一使命也是高等教育发展的重要战略目标。

1. 国家创新驱动战略要求建设高质量高等教育体系

高等教育如何走向世界高等教育强国摆在了中国未来发展的面前。面向2030的高等教育,高等教育可持续发展聚焦创新,在从高等教育大国走向高等教育强国的过程中,走高等教育高质量发展道路,建立高质量高等教育体系,完成高等教育现代化伟大而艰巨的历史任务,是未来2030甚至更长时间的重要方向。我国高等教育已进入新的发展阶段,全面提高高等教育质量,实现由高等教育大国向高等教育强国的转变,是未来十年我国高等教育改革与发展的核心任务。着力提高人才培养水平,是其中的关键环节之一。各级各类教育是高等教育人才培养的基础,其质量直接关系高等教育人才培养的水平。同时,国家把提高创新人才培养质量放在极为重要的位置,列入高等教育质量工程。

2. 国家创新驱动战略要求聚焦高等教育人才培养功能的综合提升

高校是人才培养的重要场所,承载着人才成长的任务。纵观高等教育发展历史,教学、科研和社会服务是其三大基本功能,文化交流和国际化是其延伸出来的新职能。而人才培养是高等教育机构的多种功能聚焦点、多种结构整合点、多种

---

① 《2052:未来四十年的中国与世界》中译本序。
② 邵兴江:《中国教育战略研究》,杭州:浙江教育出版社,2014年版,第136页。

目标聚焦点。任何一种高等教育的职能最终都是通过人才培养而最终得以实现、得以体现,离开了人才培养的功能定位,就脱离了高等教育的本体价值和定位。通过教学实现人才培养,通过科研促进人才培养,通过社会服务活化人才培养,通过交流拓展人才培养。只有人才培养的质量提升,才是高等教育质量的硬核,才是一个国家高等教育竞争力的表现,课程教学改革源于人才培养的内在要求,科研成果的开发是高等教育人才培养的外在表现,社会服务效益的提高是人才培养外显指标或社会标准的显示器。某种意义上,劳动者通过接受高等教育,获得知识与技能,进入劳动力市场,将相匹配的劳动者输送至劳动力市场是未来高等教育的基本职责。虽然高等教育的研究、社会服务和国际化等职能丰富,但聚焦人才培养为核心是高等教育的根本。《规划纲要》指出,培养数以千万计信念执着、品德优良、知识丰富、本领过硬的专门人才和一大批拔尖创新人才。针对我国学生适应社会和就业创业能力不强,创新型、实用型、复合型人才紧缺,要求重点扩大应用型、复合型、技能型人才培养规模。

要解决职业教育人才培养规格与劳动力市场需求难以匹配的问题,核心在于提高职业教育质量。一个个体接受高等教育,不仅是为了实现高等教育的外部社会功能,获得可持续发展的专业知识和技能,成为一名称职的职业人,还在于通过高等教育满足自身发展的内在需求,获得创造美好生活的能力。

3. 国家创新驱动战略需要建设一流高等教育创新创业教育新体系

近三十年来,世界高等教育的面貌发生了很大变化。知识创新和累积的加速、以互联网为中心的信息技术的广泛应用、全球经济一体化程度的不断加深、人才流动性和竞争性日益加强,都对高等教育人才培养提出了新的要求。世界各国大学,特别是一些一流大学,努力探索适应时代发展要求的人才培养模式,以提高学生学习的质量,出现了不少新思想、新模式和新方法。作为向世界一流大学迈进的中国研究型大学,应该与时俱进,变革发展,实现培养一流人才的目标。

什么样的本科教育堪称世界一流?什么样的研究生教育是世界一流?什么样的高职高专教育是世界一流的?大学本科研究生教育的使命、作用、目标、路径以及体系的优化重组、科学地配置资源、制度和政策激励、丰富的学习体验、有质量的通识教育是系统构建。与之相关的本科研究生教育质量的基本标准、各专业教育的基本要求与培养方案、课程教学大纲、院系本科研究生教育管理的职责与规范、学校职能部门的职责与规范、科学有效的本科研究生教育信息系统的构建、分类分级的教学质量评估系统的构建、有效的质量反馈机制等都是人才培养的基本内容。

回顾我国高等教育的发展历史,建国后,经历了社会主义改造时期,院系调整以致改革开放的恢复和发展,可谓波澜壮阔,跌宕起伏。特别是,改革开放以后,恢复高考和学位制度,实现了高等教育大众化,经历了211、985和"双一流"的阶段性发展战略,高等教育取得了长足的发展,已然成为世界上的高等教育大国,显示出不俗的发展成绩。高等教育发展聚焦于人才培养方面,经历了从快出人才、出好人才到人人成才的方向转变,致力于实现为党育人、为国育才的重要定位。人才培养牵动高等教育发展的所有方面,在课程教学中成才,在科研实践中成才,在国际交流与社会服务中成才,表明人才是高等教育发展的核心内容、重中之重。无论是大学精神的提倡,还是分类体系的建立,还是拔尖创新人才培养和强基计划以及部分学校探索实践的通识教育等,都可以看作是人才培养居中央,都可以看作是为了人才培养而作的努力和实践。我们四十年来,甚至七十年来,我国高等教育在人才培养方面取得了巨大成就,直接支撑了国家创新发展的战略,促进了大国发展。

高等教育可持续发展,起初是从人与自然环境和谐相处、合理利用自然资源而产生的,是"既满足当代人的需要,又不损害子孙后代满足其需求能力的发展"的一个命题。高等教育可持续发展需要高等教育具有超前性,包括目标超前性、课程超前性、规划超前性、投入超前性。而《21世纪的高等教育:展望与行动世界宣言》中则提出了如何培养学生"创造工作岗位的素质""培养创业技能与主动精神"应成为高等教育主要关心的问题。通过课程教学创新培养创新人才;通过科研实践培养创新人才;通过创业服务培养创新型的创业人才;等等。基于创新人才培养的高等教育体系重构是未来中长期需要思考的高等教育可持续发展的主要问题。

4. 创新驱动战略拉动国家创新人才资源超前积累

在人类现代化进程中先后发生过三次后进国家和地区成功赶超先行者的典型范例。第一是在1871年至1913年间美国赶超英国;第二次是在1953年至1992年间日本赶超美国;第三次是1965年至1992年间韩国赶超西欧。借鉴这三次赶超经验,即在经济赶超之前人力资本积累已经有相当基础,在经济快速发展,进入赶超阶段时,人力资本积累已经达到相当高的水平。虽然仅仅从经济学角度进行的分析有局限性,但大致可以看出人力资本积累在现代化国家竞争中具有特殊的依托地位和先导作用,随着现代化进程不断向知识经济时代逼近,这种特征越加突出。

改革开放带来的农村劳动力规模转移和城镇就业的持续扩大,廉价且充裕的劳动力资源成为中国经济腾飞的主要因素。但是,最新的调查数据显示,"人口红利"时代即将结束,中国的劳动力人口日益老化并逐渐步入退休年龄。15岁至59岁的中国劳动年龄人口2015年开始减少,到2050年,被称为"银发人群"的60岁及以上人口将从2000年的约1.65亿人激增至近4.4亿人,届时,将占中国人口总数的34%左右。中国未来经济发展需要从劳动力数量增长拉动转变为劳动力素质提高驱动。为了确保2050年基本实现现代化的宏伟目标,我国必须确立人力资源开发在国家建设中第一资源的战略地位,以加快建设人力资源强国为战略目标,提高人才国际竞争力,努力缩小与发达国家人力资源开发水平之间的差距,实现从人口大国向人力资源强国的迈进。在这一迈进过程中,创新人才和具备创业素质的人才培养就成为能否实现此目标的关键。

### (二) 我国高等教育创新人才培养存在的主要问题

在人才培养的质量和模式方面相对于发达国家还有较大的距离。这些问题可以表现为很多方面,比如:大学对目前本科教学质量的满意程度不高;金课少,水课多,开课门数少,虽然在信息搜集能力、自我反思能力、团队合作能力、对社会的了解以及道德修养等方面有进步,但对研究方法的掌握、实用技能、对学科前沿的了解、身体素质、汉语书面表达能力等方面较弱。

从总体上看,学生学习不乏比较认真的,但课堂讨论和课外向老师请教的气氛还不浓;不少学校还存在着教学管育人,科研管用人的脱节和分离现象;聚焦人才培养的各级各类高等教育机构的互补、贯通、互认支撑的机制还不畅通,学制不够灵活,壁垒很难打破;聚焦拔尖创新人才培养的观念、制度和技术还需要有重大突破;聚焦人才培养的教学、科研、社会服务和国家化的一体化建设还需要深入研究。

1. 与发达国家人才培养体系建设有一定差距

我国人力资源总量规模庞大,但高层次人才资源短缺,劳动力受教育水平、产出水平与发达国家存在明显差距:一是劳动力人口整体文化素质显著落后于发达国家;二是高层次人才短缺;三是人力资源产出效率不高。虽然中长期规划期间,我们在各个方面缩小了差距,但总体上仍然存在差距。

## 2. 创新人才培养政策法规体系建设仍不完备

改革开放后，从中央到地方均加大人力资源管理政策创新力度，最新的人才政策也不断出台，但是仍然落后于实际需求，存在着体系不全、层次不高、时效不强、落实不够。各地忙于出台和执行人才培养新政策，但与此同时政策的"漏斗"效应却很突出。诸如：政策宣传缺乏辐射效应，部分地区和单位人才政策"口号化"；政策趋同性制约了实施效果，相对落后地区压力更大；资金投入和保障不足且多由财政买单，缺少鼓励企业设立人才开发按资金和社会捐助多渠道募集资金的政策。

## 3. 人才培养体系内部存在着系统问题

当今社会，一个人的学习能力已经成为适应社会生活的第一能力。大学教育直接目标就是促进学习者的学习，为终身发展奠定基础。大学教育的基本任务就是通过课程教学实践，提高学习效率，掌握学习方法，满足学习兴趣，提升学习质量，发掘学习的人生价值和意义。

进入 21 世纪以来，为了有目的有计划地提高大学生本科学习质量，不少中国知名大学进行了通识教育或本科生人才培养改革，试图通过重新划分学习领域，建设新型课程体系，促使大学生不断积累学习经验，深化学习内容，拓展学习视野，成就有意义的学习化人生。

当前，先进学习观念开始呼唤人们的新学习需要，要求人们在学习方式上进行主动变革，重新审视学习在人生和社会发展中的价值和意义，克服功利主义学习需要观以及传统学习方式的弊端。而在我们学习生活中的种种学习异化现象，更要求我们关注学习需要和学习方式问题。从家庭层面，"盲目""攀比""跟风""过度"以及各种"非人道"病态现象经常见诸报道；从大众层面来看，则表现为网络化、游戏化、庸俗化、消费化取向；从学校层面来看，学习竞争和分数排行榜等带来了学习异化现象，更是突出表现为组织化、制度化的"非人"特征。

而按照我们一般熟悉的异化表达套路，大致可以这样来进行概括，即：在学习被强调并走进当代社会生活的核心层面时，学习越来越与学习本身或学习的本质相分离；人在学习中，不是不断地被深化、提高、加深和拓宽，而是越来越与人的精神成长、全面人格的养成相分离。人在学习中，越是学习就越异化，越是学习就越功利；越是学习越变得目光短浅，毫无智慧；越是学习，越对学习没有兴趣；越是学习，越对学习恐惧，越要"逃避学习"。

从现状来看，存在专业选择的无奈、过度补偿的疯狂、学习反差的困惑、后知后觉的遗憾、课程学习的迷失等;从问题来看,缺失一个完整的学习概念、专业乃至整体大学学习规划能力的缺失、针对大学第一年学习适应性问题的衔接教育的缺失、专业多次选择机会的机制缺失、沟通交流机会的缺失、个性化学业指导机构的缺失、基于成长的过程性评价的缺失、课程学习中包括学生评价中的学生参与的缺失等。①

4. 不同层次不同类型的高等院校办学理念和办学模式趋同

由于"大学化"的升格攀比,使得中国高等教育体系缺少严格的分类体系和分类管理评价机制,造成了高等教育的趋同化趋势,大学合并固然在短期内快速集聚资源,集中战略在短期内缩短与国际一流高等教育体系的距离取得了重要的作用,但是,客观上也出现了我国高等教育中的同质化问题。千校一面、简单合并导致大学文化和积淀受损,破坏了大学的育人生态、心态,影响了政态的良性发展。比较突出的是高等教育的办学理念和办学模式趋同,人才培养出现了低耗和浪费现象,重复设置专业、培养定位模糊混乱、缺少评价标准等。

5. 高等教育学科专业设置与市场需求有所脱节

高等教育人才培养质量体系堪忧,尤其是与市场需求的脱节,包括招生、课程、教学、实习、就业等全环节的脱节,使得高校处于一种封闭式育人的状态,在学科专业设置上盲目性很大,对市场预测机制和反应机制缺乏,培养了大批社会和企业不需要的人才,在"一带一路"倡议以及21世纪能力的背景下,高校沿用自己的惯性育人模式,专业不对口且人才培养范围窄,课程教学和学科建设缺少融通和贯通,对于市场急需的专业人才和行业紧缺型人才的培养几乎没有反应机制。

6. 应用型人才培养缺乏行业和企业的联动支撑

应用型人才培养的定位被很多应用型本科大学尽量回避,都想自己朝着综合性研究型大学发展,一些师范大学、医学院校包括护理专业等都一定程度上存在着办学定位不清的问题。同时,对于不同类型的大学的投入和评价也的确存在着严重问题,导致大学在培养人才方面缺少与社会市场企业进行联动和合作的内在动力,缺少创新引擎是制约创业型大学的定位和创新型人才的培养的根本原因。

7. 普通高等教育与其他类型高等教育发展不协调

纵向和横向支持人才培养的机制和动力不足,包括学分互认、跨校选课、网课

---

① 林晖主编:《教育哲学评论·试刊·事实与价值》,《关注每一个:基于大学生学习需要与学习方式变革的思考》一文。

认证等都存在诸多壁垒和技术开发能力不足的问题。在各类高等教育中，从层级到区域出现的是高等教育在东西部、城乡之间的不平衡，学校之间、学科之间、专业之间、资源配置之间严重不均衡，不少环节中出现断裂问题。

8. 继续教育培养体系结构失衡、动力能力不足和制度化建设滞后

职前职后的继续教育体系不完善，乡村和城市之间差距巨大，"上上班，充充电、再上岗"的进出自由机制难以建立，使得岗位流动和更新机制不健全，导致人才培养和自我发展的连续性被中断，岗位创新机制急需培育。

### （三）面向2030我国高等教育创新人才培养目标与战略

鉴于国家创新驱动战略的要求，以及我国在创新人才培养方面存在的问题，需要面向未来社会发展要求，努力探寻我国高等教育高质量发展的目标与战略。

1. 创新人才培养目标

人才培养目标是人才培养体系的龙头，是人才培养实践的行动指南。人才培养目标决定了人才培养体系的价值取向，是贯穿人才培养过程的核心影响要素之一。人才培养目标是否科学，是否符合时代发展的要求，符合国家、社会、个人发展的要求，切合大学自身的教育规律，会对人才培养质量产生重大的影响。

目前，我国本科院校普遍存在定位不清、目标模糊的现象，造成千校一面、同质化严重的状况。人才培养目标落后于时代发展，不适应经济与社会发展，不适应知识的发展，不适应教育系统的发展，已经成为提高本科教育人才培养质量的主要制约性因素之一。因此，顺应环境变化，纠正定位偏差，科学制定本科教育人才培养目标，是推进本科教育人才培养改革的先决条件，也是人才培养体系现代化必不可少的部分。

人才就是德才兼备、有某种特长的人。创新人才就是指富于独创性，具有创造能力，能够提出、解决问题，开创事业新局面，对社会物质文明和精神文明建设作出创造性贡献，具有创新思维、创新个性、创新方法和创新实践能力的人。

各级各类教育是培养创新人才的关键阶段。本科研究生教育是培养创新人才的高级阶段。高职高专是培养创业人才的关键阶段。

根据《2030议程》目标4.3：到2030年，确保所有男女平等获得负担得起的优质技术、职业和高等教育，包括大学教育。目标4.4：到2030年，大幅增加掌握就业、体面工作和创业所需相关技能，包括技术性和职业性技能的青年和成年人数。

我国到2020年，高中阶段教育毛入学率达到90%，高等教育毛入学率达到

50%,具有高等教育文化程度的人数比2009年翻一番。建立职业教育与经济社会同步发展机制、职业教育专业设置标准与产业发展同步更新机制,逐步分类推进免除中等职业教育学杂费,动态调整助学金覆盖面和补助标准。

推行工学结合、校企合作的技术技能人才培养模式,推行企业现代学徒制。推进教育信息化,发展远程教育,扩大优质教育资源覆盖面。加强高等教育学科建设,满足战略新兴产业、民生等领域的新需求。

到2030年,我国25—64岁劳动力人口人均受教育年限将超过11年,人文发展指数达到0.80以上,综合生产率达到2.5万美元(按购买力平价计算),每百万人口中研究人员数达到1500人以上,实现从人力资源发展中等水平国家向人力资源发展较高水平国家迈进。在这个过程中,创新人才是实现弯道超越的可能路径,高等教育人才培养将是最重要的核心竞争力。

2. 主要战略设计

(1) 优先投入战略

人力资源是可持续发展资源,人力资源优势是最需要培育、最有潜力、最可依靠的优势。要做到人力资源开发优先保证,人才资本优先积累,确立人力资源开发相对物质资源、环境资源、资金资源以及其他方面资源开发的优先地位,树立人才投入效益最大的理念,把人力资源开发投入,特别是创新人才培养投入作为战略性投资。走出"人才投入不足—人才活力匮乏—科技创新能力匮乏—劳动生产率和技术能力低下—全社会经济实力和财力不足—制约人才、科技、教育投资增长力度"的不良怪圈。

(2) "立交桥"式学制衔接战略

完善"立交桥"机制,推动各级各类学校的衔接教育机制建立,探索多种学制改革包括3+2、2+2+2、4+2、本硕博贯通等多元学制改革创新,实现多样化的人才培养机制,在招考体制机制创新方面,推出毕业会考制度,毕业即可上大学的机制,解决陪考问题,鼓励多元录取标准和多元升学轨道;在人才评价机制创新方面,走科学评价、合理甄别、生涯规划、企业评价的系统化人才评价机制改革。

"双一流"大学,实施卓越人才战略,培育全球优质师生资源机制,实施本硕博贯通式培养机制,推进科教融合的育人机制;高职高专,实施生产一线、技能人才的培养目标,面向市场就业导向的专业建设,基于工作过程进行开发的课程体系,探索校企合作、工学结合的培养模式,通过以"面向人人"的办学理念,以"双师型"队伍建设,促进真实性学习教学环境建设,完善中职高职专科、应用本科、专业学位研究生的衔接培养机制,推进校企深度参与协同育人的机制;发挥教育民营化、教育市场化、教育产业化、教育资本化的机制作用,推动民办高等教育中的人才培养多样化、高效化和创新创业化;普通高校的人才培养大力走向应用型人才培养,注重实践、应用人才的培养目标设定,注重需求导向、形成集群的学科专业设置,推动模块组合、能力本位的课程体系以及产教融合、校企合作的培养模式。

(3) 专业与课程再构战略

《规划纲要》对大学的本科人才培养提出的"通识与专业相结合"的理念,既不同于苏联模式,也不同于美国模式,更不是两者之间的过渡阶段,通过实践者的努力,其有可能成为中国大学教育的独特创建。随着国家综合实力的不断提升,中国的大学将带着本土的理念伴随国家一同崛起,成为世界高等教育的新亮点。一方面,本科课程的改革与设计需要调停各种需求和供给之间的冲突,总难尽如人意;另一方面,课程建设必须基于一套理念,一套符合教育规律、院校传统和人才培养目标的理念。克拉克·科尔曾指出:"教育家为什么从来没有完全对课程感到满意过,我们必须认识到,从 1636 年哈佛学院建立以来,学院的课程学习已经受制于学院内部和外部不断的、经常出现的冲突、压力和不安等因素。"[1]然而课程又如此重要,居于本科教育的核心地位,任何改动都应慎重。中国大学类别多样,层次各异,不应当追求划一的人才培养目标。综合性大学的基础条件更接近通识教育理想,然而数量庞大的理工科大学、行业性大学等在专业人才培养上效率突出,却不具备综合性大学的通识教育资源。同时,以专业院系为基本组织单位来实现培养学生和开展科研等各项大学职能是中国大学长期以来行之有效的组织规范和固有观念。"通识教育与专业教育相结合的培养制度"究竟在建制上如何实现? 多重条件下,通识教育的模式一定不是唯一的。

对不同类型的大学而言,"专业"具有不同的意味,"通识"也一样是不同的。我们可以打开思路地设问:首先,是否需要成规模地专门开设通识课程? 还是通过提升专业课程质量,使专业教育能够传达一定的通识精神、有教养的职业人精神。后者实际上对专业教学提出更高的要求:不能局限在偏狭孤立的知识点上,要把知识讲得更通透,更注重能力的培养,还要使专业课程更加系统化、易于触类

---

[1] Frederick Rudolph, Curriculum: A History of the American Undergraduate Course of Study Since 1636, Jossey-Bass Publishers, P. ix.

旁通,活学活用。其次,假设成规模地开设通识课程,对于条件较成熟的综合性大学而言,在本科阶段通识与专业区分为1+3、2+2、3+1等学制上有明确侧重的两阶段,还是两类课程穿插在四年中同时推进?分两阶段的做法注重通识教育的系统性和完整性,这要求第一阶段通识课程能够充沛供给,从根本上调整师资结构,还要考虑招生改革和相应在前一阶段通识教育结束后以何种双向选择机制引导学生进入专业的问题。不分阶段的做法相对折中,开课压力分摊到四年,显得赋予学生更多选择权,还未必影响招生和二次专业选择,比较容易实现,但会损失教育的统整性。再者,假设不分阶段穿插修读通识课,学生的选修应当以远离专业为原则还是就近专业为原则?远离原则有利于学生形成全面的知识框架,得到健全的能力锻炼,从而获得从整体上对文明和社会的重大问题、对人生道路和生活的判断力。就近原则有利于对学生所学专业形成有效的支撑,从而拓展其掌握专业知识与能力的透彻性和灵活性,增进与专业相关的人文素养(比如工业上有用的人因设计、医学中有用的道德哲学与心理学等)。远离原则和就近原则都是通识教育的途径,前者的目标适合在专业上学有余力的学生,可以被解读为培养领袖、精英的教育,后者更符合大众的,以实用目的或专业化就业为目标的教育定位。重要的是,两者理论上是连续可迁移的,并没有对学生个人预设精英/大众截然两分的限制,主要取决于学生对自己的期许和是否学有余力。

  基于中国大学现实,我们将几种可能的课程建设模式按序列出(如图7-1),其中甲、乙分别代表本科仅实施专业教育和仅实施通识教育(即博雅教育)的两种极端,乙丙丁戊则是通识教育与专业教育结合的四种本科课程模式,依次从倾向专业的、实用的、大众的教育到倾向通识的、为己的、精英的教育排列。目前中国大学通识教育联盟的10所大学[1];多采取丁模式[2];中山大学和重庆大学的博雅学院作为小规模实验区[3];采取了戊模式(3+1),复旦大学在2016年本科教育工作会议上提出了全校2+x育人的重大构想[4];预示着通识教育改革将从丁向戊的进一步深化。中国不同类别和层次的大学,应当探索实现不同成色的"通识教育与

---

[1] 2015年复旦大学、北京大学、清华大学和中山大学成立"大学通识教育联盟",2016年香港中文大学、南京大学、武汉大学、重庆大学、厦门大学、浙江大学加入联盟。
[2] 同样采取丁模式,课程建设的路径还有区别,参见史静寰、陆一:《不断逼近理想:中国大学通识教育课程建设的路径分析》,《通识教育研究》,2015年。
[3] 两校每年进入博雅学院的学生仅30名左右,不到全校每届学生数的0.5%。
[4] 复旦大学2016本科教育工作会议文件。

专业教育相结合",如图7-1所示,应用型理工科大学、行业性大学和职业定位的大学不应当都向丁、戊模式看齐,而乙、丙模式可能是更符合实际的妥当定位。

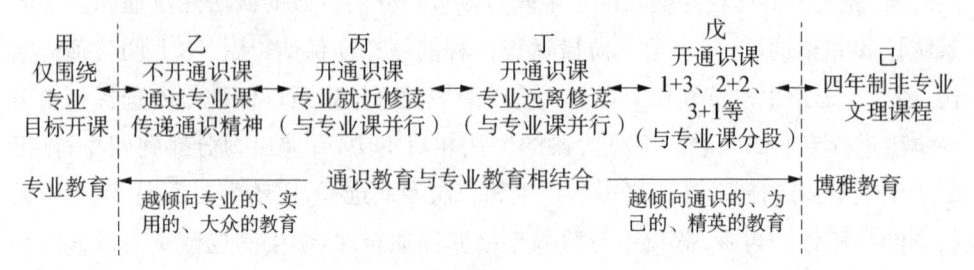

```
甲          乙              丙              丁              戊              己
仅围绕      不开通识课      开通识课        开通识课        开通识课        四年制非专业
专业        通过专业课      专业就近修读    专业远离修读    1+3、2+2、      文理课程
目标开课    传递通识精神   (与专业课并行) (与专业课并行)   3+1等
                                                        (与专业课分段)

专业教育    ←越倾向专业的、实→ ←通识教育与专业教育相结合→ ←越倾向通识的、为→   博雅教育
            用的、大众的教育                              己的、精英的教育
```

图7-1 通识教育与专业教育相结合的课程模式推演

如《上海高等教育布局结构与发展规划(2015—2030年)》明确,上海构建形成上海高校二维分类管理体系,横向维度上,按照学科门类及一级学科发展情况,把高校划分为综合性、多科性、特色性三类;纵向维度上,按照承担人才培养和学术研究功能,划分为学术研究、应用研究、应用技术、应用技能四类,形成了"十二宫格"(如表7-3)。

表7-3 上海高校二维分类管理体系

|      | 综合性 | 多科性 | 特色性 |
| --- | --- | --- | --- |
| 学术研究 |  |  |  |
| 应用研究 |  |  |  |
| 应用技术 |  |  |  |
| 应用技能 |  |  |  |

以上述表格加上在专业与通识之间的远近调适,将上海所有学校予以分层分类分性定位,崇尚"适合的就是最好的"育人理念,推进办学模式的多样化、特色化发展。具体对策设计如下。

对策一,推进大学与中学的衔接课程开发;

对策二,加大本科生科研能力提升课程开发力度;

对策三,加强大学生创业能力课程开发力度;

对策四,加强大学校际之间的交流和联合培养;

对策五,扩大跨学科教育人才培养规模;

对策六,创新型班集体德育建设;

对策七,推进经典阅读和经典实验室教学计划;

对策八,推进社会学习与社会实践能力提升工程。

(4)"软环境"战略

创新人才培养的师资队伍建设,一方面要重视对高端人才的引进工作,并为其提供高效便捷的服务工作,另一方面要重视本土人才的养成工作,以若干重点问题为突破口,进行宏观设计和系统改革,为本地人才提供一个普惠、有保障、高效、友好的制度框架。既要使每一个人都能从改革中受惠,也要使真正优秀的人才能够从中脱颖而出。探索建立长聘轨道制,对纳入该轨道的科研人员应建立相对稳定和宽松的管理制度,促进他们进行原创性、持续性的思考。探索不同教师的分类考核模式,对教师队伍进行科学分类,并按照其不同任务制定不同的考核和晋升标准。尝试探索下放职称评审权,建立高校自主评聘、政府宏观管理监督的新机制。在提高基本保障水平基础上,完善以岗位绩效综合评价为重点的人才考核与评价体系。在探索这些机制时,需要注意新老制度的衔接、不同类型岗位的差异以及错综复杂利益的博弈和考量。具体对策设计如下。

对策一,进一步瞄准未来发展方向,规划人才队伍,引进高层次人才;

对策二,改革收入分配制度,提高基本保障水平,完善绩效激励;

对策三,进一步拓展各类人才项目和基金项目的覆盖范围,为教师队伍尤其是青年教师提供普惠的、更具支持性的人才培养体系,同时加大对各类人才项目和基金项目的政策评估;

对策四,改革科研经费管理模式,尊重不同研究的差异性,下放部分权力,释放更多弹性和自主空间,建立公开、清晰、稳定的财务制度,尊重科研人员在科研活动中的投入;

对策五,探索建立科学有效的学术成果考核形式,进一步完善基于同行评价以及以代表作为核心的评价制度。

(5)系统推进制度创新战略

立足我国人力资源数量庞大的基本国情和现实状况,以高等教育制度创新为根本驱动力,以全面构建高质量高等教育体系为基础,形成有活力、可持续的创新人才培养的制度体系和运行机制。全面提升创新人才培养能力,全面提高全民族的思想道德素质、科学文化素质和健康素质,着力营造良好的创新人才发展综合环境,加强高层次创新人才队伍和高技能人才队伍建设,大力推进人力资源市场配置能力,促使大量优秀人才不断涌现,形成规模宏大、素质优良、结构合理、发展均衡、极具竞争力的人才队伍。激发人才活力,提高人才能力,不断调整优化人力资源结构,实现产业发展与人才发展的有效衔接和协调互动,以人力资源优势支撑产业结构升级,引领政治经济文化发展,在21世纪稳步迈进世界高等教育行列。通过出台制度创新政策,推动高等教育系统在原有学校分类体系中,分化出专项支持的创新创业教育大学,包括创业型大学、创造型大学、企业型大学、虚拟大学、网络大学,通过政策制度设计促进聚焦于创新人才培养的新型大学办学模式的探索和实践,实施机构职能结构的优化和水平的提升。

对策一,在"双一流"之外,遴选有实力、有条件、有特色的大学,推动创新人才培养一流特色大学建设;

对策二,依托"职教高考",改进和优化育人方式,推动创业人才的选拔和培养模式的新探索;

对策三,借鉴域外经验、提炼本土成果,推动跨学院、跨学科、跨领域的研究生培养模式的探索实践。

# 第八章　各类教育发展的目标与战略

本章从各类教育系统的视角探讨其面向 2030 年的发展目标及推进战略,由于第七章几乎覆盖了普通教育这一类型,本章则重点探讨职业教育、特殊教育和民办教育这几种类型。每一类教育将从战略背景、战略目标和战略选择三个方面展开阐述。

## 一、产业现代化背景下的中等职业教育发展目标与战略选择

职业教育涉及高等职业教育部分,与高等教育产生交集,则归入第七章"各级教育"的讨论,本节侧重探讨中等职业教育的相关问题。

### (一) 战略背景

中等职业教育的发展,涉及产业现代化、国家教育改革与发展大政方针等多方面的社会背景。

#### 1. 社会发展背景

改革开放以来,中职教育为我国经济社会发展提供了有力的人才和智力支撑,现代中职教育体系框架逐渐形成,服务经济社会能力和社会吸引力不断增强,具备了实现现代化的诸多有利条件和良好基础。随着我国进入新的发展阶段,产业升级和经济结构调整不断加快,各行各业对技术技能型人才的需求越来越紧迫,中职教育的基础性地位越来越凸显。中职教育作为中等技术技能人才培养的"筑坯"阶段,发展机遇与挑战并存。着眼 2035,在全新形势与时代背景下,加快推进中职教育体系现代化建设,更好更快地提升中职人才培养质量,具有重要意义和价值。

(1) 开放创新型经济与人力资源强国战略对中职教育的新诉求

经过多年来持续的中高速增长,我国的经济总量已跻身世界前列,成为名副

其实的"世界工厂"和"经济大国"[①]。现阶段我国也正由人力资源大国向人力资源强国转变,中职教育在为我国经济发展输送高质量技术技能型人才方面发挥着重要的基础作用。因此,只有合理开发和充分利用中职学校的人力资源,才能保证我国在2035年形成以质量为核心的开放型、知识型、技能型、创新型劳动力市场,为产业发展提供坚实动力。随着近年来我国向"新常态"经济发展阶段转型,2018年7月,国家发展和改革委员会等十七部门联合发布的《关于大力发展实体经济积极稳定和促进就业的指导意见》强调,要"加快建设实体经济与人力资源协同发展的产业体系"。[②] 映射在中职教育领域,要求中职学校以创新为导向,适应自身内部建设,着眼于人才培育过程,培养新时期下适应企业技术升级改造和新兴产业的技术技能型人才。这就要求中职教育要时刻关注经济发展与市场动态,以需求为导向扩大技能培训规模,提升技能培训质量,培养大批能够适应经济现代化发展与人力资源强国战略相呼应的技术技能型人才[③],为2035年我国基本实现社会主义现代化提供一支"高素质技术技能型劳动者大军"。

(2) 产业现代化要求中职教育调整人才培养结构

工业化是我国社会发展面临的长期任务,面对全球新工业化浪潮,各国纷纷采取了"再工业化"战略,以在全球高端制造业中抢占先机。我国正在进行的产业转型升级必然对中职教育的发展产生重要影响,要求配备与其相适应的高素质技术技能型人才。产业升级并非一蹴而就,而是呈现从低端向高端梯级进阶的态势。我国产业结构正在从劳动密集型转向技术密集型、知识密集型,决定了劳动力结构需要由初级人才转向中、高级人才,进而决定了需要"中等职业教育—高等职业教育"构成的职业教育体系。因此,从层次结构上,中职教育扮演着承上启下的作用,还需要大力发展,同时对中职教育的人才培养规格提出更高要求。我国中职教育起步较晚,适应我国产业升级的人才培养结构尚未形成,如何打通中职技能人才的发展通道,从而走出一条科技含量高、经济效益好、资源消耗低、环境污染少、人力资源优势得到充分发挥的新型工业化路子,满足产业升级所需高技术技能人才的供给,是中职教育在人才培养方面急需解决的困境。

---

① 潘海生、王向红:《新技术新经济与职业教育发展战略研讨会会议综述》,《高等工程教育研究》,2018年第4期,第198—200页。
② 姜大源等:《"中等职业教育发展问题"专家笔谈(一)》,《中国中职技术教育》,2018年第25期,第5—15页。
③ 吴青松:《面向2030年职业教育发展中的挑战、问题及改革方向》,《教育与职业》,2017年第11期,第5—11页。

(3)"互联网+"与人工智能潮流对职业教育的新挑战

伴随第四次产业革命即"工业4.0"的推进,人工智能成为国际竞争新焦点。《国务院关于印发新一代人工智能发展规划的通知》明确提出建设智能社会的新发展目标。瞻望未来,2035年的时代将是智能时代,2035年的中国将是智能中国。智能技术正在成为引领中国经济、科技发展的关键技术①,极大地催生和扩大了消费需求,直接带动了就业和经济增长。有数据显示,2013—2025年,"互联网+"将助力中国GDP年均增长0.3%—1.0%。② 同时,这一发展模式孕育了技术、产品和新商业模式自主创新的基因,广泛培育着创业者的企业家精神,开创了"大众创业、万众创新"的全新局面。在其推动下,一批新兴技术走进教育领域,成为推动中职教育现代化的新动力。传统的教育模式、课堂结构、日常管理都发生了巨大的改变,掀起了"技术改变教育"的浪潮。③ 但需要把握的是,无论是"互联网+",还是人工智能,其核心和内涵均在于创新。创新的核心在于人才,创新驱动的关键在于具有创新思维即具备创新能力的人才。鉴于此,创新意识与创新能力的培养成为人工智能时代中职人才培养改革的核心问题。这不仅关乎着中职教育人才的培养质量,而且对于社会经济转型具有重要意义。中职教育只有围绕社会经济发展对于技术技能型人才的新需求,对传统教育人才培养体制中的低效和冗杂问题进行阔步革新,才能为构建创新型强国提供有力的人才支撑。

(4)法治文化与国家治理现代化对中职教育的新要求

当前是我国全面深化改革、推进社会主义现代化的关键期。推动改革破浪前行,离不开法治的引领与治理的现代化,治理与法制是辩证统一的有机结合体。迈向2035,全面推进依法治校与全面深化改革是创新中职教育、建立完善现代中职学校制度的双轮驱动。一方面,法治是中职院校治理的基本方式,依法治校要求中职学校按照相关教育法律法规的要求组织和实施办学活动,通过章程制定规范中职学校权力运行,提高师生法治思维水平,为形成法治校园文化、中职学校法

---

① 肖啸、安培、肖凤翔:《面向2035的职业院校治理:图景与路径——基于"P-E-S-T模型"的分析》,《中国中职技术教育》,2018年第36期,第24—29页。
② 麦肯锡全球研究院:《中国的数字化转型:互联网对生产力与增长的影响》,http://b2b.toocle.com/detail6187285.html,2020-09-18。
③ 刘耀坚、洪奇标:《谈信息技术融入教育的影响与作用:技术改变教育》,《教育现代化》,2016年第10期,第34—36+226页。

治化奠定基础。[①] 另一方面,国家处于治理现代化转型关键期,同时也是中职教育改革关键期,这就要求中职学校明晰其权力归属及分配执行问题。中职学校要积极贯彻民主治理理念,协商共治,调动多元力量多渠道参与中职学校的治理,让社会共享中职学校改革发展成果。在法治化与治理现代化双重趋向下,中职教育领域内不断出现以法治文化引领中职学校治理现代化的价值追求和精神追求,以治理现代化助推法治文化的高质量建设。

(5) 人才培养质量与教育公平导向对中职教育的新期许

教育公平是教育现代化的基本价值,是奠定社会公平的重要基石。对于国家而言,教育作为形成人力资源的最重要来源,是推进经济发展的"加速器"、科技进步的"孵化器"。《国家中长期教育改革和发展规划纲要(2010—2020年)》中明确提出,"把促进教育公平作为国家基本教育政策"。促进教育公平的途径是多样化的,但要真正地促进教育公平,就需要从教育系统内部入手,紧扣人才培养体制这一关键环节。中职教育作为技术技能型人才培养的主阵地,是弱势群体获得知识与技能的重要保障,发挥着"稳就业、促发展、惠民生"的"兜底"功能。实现好、维护好、发展好中职教育,是保障人才质量、促进教育公平、提升民生的重要基础。习近平总书记在就加快发展中职教育中作出重要指示,"要加大对农村地区、民族地区、贫困地区职业教育的支持力度,努力让每个人都有人生出彩的机会"。当前,我国中职教育主要通过减免学费、发放国家助学金,并辅之以校内奖学金、工学结合、顶岗实习、社会捐助等各种形式的资助政策,将教育公平理念融入中职教育人才培养的方方面面,实现了我国中等教育结构历史性的变化,有效拓宽了青年求学成才的道路,为社会输送了大批高素质劳动者和技术技能型人才,并通过确保每一个中职学生获得一技之长,使得社会公平正义得到充分彰显。

2. 教育改革及职业教育发展背景

当前在教育强国战略驱动下,我国聚焦教育发展的突出问题和薄弱环节,制定了《中国教育现代化2035》,提出到2035年建成服务全民终身学习的现代教育体系,普及有质量的学前教育,实现优质均衡的义务教育,全面普及高中阶段教育,中职教育服务能力显著提升,高等教育竞争力明显提升,残疾儿童少年享有适合的教育,形成全社会共同参与的教育治理新格局。中职教育是教育现代化和人

---

[①] 肖啸、安培、肖凤翔:《面向2035的职业院校治理:图景与路径——基于"P-E-S-T模型"的分析》,《中国中职技术教育》,2018年第36期,第24—29页。

力资源开发的重要组成部分,是广大青年打开通往成功成才大门的重要途径,肩负着培养多样化人才、传承技术技能、促进就业创业的重要职责,必须高度重视、加快发展。尤其自2002年以来,国务院先后颁布了《关于大力推进职业教育改革与发展的决定》《关于大力发展职业教育的决定》《关于加快发展现代职业教育的决定》等一系列重要政策,将推进中职教育的改革与发展作为实施科教兴国战略、促进经济社会可持续发展、提高国际竞争力的重要途径。中职教育是调整经济结构、提高劳动者素质、加快人力资源开发的重要助推器,近年来得到了党和中央政府高度关注,具体来看,主要表现为以下几个方面。

(1) 重视程度有所加深,顶层设计不断完善

近年来,国家顶层设计非常强调中职教育的基础地位。2014年,国务院召开全国职业教育工作会议,出台《关于加快发展现代职业教育的决定》,明确了对中职教育"高度重视、加快发展"的工作方针和"服务发展、促进就业"的办学方向,提出到2020年"建设中国特色世界水平现代中职教育体系"的发展目标。习近平总书记对此专门作出指示,要求各级党委和政府要把加快发展现代中职教育摆在更加突出的位置。2014年,教育部等部门专门出台了《现代职业教育体系建设规划(2014—2020年)》,提出牢固确立中职教育在国家人才培养体系中的重要位置,到2020年,形成适应发展需求、产教深度融合、中职高职衔接、中职教育与普通教育相互融通,体现终身教育理念,具有中国特色、世界水平的现代中职教育体系,建立人才培养"立交桥",形成合理教育结构,达成现代教育体系基本建立、教育现代化基本实现的总体目标。2015年,中央政府决定将每年五月的第二周设立为"职业教育活动周"。党的十九大报告再次重申"完善职业教育和培训体系,深化产教融合、校企合作"。2019年,国务院印发《国家职业教育改革实施方案》,明确我国中职教育全方位的改革路径与目标,为新阶段中职教育改革提供新思路、新目标和新路径。

(2) 经费投入得到保障,培养质量显著提升

一方面,中职教育经费投入得到保障。相对于普通教育而言,中职教育偏实践、重应用,所需经费更多。近年来国家对中职教育的经费总投入稳定增长,为中职教育奠定了坚实基础。自2012年,中央加大了对接受中职教育学生的资助力度,所有来自农村和城镇家庭经济困难的中职学生全部免除学费。这一政策惠及90%的中职学生,40%的中职学生还同时享受国家助学金政策。中职奖学金、助学金分别覆盖近30%和25%以上学生。对于少数民族地区学生、残障学生、农民

工等,政府均有资助其接受中职教育的政策。2014—2015年依据《中华人民共和国职业教育法》,我国就中职学校生均经费拨款标准做出明确规定,要求学校所在地方政府予以落实,中央财政适当进行奖补,形成了中职学校经费稳定投入机制。与此同时,中央政府还对西部贫困地区建立了相对稳定的中职教育经费专项转移制度。

另一方面,中职教育培养能力和质量显著提升。根据2019年全国教育事业发展统计公报,我国现有1.01万所中职学校,招生600.37万人,在校生1576.47万人。中职学校毕业生除部分继续升学外,其余进入工作领域,就业率持续保持高水平。据统计,每年几百万中职学校毕业生一定程度上有效改善了我国的劳动力结构,全国150多万高级技师、650多万技师、3500多万高级工,绝大多数来自中职学校或接受过中职培训。其中,中职毕业生就业率连续10年保持在95%以上。除中职学校之外,还有数万个各种形式的非学历中职培训机构,它们承担着各种短期的、专门的培训任务,对提高劳动生产率起了重要的作用。

(3) 对内助力脱贫攻坚,对外扩大对外开放

一方面,中职教育作为面向人人的教育,与精准扶贫战略目标高度契合。2015年11月,习近平总书记在中央扶贫开发工作会议上强调,要"坚持精准扶贫",提高扶贫成效,"治贫先治愚,扶贫先扶智",教育经费要向职业教育倾斜。同年12月,中共中央、国务院颁布《关于打赢脱贫攻坚战的决定》指出,"着力加强教育脱贫","加强有专业特色并适应市场需求的中职学校建设"。近年来,中职教育领域积极开展实践探索,有效地阻断贫困代际传递。国家通过推行"雨露计划",凝聚政府、学校、企业、社会团体和公益组织等多方力量开展支教扶贫,为贫困学子改变命运实现人生出彩创造条件,切实阻断贫困代际传递,实现"造血"式扶贫;此外,服务于乡村振兴战略,大力培养有文化、懂技术、会经营的新型中职农民。近五年,中职教育系统培养新型中职农民2000万人,累计有4000多万农村新生劳动力在接受中职教育后进入城镇顺利工作,助力农村经济社会发展。[1] 另一方面,中职教育对外开放进一步扩大。当今的中国,已经是世界第一贸易大国和仅次于美国的全球第二大经济体,不仅在国际政治经济格局中占据举足轻重的地位,更与世界各个国家、各个地区都有着紧密的联系和频繁的交流。中职教育是中国教育对外交流合作成果丰硕的领域,一是近年来中国政府积极承办世界性职

---

[1] 欧阳河:《展望2030:全面实现职业教育现代化》,《教育与职业》,2017年第15期,第8—14页。

业教育会议,为交流合作搭建平台,比如第三届国际职业技术教育大会、世界职教院校联盟会议等;二是积极推动区域职业教育共建共享,比如在贵州定期举办中国—东盟职业教育国际论坛,在广西定期举办中国—东盟职业教育高峰论坛,服务东盟职业教育发展;三是积极推动职业学校协同中国企业一起走出去,到国(境)外办学。目前,我国职业教育与70多个国家和国际组织建立了稳定联系,"一带一路"沿线国家成为我国招收留学生的主要生源地和境外办学的主要集聚地,多元协同培养模式和管理规范逐步形成。①

### (二) 战略目标

中职教育发展战略目标的制定,需要考虑国际接轨、国家现代化发展诉求等多方面因素。

1. 与《2030年可持续发展议程》(简称《2030议程》)目标4的对接

作为对联合国2015年峰会提出的17项目标的回应,我国发布了《中国落实2030年可持续发展议程国别方案》,其中对目标4的回应,有两处的落实举措与目标4中的职业教育目标直接对接,见表8-1。

表8-1 中国落实《2030议程》目标4的职业教育相关举措

| 目标4:确保包容和公平的优质教育,让全民终身享有学习机会 ||
|---|---|
| 目 标 | 中方落实举措 |
| 4.3 到2030年,确保所有男女平等获得负担得起的优质技术、职业和高等教育,包括大学教育。 | 到2020年,高中阶段教育毛入学率达到90%,高等教育毛入学率达到50%,具有高等教育文化程度的人数比2009年翻一番。建立职业教育与经济社会同步发展机制、职业教育专业设置标准与产业发展同步更新机制,逐步分类推进免除中等职业教育学杂费,动态调整助学金覆盖面和补助标准。 |
| 4.4 到2030年,大幅增加掌握就业、体面工作和创业所需相关技能,包括技术性和职业性技能的青年和成年人数。 | 推行工学结合、校企合作的技术技能人才培养模式,推行企业现代学徒制。推进教育信息化,发展远程教育,扩大优质教育资源覆盖面。加强高等教育学科建设,满足战略新兴产业、民生等领域的新需求。 |

表中划线部分内容,是我国职业教育(包括中职教育)未来发展所要致力于达成乃至超越的目标,是制定中等职业教育具体发展目标的上位依据。

---

① 中国教育报:《职业教育要走稳境外办学之路》,2022-11-17。

2. 基本实现中职教育现代化

（1）建设现代中等职业学校，实现中职教育基础能力建设的现代化

——中职教育教师队伍建设目标

教师队伍是提高中职教育发展水平、促进中职教育现代化、建设现代中等职业学校的人力资源保障。现代教育要培养现代人、服务现代社会、服务社会现代化，教育工作者首先应该是"现代人"，具有现代精神，具备专业精神、知识与能力。[1]《中共中央国务院关于全面深化新时代教师队伍建设改革的意见》明确提出"全面提高职业院校教师质量，建设一支高素质'双师型'教师队伍"。[2] 与其他教育类型相比，职业教育教师不仅被期望是掌握专业理论知识的教育教学专家，也被期望是具备实践操作能力的行业专家，所以职业教育的现代化更需要教师的现代化。课题组以《中等职业学校教师专业标准（试行）》为基础，参考《关于深化技工院校教师职称制度改革的指导意见》，以《中国中等职业教育质量年度报告（2018）》为基准，围绕国家关于职业教育的政策导向和教师队伍建设的现实诉求，以《中国教育现代化2035》为引领，拟定建设现代中职学校教师队伍目标。

教师队伍建设的整体目标是：具有与中职教育相适应的高素质、专业化、创新型中职教师队伍，符合职业教育的专业性诉求，适合中职教育的层次需要。教师资格和准入制度完善，专兼职教师、理论与实践教师结构合理，"双师型"教师队伍优势明显。教师教育（培训）体系开放、协同、高效，形成基于能力标准的教师职称、岗位和考核评价制度，健全符合职业教育特点的教师管理制度。

具体目标包括教师数量充足、教师素质过硬、教师结构合理。此外还有个体目标，包括严格的教师准入制度、完善的职业资格认证、系统的教师教育制度。

——中职学校教育设施和经费投入目标

办学条件是实现中职教育现代化的物质基础，经费投入则是实现中职教育现代化的财力资源，而物质基础的强弱直接取决于财力资源的投入状况。一般来说，评价教育资源配置的标准有三个[3]：充足、效率、公平，其中充足不是多多益善，而是足够而适当；效率是指通过提高可得资源的预期产出或者通过使用较少的资

---

[1] 褚宏启：《教育现代化的路径——现代教育导论（第二版）》，北京：教育科学出版社，2013年版，第329页。
[2] 中共中央国务院：《关于全面深化新时代教师队伍建设改革的意见》，http://www.gov.cn/zhengce/2018-01/31/content_5262659.htm，2018-01-20。
[3] 褚宏启：《教育现代化的路径——现代教育导论（第二版）》，北京：教育科学出版社，2013年版，第337—339页。

源维持既定的产出水平;公平不是平等,更强调因地制宜、因人而异的差别性对待。当然,上述的三个标准之间并不冲突,根据经济学中资源稀缺性理论,在当前经济发展水平所决定的教育经费总量配置[①]基础上,国家和政府理应围绕"加快发展现代职业教育"[②]的目标,继续提高中职教育经费支出比例,注重教育设施的硬件建设和教育经费的投入,为显著提升职业教育服务能力提供坚实的资源支撑。课题组以《中等职业学校设置标准》(2010)为蓝本,以《中国中等职业教育质量年度报告(2018)》为基准,围绕国家关于职业教育的政策导向和经济社会发展的现实诉求,以《中国教育现代化2035》为引领,拟定建设现代中职学校教育设施和经费目标。

教育设施建设的总体目标是:中职教育设施基本实现优质均衡化配置,中职学校标准化建设成绩显著,具有与办学规模、专业设置和特色发展相适应的校园、校舍和设施,区域、城乡和校际差距明显缩小,为中职教育现代化提供有力的支撑。具体目标包括:办学规模、校园校舍、体育用地、实训条件、信息化建设等。

教育经费目标是保持中职教育的基础地位不动摇,形成与社会主义市场经济相适应、较好满足中职教育发展的多元经费投入体系及长效机制,实现生均拨款制度与绩效管理有效配合,经费绩效管理制度科学,确保经费利用效应最大化。按照"必要、高效、精减"[③]原则,健全差异化拨款机制,区域、校际和群体间经费资源差距明显缩小,办学水平实现整体提高和内涵发展。具体目标包括生均拨款标准、免学费政策等。

## ——中职教育的课程现代化建设目标

课程是教育实践与人才培养的重要依据。课程现代化建设的实质也就是课程现代性增长与人才培养现代化目标实现的过程,中职教育课程现代化建设目标是构建基于技术技能型人才成长与劳动力市场供给的课程体系,实现中职教育的课程内容与结构、实施与评价的现代性不断提高。

课程现代化建设目标包括:构建现代化的中职教育课程标准、选择现代化的中职教育课程内容、设置现代化的中职教育课程结构、课程实施的现代化目标、课程评价的现代化目标,采用以学习者为中心的专业化课程教学评价体系,基于发

---

① 胡玉玲、申福广:《国际视野中的我国教育经费层级配置结构》,《教育发展研究》,2013年第5期,第13—18+37页。
② 中共中央国务院:《中国教育现代化2035》,http://plan.cumt.edu.cn/__local/A/4F/DC/98A818F0C46DFD527A97B153BA4_B040A2C7_28226.pdf,2019-02-13。
③ 胡斌武等:《中等职业教育发展的均衡性与效率性实证检验——基于省际面板数据的分析》,《教育研究》,2017年第3期,第75—82页。

展性评价方式,对学生职业能力的形成进行评价,强化实习实训考核评价。[1]

**——中职教育治理现代化目标**

中职教育治理现代化是中职教育走向"善治"的过程,中职教育治理现代化的核心内容就是实现中职教育治理主体的多元化,通过多元共治的方式实现中职教育治理创新。因此,中职教育治理的现代化目标主要表现在:国家层面的目标是构建中职教育新秩序,学校层面目标是提高人才培养质量,个人层面目标是实现人的自由全面发展。努力培养出契合区域经济转型发展的技术技能型人才和具有创新精神的应用型人才,积累匹配现代中职教育内涵的人力资本,进行知行合一的实训实践。[2] 真正实现面向社会、面向人人、面向新时代的技术技能型人才的稳定培养。

(2) 完善现代职业教育体系,推动职业教育体制机制的现代化

完整理解的现代职业教育体系,应具有贯通性、跨界性、开放性、生长性和优质性。首先是体系的贯通性。职业教育体系的贯通性是指形成职业教育内部纵向衔接及职业教育与普通教育之间横向融通的"立交桥"式的教育体系,其中纵向为职业启蒙教育、中职教育、高职教育、职业本科教育、专业研究生教育和职业教育培训等,横向为职业教育与普通教育和继续教育的相互融通。在中职教育领域,这种贯通性表现为:立足现代职业教育体系,打造普通高中与中职教育相互沟通、中高职相衔接的人才培养"立交桥"。通过顺畅的中高职衔接,充分发挥中职教育的基础性地位,满足中职生素养提升的需要,也符合产业结构转型对高素质技术技能型人才的要求。

其次是体系的跨界性。职业教育体系的跨界性是指职业教育系统与产业系统有机衔接、深度融合发展,突出表现为校企合作、产教融合与工学结合。校企合作符合产业系统和教育系统共同的利益诉求,但是职业院校作为实施职业教育的重要载体,赋有重要的社会公益特性;行业、企业作为经济利益的集合体,具有典型的"趋利性"特征,最大限度地满足自身的利益诉求是推动其参与职业教育办学的重要前提。[3] 尤其在中职教育层次,我国形成了高中阶段普通教育与职业教育

---

[1] 教育部等:《职业教育提质培优行动计划(2020—2023年)》,http://www.gov.cn/zhengce/zhengceku/2020-09/29/content_5548106.htm,2020-09-16。

[2] 胡茂波、王运转:《面向2035年的高职创新创业教育发展的目标与策略》,《职教论坛》,2018年第1期,第172—176页。

[3] 闫广芬、石慧:《改革开放40年来职业教育"中国模式"的内生重构》,《西南大学学报(社会科学版)》,2019年第1期,第81—89+194—195页。

双轨发展的体制,虽然中职教育在普及高中阶段教育、助力精准攻坚方面作用不可替代,但是用工荒与就业难尴尬并存,企业对与中职教育的校企合作相对排斥,究其原因是中职学校多作为政府的下属部门,自主办学主体未落实,而中职学生更多强调操作型技术工作、可持续发展能力不足,与企业追逐利益的诉求错位,基于自发行为的合作很难成为长效机制。

再次是体系的开放性。职业教育体系的开放性表现为职业教育入口、过程和出口的开放性,"确保全纳、公平的优质教育,使人人可以获得终身学习的机会"。[1] 职业教育是面向人人的教育,它满足每一个有职业需求的劳动者,并为其提供多样化、个性化的服务。职业教育体系的重点领域和薄弱环节是中职教育,其现代化的实现不可能一蹴而就,不仅需要国家政策,而且需要全社会的关注、支持和参与,共同推动我国中职教育的发展。

从次是体系的生长性。是指职业教育紧紧围绕职业教育特点和规律,在与经济社会发展互动中发挥主动性和创造性,扎根中国办教育,借助系统性、协同性的改革实现其内涵式持续发展。职业教育体系的生长性主要表现在:接受职业教育者具有工作需要的关键能力,能够彰显其价值、实现出彩人生;职业教育本身能够基于持续的改革创新而焕发出强劲的内生动力、张扬的外显吸引力。这种职业教育体系的生长性内在地包括中职教育的生长性。随着国家近年来大力的财政扶持和政策支持,虽然保证了高中阶段普职比大体相当,却难以回避普强职弱的结构性失衡,中职教育依然是学生无奈之选。中职教育的生源大多来自农村,我国现阶段脱贫攻坚的重点正是农村,要提高中职教育的生长性,需要调动城乡协作的力量,努力提升城乡中职教育的质量。

最后是体系的优质性。职业教育体系的优质性是指职业教育质量的优越性,能充分满足个体发展和社会发展的需要,其内涵是多方面的。从目标来看,职业教育现代性的价值取向包含优质性、人道性,致力于人的全面发展,服务于社会进步、社会现代化[2];从过程来看,职业教育围绕个体和社会需求,开展科学、合理、有质量的运作,能实现良好的管理和监督,学生能习得高质量的职业能力、关键能力;从效果来看,有效实现对个体需求和社会需求的达成,助力学生主体的个性

---

[1] United Nations: Transforming Our World: the 2030 Agenda for Sustainable Development, https://sustainable development. un. org/post2015/transforming our world.
[2] 高文杰:《"教育2030行动框架"旨归及其对我国职业教育现代化的战略启迪》,《职业技术教育》,2017年第36期,第26—31页。

化、可持续发展和国际竞争力增强,同时对经济社会发展具有良好的贡献度,实现职业教育个体功能和社会功能的有机统一。

3. 显著提升中职教育的服务能力

(1) 增强中职教育的本体价值,更好地服务人的发展

高中阶段教育是学生从未成年走向成年、个性形成、自主发展的关键时期。培养德智体美劳全面发展的社会主义建设者和接班人是我国新时代的教育目标。现行的教育体系是为教育目标服务的,教育的价值最终都体现在人的培养上,教育的其他价值也都是基于对人的培养这一价值基础上。[1] 迈向教育现代化2035,中职教育发展为人民满意的教育,充分地发挥其本体价值,较好地满足特定群体(中职生、受训者)的发展需要。

具体包括:提高中职教育吸引力,使学习者拥有更强的主动性;提高中职学校教学质量,使学习者拥有更充分的获得感;控制中职学生流失率,提高中职毕业生的达标率。

(2) 提升中职教育的工具价值,更好地服务社会发展

作为经济发展联动性最强的教育类型,职业教育始终坚持社会本位,培养高素质劳动者和技术技能型人才,为经济和社会发展提供有力的人才和智力支撑,服务经济社会发展能力和社会吸引力不断增强。《国家职业教育改革实施方案》明确要求,"把发展中等职业教育作为普及高中阶段教育和建设中国特色职业教育体系的重要基础"。马克思教育观也认为,教育是使人自由而全面发展的根本途径,是提高社会生产力的重要手段。[2] 所以迈向教育现代化的未来,中职教育要发展为社会满意的教育类型,须更好地发挥其工具价值,满足企业发展的需要,促进国民素质的提升。

这一目标具体包括:进一步提高中职学生的职业能力与精神和大幅度提升中职学生的现代化国民素养。对于个体而言,中职教育既能通过为其提供优质的职业教育资源,帮助个体获得适应性和前瞻性的专业技能,更可以帮助其实现自然人到职业人转变,促进劳动者职业发展和人格养成,实现个人效能感、成就感的持续提升。

---

[1] 杨志成、柏维春:《教育价值分类研究》,《教育研究》,2013年第10期,第18—23页。
[2] 张鹏超:《在工具理性与价值理性的融合中推进高职院校素质教育》,《中国高教研究》,2014年第5期,第93—96页。

(三) 战略选择

有研究报告指出：当前我国经济已经由高速增长阶段转向高质量发展阶段，经济高质量发展对技术技能人才有着更高的需求。中等职业教育作为培养技术技能人才的重要载体，要在国家政策引领下实现高质量发展，应在充分理清现实发展基础的前提下找到发展突破口。近年来我国中等职业教育办学条件在总量和生均上均得到较大改善，经费保障较充足，师资队伍发展较快，但同时也面临着办学空间有限、教师结构欠优化、经费保障能力有待提高、区域发展不均衡性较大等挑战。[1] 对照前述中职教育发展的战略目标，斟酌目前尚存的问题与挑战，需要从实际出发，作好未来10年的战略定位和路径选择。

1. 加强顶层设计，摆正战略位置

(1) 建立内部衔接机制，坚持高中阶段类型教育的定位

首先，中职教育与普通高中教育是同一层次、不同类型的教育，既有区别，就不应一味模仿普通教育。其次，中职教育是职业教育这种类型教育的一个阶段，而非全部。当前越来越多的中职毕业生选择升学，这要求中职学校一方面要坚持职业教育的办学逻辑，培养技术技能型人才，另一方面，不能抛弃高中属性，要加强文化素养教育，为中职学生继续教育作准备。作为一种类型的职业教育正在高等化，这要求在高中阶段教育和高等教育之间搭建人才成长"立交桥"，在专业标准、课程建设、学籍管理、实训安排、教学改革等方面系统设计、衔接贯通，实现中职教育和普通高中教育、中职教育和高等教育之间的自然过渡。

(2) 完善资格框架制度，明确就业和发展的定位

从发达国家的经验看，构建普职等值、融通的教育体系是提高中职教育吸引力的必由之路，当前中高职衔接、中本衔接方面确实取得了不小进展。然而，普职等值互认方面，并没有实质性进展，职业教育和普通教育毕业生在劳动力市场上享受同等待遇的目标还未真正实现。根本原因在于，国家资格框架制度尚未建立。完善资格框架制度首先要构建统一的职业资格能力标准和资格认证体系，让资格认证有章可循；其次要建立学分认定制度，不同背景的学习者通过课程学习获得的学分可以相互认定，达到职业资格能力标准即可获得资格证书；最后要有专门的部门进行资格认证管理，打破当前条块分割的管理体制，改变证出多门，专

---

[1] 岳金凤、郝卓君：《中等职业教育高质量发展报告——基础与方向》，《职业技术教育》，2021年第36期，第17—26页。

业标准、课程标准和资格认定标准不统一的现象。

（3）坚持"三全育人"，突出促进学生身心成长的定位

立德树人是教育的根本任务，中职教育担负着培养生产、服务、管理一线高素质技能型人才的重任，但不可否认，由于中职学校入学门槛低甚至无门槛，学生素质水平参差不齐，为学校育人工作带来不小挑战。《国家职业教育改革实施方案》指出，"推进职业教育领域'三全育人'综合改革试点工作，使各类课程与思想政治理论课同向同行，努力实现职业技能和职业精神培养高度融合"。对于中职学校而言，就是在全员、全程、全方位育人中，促进学生身心成长。具体来说，一是知识学习与品德教育相结合，专业课老师要将德育融合在日常教学中；二是理论学习与实践学习相结合，在实践中育人；三是学校学习和企业实习相结合，校企协同育人，职业技能和职业道德融合育人；四是以学生成长为主线，教学、日常管理、企业实习三位一体，对学生进行过程性、增值性评价，顺应身心发展规律，促进学生全面发展。

2. 加强标准研制，明确质量框架

（1）明晰教育质量标准内涵，推进质量标准建设

标准化的研制有利于中职教育的发展，通过完善目标和标准，建立系统化的标准体系，有利于引领教育教学活动，从而不断提高人才培养质量的管理系统。标准化研制需要明晰各类标准内涵，按照专业设置与产业需求对接、课程内容与职业标准对接、教学过程与生产过程对接的要求，完善中职学校设置标准，研制教师专业成长标准、专业教学标准、教育质量评价标准等，推进质量标准建设，提升职业院校教学管理和教学实践能力。

（2）规范专业教学质量标准，突出产教融合教育理念

专业教学标准包含专业名称、专业代码、招生对象、学制与学历、就业面向、培养目标与规格、职业证书、课程体系与核心课程（教学内容）、专业办学基本条件和教学建议、继续专业学习深造建议这十个方面的内容。专业教学标准不仅需立足于学生的生涯发展，而且能够指导实践教学，提升资源设备的使用效率。

建立具有职教特色的专业发展体系，包含了专业课程体系、专业教学体系、师资力量体系的建立。高度重视实践和实训环节教学，建立职业教育实训基地，实现产教融合。齐全的实训基地、设备与良好的实训环境，为专业课的改革奠定了良好的基础。在专业发展的质量标准体系中要高度重视实践和实训教学环节，突出"做中学、做中教"的职业教育教学特色，以专业教学标准指引教师教学，突出产

教融合教育理念。

(3) 健全教育质量评价标准,重视人才培养质量

中职教育担负着培养高素质劳动者的重要任务,学生发展是教育质量之本,中职教育质量的核心理应是学生发展的质量,是衡量职业教育质量的结果性指标。[1] 在评价过程中,教育水平高低和效果优劣"最终体现在培养对象的质量上"[2],因此,质量评价标准应以学生发展为主,这既是中职教育的本质要求,也是经济社会发展的要求,更是中职教育发展走出困境、促进教育公平的必由之路。中职教育质量标准体系要以学生发展为重点内容,评价中职教育的本体性目的与工具性目的的实现程度。首先,评价中职学生发展的本体性目的是否实现。职业教育的办学主旨是加速学生身心发展与社会化的进程,提升学生的职业能力。中职学生在一定的环境中,在教师的指导下,通过一定的学习方式达到自我完善。确切来讲,中职学生在进入中职学校以后,知识、技能、态度、情感、价值观等方面的表现或者增量是中职教育质量评价立场的"原点"与"基础"。其次,评价中职教育的工具性目的是否实现。以学生发展为重点内容,一方面评价学生知识、技能、态度、品行等发展状况,另一方面评价学生发展是否适应了社会的需要。从学生发展的维度开展质量评价,其内容应该涉及立德树人、就业质量、职业发展、自主创业等层面。

3. 加强投入力度,优化资源配置

(1) 增加资源投入,提高中职教育资源相对比例

职教强国、人力资源强国、制造强国等目标的达成都需要中职教育大变革大发展,以实现从规模到质量的跨越,而教育投入是教育产出的条件,影响着教育产出的数量与质量[3],所以面向现代化 2035,中职教育服务能力的显著提升离不开财政投入的增加和模式的优化。

第一,加快推进标准化学校建设。标准是可量化、可监督、可比较的规范[4],是质量的前提和基础。推进标准化学校建设有利于更好地指导中职教育资源配置,提高中职教育资源利用率。2022 年 11 月,教育部等五部门印发《职业学校办学条

---

[1] 丁建石:《职业教育第三方质量评价的相关法律政策梳理及完善策略》,《中国职业技术教育》,2017 年第 26 期,第 43 页。
[2] 教育大辞典编纂委员会:《教育大辞典(第一卷)》,上海:上海教育出版社,1990 年版,第 24 页。
[3] 王善迈:《中国教育发展与改革中面临的若干教育经济理论与方法问题》,《北京师范大学学报(社会科学版)》,2011 年第 5 期,第 5—9 页。
[4] 教育部:《关于完善教育标准化工作的指导意见》,http://www.moe.gov.cn/srcsite/A02/s7049/201811/t20181126_361499.html,2018 - 11 - 14。

件达标工程实施方案》的通知,对职业学校分类提出了新的办学条件标准,并明确要求到2023年底达到80%以上到2025年底达到90%以上,这将极大地促进职业学校的标准化建设。地方政府和中职学校要在政策推动下,切实做好学校的标准化建设,整体提升中职学校的办学条件。

第二,加大中职教育各方面资源投入。教育公平与否主要取决于对教育资源这一稀缺性社会资源配置的占有结果,教育资源的提供者决定了个人教育可得性的差异。[1] 在我国,政府是中职教育资源的主要提供者,具体要做好以下方面:首先,明确资源投入增长机制。其次,提高财力资源投入。再次,提高人力资源投入。最后,提高物力资源投入。

第三,完善中职教育的多元化投入机制。教育是一种准公共产品,应该由政府和市场共同提供[2],职业教育尤其如此。政府应以教育领域"放管服"改革为抓手,社会力量投入的政策激励保障,唤起企业投资中职教育的内驱力。一方面,做好管理创新,搭建中职教育融资、合作平台;另一方面,做好服务优化,营造校企合作良好环境。

(2) 完善资源配置,促进中职教育资源整合优化

我国职业教育领域存在事权和财权、财力的不均衡现状。为此,国家要从制度上明确界定各级政府管理责任,增强县级政府的公共服务能力,加大省级政府统筹力度,强化中央财政整体规划、指导以及对薄弱地区的重点支持力度,针对现有的区域、省域和校际资源不平衡现状,优化中职教育资源配置。具体来说,国家应加强对教育资源的整体规划和管理,促进区域间中职教育资源的均衡配置。省级政府面向区域经济发展,以提高中职教育质量为着力点,优化组合省域中职学校规模,科学配置职业教育资源。地方政府既要紧跟国家区域发展战略,更需要在权衡省域经济发展需要的基础上来合理定位中职教育策略。一方面,立足教育发展区域理念,做好省域中职学校布局调整,集中力量办优质学校,有序退出不达标中职学校,确保中职教育"上质量、上水平、上台阶"。另一方面,以构建资源共享机制为核心,实现省域中职教育资源配置均衡。各中职学校要明确办学定位,以学生发展定校内资源规划。中职学校发展面临的最大挑战不是办学基本条件

---

[1] 文军、顾楚丹:《教育公平向何处去?——基于教育资源供给三阶段的思考》,《国家教育行政学院学报》,2017年第1期,第22—29页。
[2] 王善迈:《市场机制应否完全移植到教育中——访北京师范大学教授王善迈》,《中国教育报》,2014-03-13。

落后或差距的问题,而是质量问题。

(3) 注重资源利用,强化中职教育资源产出效应

国家和各级政府需树立以内涵发展引领中职教育资源利用理念,充分发挥中职教育资源和质量的协同效应。从整体来看,要优化中职教育资源配置,提高资源对质量的贡献度。一方面,在政府加大投入的同时更需要提高资源利用的效率和效益。另一方面,以实现中职教育资源与质量的协同发展为目标,加强资源使用监测、评估与督导。效率,并不是一个社会倾力奔赴的一个点[1],也就是说,中职教育既要适应人的身心发展规律,满足人民群众的期盼,实现人的充分全面自由发展,又要满足经济社会发展需要,推动社会的全面进步。[2] 从教育资源各组成部分来说:首先,优化教育经费使用,提高财力资源配置效益。其次,完善办学条件投入结构,提高物力资源配置效益。最后,建设高素质教师队伍,提高人力资源配置效益。

4. 加强校企合作,激发办学活力

(1) 多元合作,推进职业教育集团化办学

集团化办学是"在政府主管部门的指导下,以职业学校、行业企业、研究机构及其他社会组织为主体,以资产或契约为纽带,以集团章程为共同行为规范,以资源共享、优势互补、共同发展为原则,自愿联合开展高技能人才培养的一种办学形式"。[3] 集团化办学的主旨是通过引入市场化运作模式,调动行业企业参与职业教育办学的积极性,多方参与,资源共享,互利共赢。近年来,国家出台了一系列政策文件,大力推进职业教育集团化办学。

首先,建立完善的管理机制和运行机制,可以引入市场运行机制,采取理事会制度,构建相互制约的绩效考核评价制度促使集团成员积极主动参与人才培养,提升集团办学的活力。其次,优质资源共享,强强联合,发挥群体优势、组织效应。集团化办学中学校、行业企业、科研机构等组织充分利用自己的优势,相互依存,共生发展。最后,创建利益共享机制,责任共担,利益共享。协调各办学主体利益,让所有办学主体都能享受到混合制办学带来的红利,才能真正调动或者激发各利益相关者的内在积极性。

---

[1] 约翰·C. 伯格斯特罗姆、阿兰·兰多尔著,谢关平、朱方明译:《资源经济学:自然资源与环境政策的经济分析》,北京:中国人民大学出版社,2015年版,第5页。
[2] 曾天山:《现代化:中国教育从大到强的关键点》,《光明日报》,2016-05-31。
[3] 牛彦飞:《基于集团化办学的高技能人才培养体系架构》,《教育与职业》,2020年第9期,第49—54页。

(2) 产教融合,举办特色学科专业群

2017年,国务院办公厅下发文件要求,"推动学科专业建设与产业转型升级相适应"[1],依据市场供求比例和就业质量调整学校专业设置。这就要求中职学校进行专业设置时,充分考虑产业发展趋势,根据产业结构调整升级的需求,适应现代职业岗位发展变化,不断加强学科专业建设,培养特色专业,提升优势专业,增设新兴专业,逐步形成优势突出的学科专业群。

特色专业的规划应依托本地区经济产业结构特点,由政府、学校、行业、企业和专家学者等共同参与的联席会议决定。中职学校要在本地政府支持下参与本市、县的产业发展规划,整合行业协会、专家学者、企业集团等各种资源,规划本校的特色专业。特色专业既要满足本区域经济产业发展需要,也要符合跨区域经济产业发展要求。这样培养的人才既能作用于地方经济,又能留有余力进行跨区域服务。中职教育是区域特征极强的教育类型,所以中职教育人才培养,首先要服务于本区域行业发展需求,设置具有地方经济特色的专业,为区域经济增长提供人才支撑。基于互利、合作的理念,建立中职教育与区域经济联动发展的高度耦合机制,打破单一的匹配合作模式,这样既有利于中职毕业生的对口就业,也为区域特色产业和中职教育的可持续发展加油助力,实现互利共赢。其次,中职教育人才培养还要具备在跨区域服务中成长的特点,所以,特色专业应体现"岗位群"思想,能够向邻近专业辐射,满足不同职业的需求,既为中职教育发展留有生长空间,也为毕业生的流动提供渠道。

(3) 校企同心,促进产学研融合育人

第一,强化企业主体参与作用,企业参与人才需求预测、专业开发、教学计划制定、课程开发、人才培养质量评价等环节,让企业感受到人才培养的主体责任;第二,中职学校主动邀请企业参与人才培养的各个环节,在立足学生全面发展的基础上,把"为企业服务"的理念融入人才培养目标中,成为中职学校的应然追求之一;第三,构建项目型合作平台,校企合作申报国家项目、省级课题,在项目实施过程中深度交流。企业尤其是地方核心企业在资金、技术、人力等方面具有投资中职教育的优势,利用合作项目把学校与工厂、课堂与车间、教师与工程师、学生与学徒、作业与产品全面融合,才能形成长期稳定的合作机制。

---

[1] 国务院办公厅:《关于深化产教融合的若干意见》,http://www.moe.gov.cn/jyb_xxgk/moe_1777/moe_1778/201712/t20171219_321953.html,2017 - 12 - 05。

5. 加强教育监测,提高治理能力

(1) 基于循证研究,以评价带动中职教育人才培养质量

在教育评价改革当中贯彻落实立德树人根本任务,中职教育监测的重心应从单一结果监测向多元全过程监测转变,结合中职教育治理多元路径,形成多维度、多等级、多层次的监测标准。科学有效地改进中职教育体系,离不开全面、权威、有效的信息。基于大数据的优势,通过监测体系的系统构建和具体实施,进行全样本搜集,形成关联性、预测性判断依据,能够为改进中职教育人才培养过程、提升人才培养质量,提供切实有效的循证依据。具体来看,需要从以下几个方面入手:首先,完善监测标准,通过建立监测与评价实施主体协同机制,明晰职责分工,保障实施的软硬件和制度。其次,构建基于利益相关者理论的监测与评价体系保障机制。最后,要充分认识人才培养监测与评价的目的,是为了从监测与评价的结果入手,推动相关利益者反思在培养过程中不足之处,从而达到促进人才培养质量提高的目的,因此,必须注重建立完善的评价体系、实施反馈及应用机制。

(2) 重塑政府治理职能,明晰权力分配

为激发中职学校的办学活力,发挥多元主体在中职教育中的治理作用,政府应重塑治理职能,由传统"大包大揽"式的"全能型"政府向主要负责宏观调控的"服务型"政府转变。第一,在法律法规层面,对各级政府、学校、社会组织各自权责进行明确的划分,并对各自应处理的事务进行统筹规划,方能保证这三者之间的权力得以合理化分配,实现权力行使的合法性。同时根据实际情况,结合中职学校师生需求制定出科学合理的治理方案,规范各级权力,重塑政府治理职能。第二,政府应适当地向学校下放权力,协助中职学校办学的同时加强其办学主体地位,加强中职学校的"双师型"建设,促进中职学校人才培养模式紧跟时代变革,按需培养,保障中职学校毕业生与市场需求进行顺利衔接。第三,为中职学校发展营造良好的治理环境,协调各治理主体之间的合作关系,促进多元共治局面的形成。政府应充分发挥领导者与协调者的职能,积极培育社会组织在中职学校治理中的能力建设,建立学校、行业、企业、社区共同参与学校发展的治理结构和决策机制,共同构建起中职学校治理的框架。

(3) 完善中职学校内部治理制度,提升治理能力

中职学校治理的现代化,必须要建立在中职学校完善的内部治理制度之上,通过优化内部治理路径,提升中职学校多元治理能力。可以从以下路径开展:第一,完善中职学校法人制度。中职学校要实行依法治校就必须充分确立和肯定学

校的法人地位,确立自主治学、自主治校的主体地位。虽然在法律文件中已确立中职学校的法人地位,但这一地位始终未能得到真正落实,所以,当前主要问题就是合理优化政府、中职学校各类治理模式,并通过加强中职学校的教育监测来提升中职学校自主性与独立性。第二,加强中职学校制度建设。具体来说,需要加强人才培养制度、科学研究制度,通过完善制度建设促进合作治理能力的提升。同时,以体系化的规章制度凝聚现代化改革的知识与技术,保障治理现代化的实效性。第三,构建有机协调、可持续发展的中职学校管理体系。中职学校培养的是适应社会改革发展的技术技能型人才,因此在现代化治理的过程中要根据国家发展的重大战略作出及时有效的改革调整,通过改革教育监测内容、教学测评方式、人才培养模式等方式促进中职学校招生、培养与市场需要精准对接,实现为国家经济发展输送精尖技术技能型人才的社会重担。

(4) 强化依法治理制度,实现多元融合治理局面

随着教育治理现代化的到来,为更好地加强中职学校的教育监测,解决因法律法规不完善而出现治理混乱的局面,就必须建立健全中职学校治理法律体系。一方面,通过制定和完善相关法律法规,确保企业、行业等第三方组织参与中职教育治理的正式法律地位,以法律的形式明确其性质、地位、运营模式、治理结构、参与方式、权责范围与义务,并通过相关监督体系保障其参与中职学校治理。另一方面,"校企合作、社会参与"是中职学校办学的主要特征,也是促进中职教育治理现代化的主要途径。这就需要政府根据校企合作类型,对行业、企业进行有针对性的培育与引导,拓宽其参与中职学校人才培养的路径,提升其治理情怀与治理能力。另外,通过健全监管评估体系与完善激励问责机制,建立科学、多元、全方位的监管评估体系,保证中职学校治理成效,实现由政府引导、中职学校主导、市场调控、行业企业参与治理的善治态势,确保中职学校治理适应社会与市场的需要,从而更好地实现中职学校治理现代化。

(参与本专题研究的项目团队成员有:李桂荣、宋小香、许佳佳、孟景州、姚松、李向辉、王为民)

## 二、融合理念下我国特殊教育发展的目标与战略

加快残疾人教育事业发展、健全残疾人教育体系是实现教育公平、社会公平

的重要途径,也是实现残疾人共同富裕的重要基础。在新的历史时期,特殊教育承担着更为重要的责任与使命。党的十九大提出"办好特殊教育",十九届五中全会进一步明确"完善特殊教育保障机制",国家"十四五"规划和2035远景目标强调"提升特殊教育质量",党的二十大提出推进"特殊教育普惠发展",这是新时期现代化特殊教育事业发展的新要求。

对特殊教育的认识应当上升至教育强国的整体战略建设视角和社会保障体系构建上来,对特殊教育发展状况的评估也要从单纯的提升残疾人受教育普及率转换到满足残疾人适应性发展的教育质量维度上来。完备的特殊教育体系和特殊教育支持保障体系是教育强国建设的重要内容和国家教育现代化的基本组成,特殊教育的发展是国家现代化建设、全民共同富裕追求中不可或缺的一部分。

1949年中华人民共和国成立之后,根据党和国家的要求与部署,各级人民政府设立聋哑、瞽目等特种学校,对有生理缺陷的儿童、青年和成年施以教育,以盲、聋、培智三类特殊教育学校为主体的特殊教育被正式纳入国民教育体系。但由于当时国家各方面百废待兴,特殊教育总体发展缓慢。进入改革开放以后,特殊教育获得了长足的发展,在1982年颁布的《宪法》中第一次对残疾人的教育、生活和劳动问题进行了规定,确立了特殊教育在国家根本大法中的地位。21世纪以来,我国的特殊教育发展更是取得了令人瞩目的成就,也形成了一系列符合中国国情和特色的经验。

中国特殊教育事业发展的成就,主要体现在以下几个方面:(1)形成以特殊学校为骨干、以随班就读为主体、送教上门和远程教育为补充的特殊教育体系;(2)特殊教育发展的综合保障水平显著提升;(3)残疾儿童青少年义务教育普及水平显著提高,非义务教育段教育受到重视;(4)课程与教学改革稳步推进,科研推动教育质量显著提高。这些成就充分体现了特殊教育事业发展的中国特色路径。首先,党和国家以及各级人民政府的高度重视是发展特殊教育的重要保障,制度优势是推动中国特殊教育事业快速发展的基本保障;其次,立足国情、循序渐进、统筹兼顾是中国特殊教育事业快速发展的关键所在;第三,对各特殊教育项目设底线定标准,鼓励支持各地区高标完成。这是中国特殊教育事业快速发展的质量保证。

然而,也要看到,在新时代要办好特殊教育还面临着诸多的挑战,如(1)特殊教育领域法治建设滞后,立法水平与执行监督机制有待完善;特殊教育区域性差异大,各方面发展不平衡;特殊教育体系结构不合理,覆盖对象有限,受益面窄;特殊教育优质资源不足,教育质量有待提高;特殊教育经费保障制度不够完善,尚未建立面向融合教育、支持两端延伸的财政拨款制度;特殊教育师资队伍建设体系不完善,质量有待提升;等等。我们尚需认识到当下中国特殊教育发展所处的社会发展背景,明确未来发展的定位与目标,作出我们的战略选择。

### (一) 战略背景

特殊教育的发展水平体现了一个国家社会、经济、文化的发展水平。我国特殊教育的发展与我国特定的经济和人口发展状况、教育总体发展状况有着密切的关系,同时也会受到国际特殊教育发展趋势等的影响。

1. 2035 年中国经济与人口发展前景

(1) 人口发展前景。不同机构和研究者对我国总体人口预测的趋势一致,即整体呈现"倒 U 形"发展的趋势,虽然不同研究预测的人口峰值点不同,但都认为大致在 2025—2035 年峰值人口基本在 14—14.5 亿。比如,根据联合国 2017 年发布的《世界人口展望》,中国目前的人口总数约为 14 亿,人口规模的顶峰将出现在 2022 年,约为 14.05 亿,接下来人口总量将经历持续下降,到 2035 年约为 13.5 亿。因此,以此推算,2035 的人口规模与目前总体差异不大。有研究者认为,从总量来讲,目前到 2035 年学前教育至高等教育适龄人口数变化不大,但人口结构变化会对我国教育事业发展提出一些新挑战[1],比如受"三孩"政策影响,未来学前教育适龄人口在"十四五"期间将维持在较高水平,6—14 岁义务教育适龄人口会小幅增长后下降,预计到 2035 年 6—14 岁人口规模将降至 2019 年的 79%—90%。

一些研究者综合考虑人口结构的变动及社会经济因素的影响后指出,我国人口的残疾现患率将在未来 40 多年中持续增长,至 2050 年我国人口的残疾现患率将达到 11.31%,全国残疾人总量将会达到 1.65 亿,将是 2008 年的 2 倍,且年增量预计到 2035 年达到峰值,为 230 万左右,之后逐步开始呈现下降趋势。[2] 如果

---

[1] 梁彦、王广州、马陆亭:《人口变动与"十四五"教育规划编制思考》,《国家教育行政学院学报》,2020 年第 9 期,第 86—95 页。
[2] Zheng, X., Chen, G., Song, X., Liu, J., Yan, L., Du, W., Pang, L., Zhang, L., Wu, J., Zhang, B., & Zhang, J. (2011). Twenty-year trends in the prevalence of disability in china. Bulletin of the World Health Organization, 89(11), 788–797.

再加上其他特殊教育需要儿童,并考虑两端延伸以及终身教育,特殊教育的规模将远超现在。

(2) 中国经济发展前景。改革开放以来,中国经济发展取得了举世瞩目的伟大成就。1978—2019 年国内生产总值平均增速高达 9.5% 左右,这使中国不仅跃升为世界第二大经济体,而且缩小了与第一大经济体美国之间的差距。到 2020 年,我国国内生产总值达到约 14.7 万亿美元,全国居民人均可支配收入 32 189 元,顺利完成了党的十八大提出的确保到 2020 年"实现国内生产总值和城乡居民人均收入比 2010 年翻一番"的战略目标,全面建成了小康社会,经济总量占世界经济的比重也由 2015 年的 15.5% 提升到 2020 年的 17% 左右,综合国力迈上了新台阶。[1]

2020—2035 年将是中国迈向社会主义现代化强国的关键时期,中国现代化进程将进入到第二个百年奋斗目标的新阶段。根据 2035 国家发展的战略目标,一些研究者对 2035 年需达到的经济发展水平等数据进行了推测。比如竹立家在描绘 2035 年中国经济社会图景时,认为到 2035 年,按汇率计算,中国的经济总量将达到 35 万亿美元,位居世界第一,成为世界最大经济体,按总人口大约 14.3 亿计算,人均国内生产总值将达到 2.5 万美元左右。[2] 唐任伍(2021)也认为,在经济发展方面,中国在 2028 年或 2029 年经济总量将超过美国,成为全球第一大经济体;到 2035 年,国内生产总值总量大约达到 209 万亿元人民币,约 47.57 万亿国际元左右(按购买力平价 2017 国际元计算)。[3] 总之,研究者大多同意,从 2020—2035 年中国经济至少要完成人均实际国内生产总值水平翻一番的增长目标,国内生产总值年均增速将会超过 4% 的水平[4],即到 2035 年,中国人均国内生产总值折合美元可达到 2 万—2.5 万美元,相当于当前中等发达国家平均水平(2.5 万—3 万美元)。[5]

---

[1] 刘伟、陈彦斌:《2020—2035 年中国经济增长与基本实现社会主义现代化》,《中国人民大学学报》,2020 年第 4 期,第 54—68 页。
[2] 竹立家:《走向 2035 年的中国:远景目标与关键变量》,《人民论坛·学术前沿》,2021 年第 6 期,第 81—87 页。
[3] 唐任伍:《2035 年民生发展前瞻:美好生活与人的尊严》,《人民论坛·学术前沿》,202 年第 1 期,第 58—63,99 页。
[4] 黄奇帆:《伟大复兴的关键阶段——学习〈中华人民共和国国民经济和社会发展第十四个五年规划和 2035 年远景目标纲要〉的认识和体会》,《人民论坛》,2021 年第 15 期,第 6—10 页。
[5] 刘伟、陈彦斌:《2020—2035 年中国经济增长与基本实现社会主义现代化》,《中国人民大学学报》,2020 年第 4 期,第 54—68 页。

虽然经济增长不是国家发展的全部，但不可否认，经济规模的较快增长与人均国内生产总值水平的不断提升是一个国家持续发展以及迈向现代化的重要基础，也是达成加大教育投入、实现教育公平的经济保障。特殊教育未来的发展水平应该与这一经济发展前景相匹配，特殊教育经费投入规模包括占教育财政的投入应远高于现在的比例。

2. 中国教育现代化发展前景

2019年中共中央、国务院印发了《中国教育现代化2035》，提出到2035年，总体实现教育现代化，迈入教育强国行列，推动我国成为学习大国、人力资源强国和人才强国，为到21世纪中叶建成富强民主文明和谐美丽的社会主义现代化强国奠定坚实基础。该文件的颁发也是中国政府作为一个负责任的大国积极主动兑现全球可持续发展教育目标的一个重要举措。2015年5月，联合国教科文组织通过《仁川宣言》和"教育2030行动框架"，明确指出2030年全球教育的总体目标是"确保包容和公平的优质教育，让全民终身享有学习机会"。2015年9月联合国可持续发展峰会通过了《2030年可持续发展议程》，内容涉及经济、社会与环境三个方面的可持续发展，其中教育是17项目标中的重要一项。2015年11月4日，联合国教科文组织在总部举行第38次教科文组织大会，采纳"教育2030行动框架"，正式将教育纳入联合国17项可持续发展目标。《中国教育现代化2035》就是参照联合国《2030年可持续发展议程》，依据我国国家现代化建设的总体战略目标来考虑我国的教育定位。

首先，未来我国教育改革的重心将从"效率优先的重点发展"转向"公平导向的均衡发展"。杨小微教授对我国教育发展所存在的不平衡不充分、难以完全适应国家经济社会发展和人民群众日益增长的新要求、新期盼状况进行了深入分析，认为主要表现在这几个方面[①]：(1)不平衡主要表现在各种差距明显存在以及结构性、局部性短缺，包括区域之间、城乡之间、学校之间以及学习和教育人群之间的差距十分突出，尤其是教育基本公共服务全覆盖存在死角，进城务工人员随迁子女、农村留守儿童、残疾儿童等特殊群体平等受教育权利需要进一步保障；相比义务教育，学前教育、职业教育尤其是农村地区发展落后，即使是发达地区，也存在此方面的结构性不足。(2)不充分主要表现在质量水平不够优、个性化教育

---

[①] 杨小微：《迈向2035：中国教育现代化的目标定位》，《华中师范大学学报（人文社会科学版）》，2019年第5期，第38—44页。

供给不足。各级各类教育质量还不能满足人民群众"上好学"的教育需求、满足每一个学习者多样化的学习需求,教育难以在现代化建设中发挥战略引领作用。具体来讲,包括:教育质量提升中的不充分,满足人们多样化教育需要中的不充分,学校面对新技术新课堂准备不充分,教育面对未来社会发展转型的关注度不充分。因此,面向2035的教育现代化,应突出关注四类目标,即指向平衡、充分,并要扩大供给、着眼未来,其中致力于平衡的目标,应锁定在各类差距的缩小上;而致力于充分的目标,则体现在深化改革、优化质量等方面;致力于扩大供给的目标,一是扩大个性化教育供给,二是深化改革成果和经验的供给与分享,注重教育改革成功经验的总结、提炼和示范辐射;而致力于着眼于未来的目标,则是要具有前瞻性和想象力,为教育现代化的长远发展指明方向。

其次,根据《中国教育现代化2035》,教育的主要发展目标是:建成服务全民终身学习的现代教育体系,普及有质量的学前教育,实现优质均衡的义务教育,全面普及高中阶段教育,职业教育服务能力显著提升,高等教育竞争力明显提升,残疾儿童少年享有适合的教育,形成全社会共同参与的教育治理新格局。简而言之,就是要建设包括特殊教育在内的高质量教育体系。

3. 国际特殊教育与融合教育发展趋势

特殊教育作为衡量一个国家文明的重要指标,其发展历程与西方社会文化的发展历程紧密相连。从20世纪六七十年代起,西方特殊教育开始从隔离教育走向融合教育,美国、英国、芬兰、丹麦等欧美国家的融合教育取得了较大发展,融合教育理念随着1994年联合国教科文组织在西班牙萨拉曼卡世界特殊教育会议上发布的《融合教育行动纲领》《萨拉曼卡宣言》第一次被各国政府正式接受并在各国推广。纵观国际特殊教育发展历程尤其是西方发达国家融合教育发展历程,以下几个方面在未来将更为重视。

(1) 融合理念下对特殊儿童的认识从"障碍"转向"特殊教育需要"。传统的特殊教育更多是从医学模式的角度认识特殊儿童,而从隔离教育发展到回归主流,则要求从社会模式角度对特殊儿童的障碍进行认识,认为残疾与障碍是两个不应混淆的概念。残疾指的是功能上的一种限制状态,可以是生理、智力或者感官上的缺陷,也可以是医学上的状况或者精神疾病。而障碍则是指某种机会的丧失或者个体受到某种限制,指的是存在某种残疾的个体与环境的一种冲突状态,由于这种冲突的存在,因而造成个体无法与其他人一样在同等水平上参与社会各层面的生活,包括学校的学习。① 但从回归主流发展到融合教育,则更强调从特殊教育需要而非障碍角度认识特殊儿童。研究者对特殊教育需要的认识发生了非常相似的变化,倾向于用更加广泛、包容的概念来定义特殊儿童、特殊学生,即从残疾、障碍角度来确定儿童所需的特殊教育支持服务转变为从特殊教育需要角度。这一变化不仅体现在一些国家与特殊儿童诊断、教育有关的法律框架上,也体现在联合国教科文组织等发布的一些国际性文件中。比如英国在1981年的《教育法》修订中采纳了《沃洛克报告》的提议,以"特殊教育需要"这个新的概念来替代"身心障碍",并为此构建了普通教育机构针对特殊教育需要进行响应的专业服务机制;1994年联合国教科文组织召开的世界特殊教育大会上通过的《萨拉曼卡宣言》和《特殊教育行动纲领》这两份文件都明确使用"特殊教育需要"一词而非"障碍",认为"每一个儿童都有独一无二的个人特点、兴趣、能力和学习需要;教育系统的设计和教育方案的实施应充分考虑这些特点与需要的广泛差异性;有特殊教育需要的儿童必须有机会进入普通学校,这些学校应该将在以儿童为中心的教育活动中满足他们的需要"。

目前多数国家虽开展了融合教育实践,但大多数国家的特殊教育体系架构、专业服务体系构建、师资培养等方面都尚未真正从"障碍"视角改变为"特殊教育需要"视角,特殊教育只是被诊断为障碍人士才享有的某种教育。对特殊儿童的认识从"障碍"改变为"特殊教育需要",需要认识到任何一个儿童在其求学过程中都有可能在某个时间段出现某些方面的学习或者发展困难,可能表现出特殊教育需要,特殊教育不是相对普通教育的一种形式,而是可以在任何一个教育场所提供的一种满足儿童特殊教育需要的专业服务或者支持。

目前中国大陆有关教育的法律政策文件仍旧使用残疾儿童青少年、残疾人这样的说法,即沿用的是缺陷、残疾、障碍这一分类方式去考虑学生的教育安置,还未真正发展至采用特殊教育需要这一分析框架。

(2) 特殊教育的改革重心从特殊学校为主转向普通学校开展融合教育为主。随着特殊教育从隔离教育发展到融合教育,各国在实践过程中不断修订法律法规政策,开展各个层面的改革,但大多数国家改革重心仍旧在特殊教育领域,更狭义的是在特殊学校。但若从特殊教育需要角度认识特殊儿童,特殊教育作为支持每个儿童获得学业成功的一种专业支持服务,改革重心将从特殊教育领域转向普通

---

① 昝飞:《融合教育:理想与实践》,上海:华东师范大学出版社,2016年版,第2—3页。

教育领域,融合教育的管理体制、经费拨款机制、学校教学模式、特殊教育支持服务模式、教育质量评价机制、融合教育教师培养等都将是重点探索内容。如经费拨款,芬兰在给各个学校进行统一拨款的基础上,依据各个学校中存在的中重度障碍学生及其他发展障碍学生的数量提供额外的经费,且不同障碍类型和障碍程度学生的经费标准也有所不同。[1]

目前融合教育实践不成功的主要原因在于融合教育要求普通教育开展整体的改革,而事实上绝大多数国家普通教育的改革并未真正启动,融合教育在绝大多数国家也主要指向有残疾或者障碍的儿童青少年。

(3) 支持服务从等待失败模式转向预防干预模式。传统的特殊教育即使已经开始融合教育实践的国家,多采取对特殊儿童开展基于个别化教育计划的支持服务模式。这也是目前各个国家为针对特殊教育学生所实施的一种教育方案。这一方案背后体现的逻辑是当学生的缺陷得到鉴定并被确定为特殊教育对象,才可以为他们制订个别化教育计划,提供相应的特殊教育或者相关的专业支持服务。但是,当儿童的缺陷没有被诊断出来或者没有达到法定的特殊教育对象类别标准,儿童就没有机会在最初落后于普通同龄学生时就获得额外的专业支持与帮助。因此,现在多数国家实施的实际上是学生等待失败的模式,只有当学业失败或者其他领域的问题达到鉴定或者诊断的标准,学生才有资格获得相关专业支持,而在这之前,他们通常需要经历较长时间的失败或者挫折。而随着融合教育的推进,则需要根据学生特殊教育需要的不同水平构建预防干预模式,让学生在特殊教育需要水平较低的时候就能及时发现、并及时获得相关教育与专业支持。

目前一些国家如美国针对学业困难学生开展的对教学的反应(RTI)模式以及针对情绪、行为问题开展的全校性积极行为支持(WS-PBS)模式都是预防干预模式的实践。未来基于学生不同特殊教育需要构建响应性、多层级的预防干预模式将是融合教育实践中的重要改革探索内容。

(4) 信息技术时代智能教育从尝试走向深度融合。科学技术的重大变革对教育的各个方面都产生了复杂而深刻的影响,教育信息化、智慧校园、智能教育都是科技变革产生的结果。特殊教育作为教育的一个重要组成部分,同样受到科技发

---

[1] 张文秀、彭婵娟、王雁:《融合教育背景下芬兰特殊需要学生的支持模式》,《比较教育研究》,2021年第1期,第85—92页。

展直接或者间接的影响。首先,基于大数据和人工智能的特殊儿童诊断与评估工具研发正在不断探索中,这使得特殊儿童的早期发现时间有可能大大提前,早期干预与特殊教育的方法、策略由此需要更深入探索。其次,构建基于互联网、大数据的跨部门特殊教育信息服务平台成为可能,特殊教育管理机制及其相关专业服务体系需要基于跨部门信息平台建设进一步创新。比如,英国政府从2011年提出、2014年开始建设的"local offer"系统,该系统为当地有特殊教育需要或残疾的(包括没有教育健康保健计划的)儿童和青少年提供有关教育、健康、社会保健等领域的信息和支持服务。再次,基于信息化技术的特殊教育资源更为丰富,基于互联网的资源共享机制使特殊儿童、家长及其教师资源获得更为便捷,更有可能让特殊儿童享受公平、优质的特殊教育。最后,高科技的辅助技术在特殊儿童教育上的应用更加普遍,构建无障碍学习环境与资源更为可能。

### (二) 战略目标

特殊教育现代化是教育现代化的一部分。根据十九大提出的"办好特殊教育"的基本内涵和基本要求,结合特殊教育发展的历史进程和当前面临的挑战,基于我国经济社会发展"两步走"发展战略的要求,新时代我国特殊教育的建设目标必须与国家加快教育现代化、建设教育强国的发展目标和进程保持一致,与国际融合教育发展的趋势保持同向。最新颁布的《"十四五"特殊教育发展提升行动计划》事实上已经为"两步走"第一阶段的开篇设定了重要的起始行动方案,可以预见构建健全、完善的高质量特殊教育体系,使特殊儿童实现最大限度的发展,增强特殊儿童家庭福祉,使特殊儿童青少年也能获得自尊、自信、自强、自立,是特殊教育现代化发展的最终目标。不仅要实现"人人有学上",更要达成"生生有资源,生生获发展"的目标。具体可表述如下。

1. 加快普及,实现全覆盖

只有高度普及、层次完善且路径通畅的特殊教育体系才能真正称得上属于现代化的特殊教育体系。[1] 因此必须进一步提高特殊教育的普及率,包括向各种类型特殊儿童普及、向不同受教育学段普及,以及各种受教育形式的普及,从而实现特殊教育体系的全覆盖。

---

[1] 丁勇:《办好特殊教育:新时代特殊教育发展的主题、战略及对策》,《现代特殊教育(高等教育研究)》,2019年第4期,第3—11页。

现代化的特殊教育普及必须打破传统狭义的残疾人教育，从认可个体差异、尊重个体发展需要出发为所有有特殊教育需要的儿童提供适宜的教育，将目前已经广泛存在于特殊教育系统内的各类特殊儿童，如学习障碍、注意力缺陷多动障碍、情绪行为障碍、病弱包括罕见病儿童，正式纳入特殊教育对象范畴，完善特殊教育受众群体。

作为我国特殊教育体系的基础和其他教育阶段的根基，根据不同地区的具体情况，采取针对性措施，对适龄特殊儿童全面普及义务阶段教育，实现义务教育入学率99%以上的目标依旧应是下一阶段首要的发展目标。

率先完成义务教育阶段入学全覆盖的地区则应进一步向两端延伸，加快普及学前特殊教育、高中阶段特殊教育（包括职业教育）以及高等特殊教育。实现到2035年绝大多数特殊儿童都能获得早期干预与教育，并完成高中阶段学历教育，整体特殊教育年限达到15年，50%以上的特殊学生能够接受高等教育。

2. 协同发展，实现融合教育理念

让每个儿童在普通学校接受优质与公平的教育是特殊教育现代化最终也是教育现代化的目标。因此，各地区应将融合教育确立为发展重点和重要目标，改革现有的普通教育与特殊教育双轨制，在教育发展规划与方案的制定与实施、教育经费管理、教育质量监控、师资培养等各方面事务中渗透融合教育的思想，建立各项制度和机制推进并保障特殊学生在普通学校接受教育，健全融合教育评估与督导机制，形成社会包容的融合教育文化生态，最终实现真正的融合。

同时，不同地区间也应采取有力措施，实现区域之间、城乡之间、学校之间、不同障碍类别之间的协调发展；进一步推进特殊教育综合改革试验区的建设，不仅为区域内特殊教育现代化的特殊性问题，也为全国特殊教育现代化发展的普遍性问题提供思路与对策，实现重点突破与整体质量提升；加大经济社会与教育发达地区与欠发达地区的交流与沟通，通过跨区域结对子或者其他支持、互助方式，促进不同地区特殊教育现代化的融合发展。

3. 完善保障，实现质量提升

现代化的特殊教育关键在于让每一个特殊儿童接受公平而优质的特殊教育，因此，需针对不同形态特殊教育发展需求开展内涵建设，构建支持保障体系。首先，应当进一步加大特殊教育经费的投入，缩小地区间的投入差异，形成稳定的常规经费投入机制，提高财政投入的成效性。同时特别要加强对各级各类融合教育的支持保障，通过构建区域性跨部门协同支持网络体系，为融合教育质量提升提供全方位支撑。另一方面,也可以通过技术赋能的方式,提高特殊教育教学与康复训练的有效性,提升特殊教育管理的规范性,实现特殊教育现代化的高质量发展。

面向 2035 年的中国特殊教育发展目标的确立,尚需有意识地与《2030 议程》中相关内容对接,见表 8-2。

表 8-2 中国落实《2030 议程》目标 4 的满足特殊教育需求相关举措

| 目标 4:确保包容和公平的优质教育,让全民终身享有学习机会 ||
| 目标 | 中方落实举措 |
| --- | --- |
| 4.1 到 2030 年,确保所有男女童完成免费、公平和优质的中小学教育,并取得相关和有效的学习成果。 | 全面实行城乡九年免费义务教育制度……努力实现城乡基本公共教育服务均等化,保障弱势群体平等接受义务教育的权利。 |
| 4.2 到 2030 年,确保所有男女童获得优质幼儿发展、看护和学前教育,为他们接受初级教育做好准备。 | ……完善学前教育资助制度,资助家庭困难幼儿、孤儿、残疾儿童等弱势群体儿童接受普惠性学前教育。 |
| 4.5 到 2030 年,消除教育中的性别差距,确保残疾人、土著居民和处境脆弱儿童等弱势群体平等获得各级教育和职业培训。 | 保障弱势群体在内的每个人的受教育权利。提升特殊教育发展水平,在 30 万人口以上的县基本建立特殊教育学校。逐步实现残疾学生从义务教育到高中阶段教育的 12 年免费教育。 |

### (三) 战略选择

为实现上述战略目标,从特殊教育所面临的问题和挑战,基于已有的成绩与基础,我国未来特殊教育的发展战略可从如下几方面来构想:以推进公平、优质教育为目标,以推动融合教育发展为导向,健全特殊教育体制机制,完善特殊教育支持保障,促进智能教育与特殊教育的深度融合,优先发展特殊教育,最终实现特殊教育现代化建设目标。

1. 构建多元化、高度普及、深度贯通的现代化特殊教育体系

通过多元化教育安置方式满足不同类型、不同程度特殊教育需要学生对优质教育的需求。首先,要健全以特殊学校为骨干、普通学校融合教育为主体、送教上门和远程教育为补充的特殊教育体系,全面推进绝大多数特殊学生就近入学,并以普通学校融合教育为主要形式,严格限制送教上门学生对象,各地区因地制宜,基于特殊学生的人口学特征、特殊教育需要提供适合他们的特殊教育安置形式,在不同水平推进素质教育。

其次,普及教育水平是衡量一个国家教育现代化和教育强国发展水平的基本

指标,根据我国经济社会发展"两步走"发展战略部署并结合当前"十四五"发展规划,预计到2035年我国将逐步完成适龄残疾儿童少年义务教育的全覆盖,全面普及15年特殊教育,扩大特殊教育的服务对象。

再次,现代化的特殊教育体系还体现在不同特殊教育安置方式的深度贯通。不管是何种特殊教育安置方式,特殊学生都能在其中获得优质、公平的教育,学生也有权利选择适合自己的教育安置方式,普通学校融合教育、特殊学校、送教上门等不同的教育安置方式之间应是贯通的、灵活的,而不是一种固化的选择。

最后,现代化的特殊教育体系应服务于特殊学生的终身发展。职前与职后融通的服务全民的终身学习体系是现代化教育体系建设的一个重要内容,任何一个教育阶段都应该包容、接纳特殊群体,融合发展,为他们的终身发展提供全方位的支持与服务。

2. 以融合教育理念引领特殊教育现代化发展

为所有特殊儿童的终身发展提供适切的教育和有效的支持,使所有特殊儿童都能够实现自我价值和社会价值是特殊教育现代化发展的终极追求,其内涵与本质是社会资源的平等共享,其实现途径需要依托以融合为取向的特殊教育现代化发展。具体可以体现在以下几个方面。

首先是坚持均衡、公平发展的价值观。公平与正义是社会制度和人类活动的首要价值,也是新时代中国特色社会主义社会的目标追求和核心价值取向。[①] 特殊教育现代化发展必须以推进教育公平、保障每一个特殊儿童平等受教育权、通过优质教育促进特殊儿童全面发展为目标。

其次是坚持优质发展的育人观。特殊教育的现代化发展应着眼于人的生命成长与品质提升,要根据育人为本、立德树人的价值取向,将特殊学生尤其是残疾学生的全面发展放在重要位置,始终对特殊学生抱有积极的高期望,创造各种条件,通过各种针对性的教育方法、手段,促进他们全面发展,成为社会主义现代化国家的合格公民,最终提升特殊教育的质量。

最后是要根据儿童为中心,充分认识到每个儿童都有其独特的特性、兴趣、能力和学习需要,改变医学模式的残疾观,真正从学生特殊教育需要的角度,基于学生身心特点开展素质教育,提升特殊学生的生命价值和意义,最终实现社会的融合共享。

---

① 丁勇:《办好特殊教育:新时代特殊教育发展的主题、战略及对策》,《现代特殊教育(高等教育研究)》,2019年第4期,第3—11页。

### 3. 以现代化信息技术赋能特殊教育支持体系

通过现代化信息技术，实现特殊教育基础能力建设的现代化，打造现代化特殊教育学校，提升特殊教育的质量与效益，包括基于智慧校园建设，通过云课堂、翻转课堂等智慧课堂途径，实现人才培养模式、教师角色、教学方式、教学环境和结构的深刻变革。同时，要创新使用包括穿戴设备在内的计算机辅助技术和其他信息技术，有效提升特殊学生信息获得与传输的能力，从而减少学生学习和发展的阻碍，促进生命质量提升与全面发展。

基于信息化技术构建特殊教育的数字化信息平台，为特殊教育的科学发展提供大数据依据，构建跨部门间的数据监控、共享与使用机制，实现数据伴随式收集、信息自动化分析、资源精准化供给，促进特殊学生自适应学习，支持教师与专业人员开展精准化教学与干预服务，实现特殊教育智能化管理与精细化服务。还要加强特殊教育资源库、优质特殊教育资源的建设，教育资源库包括媒体素材库、题库、例库、课件库和网络课程建设，以及适合多种教学模式的教学支撑系统和现代远程教育管理系统的研制开发等内容。[①]

加快人工智能赋能特殊教育的行动，建设智能化校园，促进校园无障碍水平提升，赋能特殊教育教师，通过云课堂、翻转课堂等智慧课堂途径，转变教师角色，创新使用包括穿戴设备在内的计算机辅助技术和其他信息技术，加强辅助技术在特殊教育中的使用，加强在线特殊教育资源库、优质特殊教育资源的建设，提升特殊教育的专业化服务水平。

为保障上述战略的实施，还需构筑并不断完善强有力的支持保障体系，这包括：(1)完善特殊教育法律保障体系；(2)建立适应特殊教育发展需求的特殊教育经费保障制度；(3)健全适应融合教育发展的特殊教育管理体制和机制保障；(4)完善特殊教育教师职前职后培养体系；(5)构建并完善特殊教育专业支持服务体系；(6)构建社会融合导向的社区支持体系。

(参与本专题研究的项目团队成员有：昝飞、陈莲俊、李珍珍)

## 三、国家治理现代化背景下民办教育发展目标与战略

本节将重点阐述在国家治理现代化背景之下，我国民办教育发展的政策要

---

[①] 李烁、冯秀琪：《关于教育资源库建设的几点思考》，《中国电化教育》，2003年第1期，第54—56页。

求、目标定位、战略选择及实施路径。

### (一) 政策要求

党的十八大以来,党和国家将推进国家治理体系与治理能力现代化作为全面深化改革的总目标。教育是国之大计,也是重大民生问题,将深化改革总目标贯彻到教育领域中来,推进教育治理体系与治理能力现代化成为切实要求。根据《中共中央关于坚持和完善中国特色社会主义制度 推进国家治理体系和治理能力现代化若干重大问题的决定》对于教育治理体系与治理能力现代化提出的战略性要求,需要全面贯彻党的教育方针,办好人民满意的教育,政府、社会和学校多方共治,中央与地方政府政策互通,城乡义务教育一体化发展,建设更加开放灵活的教育体系。

2021年,中央政府发布《关于进一步减轻义务教育阶段学生作业负担和校外培训负担的意见》(简称"双减"),提出"学生过重作业负担和校外培训负担、家庭教育支出和家长相应精力负担1年内有效减轻、3年内成效显著,人民群众教育满意度明显提升"。"双减"意见一经发布,各地政府纷纷落实,将规范校外培训机构、减轻学生课业负担落到实处。"双减"工作的推进与落实是推进教育治理体系与治理能力现代化的应有之义。

第十四个五年规划和2035年远景目标纲要对于教育领域提出的具体要求是:到2035年,总体实现教育现代化,迈入教育强国行列,推动我国成为学习大国、人力资源强国和人才强国,为到本世纪中叶建成富强民主文明和谐美丽的社会主义现代化强国奠定坚实基础。2035年主要发展目标是:建成服务全民终身学习的现代教育体系、普及有质量的学前教育、实现优质均衡的义务教育、全面普及高中阶段教育、职业教育服务能力显著提升、高等教育竞争力明显提升、残疾儿童少年享有适合的教育、形成全社会共同参与的教育治理新格局。

公共定位、共同治理是未来的教育治理走向,也是教育治理实现自我超越的境界追求。教育政策是共同治理的产物还是保障特权的权宜之计,体现的是一个国家的民主化水平,是国家政府治理能力的一种象征。伴随着组织化教育、制度化教育的扩张,带来的是正式组织与非正式组织、制度与习俗之间发展的不平衡。就教育而言,则表现为社会教育、家庭教育与学校教育的发展的功能不平衡。而就教育利益相关者的多元协调机制建设而言,真正达成利益协调和教育共识的协商对话机制;从政府、社会、学校之间的命令服从关系、交换关系走向伙伴合作的对话关系,是共同治理的内在要求。而走出政府包揽管理,发挥社会参与,制约政府权力,是未来走向共同治理境界的关键。①

1. 价值取向:建设高质量教育体系

教育治理体系与治理能力现代化需要以构建高质量教育体系为终极目的。高质量的教育体系建设首先要构建一种多元化的教育标准观,"应试教育"与"素质教育"之争体现了教育观念认知的狭窄,高质量的教育标准不应当是单一的、固化的,因为在同样的标准下会丧失教育的多样性,也会使学校汲汲于达到标准,而忽视真正的教育目的。其次要健全学校、家庭、社会协同育人机制,学校是教育的主阵地,"双减"政策落实后,不仅减轻了学生的负担,教师、家长这些时刻关注学生学业的群体的压力也得到了释放。学校需要与家长密切沟通,达成实现高质量教育目标的共识,更新教育观念,重视青少年身体素质和心理健康教育,我们要培养德智体美劳全面发展的社会主义建设者和接班人,首先要保证学生处于一个积极向上的生长环境中,不仅要关注学业成绩,而且要增强学生文明素养、社会责任意识、实践创新能力。对于高等教育而言,建设中国特色世界一流大学,分类建设一流大学和一流学科,培养具有复合型知识结构、高阶思维和跨界能力的 T 型(一精多专)人才②,是教育治理现代化的不懈追求。

2. 职能转变:重新定位政府角色

教育治理现代化背景下政府职能转变是构建教育治理现代化体系的第一步。政府要由管制型政府转向服务型政府,下放办学自主的权力但不放弃监管的权力。在落实教育治理现代化的过程中,由于政府存在放权的矛盾,加上社会中介组织以及学校自身监督机制的不健全,使得政府的管理职能很难根本转变。其中,政府在管理学校办学行为上往往无法可依,仅仅依靠政策调节随意性大,政府的调控方式没有根本转变。因此要建立教育行政权力清单和责任清单制度,全面公开教育及相关政府部门的责任权限和管理细则,避免出现政府部门在教育管理上出现越界行为。同时减少教育行政审批事项,简化教育审批程序,提高教育管理效能。学校之间的办学水平不一,这就需要政府从中调解,改善各地区教育发展水平差异大的问题,为办学水平差的学校提供专业性的指导和服务,保障各地区教育教学资源均衡发展。教育治理现代化意味着政府不再是"一家独大"的管

---

① 徐冬青:《未来中国教育政策的价值选择》,《教育发展研究》,2013 年第 11 期,第 14—19 页。
② 徐冬青:《跨学科教育:高校教育改革的生长点》,《上海教育》,2021 年第 14 期,第 28—31 页。

理情境,需要社会组织、学校和个人积极参与到教育治理中来,充分释放学校的办学活力,培育教育智库,加强教育政策研究储备,专家、教师、家长和学生的意见被充分尊重,将各方的教育目标统一起来,达成教育共识。

3. 有效监管:构建监管体制机制

政府权力下放后,要避免"一放就乱"的局面,监管责任的落实可以保障权力不被滥用、错用。教育治理现代化对教育监管提出了新要求,需要明确各方治理主体的责任清单,鼓励第三方组织参与到教育监管评价体系中来,运用大数据和新型信息技术,建立监管信息数据库,为解决教育问题、改善教育教学质量提供数据支撑。针对各阶段各类教育建立多样化的监管评价标准,地方政府需要依据地方学校的发展特色,制定具体的、特色的监管评价体系。同时,进一步完善教育督导制度。完善督政、督学、评估监测制度体系。为保证教育行政合法合规、教学活动正常进行和教育质量的提升,需要强化教育督导队伍建设,充分发挥督导促进教育改革发展的作用。

4. 多元共治:打开教育共同治理新局面

教育治理体系与治理能力现代化的实现既需要政府、学校和智库等组织协调、执行和研究等能力的增强,也需要教育领域个人参与能力的提升。教育社会组织的发育成熟需要合适的社会土壤,要进一步提升教育智库、教育行业协会等教育类社会组织在教育治理中的作用,找准社会组织在教育治理现代化体系中的目标定位。打开教育共同治理新局面,教育领域内的各个子系统需要协调一致、资源共享、形成共生的互惠关系,营造一种良好的教育生态,形成教育合力。

5. 依法治教:完善教育法律法规体系

教育治理体系与治理能力现代化需要全面推进依法治校。大力推进依法治校是确保教育治理体系和能力建设的根本保证。推动学校建立章程配套制度及落实机制,健全各种办事程序、内部机构组织规则、议事规则。健全符合法治原则的教育救济制度。建立健全学校法律顾问制度。强化学校依法办学意识,健全依法治校评价指标体系,深入开展依法治校示范学校创建活动。开展学校领导干部、职能部门工作人员依法治校能力培训,全面提高教师依法执教的意识与能力。《中华人民共和国教育法》《中华人民共和国义务教育法》《中华人民共和国民办教育促进法》等法律为推进教育治理体系与治理能力现代化提供了法律保障。加快《学校法》的研制,有利于教育法制自身的完善,建立统一的各类学校办学规范体系,确定学校运行规则,保证学校在教育市场竞争中的权利和义务,促使学校在教育市场中的地位和功能的正常发挥,将公办学校和民办学校等其他学校纳入统一的法制框架中,为最终建立我国统一的教育大市场提供法律的基础保证。

### (二) 目标定位

经历了40年的民办教育恢复和发展,民办教育在体制机制改革方面呈现出突出的改革实验性。某种意义上,民办教育是一场"社会实验",这种"社会实验"可以有多种称谓,比如"市场实验""公共管理改革实验""现代学校制度实验"。民办教育作为"穷国办大教育",作为教育教学改革的"试验田",作为有益的社会主义教育的补充,作为一种延续我国古代私学传统,承接近代私立教育,对接近代解放区的民办学校,利用市场机制,借鉴产业运作等不同于公办教育办学机制的体制外办学系统,发挥了巨大作用。但是,随着我国社会进入新时代中国特色社会主义建设时期,从原有的主要发挥民办教育的经济功能,到全面发挥民办教育的多种功能,在整体教育生态的协调发展、和谐发展中重新定位,在推进公平优质发展中实现总体效益提升,更多地需要民办教育立足公益属性,充分实现民办教育的社会属性和文化属性功能。

鉴于当前民办教育处于巨大震荡和全面调整转型中,面对2030,甚至2035,当代中国的民办教育需要重新审视自己的功能定位,重新认识自身的价值和制度设计,重新审视自身的可持续发展问题。在这个意义上,只有民办教育自身具有可持续发展,才可能有对持续性发展的直接贡献。

1. 民办教育的积极健康发展

2015年9月,联合国大会通过了《改变我们的世界:2030年可持续发展议程》。报告认为,教育是2030年可持续发展议程的核心。报告提出"确保包容和公平的优质教育,让全民终身享有学习机会"。"到2030年,确保所有男女童完成免费、公平和优质的中小学教育,并取得相关和有效的学习成果;确保所有男女童获得优质幼儿发展、看护和学前教育,为他们接受初级教育做好准备;确保所有男女平等获得负担得起的优质技术、职业和高等教育,包括大学教育;大幅增加掌握就业、体面工作和创业所需相关技能,包括技术性和专业性技能的青年和成年人数;消除教育中的性别差距,确保残疾人、土著居民和处境脆弱儿童等弱势群体平等获得各级教育和职业培训;确保所有青年和大部分成年男女具有识字和计算能力;确保所有进行学习的人都掌握可持续发展所需的知识和技能。"上述所有内容,如果仅仅依靠政府去解决,都会捉襟见肘,只有发展民办教育,才能整体解决可持续发展问题。

2. 民办教育的高质量发展

面向2030,首先就要跨过"十四五"建设高质量教育体系的"卡夫丁峡谷"。这一整体上高质量教育体系建设过程,不能没有民办教育的贡献,也只有民办教育的可持续发展,才能有效促进高质量教育体系的建设,可以预见,未来在建设高质量教育体系过程中,积极发挥民办教育的"补短板""扬优势""强效能""激活力"等多种功能,是民办教育高质量发展的应有内容。准确定位民办教育的功能,释放民办教育应有的能量,不越界、不阻抗,积极维护国家利益,促进社会稳定,呵护民生安康,是民办教育可持续发展的根本。

3. 民办教育的战略性转型升级

历经40年的民办教育发展,目前,基本形成了涵盖各个学段的民办教育体系,这一体系如何与公办教育体系相得益彰,由原来的竞争走向合作,由差异、分化走向包容、协调,由营利走向非营利,则是面向2030可持续发展目标所需要的战略调整。只有促进了公办教育的健康发展,民办教育才有可能健康发展,民办教育不是公办教育的竞争者,而是公办教育的合作者,只有合作,才能共同发展,只有协作,才能真正可持续发展。因为没有公办教育的可持续发展就没有民办教育的可持续发展。走"共同的高质量发展"是民办教育可持续发展的应有之义。

4. 民办教育重新定位新功能

纵观面向2030的可持续发展目标,包容、开放、效能是基本的发展理念。各级各类教育中的弱势群体如果得不到发展,将会影响整体上的教育发展大局,教育强国不仅仅表现在世界一流大学、PISA测试的第一,更重要的是表现在让每一个人能够体面地活在这个美丽的国度里,能够幸福地追求自己的生活,克服代际传递,走出中等收入陷阱,而这些都表明均衡、优质是根本的发展目标,如何发挥民办教育在促进优质均衡的体制机制功能和作用,是新时代对民办教育提出的新功能,面向2030的新功能如何定位,则是可持续发展的应有内容。

5. 民办教育的公平与效率

追求效率、公平发展是各国发展民办教育的共同要求,促进办学效率的提高,促进教育公平的实现以及保证教育的持续发展成为市场经济国家民办教育政策的主要目标。引进市场机制,培育市场伦理,增加市场活力,发挥市场效率。继续发挥民办教育在提高效率方面的优势,通过大力发展民办教育促进办学效率的整体提高。市场经济条件下,有效保证权利平等、选择自由,通过政策手段包括资助、实行奖贷学金、建立教师社会保障制度等，促进民办教育的公益性目标，践行公平幸福的理念。民办教育和公办教育共同发展，取长补短是国家制定民办教育宏观政策调控的目标选择，保持一个持续稳定有序健康的民办教育发展环境，是现代国家民办教育发展政策成熟的重要标志。

### （三）战略选择与实施路径

民办教育是我国公办教育体系之外的重要补充，也是民众教育多样化需求及其自主选择的重要保障，其未来发展事关重大，需要慎重选择发展战略并明确其实施路径。

1. 战略选择：未来民办教育可持续发展的可能性

基于文献分析和调研，提出未来民办教育发展的可选择战略如下。

（1）"一带一路"背景下民办教育国际化发展可能性

服务于建设人类命运共同体的文化战略方针，民办教育应该积极发挥自身的体制机制灵活优势，拓展教育国际化的交流空间、产品输出空间、合作领域空间，发挥民办教育国际化的新功能和新价值，要将国际化作为民办教育的新生长点。

民办教育走过了"穷国办大教育"即供给不足后，在有效供给、优质供给的功能实现之后，需要在自主和自由的偏好下，适应全球化经济的发展趋势，拓展社会和市场的空间，积极从国内教育向国际教育的外向发展转变，充分发挥体制机制优势，由国内竞争向国际竞争的格局转变。

（2）职业教育大发展中民办职业教育发展的可能性

服务于国家教育结构的调整，特别是职业教育的短板，民办教育应该大力发展职业教育，积极拓展民办教育利用市场机制进行职业教育的人才培养效率、特色办学活力、资源使用效力等自身优势，为国家分担，为人民造福。

新修订的《中华人民共和国民办教育促进法》，确立了营利性和非营利性两种办学模式的分类管理政策，民办职业教育学校的办学性质也会因此而有所变化。职业教育大发展的背景是建立在塑造多元立体人才培养模式的需求之上，因此民办职业教育只要立足于国家法规，利用好民办体制机制优势，响应国家对职业人才的培养的号召，提升质量、办出特色，就可以找到一条适合自身发展的办学道路。民办高中需要因地制宜，找准办学需求的缺口，树立特色发展理念，面向市场办学，因为民办高中阶段学校虽然在追求升学率时代背景下大获成功，但是随着高等教育大众化，科研人才需求在就业市场接近饱和，国家对高水平职业技术人才需求缺口却越来越大,民办高中应当抓住这一时代机遇,实现高水平职业人才培养和高质量发展的双赢局面。

(3) 高中教育普及化中的民办教育发展可能性

在未来普及高中教育的过程中,民办教育应该积极聚焦高中教育,除了大力发展职业高中以及"3+2"高职的办学模式外,继续发挥自身在教育教学改革中的"试验田"的先锋作用,积极探索在民办领域中实践现代型、多元化、特色发展的综合高中,改变"高考型高中"的局面,为真正实现"不拘一格降人才"的"人人成才"的可持续发展新局面,寻找自身的位置。

(4) 多领域发展民办教育的可能性

在学前、义务、特殊、老年、成人教育中,积极发挥民办教育体制活、机制灵的普惠型、慈善性的民办教育机构作用。以弱者为关注对象的民办教育应该成为民办教育树立可持续发展的形象代表,无论是资本力量雄厚的教育集团,还是有一定发展实力的教育集团,都必须将各类教育中的弱者,有待发展的老年社会问题的老年教育等作为重点考虑对象,只有真正树立了民办教育的公益慈善形象,才能实现民办教育的可持续发展,"暴发户""土财主"形象不利于民办教育可持续发展。

2. 实施路径:未来民办教育发展的可行性

下面从理念和制度两个维度提出可行性战略路径。

(1) 理念路径:坚持教育公益性实现形式多样化

坚持教育公益性原则,深化探索教育公益性实现形式多样化。具体可涉及如下一些方面。

第一,强制式。加大国家公共教育供给,促进公益性民办教育的发展,坚持义务教育阶段民办教育公益性原则,国家通过强制力实现教育公益性。

第二,自愿式。大力倡导通过社会(社区)力量或民间力量,以自愿方式来实现教育公益性。通过非营利组织或学校法人办学形式来实现教育公益性。随着我国社会主义市场经济的深入发展,随着以市场为基础的公民社会发育的成熟,随着自发性自愿性的非营利性组织包括慈善团体、社会团体的大量出现,在这种发展的背景下,由这些组织举办的学校大多数是在自愿基础上实现教育公益性的,这些学校多以社区利益为目标,代表的是区域性的公益性,体现的是局部的地域性的公共性,这是实现教育公益性的一种重要形式。

第三,营利式。如果说前两种形式在手段上都是以非营利方式直接实现教育公益性的话,那么还有一种教育公益性实现的间接形式。这种形式是教育公益性实现的一种不可缺少的补充形式。这种形式多数是个人或营利组织以利润为导向举办教育活动,但追求合理回报的投资并不影响教育活动本身具有公益性特征,因此只要在一定限度内,这种教育公益性的实现形式仍然是一种必要补充,在我国这种特定的历史发展阶段,这种实现形式的价值不容低估。"分类管理"的明确为这种形式的发展提供了政策保证。

第四,混合式。也可以叫作公私伙伴关系。所谓公私伙伴关系,是指这样一种生产和提供公共服务的制度安排,即公共部门和私人实体通过共同施行权力,共同承担责任,联合投入资源,共同承担风险、共同分享利益的方式,生产和提供公共的产品和公共的服务。实际上,无论何种定义,公私伙伴关系的最重要特征都在于:公私组织通过合作追求共同的或者一致的目标;协作的基础在于相互的利益;强调风险和责任的共担。如果从公私和非营利组织的关系演变角度来看,从相互关系上讲,三部门之间的关系已经由原来的指挥—服从、配合—互补转化成合作、协议和伙伴等关系。这样所谓合作伙伴关系分为两个层面的问题,第一个层面是政府部门与营利部门的伙伴关系,第二个层面是政府与非营利组织的伙伴关系。前者包括私有化、委托管理等;后者则表现出合作的多元模式状态,包括合作关系模式、互补性关系模式、契约性关系模式以及补充性关系模式。

公私合作伙伴关系的国外实践形态包括基础教育和高等教育两个方面的实践研究。就基础教育领域的合作伙伴关系的提出而言,目的在于改变教育市场化改革浪潮中所呈现的"市场失灵"问题,其思维方式的变革就是不再在公私之间、政府与市场之间进行非此即彼的选择,而是更加理性地看到二者之间的合作伙伴关系建立后所产生的1+1大于2的效能。公私合作伙伴关系理论的提出意在对政府与市场或公私之间的从"两种不完善的选择"即比较劣势的选择走向"比较优势"的选择机制的转变。但究其根本来说,主要还是针对公办教育的效率低下、质量问题而进行的改革。但是,就伙伴关系理论的发生来看,一般是针对教育市场化和教育民营化的实践弊端而提出的理论模式,从基础教育来看,大致包括:学校基础设施公私合作;学校"领养";公校民营;辅助性专业服务协议供给;教育服务协议供给;非限制性教育券或仿教育券。从高等教育来看,大致包括:营利性的教育公司与公立大学的合作,独立学院,营利性大学,等等。

探讨采取非政府途径,解决现有教育问题;实行权力下放,使基层教育变革成为可能;法律框架之下,参与合作伙伴关系的政府部门和非政府部门要签订正式的合同；为了使改革的目的能够落到实处，政府关注私营部门的经营和管理效果，保护受教育者的利益；减少交易成本，由于在合作过程中存在着许多不确定性，所以需要合作双方彼此信任，积极探索风险分担、收益共享的合作机制；对于公私合作的风险和收益作出理性的预期；建立风险分担和利益共享机制；尝试用私营方式改进公共教育服务，实现效率和质量的提高；促进不同领域和部门教育机构的竞争；建立长期合作，减少交易成本。

《中华人民共和国行政许可法》关于"行业组织或者中介机构能够自律管理的，可以不设行政许可"的规定，顺应了公共教育权力转移后教育事业发展的需要，使中介组织进入教育领域为学校发展提供教育中介服务有了直接的法律依据和法律保障。

(2) 制度路径：强化法人治理的制度建设路径

法人治理是民办院校规范发展的保证。法人财产权是民办院校法人治理的核心。产权结构多元化要求实现的是"政府宏观管理、社会广泛参与、学校自主办学"的教育运行模式。其办学重心需落实在"学校"层面上，必须真正体现"以学校为本"的办学理念和机制。因此，学校作为一个独立法人组织，必须走"自我管理、自我生存、自我发展、自我约束"的道路。

在产权组合和结构多元化、利益主体多元的条件下，学校的持续发展必须以学校法人财产权的独立性与完整性为前提。我国《民促法》规定，学校一旦开办，在学校存续期间，全部财产归学校所有，任何权益主体，不管单位个人，还是国家，都无权侵占、转移、挪用和抽逃资金。这表明，在产权结构多元化的条件下，投资者的利益与学校的利益应该是两个独立的利益主体。为了使二者保持一致，需要进行不同产权界定。即将所有权与经营管理权（支配、收益）进行分离，以学校法人的组织形式作为中介。至于产权界定到什么层次和什么程度，要根据学校的规模、开办形式、学校所处地域特点和教育消费的整体水平而定，但核心是确立学校法人财产权。其政策含义已经不仅限于民办学校，于一些公办学校也适用。

学校法人财产权决定了其产权运作经营体系要有一套科学的组织结构即法人治理结构。如实行董事会领导下的校长负责制，监事会负责监督董事会的管理行为。对于大学或规模较大的学校来说，可以另设诸如学术委员会、家长委员会、教师工会等，综合发挥"老三会"和"新三会"[①]各自的功能。在此情况下，校长由原

---

[①] "新三会"指董事会、监事会、股东大会；"老三会"指工会、党委会、职工代表大会。

来的委任制和任命制改变为选任制和聘任制,所有董事会、监事会的成员(包括董事会机构)都应该通过选举产生。这样,选举人有权监督、行使投票权利,通过投票进行制约,被选举人对选举他的机关和组织负责,充分体现了选举制度的特点和优势。校长作为办学人才,进入人才市场,形成一个教育管理"白领"阶层,克服与突破原来只是行政人员接受上级任命,只对上级负责的行政体制的局限性。

法人内外治理制度设计是法人治理理论的重要内容。就法人治理的内涵来说,主要指学校作为独立的法人组织,依据相关的教育法律法规,自主决策、自主管理、自我发展的一种机制。因此,学校走向法人治理,需要理顺政府、学校、社会在学校发展过程中的责、权、利,明确学校的法律主体地位,重点解决学校发展过程中的法人治理结构、权力制衡、自主办学等与学校法人主体地位相关的法律问题,在此基础上,实现学校自主发展、主动发展、多元发展,更好地满足人们对优质教育的多元需求,更好地为人民服务。[①]

就微观办学主体的活力与治理的关系来说,如果学校只有活力,却没有合理的内部治理结构,很难达到"活而不乱"的改革目的。就学校与政府关系的角度来说,就在于摆脱传统学校的依附地位,通过独立自主摆脱从属、依附和寄生的状态,才是释放主体的办学活力的根本性前提。就学校与社区来说,则需要借助于社会中介的专业服务,使得学校真正在专业层面得到横向服务与自我监督和评价;而就学校内部来说,则需要建立合理的制约和发展机制,使得学校自身在治理、管理、决策等方面进行有效合理的制度设计。对于学校而言,活力与治理是有机统一的,就改革的逻辑而言,可以说是"先有活力,后有治理,有了治理,活力无限"。

第一,法人独立是学校办学活力的制度基础。学校法人办学是学校办学活力得到激发的制度基础。一般来说,似乎制度是与活力相背离的。制度是起着规范作用的,而活力似乎是一种突破规范和制度的力量。但是,我们也看到,仅仅依靠人为因素而使得学校具有活力的领导体制,表现为一个好校长就是一个好学校的认识中,却存在着严重的问题。我们看到,很多学校,在领导换届的时候,都表现出一番动荡的局面,新官上任三把火,或者另起炉灶,而叠罗汉的领导是少之又少。并非领导问题,而是制度设计问题。因此,活力不是一时的事情,改革也非暂时的、随意的,需要在一定的规范基础上的活力激发。只有明确而又稳定的制度

---

① 杨琼:《治理与制衡:学校法人论》,北京:教育科学出版社,2011年版,第3页。

基础,才能保证学校活力,特别是教育改革和创新活力的可持续性地发展。这些都与制度设计相关。而确立学校法人的独立地位,则是学校可持续发展的前提。因为如果学校法人不独立,就意味着作为学校的办学者的权利不明晰、责任模糊,权、责、利不匹配等问题,没有一个完整的权、责、利结构的学校办学是很难长久的,学校办学会因为各种因素而导致无法积累,无论是原有的文化积累,还是改革的成果积累。因此,尽管学校法人本身还有待继续探讨和深入研究,但为了保持学校的办学活力必须实现学校法人的独立,确立学校法人制度是学校活力的基本保证,否则,学校活力只是一时之计,难以长久。

第二,有效治理是学校健康发展的制度保证。学校法人独立需要配套性的治理结构的设计。而学校治理结构应该是什么样的,则需要根据学校的具体办学情况而定。但不管怎样,学校健康发展的制度保证需要有明确的治理结构。这就需要对学校的基本管理体制、组织设计等形成比较合理的治理结构。有效治理的概念,意在突出学校必须根据自己的资源、权力、环境、基础等各个方面的因素,选择最符合自己的学校治理。制度立校、章程办学是学校的关键。很多学校的理事会、议事会、董事会或校务委员会等机构形同虚设,都是因为在学校治理制度的设计上出了问题,没有根据学校的特点和需要,没有根据学校权力格局和资源基础来设计有效的治理制度。很多学校董事长与校长之间的讨价还价,很多公办学校中的校长威信的失落,产生激烈的冲突,都在于缺少基本的制度保障,而治理结构的有效性,则是学校健康发展的根本保障。

第三,民主参与是学校治理有效性的机制保证。民主参与机制是学校治理有效性的基本条件。大量的学校管理中,尤其是在学校治理过程中或法人制度运行过程中,由于缺乏民主决策参与机制、审议机制的确立,使得权力得到膨胀,而缺少权力监督和制约机制的组织,不管在政府、社会还是学校层面,都一样会导致组织效率低下。不是只有政府权力才需要制约,实际上,各种权力都需要制约,而制约的最好方式就是建立民主参与机制。让更多的人参与决策,是民办办学、开放办学、独立办学的条件。否则,独立是一句空话。在我国放权改革中,经常出现一放就乱,一收就死的局面,其根本原因在于权力制约体系的缺乏。没有权力制约机制的办学,不管什么层面都会出现问题,都会引发权力冲突、矛盾、内耗、懈怠等低效率问题,而民主参与机制的背后则需要提高校长乃至各类领导人的制度运作的能力。对于学校而言,决策层面、班级层面、活动层面等的民主参与办学机制是保证学校民主办学的根本保证,而与之相配套的协商、对话、交流和合作机制的建立都有赖于民主参与机制的建立。

(3) 新时期民办教育治理的政策完善路径

处理好中央政策与地方政策的关系问题。"统一政策、地方决策"是我国教育政策改革的目标即中央逐步过渡到依靠立法、监督、财政等间接手段实施宏观管理,地方拥有的权限在法律逐步完善的过程中逐步增大,对于民办学校的管理主要集中于地方政府。由于我国各地区域之间差别甚大,民办教育发展的基础各异,因此,根据不同情况当有不同的决策,各地应当充分发挥政策的灵活性、创新性,做到既统一政策,又发挥地方积极性,走适合自己区域特色的民办教育发展之路。其根本目标应当体现国家宏观调控,集权分权平衡,各级政府权限能力统一。在利益分配中,中央政府的民办教育政策要从全国的整体和长远利益出发,考虑向不同地区实行倾斜政策,充分利用好政策来调整各地方的利益关系,从而逐步消除地区之间依然存在的严重的利益不合理现象,政策上的"一刀切"做法不合时宜。

处理好政策的灵活性和稳定性的关系问题。现代公共政策原理已经告诉我们,完善而有效的公共政策,必须保持政策的连续性、稳定性和动态性、可变性的统一。为此,在民办教育政策的设计、制定和调整方面,需要把一般政策和特殊政策有机结合起来,从而既保持政策的规范性、连续性和稳定性,又保持灵活性、针对性与必要的政策活力,面向未来如何处理好这一对关系,一方面要通过办学体制、管理体制以及相关的法律法规建设,建立符合中国国情,具有相对稳定性的民办教育政策;另一方面,要适应新时期,在体制、制度、结构和市场变化等诸多不确定因素的情况下,建立灵活有效的政策制定机制。

处理好政策决策的科学化、民主化和公开化问题。民办教育政策需要合法化,其合法化的前提就是政策本身必须是科学的,经过严格论证的,而为了保证这种科学性,就必须坚持决策的民主化和公开化原则,杜绝"暗箱"操作。所谓民办教育政策的科学化,就是指依据市场经济的一般理论,按照教育规律和经济规律办事,立足于中国具体国情,改变计划体制的传统观念、思维方式。所谓决策的民主化,就是政策目标确定之后,在具体政策制定过程中充分发扬民主、广泛听取来自各方面的意见;在实际决策过程中,要有反复研讨、可行性论证、力避主观片面性和长官意志,提高参与度。所谓决策的公开化,即决策过程要向公众公开,求得公众的认同,通过传播媒介加以大力宣传,以增强政策的透明度,使得政策获得合法性。

(4) 分段定位路径:各级各类民办教育发展定位

学前教育:以政府主要办好骨干园和示范园,在教学业务上给其他类型的幼儿园提供示范性,鼓励社会各种力量积极发展幼儿教育。大力推进普惠型民办幼儿园建设,基于标准,合乎规定,优质服务,规模测定应该以60%为基本设定,真正弥补公办学前教育的不足,包括总量不足和质量不足。针对学前教育的不平衡不充分的问题,大力发挥民办学前教育在增加供给、优质服务方面的体制机制优势,有效促进民办学前教育的健康发展。

高等教育:以政府办学为主,走结构合理、适度发展的道路,目前应大力发展民办高等职业教育,以短学制、多类型为主要取向。加强民办高等教育国际化发展,大力促进民办高等教育在师资、学生、课程等方面的交流互动,在高等职业教育和高等成人教育方面,民办学校应是"重要的方面军"。

义务教育:坚持政府办学为主,鼓励民办学校和公办学校办学体制多种形式的改革实验作为补充;坚持公益性,民办义务教育开放包容发展助力国家公共教育服务有效提供,尤其是在营造教育共识,回归健康育人中,发挥民办教育创新实践的功能。

高中阶段:主要是政府办学,但高中阶段增加规模,主要通过发展民办高中来实现;注重高中阶段的特色性发展,民办高中教育多元发展助力国家普及高中教育合理发展,加强综合高中的探索,走出民办高中的特色化、综合化的发展道路。

民办特教、职教专业发展要有所贡献,在民办民族教育、民办西部教育、民办农村教育方面,注重融合协调发展助力国家教育和谐发展。

(5) 功能定位:综合理解民办教育的"补充地位"

补缺于公共教育服务不足的地方或学段。在各个教育阶段提供优质、特色化的民办教育。在民办特教、职教专业发展助力国家全纳教育,在民办民族教育、民办西部教育、民办农村教育方面,注重融合协调发展助力国家教育和谐发展。

鼓励竞争带来教育质量的多元化。改善单一的教育质量标准,按照一般市场规则,只有竞争才能带来质量的提升。我们追求的是异质教育性竞争带来的学生个性、特色的发展,高质量的民办教育可以促进国内整个教育环境的改善。

以市场能量激发教育体制机制活力。我国民办教育在管理创新、制度创新、融资创新、多种办学体制创新、课程创新、组织管理模式创新等方面,都显示了作为一种市场所能带来的创新实践能量。民办教育所释放出来的体制创新活力,体现在提供多种教育标准，满足多元需求，提供多元服务，提高教育资源配置效率。

在学制改革等前沿阵地发挥试验田作用。曾经的一些具有地方特色的民办教育改革试验虽然早已失败，成为过去，但是如上海的"转制"办学和中外合作办学、广东省的储备金办学、浙江省的股份制办学及大量的个体办学、二级学院、宁波万里的集团办学等都曾经具有探索和实验的价值。当前，民办教育可以在学制改革、国际化教育改革等方面寻找方向。

推动中介机构走向公共治理。《中华人民共和国行政许可法》关于"中介机构规范的自律性管理能够予以规范的，不得设定行政许可"的规定，顺应了公共教育权力转移后教育事业发展的需要，使中介组织进入教育领域为学校发展提供教育中介服务有了直接的法律依据和法律保障。

有效推动中介化的专业治理。应该将教师进修学院、各类教研室和培训职能机构等全部中介化，政府通过委托、公开招标方式，刺激中介组织的专业化服务和绩效考核机制的建立，比如笔者提出向学校甚至老师发放"培训券"，让所有老师根据自己的需要进行培训课程和机构的选择，避免因戴帽下发式培训的效益低下，把各种培训市场和机会向所有包括高校在内的机构开放，给教师以培训选择权，激活培训市场，培育中介培训机构，提高专业培训效益。

# 第四编　政策与技术保障

# 第九章 2030年我国教育发展战略决策与实施的制度保障

一项政策的出台与落实需要有相应的制度政策保证与支撑。为贯彻落实《国家中长期教育改革和发展规划纲要（2010—2020年）》文件精神以及响应《中国教育现代化2035》的加快教育现代化的具体要求，我国各省市出台一系列的相关政策与制度以全面推进与落实教育现代化，其中包括各省市地区的推进教育现代化的具体方案以及构建教育现代化指标体系等相关制度，对全国范围内教育现代化起到了积极的推进作用。推进与加快我国教育现代化的建设不仅需要正确的方向、清晰的目标和可行而有效的战略举措，还须从各级各类教育的实际出发，为其战略决策和具体实施提供制度保障，并开发与区域及各级各类教育发展相适应的政策工具。

## 一、不同地区教育现代化发展监测评估制度建设

我国幅员辽阔、人口众多，教育现代化的推进有赖于各省市地区政府从各自实际情况出发来执行或实施，下面通过地方案例来展开阐述。

### （一）"以评促建"的发展导向：江苏省教育现代化监测评估制度改革

为深入贯彻党的十八大和市委六届三次全会精神，全面落实省、市中长期教育改革发展规划纲要，江苏省政府办公室印发了《省政府办公厅关于推进教育现代化建设的实施意见》文件，该文件进一步明确了到2020年的总体目标，规划了阶段性发展目标，提出了十大重点任务，江苏省教育现代化要围绕这十大重点任务展开，文件最后明确并规定了有关部门的职责范围，要求每个部门都能够明确职责范围，并行动起来。同时也为教育现代化建设的实施提供了组织保障，提出要加强监测评估，市、县（区）教育和统计部门要密切配合，根据省教育现代化建设年度监测报告，动态掌握各地、各校教育现代化建设进程。进一步强化监测分析，及时研究监测中发现的问题，以教育现代化建设监测促进教育改革发展。根据教

育现代化建设实际,适时分批组织现场考察评估,对达到省定教育现代化指标体系的地区进行认定表彰。从多方面规定了推进教育现代化组织保证的内容,为教育现代化的顺利推进提供重要的组织与制度上的保障。[1]

江苏省自 2013 年起在全省范围内开展了教育现代化建设监测,那么,历时三年的教育现代化实践其效果如何,能否准确地对其进行监测与评估,2016 年江苏省政府办公厅印发了《江苏省教育现代化建设监测评估实施办法》,为扎实做好今后一段时期的教育现代化建设监测评估工作,特印发此文件以作权威式参考。文件指出江苏省教育现代化评估,要严格按照省政府办公厅修订的《江苏教育现代化监测指标》实施,监测指标由 8 个一级指标,即教育普及度、教育公平度、教育质量度、教育开放度、教育保障度、教育统筹度、教育贡献度、教育满意度,16 个二级指标和 49 个检测点组成,目标值为 100 分。提出江苏省教育现代化建设监测实施三级监测制度,监测对象范围为省、市和县(市、区)三个层面,采用综合加权评分办法,即通过对监测要点设置权重,计算综合得分,监测全省和区域教育现代化建设进程及状况。[2] 同时,同《省政府办公厅关于推进教育现代化建设的实施意见》一样,在文件的最后,也对不同部门的人员做了明确的职责分工,提出了四条保障措施:建立健全工作机制,切实加强业务培训,实行省级部门和市、县(市、区)负责核定监测数据的工作责任制,执行统一的填报制度。[3] 由此可见,助推一项政策的推进与落实,权责明晰以及提供相应的组织与保障机制必不可少。

袁益民对江苏省 2016 年颁布的江苏省教育现代化监测指标所带来的效益表达了认可,该指标体系突出了一些值得关注的重点工作领域,对现代化监测起了一定的导向作用。但面对教育现代化 2035 新目标和高质量发展走在前列的新要求,江苏需要进一步加深对于教育现代化建设以及其作为一项系统质量管理工作的规律性认识,对评估监测指标进行与时俱进的修订。同时也指出了当前江苏省教育现代化评估体系的可修订空间与方向,即实际反映教育质量、公平和效益的指标偏少;反映改革及教育现代性实现程度的指标偏少;反映现代人培养核心问题的规律性指标偏少;反映近年来特别强调的治理体系和治理能力现代化的指标

---

[1] 江苏省人民政府:《省政府办公厅关于推进教育现代化建设的实施意见》,http://www.jiangsu.gov.cn/art/2013/5/30/art_46144_2545142.html(阅读时间:2022 年 3 月 13 日)。
[2] 江苏省人民政府:《江苏省政府办公厅关于印发江苏教育现代化监测指标的通知》,http://www.jiangsu.gov.cn/art/2016/8/24/art_46577_2555948.html?sifsdo=sowyu2。(阅读时间:2022 年 1 月)。
[3] 江苏省人民政府:《江苏省政府办公厅关于印发江苏教育现代化监测指标的通知》,http://www.jiangsu.gov.cn/art/2016/8/24/art_46577_2555948.html?sifsdo=sowyu(阅读时间:2022 年 3 月 13 日)。

偏少。① 而结合当前江苏省教育现代化的发展状况，实现从以"器物化"为标志的初步现代化到以"制度现代化"与"人的现代化"为标志的内涵发展阶段是重要趋势。江苏省经济较为发达，教育现代化建设起步较早，2010年教育部将其列为国家教育现代化实验区。2013年江苏省出台《省政府办公厅关于推进教育现代化建设的实施意见》，将苏南列为教育现代化建设示范区，力图将其建设成为教育现代化示范区与样板区。对于处于内涵式发展阶段的苏南教育现代化而言，当下的核心任务是以"治理现代化"为抓手，促进"制度现代化"，为"人的现代化"的最终实现奠定制度基础。②

### （二）指标优化与督导创新：成都市教育现代化监测评估制度建设

2011年7月20日，成都市教育现代化监测指标体系研制论证会议在北京召开。2012年1月5日，成都市教育现代化监测指标体系在北京通过了专家组会议评审鉴定。两次会议，来自教育部、中国教育科学研究院和中国教育学会的专家，一致建议采取年度动态监测与阶段性评估相结合的方式推进成都市教育现代化。在经历了两年教育现代化监测评价后，不少区(市)县教育现代化水平明显提高，在此基础上开展阶段性评估时机已成熟，成都市推出《成都市教育现代化评估指标(定性部分)与评分标准及研制说明》，该文件既详细阐释了成都市教育现代化评估指标体系，同时也解释了围绕这几个评价指标进行评估的方法与过程。成都市教育现代化评估指标包括教育现代化保障制度或者机制、教育政策和治理的现代化、现代学校制度建设、现代课堂教学、现代公民基础文明素养5个一级指标，且细分为15个二级指标，评价对象为区(市)县学校。该文件明确了成都市教育现代化评价指标体系以及每个指标的评分标准，为更精准、更客观以及科学的教育现代化评估提供有力的参考与保障。③

为了让推进教育现代化的政策能落地、现代化目标能实现、指标能达成，2011年成都市教育局局长吕信伟提出了教育工作"三个转变"的要求：模糊向数据转

---

① 袁益民:《教育现代化:面向2035再出发——关于江苏教育现代化评估监测指标修订的建议》,《大学(研究版)》,2019年第9期,第15—21+14页。
② 李学良、冉华、王晴:《区域教育现代化监测评价指标体系的构建与实施研究——以苏南地区为例》,《教育发展研究》,2020年第2期,第27—33页。
③ 《成都市教育现代化评估指标(定性部分)与评分标准及研制说明》,https://www.doc88.com/p-3098249019711.html(阅读时间:2022年3月13日)。

变,定性向定量转变,经验向实证转变。由此推动了成都市教育行政工作方式、教育研究方式和教育督导监测评价方式的深刻变革。相应地,在成都市教育政策规划和决策研究工作中,采取了"大数据+实证研究+国际国内比较"的方法,教育督导评价采取了定量监测与定性评价相结合的方法。例如,为了实现教育现代化的定量监测,在比较分析国际国内教育发展指标共性基础上,结合本地的实际情况,成都建立了教育现代化监测指标体系,共分为8个一级指标和33个二级指标,主要考察教育事业发展、教育经费投入、办学条件、教育信息化等方面的发展水平。该指标体系着重检测硬件设施,对于教育治理软实力方面涉及较少。因此,成都市又补充了一个专门评价教育治理、学校治理和教学方式现代化水平、现代公民基础文明素养(学生)的定性评价方案。[1] 教育现代化监测评估的定性与定量的有效结合是成都市教育现代化评估制度建设中的一大亮点,也非常值得其他省市结合自身的教育现代化发展情况与目标选择性地制定相应方案。

成都市的教育现代化评估不仅采用定量与定性相结合的科学合理的方法,而且在推进教育现代化的进程中,不断创新政府教育督导工作机制,在全国首创义务教育均衡监测制度,并在全国率先建立了教育现代化定量监测体系、教育国际化定量监测体系、教育质量综合评价体系、教育规划纲要实施监测评估体系。[2] 这种双料结合的评估与监测方式能够自上而下地有力推进教育现代化,将监测结论以数据和表格的形式呈现,更具有直观性与针对性,为进一步落实与推进教育现代化提供根本着力点。

## 二、不同类型不同学段教育现代化发展监测评估制度建设

一个国家的教育总是纵横交织的,我国的教育体系也是按各级各类教育的结构存在,不同类型不同学段的学校,也都有自身现代化的推进及评价系统存在。

### (一) 重视优质均衡发展的义务教育现代化发展评估制度建设

教育现代化评估的背后隐藏的是对义务教育学校现代化的基本认识和理想

---

[1] 赖配根:《循证决策和精准督导:成都教育现代化的关键路径》,《人民教育》,2015年第16期,第38—41页。
[2] 赖配根:《循证决策和精准督导:成都教育现代化的关键路径》,《人民教育》,2015年第16期,第38—41页。

追求。结合国家教育改革和发展的趋势以及义务教育现代化的价值追求,我们在研制义务教育学校现代化监测指标时,遵循了以下基本理念。

1. 教育优质均衡发展:义务教育现代化评估制度建设的基本要素

《国家中长期教育改革和发展规划纲要(2010—2020年)》明确提出"到2020年,基本实现教育现代化",而"提供更加丰富的优质教育,教育质量整体提升"是教育现代化的重要体现。就义务教育而言,教育现代化意味着不仅要均衡发展,而且要达到"优质的均衡"。① 然而,推进义务教育的优质均衡发展一方面是在义务教育普及的基础上作进一步提升,另一方面也要比义务教育普及的过程更为复杂、任务更为艰巨。建基于义务教育优质均衡之上的优质发展主要包括三个层次,并且推进义务教育优质均衡应着力从这三个方面出发,即区域之间的均衡发展、学校之间的优质均衡发展以及群体之间的均衡发展。不同层面的推进策略与侧重点均不同。例如,从区域层面看,区域教育均衡程度是考量政府作为的重要标准,首先要清晰自身法定责任,并且进一步明确义务教育的教育投入比例以及对薄弱学校的扶持力度等。从学校发展的角度看,学校优质均衡的发展既要站在发展共性以及提升质量的基本前提条件之下,又要突出学校之间的差异性特征等,尤其要关注教育基础薄弱以及发展相对滞后的学校,并在校际之间搭建互动沟通与共通共享的重要桥梁,以实现优质教育资源的流动与共享等。例如,长沙市在推动义务教育优质均衡发展方面作了积极的尝试,立足优质教育资源共建共享,加快推进新建校、薄弱校的发展,深入探索三种集团化办学模式,有效拓展优质教育资源,一是对口帮扶、二是捆绑发展、三是委托管理等,以这种结对帮扶的方式促进优质教育资源的均衡。② 也有学者分析了义务教育优质均衡发展的本质与内涵,认为义务教育优质均衡发展包括四个方面的内容。第一,重视义务教育学校均衡优质发展,特别要重视加强学校的帮扶政策和措施的落实情况;二是保障进城务工人员随迁子女受教育权益,保障其受义务教育机会公平以及过程公平;三是加强与指导义务教育阶段学校重视实施"两纲"教育,增强德育工作针对性和实效性;四是引领培养学生创新实践能力,把社会资源引入学校和课堂,创建

---

① 郑若玲:《从基本均衡到优质均衡:教育现代化的时代要求》,《福建教育(小学版A版)》,2015年第11期,第21页。
② 卢鸿鸣:《教育现代化背景下义务教育均衡、创新、特色发展》,《基础教育参考》,2016年第6期,第7—10页。

"轻负担、高质量、有特色"的学校。① 义务教育优质均衡发展是教育现代化的重要内容,因此在义务教育现代化监测评估制度中,应将义务教育优质均衡纳入考评内容,具体监测点可以围绕义务教育的经费投入比以及缩小校际差距的扶持力度、相关制度保障以及学校的标准化建设、学生受教育的基本体验以及受教育公平等维度展开。

然而,优质均衡与教育公平有着千丝万缕的联系。有学者剖析了作为现代化内涵的教育现代性应具有理性认知、人本追求、根植大众、终身关怀四个方面的特征,从"同质平等观"出发保证教育起点机会均等和受教育机会过程中的机会均等,追求平等、差异和补偿的统一。教育公平是义务教育学校现代性增长的重要内容,也是义务教育现代化评价的重要衡量标准。不仅在制定义务教育阶段现代化评价制度中体现教育公平,也要在义务教育现代化督导评估过程中体现出"全纳"与"平等"的思想,在上述内容中我们也提到义务教育均衡不仅要关注薄弱学校,也要体现出教育公平,让每一个学生都受到良好的教育,以及重视随迁子女受教育的问题。在我国教育现代化进程中,在城市教育系统中弱势儿童群体主要包括三类,即进城务工人员的子女、家庭经济困难儿童以及残疾儿童。这三类是义务教育现代化进程中需要重视的主体与对象,不可忽略,但国内已有的保障制度更加关注随迁子女的受教育问题,而全纳教育最先提出的为残障儿童提供平等受教育的目的在我国却严重地被搁浅了。②

2. 突出学校创新与特色:义务教育现代化评估制度建设的重点

国内外已有学者对国内当前义务教育阶段现代化监测数据进行了比较分析,认为已有评估指标中六大指标成熟程度不一样,指标体系繁杂以及尚未合理处理教育现代化与教育公平、教育创新之间的关系,并提出了一定的改进建议,即为地方改革提供空间。我国作为一个幅员辽阔、地区发展程度参差不齐的国家,国家层面的要求应是最高目标与底线要求的结合,中间为地方改革预留充足空间。地方政府只有在完成国家的基线要求,同时离国家的宏伟目标存在一定差异时,才有改革的热情,才能够依据地方发展实情,因地制宜、力所能及地提出改革方略,促进当地发展。就已有的教育现代化监测指标体系设计而

---

① 杨国顺:《以义务教育均衡发展为重点　建立完善推进区域教育现代化综合督政的机制》,《上海教育》,2014年第10期,第22页。
② 张旭:《15个副省级城市教育现代化监测数据分析与反思》,《现代教育管理》,2016年第1期,第74—81页。

言,整体要求较多,地方特色重视不足,因此,在教育现代化监测指标构建中不可忽略对地方特色的挖掘。不仅如此,也要兼顾学校层面的发展特色,学校是教育现代化落实的主阵地,学校教育现代化也是教育现代化的重要内容,突出地方特色的同时,学校教育的多样化、特色发展以及满足不同受教育者多元、开放的可供选择的需求,这也是教育现代化的重要标志。有些省市展开了现代化学校建设,制定了相应的现代化学校评价标准,广东省科学研制了《广东省现代化学校标准》(以下简称《现代化学校标准》),《现代化学校标准》要能对广东省的学校现代化起到实效,促成广东省义务教育走创新之路、走向内涵式发展,从应试教育向素质教育转变,坚持以人为本,全面实施素质教育,促进学生快乐成长、全面发展;从同质发展向特色发展转变,满足不同学生个性发展需要。现代化学校既能出色地完成学校教育任务,又要在整体上具有独特、稳定、优质的个性风貌,为每个学生提供充分的发展机会与展示个性特长的舞台。①

  本研究认为,学校在现代化进程中力求多样化与特色发展,可以从学校现代化的本质与外延两个方面来解释。从学校现代化的本质而言,归根结底还是人的现代化,需要着眼于人的现代化,在培养现代人方面,可着眼于课程内容设置、社团活动的开展以及能力的提升等方面,更加地指向于人的内涵式发展。而从学校现代化的外延来讲,学校现代化的推进或者是说现代化学校的建设,不仅是学校某一方面的改变与革新,而且也是系统性整体联动性的改变。首先,充分激发中小学的办学活力,赋予学校更多的办学自主权以及生长空间;其次,变革学校管理方式,改变由上至下的单一线性式的管理方式,赋权于广大教师,让他们有更多的参与权,以激发教师的内生动力、唤醒学校办学活力;最后,学校管理者与教育行政部门领导都应充分关注每所学校的现代化进程,并且能够针对存在的问题,适时跟进与指导。

  3. 健全督导评估机制:义务教育现代化制度的根本保障

  义务教育均衡发展关乎教育公平,关乎教育质量,关乎千家万户家长和学生的切身利益,同时也是义务教育现代化的重要内容。"教育督导是国家对教育工

---

① 黄志红:《现代化学校:促进公平,追求卓越——广东省义务教育现代化学校建设的历史启示》,《广东教育(综合版)》,2014年第2期,第34—38页。

作实施有效管理的重要手段"①,是政府履行教育职责的重要环节和有力突破口,在促进义务教育均衡发展中发挥积极作用。② 在这一方面,天津市滨海新区在评估过程中,实行督政与督学联动,从不同层面不同内容认定区县政府责任落实情况以及学校责任落实情况,形成区县政府和学校双向促进以及互惠的良好局面;完善督导评估制度,实行专项督导检查、评估结果社会公告、向人大代表通报、认定实施义务教育学校现代化建设标准达标区县、月信息专报等项制度,透明、公正公开地进行现代化督导评估;将以评促建落到实处,在全市层面举办校长培训班,以明确意识、提高思想,同时也制定了相关的实施细则与手册供学习和参考;在评估人员的结构方面,也作了适当的调整,采取聘请退休兼职督学、在职兼职督学和在职干部相结合,形成老中青"传帮带"的良性机制等。③ 这些改革具有一定的参考性价值,从以上改革实践来看,其明确了督导评估主体间的职责范围,并以赋权赋能充分调动了各个主体的参与能动性以及积极性,规范了督导评估程序以及过程,为其他省市义务教育学校现代化督导评估提供了很好的学习和参照样板。引入第三方对义务教育学校现代化进行评估与监测是教育管办评分离改革的重要内容,同时是义务教育现代化推进进程以及质量提升的重要保障,因此,很有必要进一步完善与健全现代化督导评估机制。义务教育现代化监测评估制度的建设需要意识到现代化督导评估的重要性,并为提升督导评估效能尝试作出努力,制定相应的实施方案。现代化督导评估过程的公开透明、权责分明以及确保评估数据来源的客观与真实性等都是义务教育现代化监测评估努力的方向。

  与此同时,在义务教育学校现代化监测实施过程中,也要根据监测督导的实际情况不断地优化与调试评估手段与方式。义务教育学校现代化监测评估必须依据国家教育现代化建设的路线图、时间表开展工作,既要全面梳理国家的政策要求,又要广泛关注各地义务教育学校现代化建设中的优秀经验和做法,听取多方面的意见,为全面贯彻国家教育方针政策服务。同时,必须关注世界基础教育

---

① [美]托马斯·J.瑟吉奥万尼、罗伯特·J.斯特兰特著,王明洲等译:《教育督导:重新界定》,南京:江苏教育出版社,2005年版,第289页。
② 张军凤、马蕴龄:《加强现代化建设督导评估 促进义务教育均衡发展》,《天津市教科院学报》,2010年第3期,第55—57页。
③ 张军凤、马蕴龄:《加强现代化建设督导评估 促进义务教育均衡发展》,《天津市教科院学报》,2010年第3期,第55—57页。

改革和发展的新趋势、新动向,及时借鉴发达国家基础教育现代化进程中的先进经验,全面落实国家教育政策,不断在实践中优化义务教育学校现代化监测实施。①

**(二) 关注均衡而多样化发展的高中教育现代化发展评估制度建设**

在探讨高中教育现代化发展评估制度建设时,首先需要理清高中教育当前处境以及现实基本情况,结合高中教育的发展实际与目标,制定与高中教育已有基础相适应与匹配的教育现代化评估制度;其次,需要进一步明确高中阶段与其他不同阶段的不同类型的教育的区别与联系,例如,基础教育是为学生的学习与发展打地基的,而高中教育则起到学生从基础教育到接受高等教育之间的连接与桥梁作用,并且这一阶段也是学生的"三观"以及性格形成的重要阶段,在教育现代化评估制度建设中应充分考虑到这一点,以促进学生更加全面的发展,成长为健全的和对社会有用的人;最后,对于高中教育现代化评估制度建设的探讨,不能"自说自话""故步自封",需要加大与外界的沟通与联系,将高中教育现代化评估的构建置于当前我国推进教育现代化的大背景与大环境中,不仅需要了解清楚我国当前推进教育现代化的重要举措,同时也需要明确我国各个省市为推进教育现代化进程提供了哪些支持与保障。在此基础上,探讨与构建我国高中教育现代化评估制度。

1. 强调均衡与适度发展:高中教育现代化发展评估制度建设的平衡点

我国各个省市地区开展了教育现代化实践,目前,苏南已经从乡镇教育现代化工程转入区县教育现代化工程,教育现代化已经走上了新的阶段。然而,我们应清晰地认识到区域教育现代化只是带动全面教育现代化的力量而不是自成一统的孤芳自赏,任何一个区域的落伍都会影响整体现代化链条的正常运转。高中教育现代化所要追求的目标价值应该首先体现在高中教育的普及化以及均衡化上,包括适龄学生应该有权利接受高中教育,无论是城市还是农村,无论是苏南还是苏北,所有学生都应在教育过程、教育资源、教育成功机会上获得公平与均衡的对待。② 在美国、日本等发达国家,高中教育不仅得到了广泛的普及,而且学区以及生源的划分十分合理,学校之间的办学条件也相当,教育相对均衡,并且校际之

---

① 教育监测评估中心:《义务教育学校现代化监测指标体系探索》,《教育科学论坛》,2018 年第 35 期,第 8—12 页。
② 史先进:《高中教育现代化:审视与反思》,《徐州教育学院学报》,2005 年第 1 期,第 119—121 页。

间的教师轮岗与交流已然成为常态,并且效果较好。

江苏省在学校现代化评估方面作了积极的尝试,推出以星级学校的评估来检验与验收江苏省学校现代化的建设情况。星级学校评估验收从层次上,即星级的由低到高体现出学校现代化的发展方向。从评估标准上,也体现出从标准化到现代化的价值要求,星级越高,说明学校内涵发展的要求就越高。但是将星级学校评估验收运用到江苏省教育现代化评估过程缺少一定的科学性以及合理性,星级学校评估标准需要作一定的修订,将星级最高标准定级为四级标准即可。因为从目前的标准来看,四级标准就已达到甚至是超过了发达国家学校的标准,而从一个地区来看,如果一些学校过多地将精力与资源投入到五星学校的建设中,会导致一些学校上不了三级学校,只能加剧学校之间的差异。因此,星级学校的创建以及评估过程中,我们坚持资源利用最大化的原则,确保各个学校的优质资源均衡以及基础性的硬软条件达成之后再作更进一步和更高的要求。这就意味着在高中教育现代化推进过程中,不能一味地注重数量的增长和学校规模的扩大,也需要衡量大规模的建设与扩张所带来的一系列的不均衡问题。尤其是在我国高中教育现代化的推进过程中,高中教育的普及化可以说是另一层意义上的教育资源均衡。十多年来,伴随我国"普九"任务的基本完成和高等教育的扩招,普通高中规模快速发展,普通高中大班容量的现象比较突出。在普通高中教育规模发展趋于饱和的情况下,从规模发展向质量发展已成为普通高中教育现代化发展的必然趋势。[①] 因此,对于高中教育现代化评估标准建设应更加全面化以及综合化,更加注重高中教育的内涵式发展,而不仅仅是关注外在形式上和数量上的变化。

2. 面向人人的多样化发展:高中教育现代化发展评估制度建设的价值追求

习近平新时代中国特色社会主义思想核心之一,是坚持以人民为中心的发展思想;《中国教育现代化2035》也提出"更加注重面向人人"理念,为此高中教育需要朝着以下三个方面进行具体实践,相应的高中教育现代化评估标准也要体现出"面向人人"的基本特征。有学者认为:首先,应研究与明确新时代高中学校的特点,当前高中学生的成长环境与条件始终处于国内外急剧变化之中,他们具有这一代青少年独特的价值观、视野与思维,因此高中教育需要有适于高中学生身体、

---

[①] 杜明峰、范国睿:《普通高中教育现代化发展指标的价值选择与建构思路》,《教育发展研究》,2015年第1期,第71—75页。

心理、心智发展水平与特点的教育与教学,并且要充分体现出不同高中生之间的个体差异性,让每个高中生都能出彩,实施个性化的教学;其次,超越升学导向,《中国教育现代化2035》提出了"更加注重面向人人"的教育现代化基本理念。这意味着,当代教育尤其是高中教育,必须放弃传统的精英教育思维,建立新的教育观。当前高中教育应转变观念,积极投入到解决这些问题当中,创建面向人人的学校教育模式,实现最大可能的因材施教,让每个学生都有出彩的机会,并且相应地也要为高中教育建立人人成才成人的教育保障。[①] 高中教育现代化评估标准制度的构建始终要围绕面向人人的核心概念以及以促进人的多样化和个性化发展为目标。尽管上述内容,没有明确指出提供多样化的教育元素,但是提及的个性化教育,让每个人都出彩的教育理念与多样化的教育有着本质上的联系。面向人人是高中教育多样化发展的基本前提,高中阶段的每个学生所体现出的人格特质以及性格习惯、潜能与优势等都是不一样的,提供个性化的教育无疑是针对每个学生的发展特长与要点展开。然而这种个性化的教育无疑是多样化的,如何评价这种多样化的教育,则需要在教育现代化评价指标方面显示。

《中国教育现代化2035》文件中也明确指出"全面普及高中阶段教育",其重点在于"全面普及",其目的是保障我国城乡新增劳动力得以普遍接受高中阶段的教育。高中阶段还存在普职分流问题,要推进普及高中与中等职业教育协调发展,有效满足学生个性化、多样化的发展需求,同时,还要致力于增强学生自主发展的能力。[②] 因此,教育现代化评估指标的构建需要包含体现多样化以及综合评价的相关内容。

如果说义务教育更多地突出统一的基础性,那么普通高中则需要建立灵活、多样的教育形式,为每个人提供合适的教育,更加尊重差异性和个性发展,设置多样化的培养目标,鼓励学生根据自身兴趣和特长,灵活选择未来发展方向;应设置多样化的课程,加强学生社团建设和社会实践活动,让学生有机会选择有兴趣而又擅长的课程与活动,提高综合素质;应改变普通高中学生评价体系"过于整齐划一,评价形式单一,评价内容和评价标准不完善"的现状,探索基于学生个性特征

---

① 朱益明:《论新时代高中学校改革与发展的导向和任务》,《北京教育(普教版)》,2019年第11期,第11—15页。
② 杨小微:《迈向2035:中国教育现代化的目标定位》,《华中师范大学学报(人文社会科学版)》,2019年第5期,第38—44页。

的多元化评价体系。① 鉴于以上内容,当前高中教育现代化评估标准应作出哪些修订与调整? 以《浙江省现代化学校评估细则(普通高中)》为例,该细则一方面满足了面向人人的特征,如立德树人二级指标下,提出德育为先,德育体系完整,立德树人融入学校教育教学工作各个环节,体现全员、全过程、全方位的育人思想;多育并举,加强学生核心素养培养,德智体美劳教育贯穿学生学习过程以及校园文化和社会实践活动丰富多彩;另一方面,在促进学生多样化发展评价方面略显不足。当前浙江省的高中教育现代化评估指标体系中评价维度方面略显单薄和简单,在内容占比方面仅有一个学生评价的观测点,内容相对较少,而对高中学校现代化的评价应该是全方位的、整体性的评价,既包括对学校的整体性评价,也应包括教师专业发展方面的评价;在评价内容方面,仅仅是对学生进行了评价,没有突出对学校整体性的评价和对教师专业发展方面的评价,尽管其中也提及教师评价,但从其观测点以及观测指南来看,并未达到现代化评价的根本要求。教学是课程实施的基本途径,教学现代化的核心是适应学生发展的差异化的需求,既要进行个性化教学,尊重学生已有的知识与经验,关注学生学习意义建构的过程,又要在移动互联技术对学校教育的影响日益加剧的今天,恰当应用现代化教学手段与媒介进行个性化教学,顺应学生的学习兴趣等。② 因此,在高中教育现代化评估制度建设中应重点考察教师教学方面的能力,包括帮助学生进行意义性的过程建构以及合理使用教学媒介进行个性化教学等方面的能力。同时,也需要对学校进行评价,侧重于考察学校是否将"以学生发展为本"的理念放在突出位置,将学生的全面发展、个性发展、主动发展以及终身发展作为所有教育教学的基本理念,并且为学生的全面发展等进一步完善制度保障与规范。因此,浙江省的高中教育现代化评估标准有必要进一步细化与丰富。

3. 完善相关支持保障指标:高中教育现代化发展评估制度的重要内容

2019年,国务院办公厅印发了《关于新时代推进普通高中育人方式改革的指导意见》(以下简称《意见》),这是全国教育大会召开、《中国教育现代化2035》颁布之后,专门对普通高中教育改革发展作出的重大部署,充分体现出国家对普通高中教育的高度重视,是新时代普通高中教育加快迈向现代化的动员令、规划图、任

---

① 杜明峰、范国睿:《普通高中教育现代化发展指标的价值选择与建构思路》,《教育发展研究》,2015年第1期,第71—75页。
② 杜明峰、范国睿:《普通高中教育现代化发展指标的价值选择与建构思路》,《教育发展研究》,2015年第1期,第71—75页。

务书,必将产生重大而深远的影响。① 《意见》不仅在教育教学方面有明确要求,而且对如何保障改革顺利进行,解决普通高中学校发展中面临的困难,也一并给出了"药方",体现了改革要求的统一性。② 在许多学者推进高中教育现代化理论研究以及学校推进高中教育现代化的具体实践中,为高中学校现代化进程提供经费以及资源保障、制度保障等成为了关键词。杜明峰等人在探讨普通高中现代化发展指标与实现机制的研究中指出:"我国普通高中已经开始进入从精英阶段到大众化阶段的过渡期,应该在办学过程中合理配置教育资源,保障大多数初中毕业生都能接受高中教育,保障所有学生尤其是困难学生和特殊学生的教育权利和教育机会。③ 而在晋江市全力推进教育现代化、建设普通高中教育强市的进程中,提出保障教育投入,改善普通高中办学条件,首先确保高中发展经费,健全完善高中生均公用经费保障机制,学校取暖费用按照实际支出列入财政预算。设立高中教育专项发展基金,每年度根据高中学校实际情况,分别设立100万至200万元不等的专项基金,用于师生素质提高、办学品质提升、学校特色发展、教育教学奖励等,纳入市县两级财政预算。④ 由此说明,为高中教育现代化提供的经费保障也应是评价高中学校现代化的重要评估指标。对照目前已有的浙江省普通高中学校现代化评估细则,其尚未出现与经费保障相关的评价指标,这需要适当地增加经费保障相关的评价指标。

而在高中学校现代化进程中,充分合理利用资源是高中教育现代化的另一个重要保障。北京市十一学校校长李希贵曾提出:在公共资源配置上优先满足教育和人力资源开发需要;特别是根据普通高中进入"内涵发展"新阶段的新要求,应按照现代治理的要求,进一步下放学校办学自主权,在党的领导下,政府宏观管理、学校依法办学、社会广泛参与、各方共同推进,全面开创普通高中育人方式变革的新局面。⑤ 而在这种学校治理背景之下,高中学校开放办学、社会各界广泛参与学校办学,高中学校应充分利用校外教育资源,包括高等学校和科研院所,科技馆、图书馆、博物馆等校外教育场所,电视、电台、报刊、网络等舆论宣传机关,企事

---

① 李希贵:《迈向普通高中教育现代化的新起点》,《人民教育》,2019年第Z2期,第18—19页。
② 李希贵:《迈向普通高中教育现代化的新起点》,《人民教育》,2019年第Z2期,第18—19页。
③ 杜明峰、范国睿:《普通高中现代化发展指标与实现机制研究》,《教育政策观察》,2015年第1期,第155—197页。
④ 郭朋浩:《晋城市:全力推进教育现代化 建设普通高中教育强市》,《山西教育(管理)》,2021年第11期,第14—15页。
⑤ 李希贵:《迈向普通高中教育现代化的新起点》,《人民教育》,2019年第Z2期,第18—19页。

业单位和政府机关以及学生家长等相关资源。[1] 加强与社区的联系是高中教育现代化进程中的明智之举,鼓励社区参与学校管理;重视与教育中介组织的交流与合作,形成一种互惠共赢的双向互动的关系。进一步完善家校协同育人机制,充分利用与调动家长的资源,提升家长参与学校管理的积极性。那么,从这一维度讲,高中教育现代化评估制度侧重于考察学校与社会的紧密联系程度,高中学校开放程度,大学以及科研所、家长和社区参与学校管理程度等方面的内容。而在已有的评估细则中,浙江省普通高中学校现代化评估指标中亦有高中学校的开放融通,要求加强校际合作与交流,共同发展;充分利用高校院所资源,优化育人模式;在课程建设维度下,提出构建学校、家庭、社会多方参与和协同配合的指导机制。[2] 这些已有指标体现了多方利用资源的重要性,但是从其观测点来看,指标的内涵与要求还比较笼统。例如,三级指标中充分利用高校院所资源,优化育人模式的观测指南为充分利用高校和科研院所资源,为师生发展提供课程支持,优化育人模式,具体的观测指南并没有进一步细化和指出需要观测的点与内容。可以尝试从决策参与度、行动参与度以及评价参与度等方面进行深入的评估。而为高中教育现代化提供多样的制度保障与规范也是不可或缺的重要部分,从目前已有指标看,有课程保障、评价体系、监测机制这三级指标,但是需要从价值引领、标准建设以及制度规范、氛围培育等方面提供一定的保障。标准建设应包括课程目标的确定、课程内容的选择、课程评价的标准等方面,制定与明确相应的标准为教师个体在教学工作提供行为规范与参考,在课程理念、课程目标以及课程建设、课程实施等方面都要体现出教育现代化进程。营造氛围可从健全激励与保障机制,调动广大教育工作者的积极性与创造性,加强新闻宣传与舆论引导,凝聚支持教育改革发展的强大动力等方面着力。

### (三) 多元多维立体化的高等教育现代化评估制度建设

高等教育现代化制度建设的探讨需要对高等教育现代化的内涵进行剖析,通过解读教育现代化相关文件对高等教育现代化的要求,对标已有政策文件,结合当前高等教育现代化发展的现实情况,发现高等教育现代化评估指标体系的问

---

[1] 朱益明:《普通高中学生发展指导研究》,上海:华东师范大学出版社,2013年版,第14页。
[2] 《浙江省教育厅浙江省人民政府教育督导委员会办公室关于开展浙江省现代化学校督导评估工作的通知》,http://jyt.zj.gov.cn/art/2020/4/14/art_1532973_42574733.html(阅读时间:2022年3月14日)。

题,为高等教育现代化的评估制度建设指明改进与设计方案。

1. 形成多主体评价模式:体现高等教育现代化的多元共治

高等教育评价的本质是实现多元主体间相互密切联系的过程。[①] 进入 21 世纪以来,我国高等教育发展进入从快速扩张向质量提升转变的新阶段,提升高等教育质量已逐渐成为国家意志。高等教育治理现代化,是一个涉及治理结构、权力分配、大学制度、治理能力等的全方位概念。而在高等教育治理现代化进程中,评价主体的多元化是其重要特征。在治理现代化背景下,高等教育质量评估主体越来越多元化,主要有政府、高校、社会和学生四大类。其中学生自我评估主要指学生对自我发展的自我监控。[②] 黄明东、陶夏认为当前我国高等教育评估模式,一是高校自为主体的第一方评估;二是以教育行政部门为主体的第二方评估;三是上述两种模式的内外结合。[③] 不同评估模式存在特定的问题,但从整体来看,我国高等教育评价模式存在的问题首先表现为管制主义思维盛行,传统的公共行政在理念上强调管制,即上级对下级的服从,严重束缚了其他评估主体作用的发挥,不利于高等教育公共利益的实现与维护。其次,是评估的价值取向出现了异化;再次,是逐渐形成了以政府为主导的高等教育评估主体,几乎排斥了社会和市场的介入,抑制了社会、高校等参与评估的积极性,评估权力全部集中于政府,高校与社会中介评估组织处于从属地位,使得我国高等教育评估在功能发挥方面受到局限等。鉴于此,在构建高等教育现代化评估制度过程中,要构建高等教育多元评价的相关指标,鼓励政府、社会以及机构、个体等多主体积极参与到高等教育现代化评估过程中,以此来破解管制主义的评估方式,消除政府在评估中的权威性以及独占性;同时也能够贯穿"善治"的评价理念,形成良好的评估氛围,发挥评估主体的作用;逐步实现评估主体间的平等与对话,形成多元化的高等教育现代化评估模式。

《教育部关于深入推进教育管办评分离促进政府职能转变的若干意见》中指出,"大力培育专业教育服务机构,整合教育质量监测评估机构,完善监测评估体系,定期发布监测评估报告。扩大行业协会、专业学会、基金会等各类社会组织参

---

[①] 王加华:《治理现代化理念下的高等教育多元主体评价机制研究》,《职业时空》,2015 年第 11 期,第 102—104+108 页。
[②] 赵伶俐:《高等教育质量监控主体效力比较——兼论大学生自我监控模式的建构》,《大学(学术版)》,2011 年第 7 期,第 57—65+56 页。
[③] 黄明东、陶夏:《高等教育评估模式构建中必须厘清的几个问题——基于教育治理现代化的视角》,《教师教育论坛》,2017 年第 9 期,第 33—38 页。

与教育评价"。① 在高等教育现代化评估过程中应适当扩大评价主体以让更多的主体参与高等教育现代化评价,力求评估主体的多元化。因此,在我国高等教育现代化评估制度建设中,应当添加多元评价维度,其具体的二级指标可从学校赋权、社会以及机构等评估主体的参与度等指标进行观测,以此来进一步检验与验收高等教育现代化的效果。

2. 注重内容质量监测指标:助推高等教育现代化高质量发展

孙义清认为高等教育现代化具备系列表征,这种表征既可以是静态的也可以是动态的,静态表征包括高等教育思想观念现代化、高等教育制度现代化、高等教育管理和教学队伍现代化、高等教育教学内容现代化等,其中高等教育教学内容现代化方面强调,在知识的产生和更新异常迅猛的当今时代,高等教育要站在各学科的前沿,及时吸纳最新研究成果,充实更新教学内容,及时反映现代化建设中物质生产和精神文化生产的进展和信息,使高等教育的教学内容与学科发展同步,与现代化建设进程同步。提出高等教育课程设置与社会需要适应程度是衡量高等教育与外部协调程度的标准。从根本上说它体现了一种大学的社会服务意识,即服务于社区提高经济地位的要求,服务于居民提高自身社会流动能力的要求,最终服务于国家提高经济实力和社会发展水平的要求。② 很多论者都提及构建高等教育现代化内容与质量监测指标的重要性。当前高等教育现代化进程主要存在着规模与质量发展的不均衡问题,在高等教育规模扩张的背景下,截至2018年,我国高等教育毛入学率48.1%,比上年高2.4个百分点。全国共有普通高校2663所,比上年增加32所。各种形式的高等教育在学人数总规模达到3833万人,极大地满足了人民群众"上大学"的强烈愿望,为各行各业培养了数以万计的高级专门人才,有力提升了中国人力资源开发水平。但与此同时,也带来了一系列的质量问题,从内部质量看,高等教育的社会需求适应度较低、培养目标达成度不高,一流人才培养不足,高级技能人才缺位,毕业生"用非所学"等"短板"依然存在;从外部质量看,质量保障有效度低,多主体共同治理、多形式监测评估制度还有待完善。而这些质量问题严重阻碍了高等教育现代化高质量发展,高等教育现代化必然是在以解决问题为出发点、立足于当下教育实践的基础之上进行内涵

---

① 《教育部关于深入推进教育管办评分离促进政府职能转变的若干意见》,http:www.moe.gov.cn/srcsite/A02/s7049/201505/t20150506-189460.html。
② 孙义清:《论高等教育现代化的表征与发展趋势》,《淮阴师范学院学报(哲学社会科学版)》,2005年第6期,第828—833页。

式发展。因此,在高等教育现代化发展的内容质量监测指标方面,有许多学者提出了具体指标构建的建议,龙献忠、龚汪洋提出构建分类分层高等教育质量评估指标体系,高等教育质量评估指标体系可分为三类:一是以教育质量为核心,直接衡量和描述教育质量的指标;二是以监测促进教育质量持续改进和提升措施实施情况的过程监督和结果评价指标;三是保障教育质量评估工作本身操作规范、严谨的元评估指标,多元评价主体则可以依据不同的评估目标和侧重点,选取相应的指标并赋予权重。[①] 该质量评估指标体系,从关注于质量到质量过程监测指标,再到保障评估过程的公平性与规范性,对质量的监测评估的整个过程(从质量监测的启动到质量监测的行为规范与保障等)都给予了充分的关注,并且要求这种监测具有一定的灵活性,值得参考借鉴。

3. 完善过程监督与问责机制:完善高等教育现代化的评估督导

高等教育系统作为国家治理体系及治理能力现代化的子系统,作为其实施机构的大学同样需要通过改革治理结构以实现治理体系现代化和提升治理能力,尤其以推进世界一流大学建设和实现高等教育内涵发展的关键阶段为甚。大学内部治理体系是一流大学建设和大学内涵式发展的基础,对高等教育改革发展的得失成败具有决定性影响。因此,国内有学者对"我国高等学校内部治理的整体现状满意度"及"我国高等学校内部治理体系存在的问题及解决"进行现状调研与分析,对当前我国高等学校内部治理不满意的原因调查发现,其中认为"来自高等学校外部的干预较多"占 36.18%,"决策体系的权责不明确"占 34.03%,"组织及其权力构架不完善"占 25.10%。[②] 从整个占比以及分配来看,学校外部的干预较多,决策体系权责不明确仍是诸多人认为比较严重的问题。香港科技大学的董事会是最高决策机构及最高管治机构,负责全面掌控大学内部的权力结构设计,权责包括"对大学行政、大学成员、大学教务、顾问委员会及教务委员会章程、学院及学院院务及评议会的章程及其权力和职能、议事程序等做出规定,以及对学院院长的职位、大学学生及教职雇员的福利及纪律、颁授学位及其他学术名衔(包括荣誉学位及荣誉名衔)、从教务委员会成员中提名出任校董会成员、决定财务程序

---

① 龙献忠、龚汪洋:《治理现代化背景下高等教育质量评估体系建构》,《中国高教研究》,2016 年第 5 期,第 53—57 页。
② 眭依凡:《转向大学内部治理体系创新:高等教育治理体系现代化的紧要议程》,《教育研究》,2020 年第 12 期,第 67—85 页。

等"。① 香港科技大学设立了相应的决策机构,明确规定了相关主体、部门与组织的权力范围,并且也明晰了与职权相匹配的责任,提供了一个较为完善的治理架构。

明确职责范围的重要前提在于各级部门的简政放权。教育治理现代化关键在公共教育权力在不同部门、不同主体之间的"确权""分权""放权"和"让权",形成公共教育权力制衡机制,要求治理体系体现民主性、多元性和代表性精神。高校内部的治理主体以及外部的评估主体被赋予一定的权力之后有机会和条件参与高等教育的评估过程,发挥评估主体的重要作用。同样,构建完善的民主制度体系能够有效明确各部门和各权力主体之间的权责分工,优化相关的监督问责和评估反馈机制,规范和约束各权力主体的治理行为,减少行政权力泛化和行政亵渎等情况,弱化对原有制度的路径依赖,提高高等教育体系的实效性。② 鉴于以上内容,我国高等教育现代化评估制度建设应适当地充实过程监督以及与问责相关的评估指标,其相应的二级指标和观测点包括赋权、章程制定、职责明晰、评估反馈以及制度规范、组织架构等方面。

4. 构建分层分类评估指标:高等教育现代化评估多样性的体现

我国高等教育的办学层次与类型具有多样性,而不同层次不同类型的高校的办学模式以及人才培养目标亦不同。为了更好地促进我国高等教育现代化的发展,需要兼顾与考虑我国高等教育的现实基本情况以及多元化的根本特征,酌情地适当地构建分层分类的评估指标,体现全纳性。例如,在西藏自治区高等教育现代化评估的工作实践中,充分考虑到西藏自治区高校的人才培养目标以及模式的不同,针对性地制定与实施高等教育现代化评估。首先,不同层次西藏自治区高校人才培养目标不同,如西藏大学和西藏民族大学以本科培养为主,兼有研究生教育,决定其培养人才目标偏重复合型人才;拉萨职业技术学院以专科为主,决定其人才培养目标偏重实践型人才。③ 这就意味着西藏自治区高等教育现代化指标体系中不同高校的人才培养标准、培养模式等指标的重点具有差异性,指标的权重也应作出适当调整。其次,考虑到西藏自治区不同高校社会服务重心有所差

---

① 眭依凡:《转向大学内部治理体系创新:高等教育治理体系现代化的紧要议程》,《教育研究》,2020年第12期,第67—85页。
② 袁利平、李君筱:《面向2035的中国高等教育现代化发展图景及其实现》,《大学教育科学》,2021年第3期,第13—22页。
③ 张传庆、杨小峻、刘凯:《西藏高等教育现代化指标体系权重研究——兼论西藏高等教育现代化程度标准》,《黑龙江民族丛刊》,2016年第5期,第184—191页。

异。西藏大学和西藏民族大学属综合性大学,侧重为西藏自治区经济社会发展提供系统智力支持和人力资本支持,西藏大学农牧学院侧重为西藏自治区农牧业发展提供社会服务,藏医学院侧重为西藏自治区医药人才培养和藏医药发展提供社会服务。不同高校可能因特色优势学科不同导致现代化指标各具特色,不同学校在设计西藏自治区高等教育现代化评价指标体系的时候,应结合自身特色学科和社会服务重心,适当调整现代化评价指标的权重,以适合不同高校现代化发展评估的需要,以保障西藏自治区高等教育现代化评估指标的科学性和合理性。[①]

### (四) 凸显类型特征的职业教育现代化发展评估制度建设

作为与社会经济发展关系最为紧密、最为直接的教育类型,职业教育的现代化是国家教育现代化的重要组成部分,因此,加快其现代化建设不仅是职业教育自身发展的需要,更是我国全面建设小康社会,满足社会经济发展需要的保障。[②] 近年来,职业教育现代化作为一个政策热词更是被反复提及。2019年1月国务院颁布的《国家职业教育改革实施方案》(以下简称《方案》)提出,"没有职业教育现代化就没有教育现代化","大幅度提升新时代职业教育现代化水平"是未来5—10年我们国家职业教育改革的根本目标。[③] 然而,要让职业教育现代化这一美好构想更加明晰,必须对其加以明确和细化。虽然,一些发达省份已经提出了教育现代化指标体系并定期开展监测,但不足以凸显职业教育现代化的独特内涵。对于是否要将高职教育现代化监测指标单独设置,有学者提出了自己的想法与建议,认为"单独设置高职教育现代化评价指标更有利于高职教育的现代化建设与内涵式发展,其现代化监测趋势应朝着个性化、具体化方向改进"。因为尽管当前许多省市构建了教育现代化评价指标体系,但其中的评价指标没有完全体现出职业教育的本质特征。[④] 以《江苏教育现代化建设高校监测评估细则》为例,其是普通本科教育和高职教育的通用细则,涉及的"提供多样化教育""人才培养模式""产学研结合水平""学校、社会教育资源的开放和利用"等监测点无法彰显高职教育的类型特征,在教育公平度、质量度、开放度、保障度、统筹度、贡献度、满意

---

① 张传庆、杨小峻、刘凯:《西藏高等教育现代化指标体系权重研究——兼论西藏高等教育现代化程度标准》,《黑龙江民族丛刊》,2016年第5期,第184—191页。
② 杨延:《职业教育现代化发展评价指标的研究》,《职教论坛》,2005年第16期,第14—16页。
③ 陈向阳:《省域职业教育现代化监测指标体系构建》,《职教发展研究》,2020年第1期,第15—22页。
④ 胡彩霞、檀祝平:《教育现代化视域下的高职教育评价:价值观照与类型赋能》,《职业技术教育》,2020年第1期,第19—23页。

度层面的各项指标监测点是对普通本科教育和高职教育的通用描述,显然难以符合高职教育发展的"类型"特征。[1] 高职教育现代化的评估应该更加关注高职教育现代化评价的具体指标构建,通过精简与细究每一个评价指标才能更好地体现出高职教育的价值特性。

1. 评价理念从外延到内涵:关注"质"而非"量"的变化

教育评价的理念决定着教育评价工作的方向,教育评价由外延走向内涵是顺应教育现代化程度提升的标志。[2] 当前这一时期,重视职业教育内涵式发展成为职业教育发展的主要方向,而内涵式发展就是将过去重视"量"的发展转向为重视"质"的发展。过去一个时期内,职业教育中的学校数量扩张、学生数量增多、硬件设施建设以及资金投入过度增长使职业教育的发展向着"规模"发展,但是,职业教育取得的成效甚微,造成了家长、学生和社会对职业教育的认可度不高、教师工作懈怠等现实情况。而职业教育内涵式发展与职业教育现代化问题不谋而合,都是重视教育实践活动产生的效应,内涵式发展重视"质"的变化,而职业教育现代化评价重视职业教育实践活动产生的效应,也是一种"质"的表现。

那么,聚焦于职业教育内涵式发展的教育现代化评价标准应如何构建、包含哪些具体评测指标等?有研究者认为,凡以教育发展规模与速度、设备与条件、工具与技术为指向的现代化努力,均可称为外延式教育现代化发展;凡不考虑投入增加而以要素及其结构优化和质量提升为主旨的发展,则可称为内涵式教育现代化。[3] 还有研究者将"质量"维度作为职业教育现代化的评测指标,"质量"既是许多教育指标体系中的重要维度,也是近几年职业教育中被屡屡提及的热词。这些对教育现代化进程中内涵式发展作出的不同界定对聚焦于内涵式发展的职业教育现代化评价标准的制定具有一定的启发意义。为了确保职业教育现代化评价指标的完整性以及侧重点明确,职业教育现代化评价指标体系的构建除了包含一些个别的教育投入与外在的硬性条件之外,更应该关注于职业教育现代化的内涵与目标。职业教育现代化的特征突出地体现在时代性和先进性。包括超前的办学理念、适合市场需求的主干专业、灵活的办学机制和各具特色的教育教学模式、

---

[1] 胡彩霞、檀祝平:《教育现代化视域下的高职教育评价:价值观照与类型赋能》,《职业技术教育》,2020年第1期,第19—23页。

[2] 胡彩霞、檀祝平:《教育现代化视域下的高职教育评价:价值观照与类型赋能》,《职业技术教育》,2020年第1期,第19—23页。

[3] 杨小微、冉华、李学良、高娅敏:《评价导引下中国教育现代化路径求索——基于苏南五市和重庆的教育现代化调研》,《教育研究与实验》,2016年第4期,第1—6页。

先进的教育技术和科学的管理模式、德育工作系统化,其中德育工作的系统化就是全员、全方位、全程、全面育人,这是职业教育现代化的重要条件和保障。而围绕这些要素与特征,以《浙江省现代化学校评估细则(中职学校)》为例,首先从中职学校现代化评估指标的基本框架来看,其与其他类型的学校现代化评估指标框架并无太大的差别,尚未凸显出职业教育的特性;其次,从其具体指标的设定来看,该评估指标对职业教育内涵式发展中的质的发展关注度不够,一级指标的设定不够关注学校的内涵式发展,自然而然其二级指标以及相应的观测点即使涉及质量的追求与目标,但也不够准确与贴切。例如,真正聚焦与指向学生的培养与教师方面的二级指标包括课程建设、教师评价、教学方式、身心发展与个性发展、专业成长等内容,但仅有这些是不够的,应有进一步的深化与拓展,如二级指标课程建设包括课程体系、课程资源以及课程实施三个三级指标,可适当增加课程内容、课程评价等方面的内容。课程内容着重关注与突出职业教育的实践与操作性,进一步明确课程内容的来源以及体系的构建等;课程评价对于课程的实施效果的评估非常重要,但是在具体指标中缺失,尽管其他三级指标以及观测点中涉及评价指标,但是与课程评价相关的较少。显然,已有的职业教育现代化评估标准可进一步精细化。

2. 评价描述从"单维"到"多维":彰显职业教育的价值特性

关于教育现代化的评价维度,有论者归纳出三种常用取向:归纳—描述取向(以数据测量为基础)、演绎—分析取向(强调概念演绎和思辨推理)、系统—整体取向(从分析框架进行的论述)。[①] 三种现代化评价维度取向各有利弊,应根据教育所属的不同阶段、不同性质以及对现代化建设的不同诉求、教育主体意志或价值取向、现代化发展背景下工具技术内外部保障条件等多种因素进行综合性的考量。因此,我国高职教育现代化指标监测应体现出从"单维"到"多维"的特征,并体现出职业教育的价值特性,评价指标的制定也需要结合与依据我国职业教育发展的实际来进行。那么,什么是职业教育的价值特性呢?许多论者认为当前职业教育评价体系中缺少职业属性,并没有将职业教育与普通教育作区分,职业教育的"职业"特性并不凸显。孙毅颖等人从"高等性"和"职业性"二维视角着手,认为构建职业教育质量评价指标要突出产学结合、工学交替、顶岗实习等内容。也有

---

① 冉华、张旭:《走向综合:确立教育现代化评价维度的取向研究》,《上海教育科研》,2015年第11期,第14—17页。

学者指出职业教育质量评价要注重"职业性"和"教育性",制定评价标准要充分考虑教学过程中的实践教学情况,学生的职业能力、职业资格和职业技能等内容,可通过外显的职业资格证书、就业率等反映职业性特征。由此看来,职业教育的价值与特性在于学生的职业知识、技能、能力的发展和学生的社会适应能力的培养等,只不过将这种价值评判用一种外显的形式表达出来。与此同时,职业教育现代化评价标准的构建也需要切实关注职业教育的实践性和发展性等特征。

以《江苏教育现代化建设高校监测评估细则》为例,其包括 7 个一级指标(教育公平度、教育质量度、教育开放度、教育保障度、教育统筹度、教育贡献度、教育满意度),相应的二级指标、监测点未做高职教育与普通本科教育的区分,仅在少数监测要点做了区分却依然略显"单一",如监测点"学业合格率"的监测要点描述为"高等职业院校毕业生双证书获取率",然而,近年来国家逐年取消职业资格证书,以"双证书获取率"来监测"学业合格率"显然不全面,"1+X"证书制度更受关注;监测点"职业院校相关专业的核心课程与国际通用职业资格证书对接比例"与其监测要点一模一样,没有区分度,且未对中职与高职作区分;监测点"师德与专业能力建设"的监测要点描述为"职业院校'双师型'教师比例","双师型"教师与师德与专业能力建设不一定成正相关,应根据师德与专业能力建设的内涵、要素以及建设过程进行综合描述,等等。[①] 以上指标的问题与不足一方面反映出当前高等职业教育现代化评价指标描述的单一性,不够综合;另一方面,也反映出江苏省的高等职业教育现代化评价标准在指标设计与筛选的过程中尚未充分考虑到职业教育的本质属性与价值特征,并没有将职业教育与普通教育分开来进行评价与描述,没有进一步明确两者的区别与联系。事实上,职业教育与普通教育在培养目标设定与侧重点方面存在一定的区别。因此,本研究认为,我国职业教育现代化评价标准的设定应在充分了解职业教育的发展目标与本质特性的基础上,再对职业教育与普通教育作明显的区分,彰显职业教育特征,这样才能符合职业教育现代化的追求和标准,起到以评促建、直击职业教育现代化中问题的作用。

3. 评价关系从"单一"到"共建":汇聚多方治理主体的智慧

在当前教育治理现代化大背景下,职业教育现代化评价标准也需要顺应大趋势、跟紧教育改革与发展的步伐,推动职业教育走向治理现代化。诚然,学校治理

---

[①] 胡彩霞、檀祝平:《教育现代化视域下的高职教育评价:价值观照与类型赋能》,《职业技术教育》,2020 年第 1 期,第 19—23 页。

的显著特征在于学校管理逐渐走向学校治理,教育利益相关者被鼓励与允许积极参与到当前学校治理活动中来,治理主体逐渐从"单一"向"多主体"发生转变,形成"多主体参与""多中心治理"的良好局面。同样,在职业教育现代化评估过程中,为了体现治理的特征与意味,参与职业教育现代化评价的主体已从"单一"走向"多元",相应的这种评价关系也应从"单一"走向"共建",单一主体评价往往会出现评价标准以人为意志为首、忽略对现实情况的考察,因为霸权主义而弄虚作假等方面的问题,多主体参与评价,不仅能够改善当前评价的问题,也能够极大程度地减轻评价的难度和在充分吸取多方信息与资源的基础上进一步完善职业教育现代化评价指标体系。然而当前职业教育现代化评价标准的实际过程,仍然以这种自上而下的单一式的命令式和安排式的评价形式为主。以江苏省职业教育评价为例,江苏省职业技术教育评价存在的问题主要体现在两个方面:第一,主要由政府、教育主管部门主导、设计,受评学校只能被动接受评价;第二,评价者对职业学校现代化评价工作结束之后,并未对受评学校作出反馈与改进性建议。这种评价方式一方面使得受评学校很少有机会对评价者提出的质疑与批评作出反馈与解释,只是评价者单方面的价值判断,并未倾听受评者的想法与意见,构不成双向沟通与交流的互惠机制;另一方面一定程度上压制了学校的办学活力和生长空间,有论者认为,激发办学活力就是从学校活力、校长活力、教师活力以及学生活力四方面进行提升[1],激发校长和教师的活力的前提条件在于让他们拥有充分的对学校建设与治理的话语权、参与权以及表达权等,然而这种由上至下的单一式评价导致学校校长和教师丧失了基本的话语权,不能为学校的发展进行辩护与辩解等,评价者与受评价者之间有效和平等沟通的桥梁尚未形成,双方并未为对方考虑,仍然站在自己的立场去作评价与判断,缺少有效的反馈与沟通,然而构建任何一种评价标准的目的在于能够真正起到学校建设与发展的促进作用,对照评价标准能够检查与发现当前学校现代化中的问题,并能提出建设性意见,由上至下的单一式评价模式下的教育现代化评价往往起不到很好的效果,反而会引起诸多受评者的不满与抱怨,进而疏于学校现代化建设,得不偿失。

根据职业教育的特性,职业教育现代化评价应容纳教育主管部门、院校自身、企业、社会的共同参与,因此,"协商共建"式的评价模式与关系是职业教育现代化评价的应有特征和未来必然发展方向。这种协商共建的评价模式有效化解了由

---

[1] 石中英:《学校活力的内涵和源泉》,《河北师范大学学报(教育科学版)》,2017年第2期,第5—7页。

单一评价模式带来的评价者与受评者之间信息沟通不畅的困难,并且也赋予受评者陈述事实的权力与机会,双方之间形成有效的沟通模式。

### (五) 服务全民终身学习的终身教育现代化评价标准研究

教育是一个系统工程,各级各类教育既在其中作为一个不可或缺的组成部分,又与其他部分相互支撑,共同构成一个有机的整体,在促进人的终身学习与发展意义上,更是一个完整的过程,因此,对其的评价需要充分考虑这一特点。

1. 服务于全民终身学习:体现终身教育的全民性与终身性特征

2019年2月,中共中央、国务院下达并印发了《中国教育现代化2035》,文件特别提出2035年的主要发展目标之一,就是要全面建成服务全民终身学习现代教育体系的愿景。[①] 在2021年3月发布的《中华人民共和国国民经济和社会发展第十四个五年规划和2035年远景目标纲要》(以下简称《"十四五"规划》)中则再次强调,要深化教育改革,积极发挥成人教育、终身教育在构建服务全民终身学习现代化教育体系和建成学习型社会中的作用,同时要积极应对国家人口老龄化的现状,做好对老年群体的教育服务。[②] 种种迹象表明,从现存的阶段性教育走向终身教育已是历史发展的必然。那么,终身教育的核心要义何在? 其与现存的学校教育及其他各类教育的关系如何? 这是终身教育学界一直争论不休的问题,也是终身教育理论亟待解决的基本问题,这些问题关乎未来需要建构一个什么样的终身教育体系。[③]

《中国教育现代化2035》文件中提及的相关内容为终身教育体系的构建指出了明确的方向,同时,服务全民终身学习的教育体系打破了当前终身教育的理解与研究的局限,主要体现在两个方面:一直以来,在终身教育理念之下,成人教育及各类其他校外教育何去何从,以及传统的学校教育系统如何融入终身教育体系等问题都备受关注,服务全民终身学习的教育体系革命性地打破了这一僵局,提

---

[①] 中共中央国务院:《中国教育现代化2035》,http://edu.people.com.cn/n1/2019/0225/c1006-30899811.html(阅读时间:2022年3月13日)。

[②] 吴遵民、法洪萍、周杨嘉源:《中国教育现代化与终身教育的使命与目标》,《北京宣武红旗业余大学学报》,2021年第3期,第4—10页。

[③] 徐莉:《服务全民终身学习的教育体系:中国教育现代化的里程碑》,《宁波大学学报(教育科学版)》,2021年第5期,第28—32页。

供了一个统一的教育研究的思考框架①;另一方面,构建服务于全民终身学习的终身教育现代化体系是扎根于新时代本土现代化伟大进程中的终身教育体系,要求终身教育有机地统整在各级各类的教育当中。服务于全民学习的终身教育体系构建的核心理念在于凸显以人民为中心的教育责任,这也是其价值的体现。人受教育的过程不能仅仅局限于学校教育,并不是在学校教育结束之后,人的受教育过程就截止了,人的受教育以及学习的过程是终身的,这表明终身教育所服务的对象不仅仅是青少年,也可能是年长的人,要求终身教育为各个教育阶段以及不同年龄阶段的人提供适切的多样化的教育资源与途径等。如果说公平是终身教育的精髓,那么教育终身化的核心就是公平、平等地享有学习权利,即在准入、参与、保留、完成和学习结果方面消除所有形式的排斥、边缘化、不公正的差异性、脆弱性和不平等问题。② 服务于全民终身学习教育体系的构建首先要改变人们的思想观念,明确人的受教育过程是连续的,是终身的,输入终身理论相关思想;其次,丰富终身教育体系的内容,将教育公平以及全民终身学习的重要内容与思想贯穿于整个过程中;最后,构建与提供相应的体系的支撑保障与制度,并不断改进与完善得以支撑终身教育体系的正常运转。

2. 融通于其他阶段的教育:打破不同类型教育间的教育现代化壁垒

有论者在解读《中国教育现代化2035》时提到基础教育阶段的学校现代化,要融入服务全民终身学习的现代教育体系的建设过程之中。与学校现代化相关联的建设使命体现在实现各级各类教育纵向衔接、横向沟通,基础教育、职业教育、高等教育和继续教育协调发展,以及学校教育与社会教育、家庭教育密切配合、良性互动等方面。③ 这句话表达了两层含义,一是构建服务于全民终身学习的现代教育体系;二是打通基础教育、职业教育以及高等教育等多类型不同阶段的教育之间的衔接壁垒,加强不同教育之间的交流、沟通与联系。因此,终身教育现代化评估标准应将不同教育之间的衔接与融合度作为重要考量标准,以此来评价终身教育是否具备现代化的特征,是否称得上是现代化的终身教育。

然而,服务全民终身学习的现代教育体系的构建尚未达到融通的程度,主要

---

① 徐莉:《服务全民终身学习的教育体系:中国教育现代化的里程碑》,《宁波大学学报(教育科学版)》,2021年第5期,第28—32页。
② 徐莉、王默、程换弟:《全球教育向终身学习迈进的新里程——"教育2030行动框架"目标译解》,《开放教育研究》,2015年第6期,第16—25页。
③ 杨小微:《对标2035:学校教育现代化推进的方向与路径》,《人民教育》,2020年第Z1期,第17—20页。

体现在：从纵向上看，从幼儿教育到老年教育的衔接与一体化发展存在诸多问题；从横向上看，学校教育仍然处于大一统的地位，与社会教育、家庭教育的发展不相协调和适应，致使学校教育中的问题延续与延伸到家庭与社会当中，造成比较严重的社会问题。然而学校教育体系包含了很多教育类型，比如特殊教育、职业教育等，这些不同阶段与类型的教育之间发展不平衡，无法维持与支撑学习型社会的建设，并且这些不同阶段与类型教育间的融合度不高，之间的衔接与沟通机制尚不成熟，彼此还是相对割裂的，其中的壁垒还未消除。因此，终身教育现代化以及建设服务型社会从理念走向现实，其"一体化"与"融通性"的程度将必定成为其发展水平的重要尺度。在教育现代化视域下终身教育的发展不仅强调与基础教育、高等教育、职业教育等不同类型教育之间的融通，而且也要整合教育资源。

在走向教育现代化的今天，知识经济与信息技术快速发展，要发展终身教育，构建终身教育体系，必须将各种终身教育资源有效联结并加以合理利用，将成人教育、社区教育、老年教育等学校外的教育资源进行整合融通，通过共建共享师资力量、设备设施、信息技术等措施，合理优化配置，最大程度地实现资源的优质利用，从而推动继续教育的高质量衔接。[1] 与此同时，也要加强校外教育资源与学校资源的有机融合与融通，建立学校外教育与学校教育的平等与对等关系与地位，加强双方之间的联系与沟通，真正实现优质教育资源的共通共享，使更多的人民群众能够感受到继续教育、社区教育、老年教育等所带来的和提供的优质服务，并都能受惠于其中。

3. 致力于构建学习型社会：为终身学习提供环境保障与制度支持

构建学习型社会与构建服务于全民终身学习的教育体系是相辅相成、相互成就、相互促进的。在现代教育体系的框架中，教育目的指向的是人的终身学习，宗旨也是建立学习型的社会。[2] 传统的以教师和学校为中心的教育观认为人的一生所受到的教育都是在学校中进行的，所受到的教育是阶段性的、分段式的以及碎片式的，并且其教学方式也是填鸭式的、灌输式的，而服务于全民终身学习的终身教育体系首先打破了传统的僵化的教学方式以及简单的学习方式，并为不同年龄阶段的人提供多样化个性化的培养方案等；其次，改变与批判了传统的受教育观

---

[1] 孙纪磊、何爱霞：《教育现代化视角下我国终身教育发展的路径选择》，《北京宣武红旗业余大学学报》，2019年第3期，第1—15页。

[2] 吴遵民、法洪萍、周杨嘉源：《中国教育现代化与终身教育的使命与目标》，《北京宣武红旗业余大学学报》，2021年第3期，第4—10页。

念,人的受教育过程应是终身的、连续性的、个性化的和自主性的;最后,终身教育为不同的人提供多样化的学习资源的空间环境也应该是开放的、信息化的。而想要达成这种目的(拥有正确的教育观念和优质教育资源)便可通过构建学习型社会来实现。学习型社会是一个比终身教育和终身学习更为宽泛和上位的概念,作为一种新型的社会形态,它以实现通过终身教育和终身学习来获得全民发展为基本目标,且社会应当为目标的达成提供各方面的制度保障,并以此为基础引领和促进社会的整体发展。① 也就是说,学习型社会是以实现多主体的终身学习为根本目标,并为此提供相应的较为完备的政策与制度保障来促进目标的达成。并且未来的学习型社会的建立应改进现有的制度教育,建立并积极开发广泛的社会学习系统。例如,社区教育作为终身教育的重要形式与内容,当人们即将跨入一个日新月异的"信息化社会"时,应以建立学习化社会为目标,为社区成员创造终身学习的机会。② 充分发挥社区教育在实现终身教育现代化中的重要作用,提高全社区人员的基本素质与文化水平,培养与提升社区人员终身学习的意识与能力,并加强社区与社会等方面的多元互动,提升资源的利用率,等等。

与此同时,也有很多研究者提出加快与推动终身教育体系的构建是需要加快建设与完善服务全民终身学习教育体系的保障机制,例如,吴遵民指出:"需要完善的法律法规制度予以切实保障,而在国家层面进行终身教育专门立法也势在必行,其中包括继续出台具有创新的、因地制宜的地方性终身教育促进条例。除此之外,还应充分发掘社会教育资源,利用现代教育技术建立学习资源的共享开放大平台,同时为个性化、多样化、全民性的终身学习提供相应的技术支持,以保障学习资源获取渠道的畅通。"③高质量发展的终身教育,才是契合价值理性的教育,高质量终身教育体系建设,则旨在满足人民群众日益增长的享受优质而公平的终身学习需求的现代教育体系建设与发展。而没有畅通的成长通道、健全的体制制度、完善的服务平台就难以满足社会上每一个人终身学习和发展的需求。建立全民终身学习的制度环境,包括建立国家资历框架,建立跨部门、跨行业的工作机制和专业化支持体系。建立健全国家学分银行制度,建立学习成果认证制度,制定

---

① 朱敏、高志敏:《终身教育、终身学习与学习型社会的全球发展回溯与未来思考》,《开放教育研究》,2014年第1期,第50—66页。
② 陆天池、张嘉巽:《社区教育、终身教育及教育现代化》,《常熟高专学报》,1999年第6期,第23—27页。
③ 吴遵民、法洪萍、周杨嘉源:《中国教育现代化与终身教育的使命与目标》,《北京宣武红旗业余大学学报》,2021年第3期,第4—10页。

各类学习成果认定标准、学分标准、学分累积办法,为学习者提供能够记录、存储学习经历和成果的个人学习账户。① 为学习型社会提供完善的政策支持与制度保障不仅是学习型社会建设的重点与未来发展方向,同时也可作为终身教育现代化评估的重要评价标准。

## 三、与区域和学校教育发展相适应的政策工具研发与试用

政策是推动教育发展的重要工具,工具要能发挥出应有的效能,则必须以科学合理的方式来开发和运用。

### (一) 明确不同教育政策工具的类型及特征

明确当前教育政策工具的类型与特征是科学合理地选择政策工具的重要前提,而从已有学者的相关分类研究来看,他们对于教育政策工具的分类有着不同的看法,例如,麦克唐纳和埃尔莫尔把政策工具分为命令、激励、职能拓展和权威重组,七年之后又在这四种工具框架内加上了第五种,即劝告或劝诱;施耐德和英格拉姆把政策工具分为五类:权威、激励、能力建设、象征和劝告、学习。② 通过比较研究以及结合发展实际,本书选择黄忠敬所提出的教育政策工具的分类,即命令性工具、激励性工具、能力建设工具、系统变革工具和劝告或劝诱工具。③ 而每种政策工具的特点以及使用的具体情况都是不一样的,充分了解教育政策的工具的特点以及使用情境对选择与区域和学校教育发展相适应的政策工具大有裨益。在当前教育政策工具的使用中,根据不同的作用对象以及作用情境,政策使用者会使用单一的一种或者混合式的几种政策工具,而决定政策工具使用的影响因素不仅包括政策使用者自身的主观意识与能力,也包括根据每种政策工具的不同特性进行选择,达到政策使用者所预期的效果。例如,命令是一种权威的政策工具,公民对于政府所提出的命令与要求,只能服从,若不遵守和违背规则,那么会承担相应的后果,是一种强制性的政策工具。那么,命令的政策工具经常用于希望团体的全体成员达到某种高度一致,并且必须按照要求去实行的情境,这种情况下

---

① 杨小微:《公平・高质量・区域战略性:"十四五"开局终身教育体系构建的价值追求》,《宁波大学学报(教育科学版)》,2021第5期,第21—24页。
② 曲洁:《义务教育改革与发展的政策工具研究》,《复旦教育论坛》,2011年第5期,第9—13页。
③ 黄忠敬:《教育政策工具的分类与选择策略》,《国家教育行政学院学报》,2008年第8期,第47—51页。

的教育问题的解决往往需要上升到国家政治层面以及问题具有一定的复杂性。命令的政策工具常常被政府所运用。如果说命令的政策工具是一种强制性的手段与方法,那么,激励的政策工具则是一种政策使用者充分了解与明确民众的根本需求与需要以激励人们的内在动力的手段,一般适用于那些鼓励差异行为模式的环境,并且这些差异行为模式是人们所希望的或者说是环境可以接受的。不可否认的是,激励政策工具的使用会带来一系列的成本过高、效果不明显等问题。因此,在选择与使用合理的教育政策工具时,应充分评估与考量政策运用的基本情况、想要解决的教育问题以及预期目标、教育成本等问题,要用综合性的、系统性的整体性的思维去作平衡和选择。

已有相关教育政策工具的分析对研发与使用与区域和学校教育发展相适应的政策工具具有较大启发。各个区域以及学校的发展的阶段与现状不一样,其所面临的具体问题与情境也不一样,已有的办学条件等也不一样,那么,在合理选择教育政策工具时,首先应对区域或者学校的基本情况作一个大致的了解与调研,在充分了解现状的基础上展开研究会事半功倍,政策的选取更具有针对性;其次,结合教育所面临的根本问题以及已具备的支撑条件,包括学校的硬软件条件、学校管理水平、制度建设、教师专业发展水平、生源水平等,根据不同的政策工具的特性选取合适的政策工具;最后,要对教育政策工具使用作风险评估与效益监测,每种教育政策工具并不是十全十美的,带来良好效益的同时也能产生一定的风险与问题,那么在这种情况下,就需要教育政策工具使用者对教育政策工具的使用做好风险评估,预判将产生什么不良的影响与效果,并要及时制定与提出应对与解决方案,其间也要对这种教育政策工具的使用做好监测,全程监控政策工具的使用情况,并及时地做出调整,转换教育政策工具的使用,可在一个政策工具使用的前提与基础上叠加使用其他政策工具,也可以同时采用两种以上的混合式的教育政策工具等。面对教育的复杂性、发展性以及动态性,应灵活地科学地使用教育政策工具。

(二) 挖掘与区域和学校发展相适应的政策工具的可能

在明确已有教育政策工具的类型与特点的基础上,本节试图从教育政策工具的政策目标、政策工具的本质特点以及政策作用对象的复杂性等方面探讨挖掘和开发与区域和学校发展相适应的政策工具的可能。

1. 政策目标与问题对政策工具的选择具有引领性

政策目标是政策制定者希望通过政策实施所要达到的效果。它来自于政策问题,只有对政策问题进行诊断之后,才能选择政策工具。内容决定形式,目标决定手段,政策目标不仅为政策工具规定了方向,而且为政策工具决定了标准。[1] 教育政策问题是教育行政部门列入政策议程并采取实际行动期望解决的教育问题,那么,什么样的教育问题能构成政策问题亦或者是在什么情况下教育问题会成为教育政策问题?一般而言当政府觉察到特定的教育现象、教育活动或教育问题需要提升到政策层面加以宣传、引导、规范或制止时,一般的教育问题便开始升华为教育政策问题。[2] 教育政策问题的确定在一定程度上决定了政策工具类型的选择。以解决城市流动人口子女受教育的问题为例,政府在不同阶段面临问题的严重性使用了不同的教育政策工具,到了20世纪80年代末期,我国农村劳动力开始大规模地跨地区流动,国家采取了严厉的"堵"的政策。1989年3月,国务院下发了《关于严格控制民工外出的紧急通知》,4月,公安部、民政部又联合下发了《关于进一步做好控制农民工盲目外流的通知》,对农村人口流入城市进行了严格的限制,随后也根据不同的问题制定与出台相应的政策以有效解决城市流动人口子女受教育的问题。由此说明,政策目标以及问题对教育政策工具的选择具有一定的引领性和决定性作用。并且在选择教育政策工具时,需要考虑教育政策的目的是长远的、象征性的还是近期目标等。与此同时,也要根据教育政策问题的严重性、紧迫性以及问题表现形式与程度等合理选择适切的教育政策工具。

然而,不同区域和学校层面所面临的教育问题以及教育目标均不一样,首先需要进一步明确区域和学校层面想要解决的具体教育问题有哪些,根据教育政策问题选择适切的教育政策工具;其次,区域层面想要解决的教育问题与学校层面的教育问题是不相一致的,但在某种程度上而言,学校层面的教育政策问题可能是区域层面的问题,而区域层面的问题就不一定能表达和包含出所有学校层面的教育问题,区域和学校在选择正确的教育政策工具时的立场与定位不一样。鉴于此,需要进一步明确区域和学校层面的教育目标与问题,并对这两者作一个明确的区分与界定,理清它们之间的关系之后分别选取适合区域和学校发展的政策工具,例如,浙江省在推进集团化办学进程中,从区域层面和学校层面都采取了一定的举措,在区域层面以构建学习共同体共同促进学校的共建,分层分类地推进,并对每个相关部门的职责与行为做了明确的规定与规范,出台了相关的制度政策以

---

[1] B. Guy Peters and Frans K. M. Van Nispen:Public Policy Instruments, Edward Elgar, 1998:p210.
[2] 胡耀宗、马立超:《基于系统分析的教育政策工具配置模型构建》,《现代教育管理》,2021年第2期,第48—54页。

推进学校建设,同样,在学校层面也需要进一步制定方案、出台政策、采取措施去落实与推进教育集团化办学。在学校层面和区域层面,集团化办学所面临的问题也有所不同。在学校层面集团化办学所面临的问题主要有教师资源不足、基础设施条件较差、学校生源参差不齐以及教师的参与度不高等问题,然而在区域层面面临的主要问题则是区域之间的教育发展不平衡、优质教育资源发展不均衡、校际之间的差距较为明显等,因而在实践中需要根据面临的教育问题的差异性与复杂性选取与发展相适应的教育政策工具。

2. 政策作用对象的复杂性强调政策选择与研发的灵活性

豪利特和拉米什在政策工具选择的综合模型中,对行政能力与政策子系统做出明确的阐述:国家能力(行政能力)指政府机关影响社会行动者的能力,而政策子系统的复杂性是指政府在执行政策时所必须面对的对象的复杂程度;两者不同形式的结合方式,对政策工具选择产生很大的影响。[①] 因此,在政策制定以及政策工具的选择和实施过程中都需要面对与综合考量政策作用对象的复杂性。也可以将其理解为选取的教育政策工具以及合适的手段与教育政策目标、教育政策问题解决的匹配度问题。政策工具的选择者要思考教育政策工具与问题解决的匹配度以及能否达到期望的目标等,并且要综合运用政策工具得以取得政策效果的最大化。也有学者指出政策工具的选择需要具体的政策作用环境,政策工具不仅仅是一种工具,它还有鲜明的政治特征;政策工具的选择也不仅仅是一种理性的选择,它还是一种政治的选择。因此,在决策过程中,政府官员对政策工具的选择不仅是动态变化的,而且侧重于政治性的考虑必定超过经济性和工具性的考虑。[②] 我国的教育从不同层面、不同地区,甚至是不同学校层面来讲都面临着不同的问题与处境,同时,教育政策的制定与实施既有区域层面的,也有学校层面的,而教育政策工具的作用与实施对象主要集中在学校。学校主体的多样性、教育问题的多样性以及教育情境的多样性等都增加了政策作用对象的复杂性。而就学校层面而言,学校层面的教育发展也具有多样性。一方面,学校是一个较为复杂的系统,其中涉及教师、课程、管理、文化以及学生等多个方面,具有一定的复杂性;另一方面,当教育政策工具落实与实施到学校层面的时候,其作用的主体多为学校管理者,同时,也需要学校层面的领导、教师和学生等共同去推进。鉴于这几

---

① 曲洁:《义务教育改革与发展的政策工具研究》,《复旦教育论坛》,2011年第5期,第9—13页。
② 黄忠敬:《教育政策工具的分类与选择策略》,《国家教育行政学院学报》,2008年第8期,第47—51页。

个方面的复杂性,应选取适切的政策工具,并且在政策工具选择与使用的过程中,应在充分理解每一种教育政策的优势与特长之后,尝试找到不同政策工具之间的协同作用的一致程度,针对教育政策的目标,发挥各个工具的特长,让它们相互补充、相互强化,共同地更高质量地解决教育政策问题。

### (三) 有效避免政策工具选择的问题与"雷区"

政策工具只有合适恰当,才能发挥其效用,因此需要慎重选择。

1. 破除封闭与单一思维:合理选择与综合使用教育政策工具

基于已有相关文献的研究以及结合当前我国教育政策工具的选择与使用的真实情形的分析,当前教育政策工具的选择与使用方面仍存在单向的线性思维,政策选择一方明显表现出对某一种教育政策工具的依赖与偏好。例如,有论者从国家层面和省级层面对义务教育阶段的教育政策工具的使用情况作了对比分析,通过详尽的研究发现,国家层面和省级层面使用强制性的政策工具仍然占主要地位。[①] 强制性工具的使用之所以这么频繁,是因为强制性政策工具取得效益明显,能达到教育预期,或是政府官员在教育政策工具选择上对强制性工具的依赖,亦或者是教育政策工具选择的能力和观点的缺失等,这些需作进一步考究。然而,过度依赖某种单一的教育政策工具不仅达不到预期的效果与目标,反而可能起反噬的作用,如果长期继续使用权威的强制性的教育政策工具会对教育主体的主观能动性以及运作状态和内在活力等方面有所压抑,教师会产生一定的抵触与不满的心理。尽管强制性的教育政策工具会较快地高效地解决问题,并且会对政策选择者有益,减少相应的成本与消耗,但是也会带来一系列的问题。强制性的教育政策工具的使用是双面性的,其他任何一种教育政策工具均具有一定的双面性、优势与有限性等。因此,在教育政策工具的选择上,主体应破除政策工具选择的单一的封闭的线性思维,解除对某种单一的教育政策工具的依赖,化解对某种教育政策工具的偏好与偏见,能够根据教育的实际情况以及教育政策所要达到的目标与问题,灵活地选择教育政策工具,提升教育政策工具的协调性以及综合运用性。

2. 呈现教育样态与特征:选取适合不同类型教育的政策工具

本节着重探讨与区域和学校教育发展相适应的政策工具的研发与使用。回

---

[①] 曲洁:《义务教育改革与发展的政策工具研究》,《复旦教育论坛》,2011年第5期,第9—13页。

归原点,我国的教育分为义务教育、高中教育、高等教育等多种类型与阶段,那么由于学校的复杂性与多样性,在不同的教育政策工具的选择过程中应尽量呈现出不同阶段与类型的教育样态与特征。不同类型与阶段的学校的培养目标以及具体推进策略、面临的困难等均不一样,因此,面对这些差异,要针对性地选取合适的教育政策工具,并突出每个阶段与类型教育的特征、着力解决突出的问题以及明确学校教育的未来走向等,因为教育政策工具的选择一般而言是出于解决问题或者想要达到更高的目标与追求的情况下才使用的,是不满于发展现状、试图通过一定的政策干预或导向来改变教育境况、实现理想的预期等。正如我国在推进教育现代化,不同的教育阶段的学校会选取不同的政策工具以及制定不同的评价标准体系等去推进教育现代化,并且在不同类型的教育现代化评估过程中均明确体现出不同类型的教育特征。例如,职业教育的培养目标在于为社会和企业等培养具有专业技能的实用型的教育人才,因此,职业教育现代化的评估标准应包括学生的专业技能与素养以及与实习企业、单位的联结和匹配度等;高中教育是连接中小学、过渡到大学教育的重要桥梁,同时亦是学生的关键能力以及性格塑造的重要阶段,因此,高中教育现代化的评估标准需要涵盖为学生综合素养的培养提供多样化的途径与方式,以及构建面向人人的培养目标与体系等。对于某一阶段和类型的教育现代化评估制度和政策工具应用的探讨不能自我封闭与"孤芳自赏",需要站在整个国家教育改革与发展的大局以及各级各类教育发展相协调的角度来把握,同时也需要充分考虑一切教育评价最终是为了立德树人、促进教育过程中每个人的真实成长这一根本目的。

# 第十章　2030年我国教育发展战略推进的信息技术保障

教育信息技术的现代化在我国是最先被了解和认识到的教育现代化，以至于在后来很长时间里许多人都把教育现代化等同于教育信息技术现代化，直到今天才清晰地意识到信息技术的现代化只是器物层面的现代化，除此之外，还有制度层面的现代化和文化心理层面的现代化。当然，信息技术的现代化也必然牵涉诸多制度和文化心理的现代化问题。本章将从我国教育发展战略的视角，探讨在信息技术飞速发展的背景下，如何使教育信息技术的现代化更快、更好地融入教育现代化过程，成为强有力的支撑和保证。

## 一、信息技术的发展及其在教育领域的应用

本节将描述信息技术的发展及其在教育领域的应用，探讨目前存在的问题及可以改进的路径和策略。

### （一）课堂教学的关键性问题尚未解决，但方向已然清晰

在改革开放的40年里，信息技术正在以前所未有的方式改变着我们的生活。在社会生产领域和消费领域，信息技术推动着产业链的流程再造，通过打通上下游的全链条流程，整合全流程的各级各类数据，进行流程和环节的资源再分配，极大地提高了绝大多数行业的生产效率，改变了传统行业的产销方式，打破了国家与行业的壁垒，构建了全球经济一体化的深度依赖、深度合作的新模式。

在改革开放的40年里，信息技术也不断尝试进入教育教学领域，在教育基础设施与应用环境优化、教育体系治理、教育教学手段和模式的多样化、以学生为中心的新型学习方式变革、教师专业发展实践等领域，作了持续有效的探索和尝试。

在《中国教育现代化2035》和《教育信息化2.0行动计划》等政策文件的指引下，我国在教育信息化基础设施建设与应用环境领域进行了全面优化，重点表现在建设教育城域网与校园网络、为普通教室配备互动多媒体设备、为教师与学生

配置信息化终端设备、建立创新实验室及在有实力的地区建设区域教育信息中心/数据中心。

在教育治理方面,建设了全国性的学生学籍管理系统、地域性的入学报名系统、考试管理与数据分析系统等,在区域和学校层面,有财务信息系统、办公自动化系统、人事管理系统、教学教务管理系统等涉及教育治理方方面面的各级各类应用系统。

在教育教学手段和模式多样化探索方面,建设了从国家到省、市各级的教育教学资源系统,绝大部分学校实现了应用互动多媒体教学设备的常态化教学,涌现了"双师课堂""翻转课堂"、基于智慧教室的新型互动生成式教学、基于可穿戴设备与 VR 的沉浸式教学等结合区域或学校实际情况的新型教学模式。

在以学生为中心的新型学习方式变革方面,出现了基于大数据的网络教学平台和个性化学习平台,在 2020 年始的新型冠状病毒肺炎疫情肆虐的情况下,大数据网络教学平台和个性化学习平台在替代线下教学方面发挥了重要的作用;在职业技能教育领域,IT 慕课网、下厨房、健身类 Keep 等类似应用,有效地承担了部分行业技能培训的职责;在高中和大学,出现了一大批以可汗学院、Coursera、edX 为代表的研究性学习的慕课平台。

在前沿性探索方面,国外研究机构实验脑机接口的出现,让《黑客帝国》中秒会驾驶直升机的桥段,在现实中看到了希望的曙光。

### (二) 教育信息技术融入教育教学改革尚存的问题

教育信息技术进入教育教学领域的过程和阶段性结果也不是一帆风顺的,在不同层面上遭遇了不少问题,在有些方面,甚至依旧没有找到可以证明能够走通的模式。

现有问题的核心是传统课堂教学模式已经固化,新技术对育人模式的局部改进不足以产生触动和变革效应,投入和产出不成比例;教育信息技术在一些关键环节和关键问题上尚需突破。

1. 战略定位、流程再造等核心问题

教育信息化的战略定位约束:在国内学校的育人体系设计中,一直延续着一块黑板一支粉笔的稳定课堂教学模式,信息技术的介入在大部分学校只是把黑板换成了多媒体互动白板,板书换成了 PPT,完成了工具的更新换代,但现代教育信息技术要实质性进入传统课堂,依旧存在着评价、机制、流程上的各种障碍,无法发挥应有的效用。当前的教育信息技术融入课堂教学，缺乏站在教育系统设计的战略高度，利用信息技术的强大生产力重新进行战略审视和战略定位，缺乏规划建设信息技术进入教育教学领域的生态和路径，还缺乏能够将教育和信息技术有机融合的组织和人才培养机制。

学习流程再造受现有评价体系的约束：在现有教育体系下，中高考是对教育工作者的终极评价，所有战略定位和核心工作都是围绕着这个目标展开，从高中初中一直下沉到小学甚至幼儿园，其他所有的工作都是配套或者辅助性的。在以教为主的课堂教学模式没有作出根本性变革的时候，信息技术进入课堂或多或少都会出现现有的教学节奏、教师的教学习惯等诸多问题。同时，学校和教师还缺乏有效手段区分和评估信息技术介入带来的价值和效果，所以信息技术想要进入课堂教学在很多地区和学校遭受冷遇就是顺理成章的事情了。

学校预算经费的约束：在学校有限的预算经费中，人员费用开支占了很大的比重。根据《2019中国教育经费统计年鉴》数据，除高校和中职校外，其他学校经费支出中个人支出部分占比都超过了六成，农村初中和小学段学校的个人支出部分在学校经费支出中占比都超过了七成。从公用经费部分开支的能够用于教育信息化方面的支出预算比例不高，而教育信息化的支出是一个持续高投入的过程，学校在预算经费方面捉襟见肘。

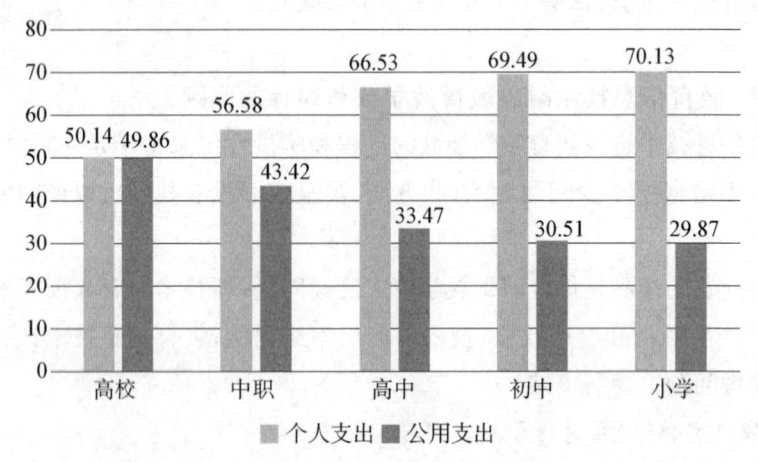

图 10-1　个人支出在学校教育支出中所占比重[①]

---

① 数据来源：《2019中国教育经费统计年鉴——各级各类教育机构教育经费支出明细（全国）》。说明：学校经费开支由个人支出和公用支出两部分组成，基建部分不包括在内。

教育信息技术发展瓶颈的约束：教育信息技术经过40年的发展与渗透，在教育教学的某些环节已经发挥了积极的作用，但面对未来社会发展对教育的要求，教育信息技术尚需在人工智能领域实现重大突破，能够在未来对教育体系的关键环节如教育资源与教学大数据的智能分类与智能推荐、教育教学的评价与反馈等实现重大变革；教育信息技术尚需在VR、AR等领域迅速整合各领域的专业知识，建立并形成完整分类的职业教育专业领域的虚拟培训模式，顺应国家工业制造强国战略，大幅提升学习效率，大幅降低职业教育环节的投入成本。

2. 顶层设计的问题

教育信息化建设过程中缺少教育专业咨询：教育是一个专业领域，教育信息化必须结合教育咨询的力量形成合力，才能完成"交钥匙工程"，并且给学校提供"扶上马再送一程"的专业服务。这方面可以参考企业信息化实施过程中引入专业管理咨询团队的实战经验，建立技术提供方、专业咨询方和用户三位一体，专业咨询方做顶层设计，技术方提供技术支持和保障用户方一把手挂帅推进的系统保障体系。

重复建设、流程割裂、数据孤岛等实施问题：在教育信息化建设过程中，区域或学校缺少系统的顶层专业设计，这部分工作的缺失，往往造成系统建设中出现重复建设（系统与系统间的功能重复）、流程割裂（系统与系统间缺少流程或数据连接，造成环节缺失，流程不通）、数据孤岛（系统无法和其他平台交换数据，操作者需要在不同系统间频繁切换、重复工作等问题。这个问题特别在市、区/县、校不同层级间的系统中很常见），这些问题的反复出现也再次证明了专业咨询团队的重要性。

3. 运维机制设计等实施方法论问题

慕课、资源库/题库建设的运维机制设计：在国家、省、市层面，都在建设各级的教学资源库（慕课、课例、课件和其他教学资源）和题库，但鲜有能够真正发挥作用的。大部分都在宣称建成的时候束之高阁，无法达成设计目标。究其原因，还是在运维机制上缺少设计。各级教师是这类系统的天然运维团队，教师手头肯定不缺这些资源，但如何让平台能够聚集这些有效资源，并且能够让教师有动力去持续维护和迭代更新这些资源，建立有效的资源质量评价标准和规则，运用人工智能技术，让资源库建立起类似于Alpha Go的自我学习、自我进化的能力，形成资源库持续性"去芜存菁"的自我净化机制，这方面需要有精细的体系设计和巧妙的引导，也需要多方参与形成合力。

绩效考核机制设计：在学校对教师的绩效考核机制中，基本上没有资源库/题库建设运维方面的考核设计，根本原因还是在核心问题的"学习流程再造受现有评价体系约束"这部分,没有相应目标和要求,教师在有限的工作时间里面,不可能对资源建设投入时间和精力。当然,在资源库/题库对学习流程再造的作用没有或无法显现出来的时候,仅有考核约束也没有太大作用。

### (三) 学习流程再造是教育信息技术现代化的核心问题

当前教育技术面临的问题,归根到底是社会发展对育人的需求发生变化与传统教学模式的冲突造成的,信息时代需要在教育领域进行学习流程再造。当信息技术进入教育领域,完成观念上的接纳、设备条件的配置之后,成为重心的必然是对教育过程的核心环节如学与教的内容和流程环节进行变革,唯其如此,才算是先进技术与教育活动的深度融合。

1. 教育信息化 2.0 时期信息化与教育的融合发展

北京师范大学的黄荣怀等人将改革开放 40 年的教育信息化发展分成三个阶段,即:(1)1978—2000 年:前教育信息化阶段,重点关注实践探索,开展了计算机教学实验和计算机辅助教学;(2)2001—2018 年:教育信息化 1.0 阶段,重点关注物的建设,加强部署了信息化基础设施和配套设备,实践了应用驱动的目标,促进了信息化与教育的融合发展;(3)2018 年以后:教育信息化 2.0 阶段,将重点关注人的发展,促进教育信息化从量变到质变,激发教育系统变革,实现教育信息化的融合创新与发展,产生技术与教育的融合效应。[1]

黄荣怀等人对中国教育信息化发展历程作了分阶段的目标梳理,在教育信息化 2.0 发展阶段,对目标做出了如下描述:将重点关注人的发展,促进教育信息化从量变到质变,激发教育系统变革,实现教育信息化的融合创新与发展,产生技术与教育的融合效应。进一步解读,"重点关注人的发展":关注的是学生的核心素养和综合能力;"促进教育信息化从量变到质变,激发教育系统变革":促进和激发的是学习的流程再造,从以教师的教为中心,全面转向以学生的学为中心,在教育界已经逐步达成共识,这个教育理念变化背后反映的是社会变革带来的组织行为的变化,而组织行为的变化,直接导致人才需求目标的变化。

这种人才培养目标变化的本质,催生着对学习流程再造的需求。教育以育人为目标,学校培养出来的学生,需要满足社会用人的要求。

在以机器生产为标志的工业化时代,机器的大规模普及应用大大地提高了社

---

[1] 黄荣怀、王运武等:《中国教育改革 40 年:教育信息化》,北京:科学出版社,2018 年版,第 196 页。

会生产力,这种社会生产模式下需要学校能够培养大批量的产业工人,进入企业后能够熟练地操作机器进行生产。

对应这种生产模式的组织行为,要求的是生产的流程化和生产环节的标准化,以精益生产的丰田模式为代表,追求生产效率和单位时间的产能释放,在每一个生产环节设置看板,将管理渗透每一个生产环节,将每一个产业工人视为生产环节的螺丝钉。

对应这种组织行为的人力资源需求,学校教育教学的模式就必然是强调产业工人的大批量标准化复制,必然强调学习过程中教师"教"的主导地位,强调教学的双基(基础知识、基本技能)要求,课堂教学以知识讲授为主,教师重视的是知识结构与知识内容的讲解,较少关注学生的个性化学习需求,课堂组织、教学方式等也在客观上抑制了学生的学习兴趣和创新创造能力的发挥;好教师之所以稀缺,是因为学生对好教师的评价标准,不是在于这个教师传授的知识有多少,而是在于因为这个教师让我爱上了这门学科。

在以信息技术为标志的后工业化信息时代,上下游产业链条的整合推动了全球生产资源的重新配置,构建了全球经济一体化的新格局,但整合增加了产业链条的复杂程度,客观上也拉长了企业决策的环节与过程,大大增加了决策相应的时间和难度;与此同时,还要求企业能够快速响应市场变化,需要企业能够根据市场变化快速调整产业布局,这对信息时代的企业组织行为提出了新的挑战。

为了响应信息时代的企业需求,组织行为出现了很多新的变化:扁平化的组织结构、决策权力下放的阿米巴经营模式、学习型组织的出现等;组织行为变化导致人力资源的需求变化,也要求学校教育模式从强调双基变成了对复合型人才的培养需求,强调学生的核心素养和综合能力,强调学生的自主学习能力和终身学习能力,强调学生的跨学科综合素养,强调贴近实战的项目化学习,强调学生创新与创造能力,强调学生解决实际问题的能力。

纵观教育发展史,从工业化以前的小规模精英化教育,到工业化时代大批量标准化培养产业工人,再到信息化时代大规模个性化因材施教的社会需求,教育教学目标始终都要顺应经济发展和社会进步的需要。传统的以教师"教"为中心的教学模式,越来越受到社会变革与组织行为变化的冲击和挑战,在知识以几何级数不断增长的信息社会,想在有限的生命中学习所有的知识是一项不可能完成的任务,也完全没有必要,获得知识不再是学习过程的瓶颈。

"唯一不变的是变化"的现代社会要求现代人具备持续学习和终身学习的能

力(对所需知识和技能保持持续的兴趣和爱好),组织机构的扁平化和对市场变化需要做出快速响应则要求现代人具备筛选和整合信息的能力、甄别信息真伪的能力、作出选择和决策的能力。这些能力,构成了现代人的新学习能力。新学习能力这种综合能力的训练和获取,不是传统课堂传授知识的教学模式能够提供的。

我们可以看到,项目化学习和跨学科整合学习的兴起,就是对现代教育的育人要求作出了改变和回应。项目化学习,训练的是学生在预设目标下筛选和整合信息、甄别信息真伪并作出决策并落地执行的能力;跨学科学习,模拟训练的是真实社会场景下的复杂业务逻辑知识的学习能力;而在项目化学习和跨学科学习的过程中,如何激发学生的学习兴趣是一个重要的学习评估指标。

我们将未来社会人员的基本能力概括如图10-2。在现有的课程育人体系中,

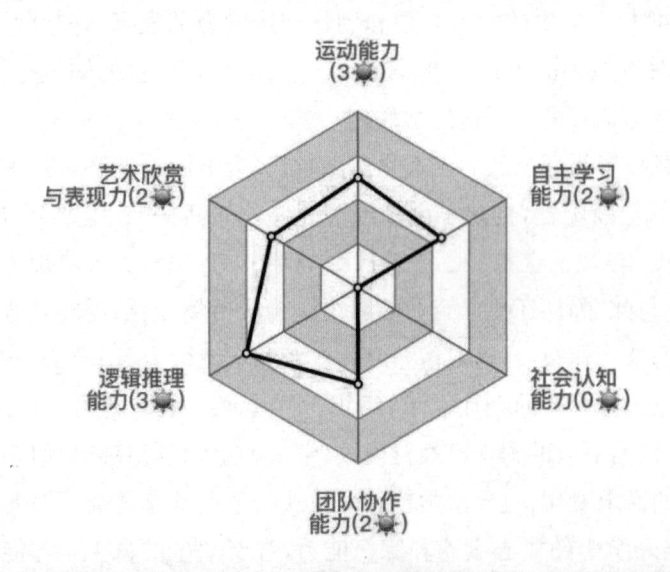

| 自主学习能力 | 逻辑推理能力 | 团队协作能力 | 社会认知能力 | 运动能力 | 艺术欣赏与表现能力 |
|---|---|---|---|---|---|
| 学习兴趣 | 记忆能力 | 参与程度 | 社会认知能力 | 力量 | 表达能力 |
| 专注时长 | 观察能力 | 合作程度 | 道德判断能力 | 速度 | 表演与表现力 |
| 信息搜集与筛选能力 | 空间能力 | 责任心 | | 耐力 | 审美与鉴赏力 |
| 信息真伪甄别能力 | 推理能力 | | | 协调性 | |
| | 计算能力 | | | 灵敏性 | |
| | 创造能力 | | | 柔韧性 | |

图10-2 项目化学习和跨学科学习的评估指标①

---

① 该评估指标系由课题组与"教育现代化2050联盟"和上海范尔网络科技有限公司联合开发。

逻辑推理能力的培养是课程育人目标关注的焦点,但未来社会需要的与自主学习相关的能力培育尚未能够在课程育人目标中得到足够的重视。

2. 学习的流程再造已经逐步成为信息化与教育融合的必然

教育信息技术对教育教学领域的介入逐步进入深水区,在等待变革条件具备的同时,也在推动着这些必备条件走向成熟。在学习流程再造中,信息技术不是这道"美味佳肴"的"调味品",而是学习再造流程的中坚力量。

站在教育现代化的未来视角,我们可以共同来展望一下在未来学习的流程再造中,教育信息技术能够发挥怎样的作用。

学习流程再造的前提条件:教育不是孤立的存在,学习变革的发生,从来都是建立在真实的社会育人需求的基础之上。推动文明社会进步的动力,永远是人类的好奇心和想象力,而学习的过程,必须是一种保护和激发学生好奇心和想象力的过程。在这一点上,信息技术介入学习过程,对于激发学生的学习兴趣爱好是一种天然的催化剂;而在信息爆炸的当下和未来,在浩如烟海的信息中如何找到解决问题所需信息并判断信息的有效与价值,是未来人必须具备的基本能力。这些能力的获取,需要通过学习流程再造,从以教为中心全面转向以学为中心,让学生逐步具备自主学习的能力。

学习流程再造的路径:课程、资源和评价,其也是学习流程再造的三个核心环节。

图 10-3 学习流程再造的三个核心环节

课程是进行有效学习的一个必备载体,不管是线上课程还是线下课程。学校和教师将各类资源建构成一系列体系完整、设计有趣的课程,需要在课程推进过程中,融合项目化学习的方式,进行跨学科资源整合,并对学生项目化学习过程进行有效跟踪和管理,这也必须借助信息技术的力量,通过便捷有效的终端交互,进行过程性记录和管理,形成过程性的学习大数据。不管是学生在学习过程中所投入的时间、产生的问题,在每次学习的节点和相应操作,对资源的利用次数和程度,乃至就学习过程产生的所有交流沟通信息,都可以纳入学习大数据的范畴,让机器对学习大数据进行深度学习和挖掘,建立课程、教师、学生的数字画像。

以学生的学为中心的学习流程再造,资源的丰富、完备与可随时获取是一个先决条件。现阶段的学习资源数量非常繁冗,已经达到各阶段自主学习的需求,但如何进行有效资源整合,找到对学生个体学习真实有效的资源,并且根据学生个体学习所处阶段、所遇到的实际问题,进行资源的自动整合和智能推送,需要借助人工智能的大数据挖掘和智能学习算法,实现资源的大规模个性化定制推送,以达到资源的可随时随地获取。

而评价作为学习流程再造闭环的最关键一环,在整个再造过程中起决定性的作用。传统课堂学习过程的评价反馈,来自于课堂互动、日常的作业、阶段性考试测评结果。在以教为主的课堂学习过程中,更多的是对知识迁移进行的讲解,而无法做到针对每个学生学习的进度和产生的问题进行反馈和评价;日常作业作为传统教学中一个非常关键的评价反馈环节,在现实执行过程中有不少实际存在的问题,比如:作业设计的层次、深度、针对性问题,作业面批面改的可操作性问题,作业生命周期的自我更新和迭代的问题等,决定了日常作业的评价反馈效果在大部分学校还无法达到理想的设计要求和效果;阶段性考试测评环节是目前教育信息技术介入最多最有效的环节,原因是教育信息技术的介入,能够帮助学校有针对性地进行考试测评的数据分析和制定中高考应考策略,在中高考中有效地提升考试水平,而基于学习能力和核心素养培育等方面的评价反馈基本缺失。在传统课堂教学过程中,评价反馈的目的性、时效性、有效性都无法满足学习流程再造的要求。

在一个高效的以学为中心的学习系统中,需要将评价反馈与学科专业知识相结合,并以学生个体学习目标的不断适配改进为目的,通过及时获取系统自动生成的实时评价反馈结果,对课程设计、教师教学引导、学生自主学习每一个环节的问题进行实时跟踪检测,对学习目标的达成过程进行实时监测匹配,通过深度学习算法和人工智能推荐对学习方法、进度和问题进行不断修正,达成最终的有效学习目标,给出学生在知识与技能的学习、课程培育目标能力与核心素养的达成等方面的完整的过程性评价和终结性评价结果,形成自主学习、以学为中心的完整闭环管理。

3. 学习或教学流程再造正在成为各级各类学校改革的新生长点

有论者在当前"互联网+"发展趋势下,在对"翻转课堂"研究的基础之上,结合"互联网+教育"的内涵及本质,提出高职课堂教学重构与创新的核心是学习流程再造,而学习流程再造的关键是实现"五个变",即"互联网+课程"之变、"互联网+教学"之变、"互联网+学习"之变、"互联网+评价"之变、"互联网+教师"之变,并认为新型的基于学习流程再造(SPR)的生态课堂,对于学习流程再造的核心的"五个变",每一个环节都要落实,包括采用先进的信息化教学理念、打造智慧化教学环境、打破传统教学流程、创新信息化教学方法,实现课程资源生成方式的变革、课程资源共享方式的变革、泛在学习方式的变革等。由学习资源、网络平台、学生及教师这些因素构建成一个生态意义上的共生生态链,其中的构成要素相互影响,形成反射,构建出一个基于学习流程再造的共生共存的教学生态系统。生态课堂的价值取向在于:尊重学生发展的个性化,强调课堂发展的互动性、合作性,追求课堂的多样协调发展,这也是生态课堂的独特之处。①

有来自中学一线的论者,运用教育流程再造理论,构建了"翻转式自主学习"课堂模式,尝试创建适应第三次工业革命的全新的未来教育。究竟如何实现流程再造?论者指出了如下四个方面的再造:(1)师生角色再造:重新定义教师、学生、教学和课堂;(2)课程教学再造:让学生真正成为自主学习的主人;(3)组织机构再造:一切"为了学、设计学、服务学";(4)管理方式再造:为学生量身定制个性化的学习方式。②

## 二、教育发展区域战略的信息技术保障

未来社会的竞争,说到底是人才的竞争,未来的育人模式,教育信息技术的地

---

① 赵慧娟:《"互联网+"时代高职课堂教学的学习流程再造分析》,《成人教育》,2017年第6期,第68—72页。
② 赵永华:《教育流程再造从课堂开始:"翻转式自主学习"课堂模式的探索》,《未来教育家》,2015年第5期,第59—63页。

位会越来越重要。

### （一）国家教育信息化政策梳理

未来教育信息技术的发展，必须依赖政策层面的顶层设计。从2012—2021年，教育部发布了46项教育信息化相关政策文件，明晰了构建教育信息化发展内涵体系与建设推动路径。现将关键政策梳理如下。

**2012年**：《教育信息化十年发展规划（2011—2020年）》，规划提出：以教育信息化带动教育现代化，是我国教育事业发展的战略选择，要把教育信息化摆在支撑引领教育现代化的战略地位。

该规划提出，到2020年，全面完成《教育规划纲要》所提出的教育信息化目标任务，形成与国家教育现代化发展目标相适应的教育信息化体系，基本建成人人可享有优质教育资源的信息化学习环境，基本形成学习型社会的信息化支撑服务体系，基本实现所有地区和各级各类学校宽带网络的全面覆盖，教育管理信息化水平显著提高，信息技术与教育融合发展的水平显著提升。教育信息化整体上接近国际先进水平，对教育改革和发展的支撑与引领作用充分显现。

为实现发展目标，该规划提出将实施"中国数字教育2020"行动计划，包含五大行动：优质数字教育资源建设与共享行动、学校信息化能力建设与提升行动、国家教育管理信息系统建设行动、教育信息化可持续发展能力建设行动、教育信息化基础能力建设行动。

**2016年**：《教育信息化"十三五"规划》，这是国家层面第二个教育信息化中长期规划，教育信息化发展主线变得更加清晰。

与十年规划提出的战略定位相匹配，《教育信息化"十三五"规划》提出2020年教育信息化发展目标：到2020年，基本建成"人人皆学、处处能学、时时可学"、与国家教育现代化发展目标相适应的教育信息化体系；基本实现教育信息化对学生全面发展的促进作用、对深化教育领域综合改革的支撑作用和对教育创新发展、均衡发展、优质发展的提升作用；基本形成具有国际先进水平、信息技术与教育融合创新发展的中国特色教育信息化发展路子。

该规划部署了八大主要任务：（1）完成"三通工程"建设，全面提升教育信息化基础支撑能力；（2）实现公共服务平台协同发展，大幅提升信息化服务教育教学与管理的能力；（3）不断扩大优质教育资源覆盖面，优先提升教育信息化促进教育公平、提高教育质量的能力；（4）加快探索数字教育资源服务供给模式，有效提升数字教育资源服务水平与能力;(5)创新"网络学习空间人人通"建设与应用模式,从服务课堂学习拓展为支撑网络化的泛在学习;(6)深化信息技术与教育教学的融合发展,从服务教育教学拓展为服务育人全过程;(7)深入推进管理信息化,从服务教育管理拓展为全面提升教育治理能力;(8)紧密结合国家战略需求,从服务教育自身拓展为服务国家经济社会发展。

**2018 年**:《教育信息化 2.0 行动计划》,标志着我国教育信息化转段升级进入 2.0 时代。该行动计划提出"三全两高一大"[①]发展目标和三项主要任务。教育信息化 2.0 很重要的使命是要顺应国家新时代对创新人才培养的需求,智能环境下教育创新发展的需求,以及激发信息技术对教育革命性影响的需求。教育信息化 2.0 八大行动进一步落实了"十三五"规划的八条任务主线,即:数字资源服务普及行动、网络学习空间覆盖行动、网络扶智工程攻坚行动、教育治理能力优化行动、百区千校万课引领行动、数字校园规范建设行动、智慧教育创新发展行动、信息素养全面提升行动。2.0 行动计划发布之后,还有一系列落地举措出台,层层落实推进。

**2019 年**:《中国教育现代化 2035》,第一个以教育现代化为主题的中长期战略规划。《中国教育现代化 2035》十大战略任务之一是"加快信息化时代教育变革",重点任务聚焦在智能化校园建设、利用现代技术加快推动人才培养模式改革、创新教育服务业态、推进教育治理方式变革等方面,这些重点任务凸显出教育现代化建设对教育信息化发展的核心需求。

### (二) 教育发展区域战略的信息技术保障策略选择

如前所述,教育现代化的发展有着以区域为单位推进的格局,那么,其信息技术保障也是区域教育发展的重要保障。

1. 信息技术保障在区域教育战略规划中的三个层次

教育部教育信息化发展的一系列政策文件,为教育发展区域战略提供了示范。在教育发展区域战略规划中,教育信息技术保障的战略定位一般分为"教育发展战略的核心组成部分""决策支持系统"和"工作保障系统"三个层次,其在区域发展规划中的战略地位和重要性依次递减。策略没有优劣之分,只有是否适合

---

① "三全两高一大":"三全"指的是"教学应用覆盖全体教师""学习应用覆盖全体适龄学生""数字校园建设覆盖全体学校";"两高"指的是"信息化应用水平普遍提高"和"师生信息素养普遍提高";"一大"指的是建立"互联网+教育"大平台。

和匹配区域教育实际发展状况以及战略定位。

最高层次是将教育信息技术作为区域教育发展战略的核心组成部分。关注教育信息新技术的发展,将人工智能与大数据等技术作为学习流程再造与育人方式变革的重要手段,在区域教育目标制定、学校管理与教学过程中导入并发挥教育信息技术的作用,围绕着某些新技术作为核心龙头要素设计和打造区域教育发展战略(比如:区域人工智能与深度学习发展战略、动漫设计核心产业发展战略、工业制造4.0核心产业人才基地发展战略等),并指导区域内所属学校围绕区域教育发展战略设计与执行学校发展战略。

中间层次是将教育信息技术视作区域教育发展战略的决策支持系统。将教育信息技术作为区域教育治理与监测、教师专业发展等方面的决策支持工具,把教育治理与教育监测作为主要抓手,建立区域教育决策支持系统。

最基础层次是将教育信息技术视作区域教育发展战略的工作保障系统。运用教育信息技术建立区域教育常态化管理的工作保障系统,比如:财务人事管理系统、学生学籍管理系统、招生报名管理系统等。

案例 10-1

## 上海市闵行区数据驱动大规模因材施教推进计划[①]

上海市闵行区近年来提出了数据驱动大规模因材施教推进计划:将教育信息技术作为区域教育发展战略的核心组成部分。

积极推进大数据、智能技术和差异化教学、个性化学习、过程性评价、精细化管理、智能化服务、实证性研究等内涵领域的深度融合,坚持"五育"并举,全面发展素质教育。促进学生全面而有个性地发展,促进闵行区教育更加公平、更高质量的发展。

(1) 开展大规模因材施教的实践研究。着力解决"规模化与个性化"的矛盾,创设更能选择、更加智能的教与学环境,提供更为丰富、更为适切的学习资源,开展"差异化教学、个性化学习、精细化管理、智能化服务"的实践研究,促进教与学方式的变革。

(2) 建立基于大数据的评估与诊断模型。加强过程性评价和伴随式数据采集,通过适切的分析模型,汇聚和挖掘关键教育数据,提供学生发展、教师发展、学

---

① 参见《上海市闵行区数据驱动的大规模因材施教实施计划》及相关资料。

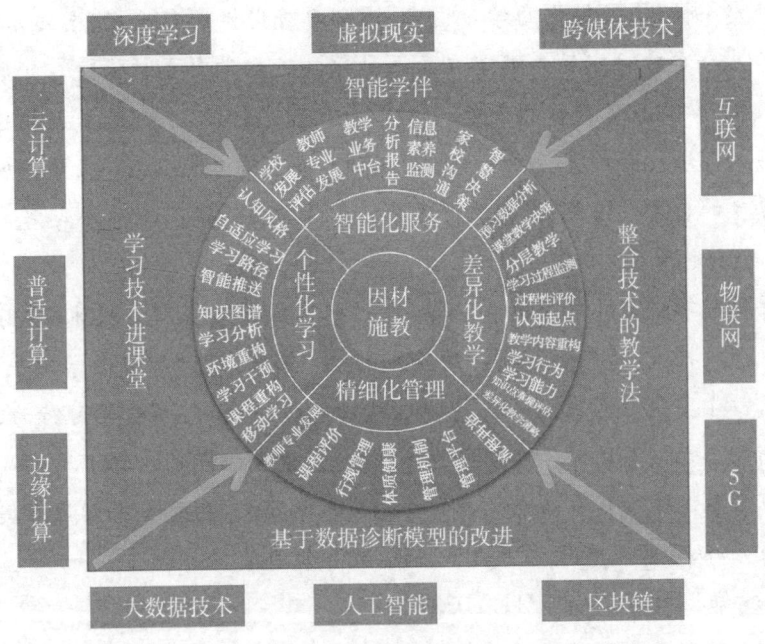

图10-4 闵行区数字驱动大规模因材施教推进计划

校内涵发展的诊断报告,为学生个性化学习、教师差异化教学、学校精细化管理提供智慧支持。

(3) 建立智慧教育实践研究长效机制。形成项目管理机制(例会、简报、研讨、评优),项目运行机制(区校协同机制、第三方协作机制、专家指导机制、绩效激励机制),经验提炼与成果转化机制(案例评选、科研实证、学术提炼、智慧传递),在制度层面保障智慧教育持续发展。

(4) 形成智慧教育的经验和成果。培育和发掘一批有影响力的教师、团队、学科、学校。建立智慧教育实施保障体系,形成项目研究图谱,搭建项目管理平台,打造智慧教育培训课程体系,设计项目实施评价体系。搭建平台,设计模型,形成闵行区智慧教育解决方案。

闵行区在上述总体目标的基础之上,设计了四大项目用于帮助设计理念在区域层面的落地推进。

(1) 个性化学习(编号:ZHJY01)

在学习过程中,注重学习者的差异,以学习者为中心,应用自适应学习策略,为每一个学习者定制学习路径(知识地图),帮助学习者发现自我、规划自我、成就自我。开展知识图谱研究,基于知识图谱、学习行为、学习兴趣智能化地推送学习资源。开发个性化、多样化的学习内容,为学习者提供课程选择、实践活动,为学习者构建一个突破时空的无处不在的个性化的泛在学习支持系统。开展基于学习过程数据、学业质量数据的分析,针对学习问题进行学习干预,从而构建适合个性化学习的环境。开展基于智能学伴的诊断、开发与应用研究,探索利用智能学伴提升学生的自主学习能力,探索开发基于智能学伴的适应性学习系统。

(2) 差异化教学(编号:ZHJY02)

差异化教学聚焦于各类教学场景,通过研发认知起点测评技术、实时学情数据伴随式采集技术,探索数据驱动的差异化教学策略,通过智能教学助手应用,开展差异化教学实践。开展技术支持的过程性评价研究,对学生学习行为、学习效果进行测评、分析,实现对学生学习能力评估,探索在教学各个环节为学生提供个性化学习方案。探索建立基于数据的差异化教学模式,为每一个学习者提供不同的教学服务,从而实现规模化下的多样化、差异化教学。

(3) 精细化管理(编号:ZHJY03)

大数据的广泛应用可以促进精细化管理,在数据的支持下,研究如何促进教师个性化专业发展,开展智能化课程评价,研究大数据和人工智能环境下的学生行规管理,利用数据驱动体质健康监测,精准定位问题并干预。研究新技术环境下的管理机制,实现管理机制的标准化、流程化、数据化。研发智慧教育项目管理专项平台,研究基于数据驱动的管理流程再造。

(4) 智能化服务(编号:ZHJY04)

挖掘数据价值,搭建泛在的学习支撑环境,基于数据分析,提供智能化服务。构建教师数字化教学业务中台,规范数据标准,完善教师个人空间,开展基于教师个人空间的教师信息素养监测,探索构建基于数据驱动的教研、德研、科研、教师发展、信息应用等服务体系,为学生、教师、学科、学校提供可视化评价,并出具数据分析报告,搭建家校沟通平台,开展群体教师专业发展度评估研究,开展教师专业发展智能化决策服务支持研究,实现数据支持的学校发展评估。

教育部—中国移动科研基金项目"义务教育阶段学校信息化发展状况监测、评估指标与方法实证研究"于 2017—2018 年在全国 31 个省市自治区 2 000 余所学校进行了一次"义务教育学校信息化建设成效分析"[①]的广泛调查。调查从"建

---

① 曾天山、祝新宇、万歆:《义务教育学校信息化建设成效分析——基于全国 31 省 2 000 余所学校的调查》,《教育研究》,2018 年第 4 期,第 23—31+67 页。

设、联通、管理、应用、成效"五个维度共41个主体问题和10个背景信息展开,得到了全国31个省市自治区的综合评分数据,详见表10-1。

表10-1 全国各省市各维度得分情况

| 所在省市 | 总分 | 建设 | 联通 | 管理 | 应用 | 成效 |
| --- | --- | --- | --- | --- | --- | --- |
| 上海市 | 70.17 | 62.35 | 67.26 | 81.42 | 60.08 | 74.04 |
| 山东省 | 69.69 | 60.12 | 70.68 | 76.53 | 60.66 | 73.11 |
| 广东省 | 67.67 | 61.42 | 66.09 | 76.43 | 57.2 | 73.98 |
| 山西省 | 65.87 | 50.1 | 65.22 | 72.11 | 58.82 | 75.73 |
| 浙江省 | 65.24 | 55.28 | 66.69 | 73.63 | 56.09 | 70.27 |
| 北京市 | 64.92 | 57.33 | 62.44 | 74.76 | 57.13 | 70.51 |
| 江苏省 | 64.57 | 55.05 | 63.36 | 73.7 | 55.51 | 72.35 |
| 天津市 | 64.06 | 53.84 | 65.81 | 73.18 | 53.98 | 70.26 |
| 吉林省 | 63.43 | 51.81 | 60.78 | 69.99 | 56.04 | 75.53 |
| 甘肃省 | 62.61 | 52.18 | 63 | 69.99 | 54.06 | 71.54 |
| 辽宁省 | 61.51 | 50.52 | 60.14 | 70.74 | 53.62 | 71.01 |
| 安徽省 | 60.36 | 48.95 | 66.35 | 64.58 | 50.8 | 69.11 |
| 内蒙古自治区 | 60.13 | 48.8 | 60.17 | 67.93 | 52.61 | 70.1 |
| 重庆市 | 60.07 | 49.58 | 57.39 | 69.98 | 50.35 | 73.8 |
| 福建省 | 59.82 | 48 | 62.62 | 69.51 | 49.7 | 68.33 |
| 宁夏回族自治区 | 59.72 | 44.72 | 63.41 | 66.59 | 52.2 | 68.39 |
| 云南省 | 58.74 | 51.63 | 55.88 | 67.51 | 50.93 | 70.47 |
| 海南省 | 57.89 | 57.78 | 51.96 | 67.86 | 48.15 | 71.56 |
| 黑龙江省 | 56.55 | 42.54 | 54.62 | 65.22 | 51.26 | 69.35 |
| 河北省 | 55.92 | 51.34 | 52.21 | 63.13 | 50.14 | 68.4 |
| 四川省 | 55.3 | 44.51 | 53.27 | 65.62 | 48.09 | 68.27 |
| 江西省 | 54.93 | 49.74 | 54.01 | 63.6 | 47.65 | 65.48 |
| 陕西省 | 54.51 | 46.41 | 55.43 | 60.23 | 46.74 | 68.4 |
| 湖北省 | 52.65 | 41.28 | 52.54 | 60.62 | 46.73 | 66.26 |
| 河南省 | 52.24 | 45.2 | 50.42 | 59.07 | 45.05 | 68.82 |

续表

| 所在省市 | 总分 | 建设 | 联通 | 管理 | 应用 | 成效 |
|---|---|---|---|---|---|---|
| 贵州省 | 51.6 | 47.84 | 49.42 | 58.05 | 46.02 | 65.53 |
| 广西壮族自治区 | 51.11 | 42.27 | 46.83 | 59.14 | 47.33 | 66.84 |
| 湖南省 | 49.96 | 39.74 | 47.49 | 57.95 | 44.23 | 67.71 |
| 新疆维吾尔自治区 | 49.46 | 43.81 | 46.64 | 52.38 | 43.39 | 71.21 |
| 青海省 | 45.7 | 38.1 | 47.9 | 55.61 | 41.53 | 55.31 |
| 西藏自治区 | 42 | 34.22 | 40.4 | 51.9 | 35.56 | 62.41 |

通过调查数据可以看出：东、中、西部地区的教育信息化发展存在显著差异，各地需要建立教育信息技术保障体系，逐步提升义务教育阶段信息化设备利用率和使用效益，提高管理能力和应用水平。

2. 信息技术保障的四个象限/策略

根据区域经济实力和教育信息化所处的战略地位，我们将区域教育发展的信息技术保障策略划分为四个象限策略，分别是：领跑策略、跟随策略、超车策略和维稳策略。

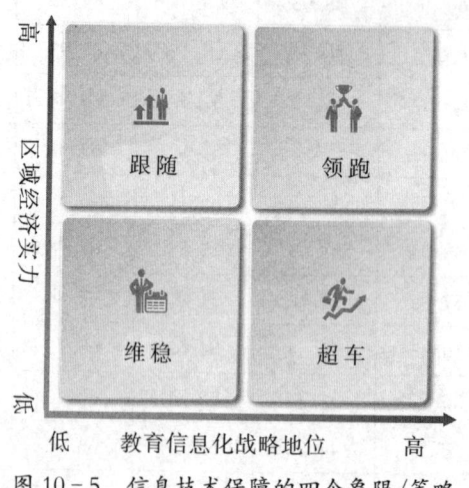

图 10-5 信息技术保障的四个象限/策略

（1）领跑策略

采取领跑策略的区域一般具备以下条件：在区域教育坐标系中处于领先的地位，有清晰的战略目标和国际视野；有比较雄厚的区域经济实力作为投入保障；有丰富的高校专业资源和层次清晰、配置完善的教育队伍作为策略实施保障团队。

区域领跑策略重视确立教育信息技术的战略核心地位,在技术方向选择上,倾向于选择木桶理论的补短板策略,注重教育信息技术保障系统的体系化构建和打造整体实力,对于教育前沿信息技术保持持续的关注与兴趣,乐于采纳新技术并不断尝试搭建应用场景,实现新技术对教与学的流程再造和效率提升。

在教育发展区域战略的信息技术保障建设方面一般采用的推进方式:加强顶层设计,统筹推进;定制个性化方案,分校推进;构建大学—政府—学校(UGS)合作模式,项目推进;注重过程性管理,分步推进。

(2) 跟随策略

采用跟随策略的区域在教育信息化战略定位的选择上一般偏向保守,基本上会选择第二层次甚至第三层次的战略定位,倾向于采用具有成熟应用场景并取得确实成效的信息技术保障体系。国内很大一部分区域都偏向选择跟随策略。

(3) 超车策略

采用超车策略的区域在教育信息化战略定位的选择上一般偏向激进,通常都会选择第一层次的战略定位,但在具体实施时会选择单点突破、以点带面的策略,在突破点的选择上会结合所在区域的实际情况,扬长避短,把所在区域的优势发挥到极致。目前区域通常选择的突破方向,集中在有效提升中高考成绩的考试测评技术方面。

(4) 维稳策略

采用维稳策略的区域一般都受一个乃至多个制约因素的影响,普遍会选择相对成熟的教育信息技术方案并进行小规模试点,建立应用示范样板,选择的应用试点领域也大多绕开核心的课堂教学环节。但往往受限于经济实力不足或专业团队缺失等因素,缺乏顶层设计和统一规划,无法形成信息技术保障的区域规模效应。也容易出现应用间重复建设、流程割裂、数据孤岛等各类应用问题。

**(三) 教育发展区域战略信息技术保障策略的效益评估**

区域制定发展战略规划之后会结合当地的区域经济发展状况和教育人才培养战略,制定教育支出在政府预算开支中所占比重。在财务意义上,教育部门作为一个纯粹的费用中心而非利润中心,只需要对开支的每一项经费落实到位负责,无须承担任何利润指标;但作为一个区域发展战略规划,依旧需要对教育领域的投入产出建立效益评估模型并做出有效的投入产出效益评估分析。

建立区域教育发展规划的投入产出效益评估模型，通常做法是建立一套教育发展的核心评价指标体系，对照当年指标完成进度，结合分项费用预算当年完成情况，进行投入产出效益评估分析，并作出相应对策是否需要进行调整变更的研判。

案例 10-2

## 上海市"十四五"教育发展主要指标

| 2020年 | 评价指标 | 2025年 |
| --- | --- | --- |
| 99.0% | 学前教育毛入园率 | 保持高水平 |
| 95.6% | 学前教育教师接受专业教育比例 | 98%左右 |
| 99.9% | 九年义务教育巩固率 | 保持高水平 |
| — | 义务教育优质均衡区比例 | 全国领先 |
| 99.8% | 残疾儿童义务教育阶段入学率 | 保持高水平 |
| 70.5% | 残疾青少年高中阶段教育入学率 | 75%左右 |
| 99.0% | 高中阶段毛入学率 | 保持高水平 |
| 97.2% | 中小学生体质健康合格率 | 保持高水平 |
| 80.2% | 中小学生体育素养水平指数 | 82%左右 |
| 60.15% | 职业教育"双师型"教师比例 | 65%左右 |
| 4264人 | 每十万人口在校大学生数 | 4600人左右 |
| 897人 | 每十万人口在校研究生数 | 960人左右 |
| 7.54万人 | 在沪就读国际学生数 | 全国领先 |
| 71.88% | 在沪就读国际学生中学历生比例 | 全国领先 |
| 46.4% | 劳动年龄人口受过高等教育的比例 | 50%左右 |
| 12.6年 | 劳动年龄人口平均受教育年限 | 13年左右 |

图 10-6 上海市"十四五"教育发展和人力资源开发主要指标

上海市"十四五"教育发展主要指标从十个方面设计、定义了教育发展的主要质量和效益指标评估项。

在《上海教育现代化 2035》文件中，也未出现信息技术方面的定量指标，但在其实施路径部分，提出了要"推进教育现代化标准建设"，其中涉及"优化教育信息化建设标准"的内容，即"研究制定上海各级教育信息化建设标准，形成标准动态更新机制。建成信息化标准规范体系，制定准入门槛、注册学习、知识付费、名师授课、教育资源共享以及教育信息化规划、实施、应用和运营等各环节标准"。

案例 10-3

## 浙江省"十四五"教育发展主要指标

| 维度 | 主要指标 | | 2020年 | 2025年 | 指标属性 |
|---|---|---|---|---|---|
| 学段与规模 | 幼儿园在园人数（万人） | | 195.6 | 195 | 预期性 |
| | 义务教育在校生数（万人） | | 536.4 | 590 | 预期性 |
| | 高中段在校生数（万人） | | 155.2 | 160 | 预期性 |
| | 普通本专科在校生数（万人） | | 114.9 | 124 | 预期性 |
| | 研究生在校生数（万人） | | 11 | 17 | 预期性 |
| | 从业人员继续教育（万人次） | | 1000 | 1000 | 预期性 |
| 公平与均衡 | 全国学前教育普及普惠县（市、区）比例（%） | | / | 90 | 约束性 |
| | 校际优质均衡系数 | 小学段 | 0.305 | 0.3 | 约束性 |
| | | 初中段 | 0.277 | 0.25 | 约束性 |
| | 全国义务教育优质均衡发展县（市、区）比例% | | 2 | 60 | 约束性 |
| | 适龄持证残疾儿童少年入学率（%） | 学前段 | 90 | >90 | 约束性 |
| | | 义务段 | 98 | >98 | 约束性 |
| | | 高中段 | 80 | 85 | 约束性 |
| 普及与质量 | 学前教育毛入园率 | | 102 | >100 | 预期性 |
| | 初中毕业生升入高中段比例（%） | | 99 | >99 | 预期性 |
| | 高等教育毛入学率（%） | | 62.4 | 70以上 | 预期性 |
| | 儿童预期受教育年限 | | 14.79 | 15.5 | 预期性 |
| | 劳动年龄人口平均受教育年限（年） | | 10.73 | 12 | 预期性 |
| | 初高中教师中研究生学历的比例（%） | 初中 | 5.7 | 10 | 预期性 |
| | | 普通高中 | 13.9 | 22 | 预期性 |
| | 职业院校"双师型"教师占专业课教师比例（%） | 中职 | 85.8 | 89 | 预期性 |
| | | 高职 | 71.7 | 80 | 预期性 |
| | 本省高校大学新生体质健康合格率（%） | | 91 | 93.5 | 约束性 |
| | 儿童青少年总体近视率*% | | 55.53 | 50.53 | 约束性 |
| | 高水平大学数量（所） | | 9 | 12 | 预期性 |
| | 其中：国家"双一流"建设高校数量（所） | | 3 | 4 | 预期性 |
| | 引进国内外著名高校在浙办学数量（所） | | 10 | 15 | 预期性 |
| | 高校师均项目经费（万元） | | 15.9 | 18 | 预期性 |
| | 其中：高校师均企事业单位委托经费（万元） | | 7 | 8 | 预期性 |
| 开放与交流 | 学历留学生人数占高校在校生总数比例（%） | | 16 | 25 | 预期性 |
| | 赴海外办学机构数（所） | | 25 | 35 | 预期性 |
| | 高校海外留学访学3个月以上经历的专任教师比例 | | 31.6 | 35 | 预期性 |

图 10-7　浙江省"十四五"教育发展主要指标

浙江省"十四五"教育发展主要指标从"学段与规模""公平与均衡""普及与质量""开放与交流"四个方面27项具体指标,来评估"十四五"的教育发展质量和效益。

将上海和浙江的教育发展主要指标进行比较,我们可以看到两地教育有着一些比较共性的关注点比如教育公平与均衡发展,也有一些比较明显的目标差异,比如上海市关注到残疾青少年的入学率、在沪就读国际学生的人数与比例等,而浙江省在"十四五"期间重点关注高水平大学建设,特别是"双一流"大学的建设和引进。

在现有各省市地区的五年教育规划中,还没有出现有关学习流程再造与采用未来学校学习模型的相关评估指标。随着"双减"政策对学习流程再造的推动效果逐步显现,随着国家实施制造强国建设的全面推进,随着机器的深度学习等人工智能技术的不断发展与完善,信息技术保障的相关评估指标会逐步添加到后续教育五年发展规划的主要评估指标体系中。

在未来区域教育发展战略评估的主要指标体系中,建议增加以下智慧教育指标维度:

(1) 区域教育网络、教育信息化硬件设备设施覆盖率与利用率指标等;

(2) 数字化教学资源指标包括体系完整性、资源门类与数量的丰富程度、资源利用率等;

(3) 教育治理与优化指标:教育云计算、教育大数据整合力度与应用维度、AI人工智能教育前沿领域探索应用等;

(4) 智慧教育创新性指标:学习流程再造体系支撑、示范区域示范校案例与数量、学科示范案例与数量等。

## 三、学校发展战略/规划的信息技术保障

学校通常依据区域教育信息化发展规划来确定方向、选择策略和构建信息技术保障体系。学校所处学段不同,承担的教育职责不同,再加上地区性差异,决定了学校的教育信息化发展战略的差异性。因而,学校教育信息技术保障体系建设可以有多种策略有待探索和选择。

### (一) 全面规划、体系化建设与梯度推进策略

对于采用全面规划、体系化建设和梯度推进策略的学校,目标一定是从计划、

课程、评价、资源建设、学科教研组建设等方面建立一套完整的教学育人质量保障体系,一般通过制定 3—5 年的学校发展规划或设立一个校级的龙头课题来统整引领,分阶段推进实施。

案例 10-4

### K12 学业质量改进联盟项目校的"五个一"体系建设

K12 学业质量改进联盟对所有项目校采用"一校一案"的体系建设策略,结合学校发展阶段等实际情况,量身定制"五个一":一个学校发展五年规划、一个学业质量三年改进计划、一个学校课程建设方案、一个教育大数据与教育教学资源平台、一个教学评价与质量反馈系统。

(1) 学校质量改进计划研制:通过系统诊断,专家介入,科学研判,形成适合于每所学校的质量提升行动计划,并依照计划有序推进质量体系的自我建构。

(2) 质量提升资源建设:采用"点面结合、阶段推进、分步达成"的工作思路逐步逐级推进,达成在学校层面,积累教学资源库和题库、试卷库,建立校级评价反馈体系。

(3) 学校课程规划研制:系统梳理学校课程体系,遴选精品课程,以"五育融通"为指导,兼顾学校特色和地区课程文化资源,形成学校课程方案,聚焦阅读课程、跨学科课程、哲学课程等对于促进孩子智力和审美能力的课程开发,提升育人质量。

(4) 大数据平台与质量评测反馈改进系统建设:以一个学校规划、一个课程方案、一个学业质量改进计划为基本抓手,配套建立一个数据支撑平台和一个教学评价与反馈体系,通过学科教学资源库、配套题库、试卷库和双向细目表等形式,构建并推进配套的教学培训体系,通过五年时间,逐步分年完善数据支撑平台,完善教学评价与反馈体系,完成全学科的教学资源库、配套题库和试卷库的建设,建立课堂教学视频分析评价系统。

### (二) 单点突破,以点带面策略

学校可以结合学校的实际情况,从"扬长"和"补短"两个方向,拟定单点突破,以点带面策略。

下面的两个案例,一所学校是从课程+评价来补短,保证教学育人质量的基本面;另一所学校是通过 AI+课程来扬长,提升上海市优质特色高中的含金量。

案例 10-5

### 上海市普陀区洵阳路小学的单点突破策略

上海市普陀区洵阳路小学的单点突破,以点带面战略经历了两个发展阶段。

第一阶段是洵美课程体系的整合与创建,将除基础课程以外的拓展型课程和探究性课程,按年段统整为主题课程(1—2 年级)、广域课程(3—4 年级)、模块课程(5 年级),在师资、课时分配等方面进行了重新配置,引入了云课堂技术平台,对课程与教学资源进行了有效的整合和利用。

第二阶段是以评价促改进的单点突破,在洵美课程教学中全面拥抱项目化学习方式,对学生的学习进行流程再造,通过对课程育人效果、教师教学过程、学生项目化学习过程的持续性跟踪记录和评价,构建了线上线下结合的"寻阳"评价体系,借助大数据平台,实现了以评价改进课程育人效果,以评价完善教师教学模式,以评价再造学生学习过程。

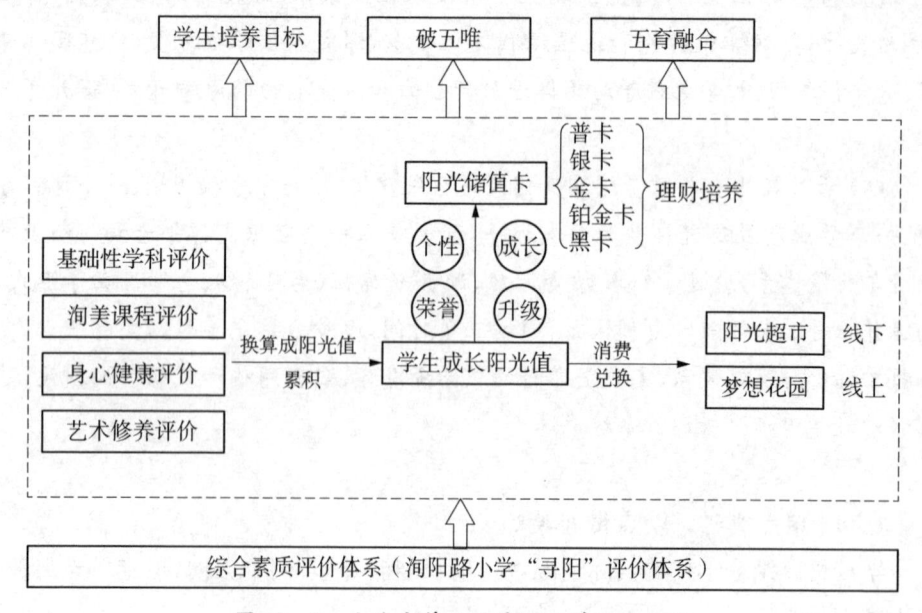

图 10-8 上海市普陀区洵阳小学评价体系

案例 10-6

## 上海市 L 高中"人工智能＋"课程群的设计与建设

"人工智能＋"课程群是以培养学生科学素养、人工智能素养和人文素养为目的，围绕"人工智能"主题开发并实施的一类内容联系紧密、内在逻辑清晰、层次连贯递进的，具有学校鲜明个性特征的课程体系。它以人工智能的知识、方法、思维等逻辑联系为结合点，通过对相关课程的再设计，体现人工智能技术对其他课程学习的意义，进而形成一个相对独立的课程系统。

"人工智能＋"有四层涵义：一是引入，把人工智能课程引入学生的学习中；二是应用，将人工智能技术应用到学生的学习中；三是融合，从人工智能角度更好地审视学校原有科学教育课程的价值，对原有课程进行再造和提升；四是创造，开展人工智能研究，利用 AI 技术进行创意设计和创造发明，让生活变得更美好。

"人工智能＋"课程群以课程生态的视角，积极拓展人工智能课程与普通高中基础型课程和校本课程之间的联系，构建富有生机和活力的课程群，帮助普通高中的学生养成在人工智能时代"不被替代，活得更好"所必需的能力和品格。课程群建设是以增强人的竞争能力和提高人才培养素质为目标，将相关的课程进行整合，删除重复过时的内容，产生新的课程群，并将课程设计与课程实施有效结合起来，实现课程建设的规模效益，具有很强的操作性和实用性。它是针对某一受教育对象，将相关的课程进行重新规划、设计、构建而成的整合性课程的有机集群，是以育人目标为核心的生态型课程整合。它以多维联结与互动、富有逻辑和统整感的课程体系为标志，将课程、教学、评价、管理以及师生发展融为一体，有效克服课程建设中过于强调某一门课程内容的系统性与完整性，缺乏对与其相关课程的横向与纵向关系研究，造成课程间内容重复过多、课程内容过时及课程设计与课程实施脱节等弊端，是提高课程实施效果的重要举措。

"人工智能＋"课程群建设体现了世界课程发展的趋势，从课程内容看，有综合化趋向；从课程开发看，有协作化趋向；从课程实施看，有项目化趋向；集中体现为开放性和融合性的特点。

开放性："人工智能＋"课程群以培养复合型、创新型学生为目标，打破学科与课程之间的壁垒，实现相关课程间的有机融合，集结多类型、多层次、相互关联的课程，支持学生科技特长发展，凸显学校科学教育的办学特色。以开放的课程结构,丰富的课程内容、多样的课程形式,为学生发展提供广袤的空间。开放性也体现在学习方式上,问题化教学、项目化学习、批判性学习是本课程极力主张和倡导的学习方式。我们提倡教师开展基于情境、问题导向的互动式、探究式、体验式等课堂教学创新实践,尤其注重加强课题研究、项目设计、研究性学习等跨学科综合性教学。

融合性:通过"人工智能+"课程群的构建和教学内容的多维度融合,打通各学科知识、技能与人工智能实践及应用之间的关系,使相关的理论和技术能为现实生活所用,让各课程域的内容在培养学生人工智能素养、人工智能技能、人工智能思维、人工智能创新上发挥更大的融合效应。课程融合的载体是"大概念"。每一个课程域都有特定的大概念;每一个课程域都有学生关键能力与必备品格的培养侧重点;每一域内的具体课程之间都有内在关联性:或内容相联系、可平面迁移,或内容有梯度、可垂直关联,或内容可综合、可由部分组合成整体。

本文所说的大概念主要是指基于 AI 的跨学科大概念,其下层级是学科大概念或学科核心概念。为了便于设计各类课程域,我们依据主题相近的原则萃取了 15 个大概念,成为"人工智能+"课程群的核心学习内容。在课程开发与实施时,以大概念为核心,精选课程内容,以大概念、大主题、大任务为引领,使课程内容结构化、课程内容情境化,促进核心素养、必备品格和关键能力的落实。

表 10-2　基于 AI 的跨学科大概念

| 课程域 | 大概念 |
| --- | --- |
| AI 基础 | 数据、算法、信息 |
| AI+学科 | 系统、结构与功能、物质与能量 |
| AI+城市 | 文明、变迁、传承与创新 |
| AI+审美 | 直觉、欣赏、偏见 |
| AI+情感 | 共情、沟通、交往 |

### (三) 基于区情、打破区隔的合纵连横策略

此处借鉴战国时期纵横家所推行的外交和军事政策术语来描述教育发展推进中的信息技术保障策略。合纵是指小初高各学段衔接、高中+高校衔接等集团化发展策略;连横则指发达地区学校和欠发达地区学校的区域联合;相似定位、相

似学情的联盟校策略。现以案例说明。

案例 10-7

**教育信息化教学应用实践共同体项目**

2019年12月中旬,由上海市闸北第八中学联手上海市进才中学北校、上海外国语大学嘉定外国语学校、上海市民办复旦万科实验学校、上海市江湾初级中学、西安高新第二学校、马鞍山市第八中学(东校区)、博罗县榕城中学、宁波市镇海区尚志中学、上海市闸北田家炳小学、上海市普陀区武宁路小学、宁波市鄞州区江东外国语小学共12所学校共同发起教育信息化教学应用实践共同体项目。

项目研究的内涵:

(1) 智能环境建设:依托信息化环境、平台与资源来实现;

(2) 探索自适应学习:核心是探索因材施教的实施模式(途径、策略与方法),基本路径是从因类分层到个别化教与学,以落实因材施教;

(3) 构建应用共同体:遵循教育部项目立意,本共同体是一群追求共同事业,通过协商,围绕"智能环境下的自适应学习"开展研究和应用的实践活动,并分享共同信念和理解的个体的集合。

项目研究的三个关键问题:

通过因类分层、个性化教学落实因材施教,需要在单一纸质测试基础上改变因类分层的理念和方式,基于新的分层标准,建设多样化学习资源和构建数据智能的学习平台,实现个性化的匹配与推送,针对不同学生情况提供不同的学习路径和资源,提高教与学的效益。为此,需要重点解决以下三个核心问题:(1)因类分层的标准与测试工具开发;(2)多样化数字学习资源的建设;(3)智能学习平台的迭代开发。

**(四) 在面向未来的实践中探寻更多更有效的智能化策略**

有论者指出:近些年来,人工智能技术在教育上的应用正如火如荼,学校现代化也备受关注,两者之间存在着相互赋能的关系。技术赋能学校,须应对人工智能的教育应用所带来的机遇与挑战;技术赋能学校,其实质是赋能学习,因而,理解未来学习是人工智能技术赋能学校现代化的认识论前提;走向未来学校,可从环境/空间的智能化再造、成长图谱导引下的课程创新、智能渗透全程的教学流程再造、主客体交融的师生主体协同化、大数据驱动下的治理智能化等方面,探寻人工智能助力学校现代化的可能路径。①

未来学校会变得越来越场景化,不管是现实的还是虚拟的场景。这些现实的或虚拟的场景需要足够支撑学生的自主学习。学校提供给学生认知工具和网络学习平台,创设出各种仿真的教学场景;教师在各类学习场景中是向导,是答疑者,也是评价者;学生是自我学习的主人,根据知识图谱绘制的学习路径和学习任务的目标要求,通过项目化管理机制,完成自我学习任务,试验各种创新设想,并可以随时从系统或教师处获取即时和有效的评价反馈,根据评价反馈随时调整自我的学习路径和进度。学校的有形物理边界会越来越模糊,但无形的治理边界会变得越来越清晰。

技术之所以存在的核心价值是能够充分地解放生产力、提高全要素生产率。教育信息技术驱动着学校教学场景的创设、记录着学习者的学习过程并给予最大的便利;支撑着教师的引导、答疑、评价与反馈,管理着学校治理的流程和决策数据,构成一套完整的未来学习场景。在其中,学与教的流程再造是核心任务,再造的可能性也是无限多样的,因而在不同级别不同类型的学校推进教育学的智能化策略也必然是多种多样的,给我们留下无限的探索与创造的空间。

---

① 杨小微:《人工智能助推学校现代化的意义与可能路径》,《华中师范大学学报(人文社会科学版)》,2021年第2期,第160—169页。

# 结语:中国教育现代化发展的未来展望

未来总是令人遐想的,中国教育的未来也是值得期待和尽情畅想的。不妨从未来教育、未来学校和未来课程这三个层面来展开推断和想象。

## 一、2030年,中国教育可能出现什么样的图景

从2010年颁布的《国家中长期教育改革和发展规划纲要(2010—2020年)》提出的"到2020年,基本实现教育现代化"的战略目标,到《中国教育现代化2035》所勾画的蓝图,不仅激励我们向着目标"在路上",而且要求我们不停地去身体力行"创未来"。

畅想2030年的中国教育现代化,究竟可能出现什么样的图景?我们不妨勾勒出三幅图景:(1)宏观图景——教育与社会及生活和谐共生。15年后,各级各类教育之间开始形成有机融通的"立交桥",教育与经济、社会形成一种较为协调的互生状态,学习化社会始见雏形,教育的过程、质量和水平开始受到民众的普遍称道。(2)中观图景——学校成为令人向往的地方,另一种说法则是:灵活、流动的泛在学习/教育,开始部分地取代定时、定点的学校教育。具体表现为学校的生活与学习环境让每位师生感觉舒适、亲切和友好,管理的宗旨定位于咨询、参谋和服务,领导的作用表现在前瞻、引领和沟通,课程与学习变得更加具有选择性和自主性,学校与家庭和社区关系变得和睦与融洽。(3)微观图景——教育过程充满平等、尊重和爱。如果说,在行政维度基本解决了"教育机会公平"问题之后,"教育过程公平"(或"学校内部公平")便上升为主要的问题;进一步讲,过程公平可以理解为三句话:对所有的人平等对待(有教无类),对不同的人差别对待(因材施教),对有特殊教育需求的人特别对待,那么,平等对待应优先于差别对待。无论是权利的尊重,还是机会和资源(包括情感资源)的分配,都须遵守这一优先序列。

然而,也可能出现另一维度的三幅图景,即:比现在更好、比现在更坏、不好也不坏。这取决于两个前提:一是多年未能消除的顽疾能否消除;二是新的举措是

否合理到位。如课题组多次调研所见,在我国长三角地区,某些发达城市在教育发展上呈现的三大问题十分突出,即:普教、职教发展不均衡,重普轻职,升学主义仍占上风;公办、民办比例不协调,公多民少,教育系统缺少活力;政府、学校关系上,政强校弱,学校办学自主权难以落实,亟待解决。对西部地区的调研表明,许多地方对教育现代化的理解还停留于信息技术现代化阶段,课堂上用先进的技术"支撑"落后的教学方式的现象也较为普遍。"大班额"仍然是一时难以缓解的突出问题,区域差距、城乡差距甚至校际差异一时也难以消除。这些短板如果不补齐、这些壁垒如果不打破、这些障碍如果不消除,那么数年之后"内卷化"之风很可能卷土重来,"双减"甚至"多减"还得再来一次,评价改革仍难以深化,高质量发展依旧可望不可即……显然,我们要对以往推进教育现代化的目标、战略和路径加以深刻的反思,才能在迈向教育现代化时走好每一步。

## 二、学校,以什么样的方式眺望未来

近年来,各种媒体以各种姿势在眺望学校的未来。以这样的主题,发起这样的讨论,让一线校长、行政部门人员,大学教授及研究人员,还有企业界代表都来参与对话,是一件很有意思的事情。讨论中发表的一些观点,有不少也具有参考价值和启发意义,比如"未来是(基于)现实的未来,不是空想的未来","未来学校更加开放和多元",学校学习方式将发生变化,数据和数字化技术将在学校得以广泛应用,多元投融资体制和管理机制将在深度合作下得以生成与完善,外界的资本、互联网行业对教育也会更加"虎视眈眈"和志在必得等,都说出了一些道理,给人以良多启示。

然而令人遗憾的是,"未来学校"这么好的一个话题没有与"未来社会变化"这么一个大背景关联起来探讨,很多关于未来学校的表达,都是感想式的,几乎没有给出有说服力的证据,也未告诉听者或读者他是怎样得出有关未来学校的推测和预判的。这就使得这种发表似乎失去了依据,也使讨论缺少了共同的前提。大多数意见和观点,只是就学校论学校,既缺少哲学的洞察力、文学的想象力,也未见有理性的论证与推断。看来,人们只是喜欢谈论未来,却并不那么善于探讨未来!

也许可以这样:划定一条时间线(比如说 2030 或者更远),请哲学、信息技术学、社会学、经济学、文化学、心理学、教育学、人口学、未来学(甚至军事学、国际关系学)等各界专家判断一下,在这个未来的时间节点上,将会发生哪些重大的变化?(尤其是信息技术、互联网科学的进步所能带来的变化。)这些变化会怎样影响人们的生活状态、生活方式、学习方式、交往方式、话语方式及思维方式等,从而给个体的学习和成长带来哪些颠覆性的或不可逆转的变化?这些变化将对现有学校的形态、功能和性质提出什么样的挑战?(比如会有多少人将逃离学校,不再选择这种固定地点、固定时间、固定内容的学习场所。)学校面对这些变化与挑战,须采取哪些应对措施?

也许还可以这样:请一些学生、教师和家长,让他们谈谈对未来生活的猜想,谈谈他们对现在学校的存在状态和运行方式的体验或观感,谈谈他们对未来学校、理想学校的憧憬和期盼,然后请各方专家作出回应。最近我请几所学校在各年级小朋友中征集以"未来学校"为主题的漫画,从已经收到的作品看,学校的地理位置都有变化(大多在云端、在树上、在太空或在海里,且是动态的),内容都是丰富多彩的,方式都是轻松好玩的,科幻色彩极为强烈……这是不是反衬出学生在现实学校中感受到的呆板、枯燥与无奈?

我相信,在未来10年乃至更长时间内,学校肯定不会消亡,但也肯定不会对"未来学习"的无时无处不在置若罔闻,它会作出的反应将是:重建学校学习环境,让未来学校焕发出活力、魅力和磁力!

## 三、课程改革怎样面向 2030 来一次再出发

课程是学校育人的蓝图和"跑道",是学校一切活动的依据和中心,如果说本世纪初我国课程改革经历了一次"初出发",那么面向未来要不要来一次"再出发"?

再出发的路是通向未来的,因而,对未来社会、未来教育、未来学校、未来学习的探究与思考,是保障课程改革再出发的前提和必备功课。如果说,未来社会是以流动性为显著特征的液态社会,是全民终身学习的学习型社会,未来教育在形态上将呈现数字化、个性化、交互性、国际化等基本特点,未来学校是以儿童/学习为中心,学校是一个开放的、个性化的、以游戏为主的学习共同体,那么未来人的核心素养(key competences)是什么、有哪些? 马克思在19世纪说过,在共产主义社会里……(每个人都)有可能随着自己的兴趣今天干这事,明天干那事,上午打猎,下午捕鱼,傍晚从事畜牧,晚饭后从事批判(活动)。这是不是可以理解为:未来社会几乎没有固定的职业岗位,每一个人也不再有固定的职业角色,那么未来

人需要学什么、怎样学呢?

从课程的视角看,未来课程几乎是为不可知的学习而设计的。不排除我们可以从历史中发掘现代元素,也不排除我们可以从现实中发现"未来",如新课程实施以来的合作、创新、共享和可持续发展,都将在未来延续。然而,可以肯定地说,为未来共创共享课程,是令人兴奋激动的,也是高难度和高挑战的。

有人说,大数据、信息化、人工智能、核心素养都是未来学校建设的关键词,那么未来课程建设的关键词有哪些? 有研究者给出的答案是——个性、丰富、跨学科,笔者深为赞同。未来课程建设的确需要借鉴问题教学、STEAM 教学、创客教育、项目教学、现象教学等综合课程,结合学校本有的课程体系搭建跨学科的整合课程体系。

近些年来,与笔者和同事长期合作的一些区校正在探索含有未来元素的未来课程,在上海、浙江、江苏、安徽、重庆等地进行了相关的校本课程开发与实施的尝试,主要有:把生活导向学科的"广域课程"(如美术+历史、美术+阅读、戏剧+科学、道德与法治+儿童哲学等),让学科走向生活的研学旅行课程,聚焦生活问题开展项目学习的 STEAM+课程(如"桥"课程),以"丝路春雨"为主题的"升级版"国际理解教育,以培育良好思维品质为宗旨的儿童哲学课程,以"非物质文化遗产"陶艺、夏布、折扇以及"填四川"移民文化为重要资源的特色课程群建设,等等。对这些课程的开发、实施和评价,我们有一个共同的准则,就是反复追问:这些课程是否有助于学生作为现代人的品质的形成,是否指向他们的未来学习与成长。

如果说现代化最核心的问题是人的现代化,那么人的现代品质就是课程开发的重点。国际学者提出的乐于参与社会事务、具有独立自主的个性、富有效能感、愿意接受和创造新事物等现代人品质,在我们确立课程目标、实施路径和学生素养评价指标时,有没有关注到这些"现代人品质"?

又如,儿童哲学课程强调的思维方式与思维品质,国际理解强调的跨文化体验与理解,STEAM+十分重视的项目式学习和广域的学习空间,是不是包含了必要而充分的未来元素?

面向未来的课程探索永远在路上! 未来是我们要去的地方,更是我们要一起去创造的地方。

# 后 记

近些年来,由于某些机缘,我的学术研究总是与教育现代化紧紧地关联在一起。从2013年获得有关教育现代化评价的国家社科基金重点课题立项,到2017年获得题为"我国教育2030年发展目标及推进战略研究"的国家社科基金重点课题,虽在课题名称中不含"现代化"这个关键词,但自《中国教育现代化2035》这一纲领性文件印发以来,我国教育的改革与发展,在本质上就是教育现代化进程中的改革与发展。我和我的学术团队深感责任重大,研究过程中兢兢业业,不敢有丝毫懈怠。即便如此,也足足奋斗了5年。本书作为2017年度国家社科基金重点课题的最终成果,凝聚了团队和众多合作者的心血。

本书共有十章,另有导言和结语。各章撰稿人如下:

作为课题主持人和本书第一作者,杨小微撰写了导言、第一章、第三章和结语,参与撰写了第四章;杨小微、张秋霞、刘春共同撰写了第二章;杨晓莹撰写了第四章和第九章;胡燕、罗丽、朱琪雯共同撰写了第五章和第六章,并校对了全书;孟宇婕、宁会苗、张秋霞、徐冬青共同撰写了第七章;李桂荣、昝飞、徐冬青共同撰写了第八章;蓝海峰撰写了第十章。

诚挚感谢5年来参与本课题研究及本书撰写的基础教育改革与发展研究所的同事、同行朋友及各位教师指导的博士、硕士研究生,感谢东、中、西部合作区域领导及中小学校长、教师多年来的真诚合作共研;感谢广西师范大学副校长孙杰远教授不仅作为子课题负责人为本课题作出了重要的贡献,而且两次作为课题会议承办方给予本研究以倾情的支持;感谢华东师范大学出版社教育心理分社彭呈军社长一直以来的关照和支持;感谢所有为本书出版发行付出心血的朋友。

本书涉及的主题宏大,加之作者笔力有限,如有言不及义甚至错讹之处,敬请读者朋友不吝指正。